刑事二审案件辩护要点精析

范晓媛 / 著

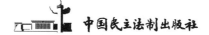

中国民主法制出版社

图书在版编目（CIP）数据

刑事二审案件辩护要点精析/范晓媛著.—北京：中国民主法制出版社，2025.5.—ISBN 978-7-5162-3900-1

Ⅰ.D925.210.4

中国国家版本馆CIP数据核字第20255AC289号

图书出品人/刘海涛
责任编辑/庞贺鑫

书名/刑事二审案件辩护要点精析
作者/范晓媛　著

出版·发行/中国民主法制出版社
地址/北京市丰台区右安门外玉林里7号（100069）
电话/（010）63292534　63057714（营销中心）　63055259（总编室）
传真/（010）63055259
http://www.npcpub.com
E-mail: mzfz@npcpub.com
经销/新华书店
开本/16开　710毫米×1000毫米
印张/30
字数/503千字
版本/2025年7月第1版　2025年7月第1次印刷
印刷/北京天宇万达印刷有限公司

书号/ISBN 978-7-5162-3900-1
定价/109.00元

前　言

　　刑事辩护制度是我国宪法、刑事诉讼法规定的十分重要的诉讼制度，对于维护犯罪嫌疑人、被告人的合法权益，贯彻实施国家尊重和保障人权的宪法原则，促进公正司法，推进法治中国建设，都具有十分重要的意义。

　　我国刑事诉讼实行的是二审终审制，二审对纠正一审程序中的事实和法律方面的错误，保障准确、及时地惩罚犯罪，防止无罪的人受到错误追究，轻罪的人免受重罪量刑，都具有十分重要的意义。从性质上而言，我国的刑事二审是重新、全面的审理。在二审审理当中，一审中已经调查过的证据可以继续调查，也可以采集新的证据。通过二审对一审中可能存在的错误的事实认定以及错误的判决结果进行纠正，从理论上说，具备充分的制度保障。但现实中，二审改判寥寥无几。特别是一审判处死刑的案件，因为属于重大案件，通过二审辩护获得改判的难度非常大。一审被判处死刑的被告人，如果二审没有机会改判，就面临失去生命的结果。这类案件对律师的执业水平和心理素质都有很高的要求。

　　笔者律师执业近20年来，承办了大量刑事案件，其中相当一部分为二审案件，通过二审辩护，迄今为止已成功为近150名一审中被判处死刑的当事人争取到二审改判死缓刑的结果，使其获得重新做人的机会。笔者在二审辩护及改判方面积累了大量经验，在此不吝学浅，总结整理出一部分刑事二审案件辩护心得，既是对过往的一个总结和回顾，也是一点小小的分享。如果能够给读者一点启示和提醒，就更是意外的喜悦了。

　　二审辩护毕竟不同于一审，因审级的不同，辩护的侧重点也有所不同。

　　第一，二审辩护是重点辩护而非全面辩护。二审辩护虽然是在全面审理的前提下来辩护，但不等于说要全面全盘辩护，而是要针对一审存在的问题,更侧重找出一审审理中的矛盾之处重点提示给二审法官。现实中,有些律师在办理刑事二审案件时也采取面面俱到、唯恐少说一句话的全面辩护的思路,似乎唯有如此才能争取改判。其实,面面俱到反而冲淡了主题,掩盖了最关键的问题。二审辩护是要针对一审存在的问题来重点辩护,只要对一审的证据链条的完整性予以推翻——哪怕是其中一个环节——改判就有了希望。与其均衡用力,不如集中优势兵力对重点予以突破,才能给二审合议庭更深刻的印象和更明确的改判依据。

第二,二审辩护注重证据但更注重法理。刑事一审尤其是判处死刑的一审审理,对证据的审查是很严格的,判处死刑特别是死刑立即执行的案件,必须是"事实清楚、证据确实充分,构成犯罪的情节皆有相应的证据证明,证据之间已经排除合理怀疑,形成完整、闭合的证据链",大量的证据方面存在的问题在一审阶段基本已经阐述并展示完毕了,二审中重新发现并提交新证据的机会不多。对证据存在的问题进行重复阐述往往会回到一审辩护的老路上,导致二审辩护效果不佳。在证据方面走不下去的情况下,二审辩护中,律师应该尽可能引入最新的法理和司法解释,尤其在法理的阐述上,如果能够通过对国际国内通行的法理进行深入阐述,在对一审案件已经认定的事实无法改变的情况下,找出更能说服二审法官的法理依据,往往能获得意想不到的惊喜。

第三,二审中,律师辩护不仅要提出观点、要求和主张,更要说理,要注重"以理服人"。要立足事实证据说理,确保辩护主张有充分的事实证据支撑;要立足法律规定说理,确保诉求符合法律精神;要立足社情民意说理,确保诉求符合人民群众的公平正义观念。刑事案件的案情千差万别,法律关系可能复杂多样,但处理案件的事理、法理和情理是统一不变的,所以辩护要注意说公理,说大家都认同的道理,辩护意见才可能打动人、说服人。本书中大量的判例都属于这种类型。例如,在"赵某发杀母案"二审中,在事实和证据都确凿无疑没有任何辩护空间的情况下,律师没有"为赋新词强说愁"的为辩而辩,而是当庭向被告人提出了一个看似荒谬的问题——如果你母亲泉下有知,你认为她是否会原谅你。通过这个问题的提出,侧面提醒法官应注意亲属尤其是母子之间的原始感情对裁判结果的影响,这个法理的基本原理就是法律背后是基本的人伦。最后,这种辩护策略取得很好的效果,法院对其予以改判死缓。

第四，二审辩护要实事求是，警惕非要与一审辩护策略不同才能改判的观念。有时候，一审没有取得理想的效果并非一审的辩护策略错误，从中国目前的审判实践来看，一些案件尤其是敏感案件，一审的判决是考虑了当地的司法环境等因素而作出，正因为此，判决结果有时是比较保守的。二审辩护时，继续沿用一审的辩护思路并作出一定的调整，本来可以获得很好的改判机会。但一般来说，当事人的家属对一审辩护效果不理想的律师很难继续委托其担任二审辩护人，二审另行委托律师是常态。有些律师也往往有意无意迎合当事人家属的这种心理，不顾实际对一审辩护律师进行诋毁和攻击，同时说出一番所谓"不同的见解和思路"（哪怕是违心的）来吸引当事人家属，并在此基础上制定辩护策略展开辩护。这样的辩护是极其危险有害的！但家属一般都无从判断，还往往会因此而认同这样的律师。这不能不说是一种值得唏嘘的现实。私以为，除非是必须采取与一审截然不同的辩护策略否则当事人根本没有获得改判的机会，不然，二审律师绝不应该为了迎合当事人家属的心理而草率地对一审为否定而否定、为改变而改变，而应该对家属进行耐心的解释和说明。如果家属执意要求改变成并不现实的策略，宁愿放弃代理也要坚持原则。一个死刑案件的改判，是家属的信任、律师的敬业和法官的支持促成的，缺一不可。很多时候，选择当事人比选择案件更重要。

第五，二审辩护虽难，但贵在锲而不舍，不到最后，不言放弃。二审辩护的目的是通过辩护推翻一审判决，但案件已经经过公安机关侦查立案，认为构成犯罪，向检察院提出起诉意见，检察院审核后认为犯罪事实清楚、证据确凿，向法院提出公诉，经一审法院审理，判决构成犯罪，在此情况之下，经历了前期多轮多次判断和审理得出结论的案件，要想在二审中推翻一审结论哪怕只是量刑上的推翻，都是非常艰难的，对于死刑案件来讲，更是难上加难。所以，二审阶段律师需要以锲而不舍的精神，抓住一审及过去在案件处理中存在的不当之处持续发力，为上诉人辩护，过去已经提过的观点，当然要提，过去没有提的观点，更要明确提出，辅以相应的法理，还应当大胆取证，一切以当事人利益最优为出发点，竭尽全力为当事人辩护。

在这个阶段，很多家属已经绝望，被告人也会丧失信心，产生自暴自弃的想法。由于二审死刑案件大量集中在量刑的改变而非定性改变上，对很多上诉人及其家属来说，由于对法律也不是非常熟悉，这时候，一些"掮客"或者"骗子"为牟取不法利益而不负责任乱夸海口，往往更能迷惑当事人或者其家属，使他们信以为真，严重破坏了二审律师的执业环境。私以为，二审律师应该挑选"有缘"的当事人，对那些相信法律、相信律师的当事人，哪怕收费低也可以考虑为其服务。

在本书收录的改判案例中，有一部分案件的最终判决结果是由死刑立即执行改判为死刑缓期二年执行，还有一部分是裁定发回原审人民法院重审。对于被判处死刑缓期执行二年的被告人，按照我国刑法规定，在两年考验期内没有故意犯罪行为的就不会再执行死刑了。对于二审裁定发回重审的案件，被告人有很大概率会被减轻处罚，如果证据不足甚至会被免除处罚。根据《中华人民共和国刑事诉讼法》第二百三十七条规定，第二审人民法院发回原审人民法院重新审判的案件，原则上不得加重被告人的刑罚。因此，被一审法院判处死刑立即执行的被告人，当案件被上级法院改判为死缓或裁定发回重审时，其大概率会被减轻处罚，从而获得重生的机会。

以上是笔者一点粗浅的看法，不敢藏拙，实是期望抛砖引玉！不恰当之处，希望同行不吝指教，相互切磋，共同提高。

目　录

第一章

故意杀人、伤害类刑事案件
二审辩护要点

刑事辩护制度是我国宪法、刑事诉讼法规定的十分重要的诉讼制度，对于维护犯罪嫌疑人、被告人的合法权益，贯彻实施国家尊重和保障人权的宪法原则，促进公正司法，推进法治中国建设，都具有十分重要的意义。

自1979年刑事诉讼法颁布实施以来，刑事辩护制度经历了从当初律师只能在审判程序中行使辩护权，发展到现在从侦查程序开始律师就可以参与并行使辩护权，从而使律师本来只能在最后一个程序开展辩护到整个诉讼程序都可以开展辩护的全流程辩护。伴随着中国特色社会主义法律体系的建立，我国法律特别是刑事诉讼法关于刑事被告人的诉讼权利和律师辩护权的制度亦逐步完善，使得中国刑辩律师在保障法律正确实施，促进社会公平正义、维护社会稳定方面，成为推动民主法治建设的一支重要力量。

笔者执业以来，承担了多起杀人、伤害类犯罪案件二审辩护工作，并通过持续努力，成功为近百名被判处死刑的上诉人辩护并成功改判。在办理这些案件的过程中，有一些心得体会与大家分享。

首先，即便是"罪大恶极"的当事人，也有获得辩护的权利；只要辩护，就有改判的可能。律师必须不放弃任何一线希望，抓住任何一个可能导致改判的线索持续发力辩护，用心、专心、尽心辩护，不要搞常规的"套路辩"。

很多当事人，作案手段残忍，后果严重，依照普通民众的看法，不杀不足以平民愤。但法律面前人人平等，这自然也包括犯罪嫌疑人、被告人和上诉人。有很多事实清楚、证据确凿、作案手段残忍、作案后果严重的案件，被告人一审被判死刑后，包括当事人及其家属对改判都不抱多少希望。但在法律面前，法律在量刑上，哪怕是故意杀人，也设置了一个可供法官裁量的幅度，因为每一个具体的案件，当事人的作案原因、动机、主观恶性等都不一样，对这些法定和酌定量刑情节的辨析并找到说服法官改判的"辩点"，除了要具备深厚的法律专业知识外，还要求律师有广泛的心理学、经济学等背景知识。如果只是常规、套路地"辩一辩"，案件获得改判的可能性就大大降低。在"女版马加爵"张某案中，笔者的辩护意见重点是把张某年少无知被社会人员利用凸显出来让审判人员注意，为了支持此观点，笔者亲自取证，张某同学的大量证言对说服法官动摇其认为张某也是主犯的心证应该是起到了关键的作用；在"赵某发杀母案"中，笔者精心设计了能打动合议庭的提问，抛开常规辩护的套路，重点提示法官应注意"可怜天下父母心"的父母，自然包括已在九泉之下的作为受害人的母亲，辩护取得了效果；在杨某书案中，笔者不惜远赴几百公里外取证，用被害人家属的对上诉人有利的证言提醒法官在量刑及评价上诉人主观恶性时应考虑"被害人的过错"这一因素；在施某生案件中，笔者坚持认为，虽然施某生作案手段极其残忍，后果非常严重，但施某生确实是一个精神病人，依法应该从轻，最终说服法庭改判……这样的案例很多，归根结底：二审辩护必须立足一审但要尽量超越一审，不应该轻易放弃，哪怕有一点有利于当事人的理由，也要紧紧抓住不放！而且要注意，该取证时必须毫不犹豫取证，用证据来支持辩护观点，才能言之有据。

其次，酌定情节在二审辩护时往往上升为二审的"辩点"，一定要充分重视。比起法定量刑情节，酌定情节——认罪态度、初犯/偶犯、被害人过错、民事赔偿积极性、认知水平等——很多时候不被律师重视，认为这些酌定情节对量刑无足轻重，没什么用。且由于一审时几乎所有的法定从轻情节都会被提到并予以充分表述，案件到了二审阶段，很多二审律师认为酌定从轻情节更是起不到什么作用，其实这是非常大的误解。实际上，以笔者20多年的刑事辩护经验和成功代理的100多件二审改判案件来看，相当数量的案件其改判原因是法庭经过听取律师的意见，注意并重视到了酌定情节，最终作出"有罪但罪不至死"的判断，可见酌定情节在二审改判中的重要性！抓住这些情节，收集证据，撰写能够打动法官的辩护意见，是二审成功改判的关键。

但酌定情节的提出，必须尽量辅之以证据。所以，二审律师应该不畏艰险和风险，该取证就大胆取证。必要时，可以先申请检察院取证，不同意的情况下自己努力取证，只要程序上合理合法，提出的证据言之有物，法庭自然会重视并作出相应裁判。

最后，二审辩护，重证据更重说理。律师在二审辩护时不仅要提出观点、要求和主张，更要说理，要靠以理服人。比起一审阶段对事实和证据的重视，二审更强调从刑法的法学学理上是否体现出与时俱进，法律逻辑是否自洽，改判是否更能凸显出法律要真正保护的法益，对被告人、上诉人的惩罚所达到的度是否与保护被害人的权益之间相适应，不改判是否涉嫌与某些国际法可能或者现实的冲突，诸如此类的问题，也只有在二审阶段才有总览全部的视野和可能性，因为这时候，一审的审理已经完毕，事实和证据、法理和法益有一个相对固定的状态，此时介入的二审律师，正好获得了一个总览全局的视角，这样的视角同时也是二审律师必须具备的专业素质：他必须冷静地全盘思考案件，从中发现过去审理中表面没有但可能隐含着的潜在的冲突和逻辑不自洽之处，律师需要及时把这种隐含的矛盾捕捉出来并努力揭示给法庭，只要二审法庭注意到这些问题，那么改判的可能性就大大提高了。

云南大学"女版马加爵"张某抢劫碎尸案

——共同抢劫杀人案中如何准确区分主犯之间的罪责

案情简介

二审上诉人张某,被捕前系云南某大学大二学生。2008年1月,因涉嫌抢劫、杀人罪被云南省丽江市人民检察院向丽江市中级人民法院提起公诉。

云南省丽江市人民检察院指控:2007年6月份,张某与被害人木某某认识后,长期交往,关系暧昧。2007年12月上旬,张某及其男友谢某(同案第一被告)伙同陈某某(第三被告),通过让张某给被害人木某某发短信邀约的方式,将木某某约至张某与谢某租住的出租房内。木某某进入房间后被躲在门后的谢某、陈某某用刀逼住,后两被告用绳子将木某某的手脚捆住并用毛巾堵住嘴后实施抢劫,从木某某身上搜到人民币2000余元,身份证1张,银行卡1张。被告人谢某持刀威逼木某某说出银行卡密码后,由张某、陈某某2人骑自行车赶到事先踩好点的某银行自动取款机处取出人民币2万元。返回出租房后,3位被告人商议后担心木某某报案遂决定将其杀死,于是谢某、陈某某用事先准备好的尼龙绳将木某某勒死。勒死木某某后,3位被告又进行分尸,后将尸体抛入护城河内。抛尸后返城途中又通过自动取款机从木某某的银行卡上提取现金人民币2万元。

丽江市中级人民法院审理认为,被告人谢某、张某、陈某某以非法占有为目的,采用暴力和杀人手段,先后劫取被害人的银行存款4万元及随身携带的人民币2000多元和价值2万多元的物品,数额巨大,均构成抢劫罪。在共同犯罪中,被告人谢某组织指挥,起核心作用;被告人张某积极主动,起关键作用;被告人陈某某积极参与,起重要作用,均系本案主犯,应予严惩。一审判决谢某、张某死刑,剥夺政治权利终身,并处没收个人全部财产;判决陈某某死刑,缓期2年执行,并处没收个人全部财产。

一审判决宣判后,3位被告人均不服并提出上诉。其中,张某的上诉理由：找木某某只是想索要被强奸后的赔偿款4万元，对于木某某被勒死一事及购买碎尸的塑料袋和尼龙绳均不知情；自己只是参与了到自动取款机取钱，但未参与杀人及抢劫行为。认为一审量刑过重，请求改判。

承办经过

受理该案后，作为上诉人张某的辩护人，笔者认真对待，全身心投入工作。笔者认为，每一个生命都值得认真对待，每一个当事人的合法权益都应受保护，每一个案件都应该尽心尽力去代理。笔者先去法院查阅该案的卷宗，通过对卷宗材料的仔细研读和对比分析，发现本案一审认定张某为主犯证据不足，对于认定主犯很关键的几个情节——谁是犯意的提起者，谁来邀约的其他同案犯，谁对整个犯罪进行了组织与策划等问题——均缺乏充分的证据支持，笼统将3人均认定为主犯属于在事实不清基础上的不当认定。看着张某写的几十页书面材料，张某尚显幼稚的笔迹，让笔者有一种强烈的感觉：本案上诉人张某，并非社会上传言的所谓"二奶""杀人女魔头"，张某有罪，但罪不至死。

带着这种感觉，笔者到丽江看守所会见了张某。张某说：自己深爱谢某，不是木某某的"二奶"。无论是在夜总会陪酒陪歌还是出外陪木某某吃饭，都是为了有一些物质上的回报以减轻家庭负担，自己在夜总会上班同学都是知道的，自己只是坐台，绝不会出台。后木某某违背自己意愿对她实施了强奸，自己很气愤，木答应赔偿她4万元钱，但一直没有兑现，不仅没有兑现，还在一次借口赔钱时又一次强奸了她。在这种情况之下，自己很长一段时间没理木某某，后来说给谢某，也只是让他帮忙要钱。笔者注意到，张某虽然说不是自己提出杀人的，但又坚决不愿说是谁提出来的，言语之间，给人感觉似乎对男友谢某是否可以被改判很在意，这种感觉与在阅卷时的感觉是一致的。最后，张某说：自己绝没有被包养，自己后来断了跟木某某的联系（因为木对其强奸）这些事等，张某同寝室的同学可以作证。

感觉毕竟是感觉，一切要用证据来说话。笔者认为，本案有必要亲自采集证人证言。于是，几经打听，笔者来到张某就读的云南某大学，在学校相关负责人在场见证的情况下，采集了张某同寝室3位室友的证言，证言指向以下几点：一是张某是去坐台，没有出台；二是张某与谢某正处于热恋中，没有也不可能被包养；三是张某看起来像是被爱情冲昏了头，对谢某言听计从、谢某唆使、诱导张某的可能性更大；四是张某有一阵子的确对她们说过木某某对她动手动脚，不想理他了的话。以上证言在判断谁提起的杀人犯意方面虽然都不是直接证据，但笔者认为，它们对更全面客观地反映案件真实面貌所起的作用还是很关键的。

在充分了解、掌握案情并会见了上诉人，采集了张某同学证人证言的基础之上，笔者仔细推敲，认真撰写了辩护意见，并在二审开庭时结合庭审实际情况向法庭进行了陈述，同时将采集到的证人证言作为新证据当庭提交并经过了法庭的质证。庭审中，笔者提出的辩护意见主要是三点：一是没有证据证明张某是主犯；二是被害人木某某有过错；三是学校方有过错。开庭后不久，笔者又向法院提交了一份书面的补充辩护意见，重点强调：一是不排除谢某唆使、诱导张某进行犯罪；二是张某毕竟只是一个学生，年轻幼稚，一时糊涂。

承办结果

2009年4月17日，最高人民法院对张某等人涉嫌抢劫犯罪一案进行死刑复核，认为谢某是主犯，核准谢某的死刑裁定；同时采纳张某辩护律师的意见裁定改判张某死刑，缓期2年执行。最高人民法院认为，"张某虽参与犯罪，但未直接实施杀死被害人的行为，其作用小于谢某，且归案后认罪态度较好。综合考虑全案的犯罪事实和情节，对张某判处死刑，可不立即执行"（详见本书附录2第229—234页）。改判后，张某的母亲第一时间打来电话："感谢***律师事务所，感谢范律师！"

案件点评

抢劫、杀人历来属于严厉打击的重点。在共同抢劫杀人案件中，如各被告人之间存在主从犯的区别，则认定罪责大小并不困难，主犯的罪责显然大于从犯。但是，如果各被告人均系主犯，且罪责相当的，如何进一步区分主犯之间的罪责，便成为棘手问题。不少案件，由于区分主犯之间罪责的困难，常有对2名甚至更多的被告人均判处死刑的做法。然而，这种做法是不妥当的，根据慎用死刑政策的精神，应从多个角度进一步区分主犯之间的罪责大小，进而准确适用死刑。

共同抢劫杀人致1人死亡的案件，主犯之间的地位、作用看似相当，但根据各自犯罪的具体情节，实际上存在进一步区分罪责大小的必要性。这既是贯彻宽严相济刑事政策的具体要求，也是罪责刑相适应原则的具体体现。不能以分不清主次为由，简单地一律判处被告人死刑。从实践情况看，应综合考虑各被告人在共同犯罪中的具体作用及主观恶性、人身危险性等因素，来准确确定罪责大小。

本案中，张某虽参与犯罪，但是未直接实施杀死被害人的行为，其作用小于谢某，且不排除张某被谢某利用的可能，而且张某归案后认罪态度较好。谢某在本案共同犯罪中，参与犯意策划，购买作案工具，实施捆绑、杀害、肢解被害人木某某的行为，并驾驶车辆抛尸、清理现场，而且在押期间企图指使张某翻供，说明其主观恶性深，人身危害大，应依法惩处。

本案从2个客观的"孤证"——张某与谢某最初说起向木某某"要债"的事时陈某某不在场；谢某邀约陈某某及购买工具时张某不在场——入手，认为本案实际存在主从犯关系，如果因为证据不足客观上不能查清谁是真正的主犯就笼统认定谢某、张某和陈某某均为主犯，实际是对被告人做了"有罪推定"，有违"无罪推定"的基本刑法原则，在此基础上笔者提出一审认定张某为主犯证据不足的辩护意见。又结合张某同学的证言提出不排除木某某有过错，不排除谢某诱导、教唆了张某犯罪的辩护意见，另辅之以对一审判决书的某些明显违背逻辑之处进行反驳，对上诉人张某做了量刑过重的辩护。辩护意见条理清晰，论证严密，最终，张某的改判意味着法院对此意见的采纳和肯定。

赵某发故意杀母案

——亲属身份对定罪及量刑的影响

案情简介

    上诉人赵某发与被害人朱某某系亲生母子关系，平素母子相处融洽，没有什么特殊的矛盾。赵某发有一个长他10多岁的姐姐，也就是说，其母亲朱某某中年得子，又是在农村，自然对其疼爱有加，但也不至于溺爱。赵某发小学毕业后就没有再继续念书了，成年后陆陆续续在外打工，打工的收入，除了自己留用外，还时不时给其母亲交一点，母子关系还算融洽。案发前2年左右，赵某发交了一个女朋友，这个女朋友带着2个小娃娃，经济负担比较大，就经常向上诉人赵某发要钱。在此情况之下，赵不仅没法像以往一样交点钱给家里表示孝敬，而且还经常要向母亲朱某某借钱。2014年8月3日，赵某发回家见到母亲，又提出让其母亲帮他借10000元，朱某某没有同意。事实上，在当地农村去借这么多钱本身就不容易，而且朱某某对儿子交了女友后的变化是有怨言的。2014年8月5日凌晨2时许，上诉人赵某发因身体不舒服，就叫其母帮其刮痧，在刮痧的过程中，2人闲谈，母亲对儿子借钱等就多了几句怨言，2人争吵起来，被害人朱某某说赵某发"不成器"，赵某发越听越气愤，又是深夜头脑昏沉，一时冲动，就随手拿起一个方凳打了朱某某背部一下，朱某某也还手打了赵某发背部一下。赵某发又用板凳砸中朱某某的头部。朱某某被砸倒地后，赵某发已经丧失了理智，见朱某某仍在喘息，便从厨房刀架上拿了一把菜刀向朱某某脖子砍了1刀，又向朱某某后脑壳砍了数刀，朱某某当场死亡。经尸体检验，被害人系脊髓断离并颅脑损伤死亡。案发后，赵某发逃离现场。

    2014年11月21日，公诉机关以被告人赵某发涉嫌故意杀人罪向云南省保山市中级人民法院提起公诉。2014年12月26日，公开开庭审理了本案。一审法院认为，被告人故意非法剥夺他人生命致人死亡的行为已触犯刑律，构成故意杀人罪，且被告人赵某发犯罪手段极其残忍，犯罪情节极其恶劣，犯罪后果极其严重，应依法惩处，判决被告人赵某发死刑，剥夺政治权利终身。宣判后，被告人赵某发不服一审判决，向云南省高级人民法院提出上诉。

承办经过

受理该案后，笔者立即开始工作，和助理一起召开案情分析会，梳理工作重点、拟订工作计划。认真查阅全部卷宗材料，并根据初步掌握的案件情况拟定好会见提纲，及时赶到几百公里以外的看守所会见了上诉人，力求全面掌握案件情况。

通过对案件的仔细梳理，笔者注意到，本案有以下几个特点。

一是本案没有有利的舆论环境。上诉人与被害人系亲母子关系，这种弑母的行为，严重违背基本的人伦常情，社会舆论几乎一边倒地倾向严惩凶手。

二是本案在法定量刑情节方面基本没有突破点。本案事实清楚，证据确凿，上诉人对指控的犯罪事实供认不讳，整个案件从程序上来看也基本没有瑕疵和漏洞。一审律师提出的所谓自首，是没有任何证据支持的，勉强论证，也不会被法庭采纳。

三是本案亦不能通过促成经济赔偿以取得被害人家属的谅解。鉴于本案上诉人经济困难，且与被害人家属（即上诉人的父亲）是亲生父子关系，这使得通过经济赔偿取得被害人家属谅解这条辩护思路既不可能，也无必要。

对于这样的案件，如果二审阶段只是泛泛而谈，说几句套话，那么上诉人被改判的可能性几乎没有。怎么办呢？在看守所里，上诉人追悔莫及的表情和真诚忏悔的表述在笔者脑中不断浮现，而且，上诉人一再向笔者表示其当时完全不知道怎么就会冲动至此，完全无法理解和原谅自己的行为。从上诉人的表现来看，其通过改造，应该可以得到灵魂的救赎。26岁，这毕竟是一条还很年轻的生命啊！

如何为上诉人提供切实有效的法律援助呢？笔者陷入沉思中……本案法定从轻的量刑情节，上诉人一条也不符合，只能从酌定从轻量刑情节方面考虑。但在以理服人没有明显优势的情况下，笔者决定将本案的辩护思路引向以情动人，只要能打动法官，那么本案离改判的希望就近了一步。

一个弑母案，能有什么情呢？笔者认为，表面上看来，这是一个非常无情的案件，儿子杀害了养育自己长大的母亲。但，舆论之所以一边倒地支持严惩凶手，正是因为天下父母尤其是母亲，对孩子是最痴心最多情的，这种多情和痴心，换来失去生命的结果，当然为整个社会舆论所强烈谴责，一审法院之所以判处上诉人死刑，不排除有对社会舆论所造成的审判压力的考量。然而，就像一个硬币的正反两面，不论我们怎样看待和评价父母的痴心问题，有一个不争的事实——天底下没有希望自己孩子失去生命的父母，没有不原谅自己孩子的父母，所谓"可怜天下父母心"，说的就是这个意思。既然司法实践中，取得被害人家属的原谅是减轻被告（或上诉人）刑罚的一种可接受方式，那么，只要论证本案被害人的家属甚至被害人本人均会最终原谅上诉人，不希望上诉人失去生命，那么其实际应该取得的量刑效果，与通过经济赔偿取得原谅的案件，就应该没有本质上的区别。当然，前提是上诉人要真诚忏悔，这与用支付金钱的方式来表达忏悔之情是一致的。

笔者决定从酌定情节下手，在辩护意见里重点谈父母对儿女的痴情，以期以情动人打动法官，同时将庭审提问设计好，尽量使上诉人的忏悔之情通过庭审表现出来，让法庭注意到。

2015年9月1日，本案在云南省高级人民法院公开开庭审理，笔者提出四点辩护意见。

首先，案件发生在深夜，上诉人本来头脑就不是很清醒，加之肚子疼，在与被害人发生争吵的过程中，受到被害人言语的刺激，情绪失控之下杀人，属激情犯罪，主观恶性较预谋犯罪小，建议从轻处罚。激情犯罪的犯罪人通常有一些共同的基本特征，当事人通常品德修养较差、受教育水平较低、经济收入微薄、心理脆弱等；从性格特征上来讲，当事人往往比较内向或者偏执；而且，当事人以不谙世事、缺乏自控能力、情商较低者为居多。激情犯罪是一种故意犯罪，是在绝望、愤怒等剧烈情绪状态下实施的犯罪行为，但由于没有预谋性，往往认为其主观恶性较轻，司法实践中一般对其持较预谋犯罪更宽容的态度。笔者指出，"对赵某发这种犯罪者，给他一个教训，一个警示，使其以后改邪归正即可，没有必要非处以死刑这种只适用于罪行极其严重，严重危害国家安全、公共安全的刑罚"。

其次，本案对上诉人判处死刑不符合当今国际刑法学理论的新趋势，而且也不符合我国刑法惩罚与教育相结合的基本原则。上诉人虽然严重违背风序良俗和人伦常理，但由于属于激情犯罪，上诉人主观恶性也不能说是极其严重。当今的新刑法理论，越来越倾向于控制说而不是惩罚说，也就是说，新的观点认为，惩罚并不能达到防止再犯罪的作用，或者说在诸如激情犯罪、性犯罪等种类的犯罪中，惩罚的作用是不明显的。所以，国际刑法理论倾向于对犯罪风险的控制而不是惩罚和复仇。在本案中，将赵某发判处死刑，实际上惩罚的不是赵某发，而是赵某发的亲生父亲和亲姐姐及其他亲人，因为他们同时失去了2个最亲的亲人。如果说这样的量刑是为了震慑住潜在的犯罪者的话，那也是牵强的，因为儿子杀母的情况毕竟是少之又少的，可以认为从概率上来说几乎为零，根本谈不上要怎样去警戒和震慑。在中国这样一个强调"百善孝为先"的国家，上诉人的行为格外让人震惊，令人不齿，这一点毋庸置疑。但人伦常理毕竟不等于法律原则，公序良俗也不能代替法律审判，评价上诉人罪行和量刑的轻重时，我们首先应该关注的是其作为公民应享有的权利，然后才是他是一个残忍的杀母之子这样一个客观事实，而不能将顺序颠倒、主次颠倒，这是每一个法律人最基本的法律理性之必然要求。

再次，母亲都是伟大的，天底下没有不原谅自己孩子的母亲。对上诉人处以死刑，未必是死者的意愿。上诉人的确是犯错了，而且是非常严重非常恶劣的错，但上诉人一再表示自己后悔了，甚至一度想服毒自尽，其罪可恨，其情可叹！九泉之下的母亲，辩护人猜测，如果知道儿子已经后悔并知错，有99%的可能性会原谅他的，这就是母亲永远是最伟大的、母爱永远是最伟大的原因。给上诉人一个重新做人的机会，让上诉人通过劳动改造来洗刷自己的罪恶，一方面，可以慰藉上诉人的父亲等亲人，另一方面，上诉人可以将自己的经历和心路历程与更多的世人分享，这样的教育意义岂不是更大更现实？

最后，本案属于亲属邻里之间的纠纷引起的刑事案件，量刑上根据《全国法院维护农村稳定刑事审判工作座谈会纪要》的规定，"对于因婚姻家庭、邻里纠纷等民间矛盾激化引发的故意杀人犯罪，适用死刑一定要十分慎重，应当与发生在社会上的严重危害社会治安的其他故意杀人犯罪案件有所区别"。

综合以上这些情节，建议法院减轻对其的量刑，给其一个重新做人的机会。

值得一提的是，本案虽然是远程数字视频开庭，但由于笔者准备充分，庭审效果非常好。尤其是笔者特意安排了这样的法庭提问：

辩护律师：你后悔吗？

赵某发：后悔。

辩护律师：你觉得你母亲若泉下有知，会原谅你吗？

赵某发：……我想不会。（比较迟疑）

辩护律师：我以一个母亲的身份告诉你，她会。

赵某发：（痛哭失声，涕泪交流，持续好几分钟……）

这是忏悔的泪水，醒悟的泪水，它们证明了上诉人的悔罪态度是真诚的，法庭都看见了。

承办结果

辩护人的辩护意见最终得到二审合议庭的采纳。2015年9月28日，云南省高级人民法院作出（2015）云高刑终字第600号刑事判决书，撤销对赵某发死刑立即执行的判决，依法改判上诉人赵某发死刑，缓期2年执行。二审判决认为"鉴于本案属家庭口角纠纷所引发的激情杀人，赵 * 发归案后认罪态度较好，辩护人所提改判意见，本院部分予以采纳。云南省人民检察院检察员所提全案维持的建议，部分不予采纳。原判定罪准确。审判程序合法。但对赵 * 发量刑不当。据此，依照《中华人民共和国刑法》第二百三十二条、第四十八条、第五十七条第一款、第六十七条第三款、第六十一条、第六十四条，《中华人民共和国刑事诉讼法》第二百二十五条第一款（二）项之规定，撤销保山市中级人民法院（2014）保刑初字第396号刑事判决第一项对赵 * 发的量刑部分。上诉人赵 * 发犯故意杀人罪，判处死刑，缓期二年执行，剥夺政治权利终身"（详见本书附录2第435—437页）。

案件点评

对发生在家庭内部的案件应根据具体情形区别对待。一般而言，对于因婚姻家庭、邻里纠纷等民间矛盾激化引发的故意杀人犯罪，适用死刑应十分慎重，与发生在社会上的严重危害社会治安的其他故意杀人犯罪案件应有所区别。但这并不意味着对所有因婚姻家庭、邻里纠纷等民间矛盾激化引发的案件，都要不分情况一律从宽处罚。对待故意伤害致死亲属的案件，在把握死刑适用标准上一定要慎重，既要准确理解法律规定和刑事政策，也要充分考虑个案的情节和各方的因素，力求判决结果达到法律效果和社会效果的有机统一。本案发生在家庭内部，被告人在外并无为非作歹行为，其社会危害性仅限于家庭内，应区别于发生在社会上的严重危害社会治安的犯罪，但是如果被告人一贯表现不好、杀人手段残忍、情节恶劣、无悔罪表现等，则一样可能会判处死刑立即执行。

依照我国刑法的相关规定，除自首、立功、从犯等法定从轻情节以外，还有犯罪动机、危害后果、主观恶性、认罪态度等诸多酌定从轻情节，供法庭在定罪量刑时综合考虑。在司法实践中，取得被害人及其家属的谅解，也是经常可见的酌定情节。

本案与一般案件有明显的不同。本案在法定从轻情节上没有任何优势可言，如果走常规路子，辩护意见很容易就流为走过场，效果得不到保障。但本案的辩护人没有回避这一客观事实，反而抓住这一事实，在酌定情节方面大做文章，在以理服人材料不足的情况下，力求竭尽全力以情动人为上诉人辩护。实际上，这个"情"之所以能打动人，也是因为辩护人将"情"背后隐藏的"理"诠释出来了，那就是：父母总归是会原谅子女的，剥夺上诉人的生命，惩罚的其实是被害人最亲的亲属——被害人的儿子和丈夫。这就为法庭额外重视这一酌定情节进行了成功的铺垫。

本案中，辩护律师没有被儿子杀母这种令人不齿的犯罪行为所掣肘，在法定情节十分不利的情况下没有灰心，本着律师的理性精神和职业道德，仍然竭力为上诉人辩护，用案件改判的事实说明了一个道理：没有不重要的情节，无论法定从轻情节还是酌定从轻情节，只要对当事人有哪怕是千分之一的作用，经过严密论证和努力，都是可以对改判起到一样关键的作用的。从这个意义上来讲，本案应该算是一个从酌定情节下手最终取得良好效果的经典案例。

精神分裂症患者施某生连杀3人案

——限制刑事责任能力的精神病人犯罪如何量刑

案情简介

2009年5月1日8时许，上诉人施某生用锄头朝姜某某及姜某某的2个儿子姜晋某和姜雷某头部连击数下，致3人颅脑损伤当场死亡。2010年4月16日，云南省曲靖市中级人民法院作出（2010）曲中刑初字第64号刑事判决，认定被告施某生犯故意杀人罪，判处死刑，剥夺政治权利终身；赔偿附带民事原告人经济损失共计150000元。宣判后，被告人施某生不服一审判决，向云南省高级人民法院提出上诉。

承办经过

受理该案后，作为施某生的辩护人，笔者认真对待，全身心投入工作。笔者及时查阅、复制全部卷宗材料，会见上诉人，全面掌握案件情况。辩护人注意到，一审期间对上诉人实际上在不同机构做了2次精神病司法鉴定，一次认为上诉人当时为限制刑事责任能力，另一次认为上诉人当时为完全刑事责任能力，这2个鉴定结论冲突，一审律师提出重新鉴定（至二审开庭，并未重新鉴定）。辩护人还注意到，上诉人杀人前半年才从精神病院住院回来，杀人后自行向行进中的火车走去，造成火车被迫停下。二审庭审时，上诉人反复供述自己当时不知道是如何发生这一切的，直到有人叫他，才知道他杀人了。种种迹象表明，不能排除上诉人案发时系限制行为能力人的可能性，经过对以上事实和证据的仔细思辨，笔者提出如下辩护意见。

第一，施某生实施犯罪时为限制行为能力人，依法应当从轻处罚。

施某生在案发前不到半年，曾因为精神分裂症，在曲靖市第三人民医院住院治疗了17天，发病症状包括难以入睡、想要自杀等，经过治疗，只能说病情有所好转，相对稳定，并非已经彻底治愈。稍具医学常识的人都知道，彻底治愈精神分裂症是非常难的，精神分裂症也被公认为是最容易反复、病后要靠长期服药来控制的一种疾病。出院不久的施某生，病情并未彻底好转，其出院后一直要靠服药才能入睡是明证，据施某生供述，哪怕是减轻一点药量都不行，会睡不着觉。入睡困难直接导致了其对行为的控制能力降低，辩护人认为，这种因果关系应该得到认可。进一步说，在曲靖市第三人民医院作出的第一份鉴定报告中，结论是施为限制行为能力人，即便如被害方提出来的重新鉴定理由，认为第一份鉴定在签名等方面存在一定的形式方面的瑕疵，这种瑕疵也不应该成为其报告失效的唯一原因。尤其是在第一份鉴定与第二份鉴定在对实体内容的认定上完全不一致的情况下，仅仅因为形式瑕疵就否定其中一份鉴定报告，这种做法没有充分的理由，在此情况之下，有必要再重做一次司法鉴定，法庭应谨慎判断，充分论证的基础上，以事实而不是形式瑕疵来作为选择鉴定报告的依据，审慎判决。

第二，退一步讲，即便抛开司法鉴定对上诉人行为能力的认定是否准确不谈，本案呈现出来的一个事实：施某生至少具备病态人格特征，其本人就是一个病人，其案发时行为不受控制，主观恶性不大，没有必要判处死刑。

辩护人认为，施某生本人具备变态人格特征，其本人也是一个病人，在对自身行为的判断和控制方面有异于正常的健康人，这一点在量刑时应该给予考虑，对其从轻判处。近年来的刑法实践证实，随着对人这一主体的认识的不断深入，病态人格与刑事政策之间的联系正越来越引起法律工作者的重视。社会环境越来越复杂，对一部分心理承受能力较差的人的扭曲也越来越强烈，当这种扭曲达到一定程度的时候，精神崩溃，也就是精神病病发在所难免。到了这一地步，法律可以给予相应的免责，这一点自然毋庸置疑。问题是，在由病态人格向精神病过渡的中间领域，判断标准经常是混乱且即使投入过多也难免失之偏颇的。当今的刑法学理论越来越倾向达到这样一个共识：有什么样的犯罪原因论，就有什么样的刑事政策论，合理的定罪量刑及行刑政策必然奠定在对犯罪原因正确认识的基础上。对犯罪原因解释的理论，走过了从客观说与主观说的对立到一体化的历程，普遍认为引起犯罪人犯罪的原因既有社会原因，又有个人原因，既有客观原因，又有主观原因，也就是说，法律工作者对犯罪原因的认识已经从片面走向全面，更注重研究生活中的真实的犯罪人及其真实的心理。已有的研究结论表明，绝大部分犯罪人人格都有不同的问题，至少其人格上存在缺陷，个人生活中的历史因素对现实中的人的心理、人格影响非常大，从某种意义上来说，每个人现实中的人格都是过去生活所留下的烙印。从人格角度有机地、尽可能全面地分析、解释犯罪原因，得出的结论必然更合理、更科学，以此为基础的量刑与行刑等刑事政策也才能够更加合理。

对变态者来说，当其变态行为没有妨碍到他人的合法权益时，当今世界越来越多的人赞成对其持宽容和理解的态度。但是，当其变态行为已妨碍甚至威胁他人的合法权益的例如变态杀人狂，在不能早期发现并给予治疗的前提下（这几乎是不可能的），国外的司法实践多是对其实行诸如终身监禁一类的刑罚，强调对其行为的控制而弱化对其行为的惩罚，其理论依据正是变态者对其行为的控制能力不能与非变态者相提并论，自然其承担的刑事责任也应比之较轻才是公平的。具体到本案来说，辩护人想提请法庭注意，施某生至少具有变态人格这一因素，以便对其主观恶性的评价与没有考虑这一因素时有所区分，从而持更保守的态度，即认为其主观恶性较小，并在量刑时予以体现，给其一个重新做人的机会。

另外，相关资料表明，有一种精神病症叫"急性短暂性精神障碍"，起病急，病人往往是发病前有焦虑、失眠、压抑等情况，发病后表现为不受控制的暴力行为，而且事后往往伴随着对事件局部的失忆等。当然，施某生是否属于这种情况或者是别的什么情形，也必须由相关方面的专家来做结论，但不管怎么说，施的表现，的确有其特殊性，因为他对杀人的动机和杀人的细节始终没有一个明确的说法。考虑到施某生的母亲也是智障，死亡原因不明，说明其有家族遗传。而且案发当天多人证明施某生的确跑到铁路上导致火车停下等，可见其当时脑子已经混乱了，从这一点也可看出，他在法庭上说"不能确定当时在侦查机关说的是不是都是客观事实"的这句话的真实性是很大的，法庭应该重视并采信而不应采纳公诉方的观点——施某生在自我保护。

第三，上诉人施某生案发后在家人的陪同下自首，依法可以从轻处罚，一审没有考虑主观恶性不深这一点，仅考虑了后果严重就据此不予从轻处罚，是典型的后果决定论，这种做法违背我国刑法量刑上的"主客观相结合"的原则，应该予以纠正。

被害方家属失去3位亲人，其心情之沉痛自不用说，但任何时候，我们都应坚持"法大于情"，本案加害人施某生案发时行为不受控制，虽然造成了严重的后果，但在其为限制行为能力人和具备自首的情况下，仍然不对其从轻处罚是没有理由的。

第四，上诉人客观上的确造成了被害人死亡的严重后果，但综合其他情节来看，上诉人并非不可以改造的对象，上诉人有罪，但罪不至死。

我国死刑的适用是非常严格的，后果严重只是其中的一个但不是唯一一个条件。施某生认罪态度一直很好，属初犯、偶犯，没有前科，平素的为人也是规规矩矩的，本案的发生，与施某生的精神障碍有直接关系。我国刑法对故意杀人罪的量刑规定也并非一律处以死刑，而是设置了从3年以上10年以下、10年以上有期徒刑、无期徒刑直至死刑的一个相对宽泛的量刑幅度，目的是给法官针对具体情况有一个量刑空间。没有理由也没有理论认为只要是杀人，就一定要判处死刑立即执行，而不考虑种种酌定量刑情节。考虑种种情节，辩护人认为，通过对施某生处以死刑以下刑罚，在一定时间内限制其人身自由，使其接受劳动改造，深刻认识到自己的错误，应该可以达到惩罚与教育的目的，也可以达到使其不再犯罪并警示周围人不要犯罪的目的，刑法的一般预防与特殊预防目的均可以达到，没有必要判处死刑立即执行。这也符合当前构建和谐社会所倡导的理念，符合"少杀慎杀"的相关精神。对施某生这种犯罪者，给他一个教训，一个警示，使其以后改邪归正即可，没有必要非要处以死刑这种只适用于"罪行极其严重、严重危害国家安全、危害公共安全、气焰嚣张、屡教不改的犯罪分子"的极刑。我国是人民民主专政的国家，大量适用死刑违背社会主义国家的性质。死刑存在消极作用，大量运用死刑会引起恶性犯罪增加、阻碍人们价值观念的提升等恶果。

综上所述，对施某生杀人案，考虑到心理疾病的纷繁复杂，建议法庭应尽可能客观、充分、谨慎地全面考虑，对施某生多从心理障碍和限制行为能力人的角度进行分析和判断，即便一时得不出结论，至少应审慎判决，对其判处死刑以下刑罚可能要更好一些。

承办结果

2010年12月7日，云南省高级人民法院作出（2010）云高刑终字第962号刑事附带民事判决书，撤销对其判处死刑立即执行的判决，依法改判上诉人施某生死刑缓期2年执行。二审判决认为，"鉴于曲靖市第三人民医院司法鉴定所和云南省精神病医院司法鉴定中心对于行为人的刑事责任能力鉴定具有同等鉴定资质，且鉴定程序均合法，故作出的鉴定结论具有同等效力，结合施*生案发前曾患有精神性疾病的事实，不能排除施*生作案时刑事责任能力受限的可能。根据我国刑法的规定并结合施*生具有自首情节的事实，对其可判处死刑但不必立即执行"（详见本书附录2第397—401页）。

案件点评

我国刑法规定的限制行为能力人有4种：已满12周岁的未成年人、尚未完全丧失辨认或者控制自己能力的精神病人、又聋又哑的人、盲人。刑法第十八条第三款规定：尚未完全丧失辨认或者控制自己行为能力的精神病人犯罪的，应当负刑事责任，但是可以从轻或者减轻处罚。该规定有两个方面的涵义：一方面，限制刑事责任能力的精神病人犯罪应当承担刑事责任。具有限制刑事责任能力的精神病人，由于患有精神疾病，致使辨认或者控制自己行为的能力明显削弱。这类人既不是无刑事责任能力人，也不是完全刑事责任能力人，而是限制刑事责任能力人，他们在实施危害社会的行为时，仍然具有一定的辨认或者控制自己行为的能力，应当承担刑事责任。另一方面，限制刑事责任能力的精神病人犯罪可以从轻或者减轻处罚。具有限制刑事责任能力的精神病人，由于患有精神疾病，其辨认能力和控制能力明显下降，所以在追究刑事责任时可以从轻或者减轻处罚，但并非绝对排除死刑的适用。

本案杀害3人的危害后果，不可否认达到了刑法上的"后果严重"，但本案的诉争焦点就在于上诉人案发时是否具有完全行为能力。由于2份鉴定报告的结论是冲突的，找出理由说服法庭采信对上诉有利的鉴定结论就显得非常重要。辩护人围绕上诉人案发前后的种种非正常表现多方论证，努力将辩论结果往上诉人系限制行为能力人的结论上靠，并且具有建设性地提出"即便一时不能得出结论，至少应该考虑上诉人具备变态人格特征和自首情节，不宜判处死刑立即执行"的辩护观点，同时驳斥了一审仅仅因为对上诉人有利的鉴定报告存在细小瑕疵就将其实质性结论加以否定的做法不恰当。二审判决认为"鉴于两家鉴定中心对于行为人的刑事责任能力具有同等鉴定资质，且鉴定程序均合法，故作出的鉴定结论具有同等效力，结合上诉人案发前曾患有精神性疾病的事实，不能排除上诉人作案时刑事责任能力受限的可能"，从判决书上的这种表述来看，二审法院应该是已经采纳了辩护人的辩护观点，辩护人的辩护取得了成功。

酒后屡遇挑衅辱骂愤而杀人案

——"被害人"过错对量刑的影响

案情简介

2009年6月29日19时许，被告人白某某与被害人黄某某、石某某等人在喝酒过程中，因琐事产生矛盾而撕扯，后白某某回到家中后又听到黄某某在外叫骂，就持一把尖刀出来找到黄某某和石某某并朝二人胸部、腹部等部位连刺数刀，致黄某某、石某某当场死亡。云南省红河哈尼族彝族自治州中级人民法院作出（2009）红中刑初字第271号刑事判决，判决被告白某某犯故意杀人罪，判处死刑，剥夺政治权利终身；犯非法持有枪支罪，判处有期徒刑1年；决定执行死刑。宣判后，被告人白某某不服一审判决，向云南省高级人民法院提出上诉。

承办经过

接受代理之后，笔者及时查阅、复制全部卷宗材料，会见上诉人，全面掌握案件情况，经过仔细思辨，提出如下辩护意见。

第一，上诉人犯罪后及时自首，为司法工作节约了大量的成本，这种行为应该受到鼓励，并从量刑上体现出来。本案现有的证据可以证实，上诉人在案发后就存在自首意识，只是由于各种因素未能在案发后第一时间到公安机关自首。在案发后的第三天，上诉人先叫自己的亲戚打电话给公安机关说自己要自首，在家人的陪同下到公安机关投案的过程中被抓获，根据《最高人民法院关于处理自首和立功具体应用法律若干问题的解释》第一条的规定，上诉人应视为自动投案。投案后上诉人如实供述了自己的犯罪行为，认罪态度很好。如果仅仅因为造成了杀死2人的后果，就不考虑自首在量刑上的影响，这不利于对社会上其他犯罪分子的警示和教育作用，会使自首者越来越少，从而加大司法成本，不利于改造和预防犯罪。

第二，上诉人白某某系酒后犯罪，在酒精的作用下，认知能力和判断能力都显著下降，对行为的控制能力更是降到最低，据此应认为其主观恶性较小，应对其从轻处罚。案发当天，上诉人先在家里喝了一瓶白酒，大概有8两，后又到白某保家喝了4两左右白酒，体内积聚了大量的酒精。在受到殴打和语言的刺激之后，无法控制自己的情绪和行为，犯下了罪行。但这种犯罪相对意识清醒的预谋犯罪而言，其主观恶性要小得多。我国刑法的基本原则之一是惩罚与教育相结合，对主观恶性较小的罪犯，如果不是非杀不足以消灭社会危害性，应该给其一个重新做人的机会，通过其他刑种，达到惩罚犯罪分子的目的，才能体现当前以人为本的精神宗旨。

第三，考虑到被害人有过错，应酌情减轻上诉人的刑事责任，才能体现罪刑相适应的公平原则。白某某的供述里反复提到，被害人一而再再而三地打自己，"他俩（被害人黄某某和石某某）一次不得又打第二次，第一次是用手打，第二次又用石头打，我回家后换衣服抽烟，黄某某又来叫我'出来，出来'，我想他们一次不得又打两次，这次我肯定得死了，他们会把我打死的，所以我想谁死都是死……"。现场目击证人白某保的证言也证实了是黄某某一再挑起事端，本来第一次发生扭打后上诉人白某某已经回自己家，但"回家后，黄某某说不服气，又冲了出去，过了一会，白某保就听到东西撞击地面的声音……"。正是因为被害人不能本着大事化小的态度处理纠纷，一再打上诉人，导致上诉人内心产生了害怕被打死的心理，才作出了超出必要限度的防卫行为，主动对被害人实施攻击，造成严重的后果。被害人的过错在本案中是明显的，有证据证实的，考虑到这一因素，就应该减轻加害人也就是上诉人的刑事责任，才能体现我国刑法的公平原则。

第四，上诉人表示愿意从经济上赔偿被害人家属，可视为其认罪态度好，悔罪表现积极，希望法庭能居中调解，促成赔偿的实现，并在此基础上对上诉人减轻处罚。

第五，上诉人二审开庭时当庭检举同村其他人犯非法持有枪支罪，如能查证属实，应属于立功，按我国刑法规定，既有自首情节，又有立功情节，应该从轻或者减轻处罚。

事实上，边疆地区农村，村民有打猎的习俗，大部分家庭都有火药枪，但一审既然以非法持有枪支罪对上诉人定罪量刑，那么从逻辑上来讲，二审应当对上诉人提出的检举其他人非法持有枪支的犯罪事实就应该予以查证，否则的话，二审判决就应该对本罪不予认定。如果既认定上诉人犯非法持有枪支罪，又对上诉人检举的情况不加查证，那是不公正的，不利于较好地改造罪犯和预防犯罪。

第六，上诉人客观上的确造成了2死1伤的严重后果，但综合其他情节来看，上诉人并非不可以改造的对象，上诉人有罪，但罪不至死。

我国死刑的适用是非常严格的，后果严重只是其中的一个但不是唯一条件。白某某认罪态度一直很好，属初犯、偶犯，没有前科，平素的为人也是规规矩矩，被害人一再挑起事端，也是造成悲剧发生的原因之一。我国刑法对故意杀人罪的量刑规定也并非一律处以死刑，而是设置了从3年以上10年以下、10年以上有期徒刑、无期徒刑直至死刑的一个相对宽泛的量刑幅度，目的正是给法官针对具体情况有一个量刑空间。没有理由也没有理论认为只要是杀人，就一定要判处死刑立即执行，而不考虑种种酌定量刑情节。在本案中，白某某的行为的确触犯了刑法的规定，造成了2人死亡的严重后果。但考虑种种情节，辩护人认为，通过对其处以死刑以下刑罚，在一定时间内限制其人身自由，使其接受劳动改造，深刻认识到自己的错误，应该可以达到惩罚与教育的目的，也可以达到使其不再犯罪并警示周围人不要犯罪的目的，刑法的一般预防与特殊预防目的均可以达到，没有必要判处死刑立即执行。这也符合当前构建和谐社会所倡导的理念，符合"少杀慎杀"的相关精神。对白某某这种犯罪者，给他一个教训，一个警示，使其以后改邪归正即可，没有必要非要处以死刑这种只适用于"罪行极其严重，严重危害国家安全、危害公共安全、气焰嚣张、屡教不改的犯罪分子"的极刑。我国是人民民主专政的国家，大量适用死刑违背社会主义国家的性质。死刑存在消极作用，大量运用死刑会引起恶性犯罪增加、阻碍人们价值观念提升的恶果。

综上所述：上诉人酒后犯罪，被害人又存在过错，上诉人犯罪后自首且积极立功，在相关精神少杀慎杀的前提下，不属于必须立即执行死刑的犯罪分子，建议法庭对其改判死缓。

承办结果

2010年6月30日，云南省高级人民法院作出（2010）云高刑终字第227号刑事附带民事判决书，撤销对上诉人判处死刑立即执行的判决，依法改判死刑缓期2年执行。二审法院认为，"上诉人白*紧无视国法，持刀杀死被害人黄某某、白某某，其行为已构成故意杀人罪，应依法惩处。白*紧罪行极其严重，论罪当处死刑。鉴于白＊紧犯罪后自动投案，如实供述自己的犯罪事实，是自首，依法可从轻处罚。此外，白＊紧与黄某某、白某某之间的吵打平息后，黄某某仍然跑到白＊紧家门外辱骂白＊紧，其对引发本案负有一定的责任。综上，对白＊紧可不立即执行死刑"（详见本书附录2第377—380页）。

案件点评

《全国法院维护农村稳定刑事审判工作座谈会纪要》规定，对故意杀人犯罪分子是否判处死刑，不仅要看是否造成了被害人死亡结果，还要综合考虑案件的全部情况。对于被害人一方有明显过错或对矛盾激化负有直接责任，或者被告人有法定从轻处罚情节的，一般不应判处死刑立即执行。

本案中，辩护人紧紧围绕案件的事实，从被告人的自首情节、酒后犯罪的激情杀人情节以及被害人有过错的特殊性等角度切入进行论证，主要表达了被告人有罪但罪不至死的辩论观点，论述中重点表达危害后果严重并非是判处死刑立即执行的唯一标准，在有法定从轻情节和酌定从轻情节时，判断被告人并非主观恶性极大没有改造可能和必要的情况，就应该给其一个重新做人的机会。这种意见和辩护思路得到了二审法院的肯定，最终挽回上诉人一命！

盗窃过程中逃跑致人死亡案

——共同犯罪案件处理中从犯的认定与量刑

案情简介

2007年9月24日，被告人丁某、张某某、李某某（在逃）3人驾驶汽车至玉溪市某加油站内盗窃油罐车内的柴油被发现后，丁某驾车撞人后逃跑，被害人沐某某被车拖擦、碾压致颅脑损伤并失血性休克死亡，被害人沐某生全身多处擦伤，构成轻微伤。被盗柴油价值人民币1443元。根据上述事实，玉溪市中级人民法院以抢劫罪判处丁某死刑，剥夺政治权利终身；判处张某某有期徒刑15年，并处罚金人民币10000元；由被告人丁某、张某某赔偿附带民事诉讼原告人沐某生人民币950元；作案工具汽车退还贵阳某汽车租赁部。宣判后，丁某不服，向云南省高级人民法院提出上诉。

承办经过

受理该案后，笔者到法院认真查阅了该案卷宗并会见了上诉人丁某，认为本案存在部分事实不清、定性不准的问题，一审量刑过重。首先，刑法第269条规定：犯盗窃、诈骗、抢夺罪，为窝藏赃物、抗拒抓捕或者毁灭罪证而当场使用暴力或者以暴力相威胁的，直接以抢劫罪定罪处罚。但本案上诉人丁某不属于这种情况。因为丁某等在被发现后只是开车逃跑，只是受到张某某的催促，在慌乱之中匆忙发动车子，侥幸认为受害人会让开的情况之下，造成了受害人死亡，其主观方面是"逃"而不是"抗"。辩护人认为，对死亡结果，上诉人的主观故意只能是过失而不是故意，是在仓皇逃跑中对应当预见的危害没有预见。虽然后来感觉到车子可能压到了人，但这个感觉不能看成是加害行为的主观要件，而是对危害后果的主观认识。另外，本案有1名同案犯在逃，在这种情况之下，使到案的2名被告人供述的真实性难以得到印证，这种情况之下，认定丁某为主犯缺乏充分的证据支持。加上2名原审被告对许多细节的供述相互矛盾，客观上造成部分事实没有查清，例如谁先邀约偷油的、谁去卖的油、谁分的卖油钱、偷油工具是谁的、到底是偷了1次还是4次等问题，2名原审被告的供述相互矛盾，没有查清。辩护人认为，在这种情况之下仅仅因为案发时是丁某开车逃跑的就将丁某认定为主犯是不恰当的。因为主犯的认定要从犯意的提起、犯罪方法的传授、对犯罪的策划和安排等方面来综合认定，以这些来衡量，恰恰是张某某为主犯的证据更充分一些。

综合以上分析，笔者提出了以下几点辩护意见。

（1）一审认定丁某构成抢劫罪定性不准，应以盗窃罪和过失致人死亡罪对上诉人定罪量刑。（2）没有证据证明上诉人丁某是主犯。（3）直接实施驾车行为并不必然等于就是主犯，一审因为丁某驾车就据此认定其为主犯只是看到了案情的表面，没有抓住案情的本质。丁某是在张某某的教唆之下被动实施驾车逃跑的行为，丁某只是"手脚"，张某某才是"大脑"，是指挥者。张某某既是偷油的直接实施者，又是逃跑的指挥者和教唆者，如果一定要区分主从犯的话，也只应该认定张某某为主犯。在"上诉不加刑"原则的制约之下，为体现公平，就应该减轻对丁某的量刑。（4）本案存在至少5个矛盾之处和6个未能查清之处。5个矛盾：①张某某负责偷油与推定丁某邀约偷油是矛盾的。一般情况下，懂得偷油的人才会是发起者。②租车时间（8月中旬）与张某某供述只在9月24日偷过一次油是矛盾的。如果只是打算在9月24日偷油，为何提早1个多月就租好车呢？可见，丁某供述已经偷了4次的可信度较大。③丁某供述在某小区下油与张某某在庭审中供述记不清在哪家旅社住宿的供述矛盾。④丁某去卖油并分给其他两同案犯钱与丁某向其他两同案犯每人要1500元租车费是矛盾的，正常做法是直接从卖油钱里扣减即可。⑤车子启动以后不久即感觉到左后轮被抬高了一下与故意以杀人方式抗捕的认定之间是矛盾的。6个未查清之处：①谁先邀约的；②谁去卖的油；③谁分卖油钱；④是在什么地方下的油；⑤偷油工具是谁的，后来藏在哪里；⑥到底偷了几次油。在以上矛盾不能合理解释、事实不能查清的情况之下，判处上诉人死刑立即执行有失审慎。（5）上诉人有真实诚恳的悔罪表现，当时只是想找到同伙后一起去自首，错失了自首的最好时机。（6）包括初犯、偶犯在内的若干酌定从轻情节。

承办结果

云南省高级人民法院维持原判，后报最高人民法院死刑核准，最高人民法院裁定不核准死刑，发回云南省高级人民法院重新审判。2009年9月10日，云南省高级人民法院作出（2008）云高刑终字第653—1号刑事附带民事判决书，撤销对其判处死刑立即执行的判决，依法改判上诉人丁某死刑缓期2年执行。二审判决认为"丁*及原审被告人张*贵盗窃他人财物，为抗拒抓捕而当场驾车撞人，致一人死亡，一人轻微伤的行为，均已构成抢劫罪，应依法惩处。在共同犯罪中，丁*驾车撞击他人，起主要作用，是主犯；张*贵起次要作用，是从犯。丁*上诉提出盗窃柴油的犯意由张*贵、李*江提出且是由张*贵负责分工安排的理由，经查无相关证据予以证实，不能成立。丁*提出在驾车逃跑时，未发现有人拦车，不是故意撞人的理由，经查，丁*在侦查阶段均多次供称看见一男子拦在车的左侧大灯前面，张*贵及被害人沐*生均证实能看见沐某某站在车的左侧前面，且当时沐某某还在大声喊不能走，因此该上诉理由不能成立。丁*提出有自首情节的理由，经查，公安机关是在设卡公开查缉时在公共汽车上将丁*抓获，其无自首情节，该上诉理由不能成立。丁*的辩护人提出丁*只构成盗窃罪和过失致人死亡罪且不是主犯的辩护意见亦不能成立。被告人丁*虽罪行极其严重，但尚不属判处死刑，必须立即执行的犯罪分子"（详见本书附录2第195—197页）。

案件点评

本案以客观上存在在逃同案犯导致部分事实难以查清为突破口，对案件中2名到案上诉人的供述进行条分缕析的分析和比较，提出5点矛盾之处和6点没有查清的事实，以此论证一审认定丁某为主犯缺乏证据支持，判处丁某死刑立即执行有失审慎。由于该意见言之有据，说理充分，论证清楚，故最终得到了法院的采纳，上诉人获得了重新做人的机会。

刘某光抢劫致人死亡案

——对同时具备从重、从轻情节的被告人应慎用死立刑

案情简介

上诉人刘某光，1993年3月12日因犯盗窃罪被人民法院判处有期徒刑6年，2000年10月26日因犯诈骗罪被人民法院判处有期徒刑2年，2002年7月29日刑满释放。因为涉嫌强奸罪、盗窃罪和诈骗罪，于2008年3月1日再次被刑事拘留，同年4月3日被逮捕并羁押于看守所。

2008年12月5日，云南省红河哈尼族彝族自治州中级人民法院审理红河哈尼族彝族自治州人民检察院指控原审被告人刘某光犯抢劫罪、盗窃罪、诈骗罪及附带民事诉讼原告人冯某兴、唐某仙、冯某绕、冯某林提起附带民事诉讼一案，作出（2008）红中刑初字第213号刑事附带民事判决。原判认定，2008年1月20日中午，被告人刘某光在云南省泸西县永某村中路松棵（地名）马某云家田地旁的树林中用桉树棒将冯某祥打死后将冯放牧的1头黄牛劫走。此外，原判还认定了刘某光盗窃、诈骗他人财物的相关犯罪事实。原判根据上述事实，依照我国刑法和民法通则的相关规定，以抢劫罪判处被告人刘某光死刑，剥夺政治权利终身，并处没收个人全部财产；以盗窃罪判处有期徒刑6年，并处罚金人民币10000元；以诈骗罪判处有期徒刑2年，并处罚金人民币5000元；决定执行死刑，剥夺政治权利终身，并处没收个人全部财产。

一审宣判后，被告人刘某光不服，提出上诉。云南省高级人民法院于2009年4月10日作出（2009）云高刑终字第127号刑事裁定，驳回上诉，维持原判；对上诉人刘某光的死刑裁定依法报请最高人民法院核准。最高人民法院于2009年10月28日作出（2009）刑五复44292412号刑事裁定，不核准云南省高级人民法院维持第一审法院对刘某光判处死刑的刑事裁定，发回云南省高级人民法院重审。

承办经过

受理该案后，笔者到法院认真查阅了该案卷宗并会见了上诉人刘某光。在研读分析案卷材料和听取上诉人辩解之后，笔者发现本案有一个特点：本案中上诉人同时具备了从重处罚和从轻处罚的情节。一是本案上诉人是一个惯犯，而且本次犯罪与前罪构成了累犯。这在法律方面属于加重情节，在个人情感方面，其也给人"屡教不改的坏人"印象。二是本案上诉人构成自首，这是法定的从轻处罚情节。

笔者本着以忠于法律事实，为当事人负责，为生命负责任的态度，决定为上诉人作罪轻辩护，并提出了以下辩护意见。

第一，上诉人刘某光的自首情节对于侦破案件具有重大价值。上诉人到案后，主动交代了司法机关未掌握的4起盗窃事实和9起诈骗事实。对于公安机关侦查破案、节省司法资源具有重要意义。对于这样的自首情节，在量刑方面应予考虑。因自首情节对本案被告人从宽处罚，不适用死刑立即执行，可能鼓励和引导一些犯罪的人悔过自新，自动投案或主动供述司法机关尚未掌握的罪行，接受国家惩处，有利于发挥刑事政策威力，分化瓦解犯罪分子，使案件及时得以侦破，有效实现刑罚目的。

第二，上诉人刘某光没有杀死被害人的主观恶意。在会见当事人刘某光时，其多次表示没有杀死被害人冯某祥的故意。被告人刘某光虽然多次作案，主观恶性相对一般的罪犯要深，但是没有穷凶极恶的杀人犯的主观恶意。其作案是以获取钱财为目的，没有杀人的故意，其仍然具备改造的可能性。

第三，上诉人刘某光到案后，认罪态度好，配合调查，主动交代犯罪事实，具备酌定从轻处罚的情节。

综上，在少杀慎杀的"死刑限制适用"司法理念下，笔者建议二审合议庭给上诉人一个重新做人的机会，也不违背我国刑法惩罚与教育相结合的原则。

承办结果

2010年12月3日，云南省高级人民法院作出（2009）云高刑终重字第00127—1号刑事判决书，撤销一审判决中关于判处刘某光死刑立即执行的量刑部分，改判刘某光死刑缓期2年执行。二审法院认为"刘＊光归案后主动供述公安机关尚未掌握的盗窃和诈骗事实，属自首，依法可对其所犯盗窃罪和诈骗罪从轻处罚。刘*光曾因故意犯罪被判处有期徒刑，刑满释放五年内又犯新罪，是累犯，依法应从重处罚。鉴于上诉人刘*光归案后如实供述犯罪事实，对其判处死刑，可不立即执行。刘*光的辩护人所提合理辩护意见，本院部分予以采纳"（详见本书附录2第247—250页）。

案件点评

对既具有法定从轻又具有法定从重处罚情节的被告人应当慎用死刑立即执行。

就本案而言，被告人曾因犯盗窃罪、诈骗罪被判处刑罚，属有劣迹、有前科，在刑满释放5年内又犯诈骗罪、盗窃罪、抢劫罪，系累犯。其具备从重处罚的加重情节，同时其抢劫行为造成被害人死亡的严重后果。因此，一审法院判处被告人死刑立即执行。

但是，被告人刘某光归案后主动供述公安机关尚未掌握的盗窃和诈骗事实，属自首。根据我国刑法的规定，对于自首的被告人，可以从轻或者减轻处罚；对于犯罪较轻的，可以免除处罚。对应判处死刑立即执行的，如果具有法定可以从轻或减轻处罚情节的，一般不应判处死刑立即执行。因此，本案被告人同时具备了从重处罚和从轻处罚的情节。

强调因具有自首这一法定从轻情节而对被告人从轻处罚，或是强调因具有累犯这一法定从重情节而对被告人从重处罚都是片面的。是否应给予罪行极其严重的被告人从宽处罚，判处死刑缓期2年执行，不仅涉及对自首制度的立法意图及司法价值准确把握的问题，还涉及对死缓制度中"不是必须立即执行的"规定的正确适用。当然，对于具体案件最终是否从轻或减轻处罚，还是要由法官根据犯罪的客观危害和犯罪人的主观恶性以及自首、立功等情节的司法价值，以及法定、酌定从轻情节与从重情节等影响量刑的因素进行综合比较、平衡，依法裁量。

综合衡量本案的从重、从轻情节，犯罪人的悔过表现、主观恶性，笔者认为依法对本案被告人从宽处罚，是适当的。

第一，对于被告人自首情节的司法价值认定方面，被告人的自首情节对于侦破案件具有重大价值。刘某光归案后，主动供述了其盗窃和诈骗的相关事实。其主动交代的盗窃、诈骗犯罪时间跨度大，作案次数多达10余次，正是被告人的主动供述，公安机关才得以成功侦破这么多起积案，对于公安机关侦查破案、节省司法资源具有重要意义。对于这样的自首情节，在量刑方面应予考虑。因自首情节对本案被告人从宽处罚，不适用死刑立即执行，可能鼓励和引导一些犯罪的人悔过自新，自动投案或主动供述司法机关尚未掌握的罪行，接受国家惩处，有利于发挥刑事政策威力，分化瓦解犯罪分子，使案件及时得以侦破，有效实现刑罚目的。

第二，本案被告人归案后，认真悔罪、表现良好，在律师会见时多次表示其没有杀死被害人冯某祥的故意。因其是累犯、惯犯，虽然较一般犯罪人员其主观恶性相对较深，但是其与顽固不化、主观恶性极深的犯罪分子相比较，其仍然具备改造的可能性。

第三，体现了"死刑限制适用"的司法理念。"死刑限制适用"包含两层意思：其一，对特别严重的刑事犯罪要适用死刑；其二，对死刑的适用要从严把握，以减少死刑适用数量。这一理念反映了我国在死刑适用方面的审慎态度及对罪犯生命权利的重视。为了限制死刑立即执行的适用，刑法第四十八条规定，"对于应当判处死刑的犯罪分子，如果不是必须立即执行的，可以判处死刑同时宣告缓期二年执行"。至于何种情况属于"不是必须立即执行的"，刑法未作具体规定，主要由法院根据具体案情和国家刑事政策，作出慎重判断。

潘某宝激情杀人案

——激情杀人案件中死刑立即执行的适用

案情简介

上诉人潘某宝，2003年8月14日因犯强奸罪被人民法院判处有期徒刑3年6个月，2006年1月15日刑满释放。2010年12月1日因本案被刑事拘留，同月15日被逮捕并羁押于看守所。

2011年9月15日，云南省德宏傣族景颇族自治州中级人民法院审理云南省德宏傣族景颇族自治州人民检察院指控原审被告人潘某宝犯故意杀人罪、盗窃罪，原审附带民事诉讼原告人何某扬、何某玉提起附带民事诉讼一案，作出（2011）德刑三初字第70号刑事附带民事判决，以故意杀人罪、盗窃罪，数罪并罚判处潘某宝死刑，剥夺政治权利终身，并处罚金人民币5000元。

原判认定，2010年5月1日，潘某宝在内蒙古阿拉善左旗某足道店内将苍某芳放于柜台上的存折盗走，同月2日，潘某宝持该存折到阿拉善左旗农村合作银行取走人民币35000元。2010年11月29日15时许，潘某宝在瑞丽市其女友杨某瑾（殁年23岁）的时尚秀发店3楼，因怀疑被害人杨某瑾与他人有染，双方发生争吵。18时许，当杨某瑾在4楼楼顶的厨房内炒菜时，潘某宝又到厨房跟杨某瑾继续争吵，潘某宝让杨某瑾还钱，但杨某瑾拒绝还钱，潘某宝便萌发了杀害杨某瑾的念头。潘某宝将杨某瑾摔倒，骑到杨某瑾的身上，双手掐住杨某瑾的脖子，感觉到杨某瑾不再动弹时才松手，并将杨某瑾所戴的一对金耳环等物品摘走后逃离现场。经法医检验，被害人杨某瑾系颈部被扼压致机械性窒息死亡。

宣判后，原审被告人潘某宝对判决的刑事部分不服，提出上诉。云南省高级人民法院于2012年2月23日作出（2011）云高刑终字第1356号刑事裁定，驳回上诉，维持原判，并依法报请最高人民法院核准死刑。2012年9月

18日，最高人民法院作出（2012）刑四复85921560号刑事裁定，不予核准，将本案发回云南省高级人民法院重新审判。

二审上诉期间和最高人民法院发回云南省高级人民法院重审期间，笔者担任上诉人潘某宝的辩护人。

承办经过

受理该案后，笔者认真查阅了该案卷宗并会见了上诉人潘某宝。在了解了案件的调查过程和证据，听取上诉人的辩解之后，笔者发现本案和2010年宣判的（2009）云高刑终重字第00127-1号刘某光抢劫杀人案有类似之处，即两案上诉人都是同时兼有从重和从轻的情节。两案的不同之处是，本案上诉人属于因感情纠纷引起的激情杀人犯罪，且得到了受害人家属方的谅解。

笔者认为，上诉人的犯罪行为造成了1人死亡的严重后果，应予惩处，但是其与预谋杀人、无差别滥杀无辜的"恶人"相比，主观恶性要低，其有改造的基础，不宜对其判处死刑立即执行。笔者提出了以下辩护意见。

第一，本案被害人有过错，应相应减轻上诉人的刑事责任，一审量刑过重。本案一审提供的证人刘某荣的证言已经证实了被害人没有妥善处理好与上诉人的感情问题，给上诉人造成了比较大的刺激和打击，后又在言语方面没有注意好，对上诉人的情绪失控起到了推波助澜的作用。上诉人没有控制住自己的怒火，最终酿成悲剧。但不可否认，被害人也有一定过错，通过适当减轻上诉人的量刑才能体现罪责刑相适应的原则。

第二，本案属于激情犯罪，上诉人主观恶性不大，建议对其从轻处罚。上诉人主观上由于情绪的影响，引起认识的局限和行为的控制力上减弱，对于行为的性质、后果缺乏必要的考虑而产生突发性犯罪。与有预谋的故意犯罪不同，行为人没有长时间的犯罪预谋，没有预先确定的犯罪动机，也没有事先选择好的犯罪目的，主观恶性不如有预谋的故意杀人大。

第三，判处死刑特别是死刑立即执行要慎重。潘某宝有罪，但罪不该死，其有改造得好的基础，不宜对其判处死刑立即执行。潘某宝冲动之下将被害人打死，不可否认，后果严重。但是否这样就一定要判处死刑呢？辩护人认为不尽然。即使是触犯了刑法的相关规定，但法律在量刑上也是规定了"处十年以上有期徒刑、无期或者死刑"这样一个比较宽泛的量刑幅度，并非只有死刑立即执行一种判决结果。辩护人认为，判决死刑立即执行应该极其慎重和严格，除非是罪刑极其严重，社会危害性极大，不处死刑不能消除此种危险，或者种种情节表明犯罪人没有可以改造得好的可能性等情况下，才应该考虑适用死刑。另外，在量刑上不应该对法条做机械的理解和对照适用，而应以事实为依据，以法条为基准的前提下，充分考虑犯罪人的自然情况、文化水平、所处环境经济状况、犯罪地点的特殊性、社会经济政治大环境等因素，以便对其主观恶性的大小、社会危害性、改造的可能性及难易程度、犯罪的危害性大小等有一个更为客观公正、更符合当前时代特征的评价，并在此基础上进行量刑，才能实现罪刑相适应的目的，从而达到更好的一般预防与特殊预防的效果，从根本上实现刑法的最终目的。否则，即便从表面上看起来是"遵照"法条量刑，但如果不充分考虑与客观环境和相似案例的对准比较，那么这其实也是隐性地背离刑法立法精神的做法。机械地照搬法条，不能与时俱进地分析问题，那么又何来提高执法水平一说呢？一审法院对潘某宝的量刑，没有考虑以人为本的时代特征，也没有斟酌最高人民法院提出的少杀慎杀等司法精神，尤其是没有考虑被害人也有一定过错，致使对上诉人潘某宝的量刑畸重。对潘某宝这样的犯罪分子，通过对其处以死缓或以下刑罚，在一定时间内限制其人身自由，使其接受劳动改造，使其深刻认识到自己的错误，应该可以达到惩罚与教育的目的，可以达到使其不再犯罪并警示周围人不要犯罪的目的，刑法的一般预防与特殊预防目的均可以达到。对他这种犯罪者，给他一个教训，一个警示，使其以后改邪归正即可，没有必要处以死刑这种只适用于"罪行极其严重，严重危害国家安全、危害公共安全，气焰嚣张、屡教不改的犯罪分子"的极刑。我国是人民民主专政的国家，大量适用死刑违背社会主义国家的性质。死刑存在消极作用，大量运用死刑会引起恶性犯罪增加、阻碍人们价值观念的提升的恶果。除个别犯罪外，死刑总是与无期徒刑等刑罚方法共同构成一个量刑幅度，故即使是极其严重犯罪的最严重情节，也并非必须绝对判处死刑。因此，适用死刑时，必须综合评价所有情节，判断犯罪人的罪行是否极其严重。请二审合议庭审慎判决，给上诉人一个重新做人的机会。

第四，上诉人潘某宝犯罪后认罪态度好，其主动打电话让朋友去看看，案发后坦白交代案情，又表示愿意积极赔偿，都是其认罪态度好的表现，而不是顽固不化、拒不认罪。

综上，辩护人认为，上诉人潘某宝虽然造成了严重的危害后果，但本案事出有因，被害人也有一定的过错，上诉人事发后坦白交代案情，应该看成是其积极悔罪、认罪态度好的表现，凡此种种，都不属于非杀不可的犯罪分子，在这种情况之下，一审对上诉人潘某宝的量刑过重，建议二审合议庭对其适当减轻量刑，给其一个重新做人的机会，也并不违背我国刑法惩罚与教育相结合的原则。

承办结果

2012年12月18日，云南省高级人民法院作出（2012）云高刑终字第1356—1号刑事判决书，撤销一审判决中的死刑立即执行量刑部分，改判潘某宝死刑缓期2年执行。二审判决认为"潘 * 宝无视国家法律，因不能正确处理感情纠纷，故意非法剥夺他人生命，其行为已构成故意杀人罪。潘 * 宝在前罪有期徒刑刑罚执行完毕以后，在五年以内再犯应当判处有期徒刑以上刑罚之罪，属累犯，应从重处罚。鉴于本案因恋爱纠纷引发，潘 * 宝归案后认罪态度好，有悔罪表现；其亲属替其积极进行民事赔偿，获得了被害人亲属的谅解，对其判处死刑，可不立即执行。上诉人潘 * 宝及其辩护人提出原判量刑过重，请求从轻判处的上诉理由和辩护意见，本院予以支持"（详见本书附录2第415—417页）。

案件点评

所谓"激情杀人"，是指行为人在精神上受到刺激或人身受到攻击、人格遭到侮辱后，处于难以抑制的兴奋冲动状态，在这种状态下，人的正常理智被削弱或丧失，表现为认识范围狭窄，自我控制能力削弱，不能正确评价自己行为的意义和后果，激情之下当场杀死被害人。激情杀人从心理产生犯罪意图到行为实施完成，有两种情况：一是当时立即产生犯罪冲动引起的犯罪行为，在刺激与行为之间缺乏冷静时间；二是不良情绪长期郁积，在适当的线索引发下，将长期积累的情绪在瞬间爆发性地发泄出来，此种情况下，行为人在不良情绪郁积时并不一定明确知道，可当这种情绪积累超出了行为人的耐受力时，就会在偶然事件的促使下，以激情杀人的行为爆发出来。

本案上诉人潘某宝无视国家法律，因不能正确处理感情纠纷，又在被害人的言语刺激下没有控制住自己的怒火，最终酿成悲剧，故意非法剥夺他人生命，其行为已构成故意杀人罪；潘某宝在前罪有期徒刑刑罚执行完毕以后，在5年以内再犯应当判处有期徒刑以上刑罚之罪，属累犯，应从重处罚。但是其"激情杀人"与预谋杀人、无差别滥杀无辜的"恶人"相比，前者的主观恶性要低，其有改造的基础，不宜对其判处死刑立即执行。

本案属于激情犯罪，上诉人主观上由于情绪的影响，引起认识的局限和行为的控制力上减弱，对于行为的性质、后果缺乏必要的考虑而产生突发性犯罪。与有预谋的故意犯罪不同，主观恶性相对要小。

此案也警示我们每一个人，遇事一定要冷静，一冲动就容易造成激情犯罪，就必然面临法律的制裁，虽然不一定会被判处死刑立即执行，但是自己的后半生将在高墙内度过。

吴某德故意杀人案

——对激情犯罪在实践中也多从轻处罚

案情简介

上诉人吴某德，2007年5月28日因本案被刑事拘留，同年6月7日被逮捕并羁押于看守所。

上诉人吴某德与被害人陈某英在普洱市某敬老院同居生活多年，其间，多次因琐事发生争吵。2007年5月27日21时许，2人因琐事发生争吵、撕拽。陈某英跑到院子内，吴某德追出，持割胶刀向陈某英胸部捅刺2刀，持铁棒击打陈某英头部，致陈某英颅脑损伤死亡。之后，吴某德将汽油浇在陈某英身上并点燃，逃离现场。5月28日，吴某德在其藏匿的简易房内被抓获。

2008年2月28日，云南省普洱市中级人民法院审理由云南省普洱市人民检察院提起公诉的被告人吴某德故意杀人一案，作出一审判决，认定被告人吴某德犯故意杀人罪，判处死刑，剥夺政治权利终身。被告人吴某德不服，提出上诉。云南省高级人民法院经二审开庭审理，于2008年7月25日裁定驳回上诉，维持原判，报请最高人民法院核准。最高人民法院经过复核，裁定不予核准，发回云南省高级人民法院重新审判。

吴某德向云南省高级人民法院提出上诉之后，笔者担任吴某德上诉期间、死刑复核期间、发回重审期间的辩护人。

承办经过

受理该案后，笔者到法院认真查阅了该案卷宗并会见了上诉人吴某德。了解案情后，笔者认为上诉人犯罪事实清楚，但是其犯罪行为符合激情犯罪的特征，且其归案后认罪态度好，可不判处死刑立即执行，笔者提出了以下辩护思路。

第一，本案属典型的激情犯罪，上诉人在受到责骂后丧失了理智，无法正确判断现实的客观情况，自控力显著下降，对当时被害人打电话找人的情节产生了夸大妄想，认为自己会受到侵害，以至于采取了超过必要限度的对策。当前司法的国际惯例，对激情犯罪的定性要考虑到其主观意志与非激情犯罪的区别，前者显然主观恶性要小很多，对激情犯罪的量刑也倾向于从轻，力图尽可能通过其他渠道（例如，由犯罪人对被害人家属给予经济补偿或判处相对较长的刑期等）而不是剥夺生命来使罪犯承担刑事责任。在我国，除了极少数社会危害性极大的犯罪以外，对死刑的适用应慎重。

第二，吴某德作案后虽然逃离躲藏，但归案后认罪态度还是很好的，归案后能如实供述犯罪情节，有较强的悔过之心，其犯罪有一定的客观原因，与其文化素质低下造成的法律意识淡薄有一定联系，辩护人提请法院考虑是否可以给其一个重新做人的机会。

承办结果

2009年10月9日，云南省高级人民法院作出（2008）云高刑终重字第555—1号刑事判决书，撤销一审判决中的量刑部分，改判吴某德死刑缓期2年执行。二审判决认为，"被告人吴*德无视国法，在与其同居生活的陈*英发生争吵后，持刀刺伤陈*英，并用铁棒击打其头部致陈*英颅脑损伤死亡，其行为已触犯刑法，构成故意杀人罪，依法予以惩处。吴*德与被害人虽没有办理结婚手续，但两人已长期同居，吴*德与被害人发生争吵中临时起意杀人，属于民间矛盾引发的杀人案件，吴*德归案后认罪态度好，对其可依法判处死刑，无需立即执行。原判认定事实清楚，证据确实充分，定罪准确，审判程序合法，但量刑失重"（详见本书附录2第173—175页）。

案件点评

所谓激情犯罪，是刑法理论上一个特定概念，是指人在暴怒、紧张等快速冲动情绪支配下，偶然爆发的不能正确地评价自己行为的意义及其法律后果的一种犯罪行为，其典型特征是事先无预谋、犯意产生具有突发性和偶然性、在紧张暴怒情绪的刺激下激发犯罪。

对激情犯罪，各国刑法都持一种比较宽容的态度，在刑事处罚上往往轻于同种罪名的一般故意犯罪。中国刑法实践中也长期认可激情犯罪，考虑犯罪的主观心态、犯罪动机、是否有预谋等诸多主观因素，对激情犯罪在实践中也多从轻处罚。

同时，本案改判的另一个重要因素是因为上诉人归案后，认罪态度好，社会危险性降低。

以上两个因素，加上本案属于民间矛盾引发的杀人案件，因此，最终成功改判，上诉人获得了重新做人的机会。

熊某保因感情纠纷造成1死1伤案

—— 如何正确处理感情纠纷

案情简介

上诉人熊某保，因本案于2008年4月1日被刑事拘留，同月16日被逮捕并羁押于看守所。

2008年12月4日，云南省红河哈尼族彝族自治州中级人民法院审理熊某保故意杀人罪一案，作出（2008）红中刑初字第209号刑事附带民事判决。以故意杀人罪判处被告人熊某保死刑，剥夺政治权利终身；判令被告人熊某保赔偿附带民事诉讼原告人杨某明、陶某英各项经济损失人民币57726.40元。

原判认定，2008年3月25日，被告人熊某保因不能正确处理家庭矛盾，持刀砍杀被害人杨某琼、陶某英，致杨某琼死亡、陶某英重伤。

原审被告人熊某保不服，向云南省高级人民法院提出上诉。

承办经过

受理该案后，笔者认真查阅了该案卷宗并会见了上诉人熊某保。笔者在查阅案件材料、听取上诉人的辩解之后，又远赴案发地听取证人证言，了解群众对本案的看法和评价。

在调查了解、分析案情后，笔者认为，本案上诉人熊某保的犯罪事实清楚，证据充分，犯罪后果严重。但是，对比犯罪人的犯罪动机、悔罪表现，依据《全国法院维护农村稳定刑事审判工作座谈会纪要》的规定，"对于因婚姻家庭、邻里纠纷等民间矛盾激化引发的故意杀人犯罪，适用死刑一定要十分慎重，应当与发生在社会上的严重危害社会治安的其他故意杀人犯罪案件有所区别"，对上诉人判处死刑立即执行量刑畸重。最终，辩护人提出了如下辩护意见。

首先，辩护人对本案定性没有异议，但认为量刑过重。上诉人熊某保由于不能正确处理家庭矛盾，在认为被害人杨某琼有外遇的情况下，失去理智，挥刀杀人，相对于其他抢劫等恶性较大的犯罪而言，其主观恶性要较小。我国刑法的基本原则之一是惩罚与教育相结合，对主观恶性较小的罪犯，如果不是非杀不足以消灭社会危害性，应该给其一个重新做人的机会，通过其他刑种，达到惩罚犯罪分子的目的，才能体现当前和谐社会以人为本的精神宗旨。

其次，上诉人认罪和悔罪态度较好。上诉人熊某保犯罪后也想过去自首，但由于其受伤而没有去，反映出其具有一定的悔罪态度。可以认为其具备改造的可能性，没有必要对其处以极刑，可对其处以死刑缓期执行或者以下刑罚，给其一个重新改造做人的机会。我国死刑的适用是非常严格的，后果严重只是其中的一个但不是唯一一个条件。

最后，上诉人具备若干酌定从轻情节，请法庭斟酌考虑：一是从上诉人的一贯表现来看，他没有前科，系初犯，不属于累犯、惯犯等难以改造的罪犯；二是从上诉人的犯罪动机来说，主要是因为怀疑妻子与别人有不正常关系，一时控制不住情绪；三是从上诉人的悔罪态度来说，犯罪后认罪态度好，悔罪态度非常诚恳，而不是顽固不化，拒不认罪；四是从上诉人的年龄来说，犯罪时29岁，较年轻，对自己的行为约束能力较差；五是从上诉人的文化水平来说，系文盲，法律意识淡薄，是其走上犯罪道路的原因之一。

综上，在相关精神少杀慎杀的前提下，希望法庭能给其一个改过的机会，撤销对其判处死刑立即执行的量刑。

承办结果

2009年5月27日，云南省高级人民法院作出（2009）云高刑终字第111号刑事判决书，撤销一审判决中的死刑立即执行量刑部分，改判熊某保死刑缓期2年执行。二审判决认为"上诉人熊某保无视国法，持刀砍杀被害人杨某琼、陶某英，致杨某琼死亡、陶某英重伤。其行为已构成故意杀人罪，应依法惩处。熊某保所提被害人存在过错的上诉理由与本院审理查明的事实不符，本院不予采纳；熊某保及其辩护人所提熊某保与杨某琼所生子女无人抚养的上诉理由和辩护意见均不是对熊某保从轻处罚的法定情节，本院亦不予采纳。鉴于熊某保归案后认罪态度较好，对其判处死刑，无须立即执行。熊某保及其辩护人所提原判量刑过重、请求从轻处罚的上诉理由和辩护意见成立，本院予以采纳"（详见本书附录2第254—257页）。

案件点评

近年来，因婚姻家庭、民间矛盾引发的故意杀人案件在命案中占相当大的比例。令人扼腕的同时，也让我们开始深思：感情纠纷为何会频频引发命案？婚恋纠纷引发的命案是否一律从轻？

与一般纠纷不同，婚恋矛盾引发的命案多为熟人作案，侵害对象特定，往往因为琐事或者日常纷争演化而来，双方往往对矛盾的激化都负有一定责任，属于事出有因。行为人主观恶性有别于严重危害社会治安者。在实施犯罪后犯罪目的已经达到，即使重归社会也不会造成威胁。对此类矛盾引发的故意杀人案件，具备从宽处罚的基础，在适用死刑上应特别慎重。《全国法院维护农村稳定刑事审判工作座谈会纪要》规定，对于因婚姻家庭、邻里纠纷等民间矛盾激化引发的故意杀人犯罪，适用死刑一定要十分慎重，应当与发生在社会上的严重危害社会治安的其他故意杀人案件有所区别。近年来，死刑二审改判不在少数，凸显了法院对命案死刑政策的把握进一步趋向严格。从改判案件的梳理看，对具有自首、赔偿等情节的一般不判处死刑立即执行。

但是否一律从宽也不能一概而论，还是要综合全案的性质、后果、手段、动机、人身危险性、是否具备法定或酌定从轻/减轻处罚情节、被害人亲属态度、社会一般反应来综合考虑。对于严重违背伦理道德、公序良俗者如长期虐待、杀害直系尊亲属的应予严惩；对于手段特别残忍、滥杀无辜、导致2人以上死亡结果的不能因为熟人作案而放纵；对于动机特别卑劣者如因奸情杀害受合法婚姻关系保护的当事人，被害人又无任何过错，不能一律归为感情纠纷而从轻处理。

总而言之，婚恋关系引发的命案是否从轻处理，应结合全案情节综合判断。准确把握刑法第四十八条的规定以及各种死刑政策的内涵，当宽则宽，当严则严，不偏不倚，不枉不纵。谨慎、严格适用死刑，毕竟人命大过天。

在思考法律问题的同时，此案也给我们每个人一个警示：如何避免类似悲剧重演呢？幸福的家庭都相似，不幸的家庭各有各的不同。不管夫妻关系多么恶劣，亲情多么疏离，毕竟血浓于水，生活在同一屋檐下。如果多一些理解和宽容，何至于走到家破人亡的境地。一条生命的逝去意味着数条灵魂的破碎，无论杀人者还是被害人，人生已经彻底改变甚至终结。总之一句话——谨慎交人，果断止损！

　　有了问题及时沟通，矛盾及时化解，不管到什么境地，也不能采取过激的方式去报复，否则将对方和自己都推入万劫不复的深渊。

张某志故意杀人案

——酌定从轻情节有时也能引起改判

案情简介

上诉人张某志，化名张强，因本案于1998年12月7日批准逮捕，2009年7月20日执行并羁押于看守所。

2010年3月31日，保山市中级人民法院审理保山市人民检察院指控张某志犯故意杀人罪，作出（2010）保中刑初字第49号刑事附带民事判决。原判以故意杀人罪，判处张某志死刑，剥夺政治权利终身；由张某志赔偿附带民事诉讼原告人李某云经济损失人民币36045元。

原判认定，张某志于1993年初在打工期间认识李某香后2人同居。后来，李某香从张某志的老家四川回到龙陵县。张某志多次到龙陵县找到李某香，要求李某香与其回四川老家共同生活，均遭李某香的拒绝。1998年10月29日，张某志到龙陵县寻找李某香未果，当晚在李某强（李某香的二哥）家厨房上面卧室住宿。30日凌晨0时，张某志因未找到李某香遂生杀害李某强一家人报复李某香之念，于是起床到李某强家的堂屋门旁边拿了一把砍刀，进入李某强夫妇及女儿（李某梅）的卧室内，持砍刀向熟睡中的李某强、李某强之妻黄某娣及女儿李某梅，将李某强、黄某娣、李某梅砍倒在卧室内的地上，导致李某强、黄某娣、李某梅当场死亡。作案后，张某志将砍刀丢在现场，在李某家中找到2根木条，在木条上分别书写"李某香是你逼我的，你现在知道我说的不是假话了吧。问问你自己，我对你怎样；朋友们要问就问李某香吧，其实我也不想"，将2根木条留在李某强家的厨房内一方桌上，逃离现场。31日16时许，张某志逃至龙陵碧寨道班附近，与在此附近设卡堵截的公安民警相遇，在挣脱后逃至江边，将所穿衣服、裤子、鞋子脱下丢在江边，跳入江中逃走。经法医鉴定，李某强因颅脑及多部位损伤并失血性休克死亡，黄某娣、李某梅因颅脑损伤死亡。2009年7

月20日，公安机关在潞西市将潜逃多年的张某志抓获归案。

宣判后，原审被告人张某志不服，向云南省高级人民法院提出上诉。

承办经过

受理该案后，笔者认真查阅了该案卷宗并会见了上诉人张某志。笔者在查阅案件材料、听取上诉人的辩解之后，又申请会见了导致上诉人杀人犯罪的对象李某香。

在调查了解、分析案情后，笔者发现本案上诉人不具备法定的从轻情节，这使得辩护难度大大增加，但是本着对当事人负责、对生命负责任的态度，笔者还是从酌定减轻处罚的情节为当事人争取宽大处理的机会。作为上诉人张某志的辩护人，笔者提出了以下辩护意见。

首先，不能排除案发时上诉人存在精神障碍的可能性，对其判处死刑立即执行属量刑过重。本案没有查清上诉人的作案动机，上述人在庭审时明确表示自己不知道为什么杀人，并且提出包括李某香在内的证人证明自己过去曾经有精神方面的疾患（梦游之类），在此情况之下，不排除上诉人案发时存在精神障碍的可能性，建议法庭结合相关医学常识对上诉人的精神状况做更审慎的评估。相关资料表明，有一种精神病症叫急性短暂性精神障碍，该病起病急，病人往往是发病前有焦虑、失眠、压抑等情况，发病表现为不受控制的暴力行为，而且事后往往伴随着对事件局部的失忆等。当然，张某志是否属于这种情况或者是别的什么情形，也必须由相关方面的专家来做结论，但不管怎么说，张在庭审时一再表示自己与被害人一家关系良好，自己很喜欢住在被害人家，同时对作案时的很多细节无法回忆（其只记得用木头砸李某强，对如何杀害黄某娣及李某梅的过程无法回忆），加上上诉人案发前一直要求李某香跟自己回家未果，精神压力大，处于焦虑中，这些因素加在一起，提示其案发时患急性短暂性精神障碍的可能性很大，应该引起法庭的重视。辩护人认为，张某志本人具备变态人格特征，其本人也是一个病人，在对自身行为的判断和控制方面有异于正常的健康人，这一点在量刑时应该给予考虑，对其从轻判处。

其次，张某志具备改造的条件，没有必要处死刑立即执行。张某志认罪态度一直很好，属初犯、偶犯，没有前科，平素的为人也是规规矩矩，其妻李某香不能正确积极面对与丈夫张某志的矛盾，而是采取拒不见面、使张某志找不到她的方式回避矛盾，最终使张的怨气和压力越来越大，这种只堵不疏的态度，也是造成悲剧发生的原因之一。我国刑法对故意杀人罪的量刑规定也并非只规定了死刑一种刑罚，而是设置了从3年以上10年以下、10年以上有期徒刑、无期徒刑直至死刑的一个相对宽泛的量刑幅度，目的正是给法官针对具体情况有一个量刑空间。在本案中，张某志的行为的确触犯了刑法的规定，造成了3人死亡的严重后果。但考虑种种情节，辩护人认为，通过对其处以死刑以下刑罚，在一定时间内限制其人身自由，使其接受劳动改造，深刻认识到自己的错误，应该可以达到惩罚与教育的目的，刑法的一般预防与特殊预防目的均可以达到，没有必要处死刑立即执行。

最后，张某志表示愿意从经济上补偿被害人家属，建议法庭居中调解，在赔偿能够达成并且能现实支付的情况下，视为张积极悔罪的表现给以肯定和鼓励，并从量刑上体现出来，给其一个重新做人的机会。

综上，在相关精神少杀慎杀的前提下，希望法庭能给上诉人一个改过的机会，撤销对其判处死刑立即执行的量刑。

承办结果

2010年8月3日，云南省高级人民法院作出（2010）云高刑终字第766号刑事判决书，撤销一审判决中的死刑立即执行量刑部分，改判上诉人张某志死刑缓期2年执行。二审判决认为"张某志无视国家法律，因不能正确处理与李某香之间的感情纠纷，为报复李某香而持刀将李某香的二哥李某强一家三口杀害，其行为已构成故意杀人罪。且手段残忍，情节恶劣，后果特别严重，应依法惩处。至于辩护人提出不排除案发时张某志存在精神障碍可能性的问题，经审查，从张某志杀人的动机、手段、过程和杀人后潜逃十一年并娶妻生子及其家族病史看，该辩护意见不成立。张某志的上诉理由及辩护人的其他辩护意见尚不能作为对其从轻处罚的根据。但鉴于张＊志归案后能如实供述犯罪事实，认罪态度较好，有一定的悔改表现，对其判处死刑，可不立即执行。原判定罪准确，审判程序合法。但对张某志量刑畸重"（详见本书附录2第387—389页）。

案件点评

本案也属于因感情纠纷引起的悲剧命案，但是与其他因感情纠纷突然感情失控引起的激情犯罪相比，本案上诉人的作案手段残忍、作案后果极其严重。

据笔者调查了解，上诉人没有前科，平时也没有其他恶习，然而由于其不能正确处理感情纠纷，不能冷静处理问题，不能放过别人也没有放过其自己，最终酿成了无可挽回的悲剧。

由于本案上诉人没有法定的从轻情节，这使得辩护难度大大增加，但是本着对当事人负责、对生命负责任的态度，笔者还是从酌定减轻处罚的情节为当事人争取宽大处理的机会。

本案最终也成功争取到了从轻改判的结果。在此，笔者也希望各位读者以此案为鉴，正确处理感情纠纷，正确处理家庭矛盾。

首先，处理感情问题、家庭矛盾应该理智。矛盾正确解决了就是小问题，如果处理不好就会一地鸡毛。无论什么原因，冲动的人总要付出冲动的代价。将来他们会为自己的行为而后悔，也必将受到严惩。为了一个不爱自己的人而失去理智，更是对谁都没有任何好处。

每当看到这种因感情纠纷而造成的悲剧，总有人忍不住唏嘘。人们不禁要问，都是成年人了，为什么就不能想开一点？怎么才能想开呢，其实就是冷静，给自己一点时间。既然感情已经成为过去，振作起来好好爱自己才是最好的态度。

其次，放过别人也是放过自己。感情问题总是有人哭有人笑，有人云淡风轻，有人输不起。对于那些输不起的人，他们常常会因爱生恨，如果不压制住心里的怒火，有可能两败俱伤，这样一来太不值得。有时候，放过别人也是放过自己。

有了问题及时沟通，矛盾及时化解，不管到什么境地也不能采取过激的方式去报复，否则将对方和自己都推入万劫不复的深渊。

家庭琐事令兄弟反目引发命案

—— "宽严相济"政策在处理邻里纠纷中的运用

案情简介

上诉人宋某某与其哥宋某系同胞兄弟，两家曾因老人抚养及土地征用款发生过纠纷。2009年8月19日13时许，上诉人宋某某又与其哥嫂因挖共用水沟一事发生纠纷，吵闹中宋某某拿匕首刺杀哥嫂及哥嫂的女儿，致2死1伤（哥嫂死亡，侄女受轻伤）的后果。2010年5月7日，云南省文山壮族苗族自治州中级人民法院作出（2010）文中刑初字第9号刑事判决，认定被告人宋某某犯故意杀人罪，判处死刑，剥夺政治权利终身；赔偿附带民事原告人经济损失共计6万元。宣判后，被告人宋某某不服一审判决，向云南省高级人民法院提出上诉。

承办经过

笔者担任上诉人宋某某的二审辩护人，及时查阅、复制全部卷宗材料，会见上诉人，全面掌握案件情况。

辩护人注意到，本案的特殊性在于上诉人与被害人系同胞亲兄弟，且该案件属于农村邻里纠纷矛盾引发的刑事案件，被害人在处理与上诉人的矛盾时有过错，多年的积怨最终导致激情杀人，上诉人主观恶性不大，而且案发后有自首情节，可以从此切入进行辩护。经过对以上事实和证据的仔细思辨，笔者提出如下辩护意见。

第一，本案被害人有过错，应相应减轻上诉人的刑事责任，一审判决对被害人的过错没有评述，使本案的判决在量刑上有失公正，导致量刑过重。

辩护人认为，被害人的过错主要体现在两个方面。一是被害人夫妻二人在法院已经对征地款纠纷进行判决并且上诉人已经按判决支付完毕之后，仍然纠缠这件事情，不能释怀，动辄找机会吵架，辱骂上诉人夫妇。在上诉人不理他们的情况之下，不仅没有收敛其找茬骂人的行为，反而变本加厉一再辱骂上诉人，这是本案发生的一个很重要的背景，也是法院在量刑时可以酌情考虑的方面，不能仅仅简单地认为与案情无关而不予理会。包括宋某亮和熊某林在内的多名证人均已经证实了被害人夫妻经常找茬骂上诉人夫妻，但"宋某某一开始还回几句，后来就不理他们了"，可见，正是被害人一而再再而三地挑衅，造成上诉人忍无可忍，最终选择了这样极端的一条路。二是案发当时，被害人举锄头在前，上诉人杀人在后，从某种程度上来讲，上诉人在当时曾经有过防卫的意念，只是后来完全失控了。被害人擅自开挖两家门前的水沟，本来就是一种不经商量擅自行动明显带有挑衅意味的行为，在这种情况下，被害人又举起锄头想打上诉人，上诉人作为一家之主，作为一名丈夫，看到自己的妻子与手持锄头的被害人宋某拉扯，其心中的怒火一下子蹿上来是可以理解的，上诉人没有控制住自己的怒火，最终酿成悲剧。但不可否认，被害人有过错，通过适当减轻上诉人的量刑才能体现罪责刑相适应的原则。

第二，上诉人宋某某有自首情节，一审虽然认定但没有在量刑上对其从轻处罚。一审判决仅仅因为后果严重就不对上诉人从轻处罚，没有法律依据，这是典型的"结果量刑"的做法，在实践中是有害的。是否可以从轻处罚，更主要的应该结合上诉人的平时表现、可改造程度、悔罪态度及作案时的主观恶性来具体问题具体分析，后果严重不应该成为唯一的判断标准。本案上诉人表现一贯良好，在村里也是为人较好的，从村民联名为其保命请愿就可以看出。另外，包括其弟宋某亮在内的多名证人均证实被害人一再挑起事端。案发后，上诉人主动自首，到案后如实交代罪行，没有隐瞒和故意歪曲事实，反映了上诉人具有很好的悔罪态度，具备较高的可改造性。而且，本案属激情杀人，上诉人主观恶性不深，这些都指向一个结论——上诉人符合法定从轻情节，又没有不予从轻的充分理由，反而是可以从轻的理由很充分，一审对其不予从轻是不恰当的，建议二审对其改判死缓。

第三，判处死刑特别是死刑立即执行要慎重，宋某某有罪，但罪不该死，其有改造得好的基础，不宜对其判处死刑立即执行。

在被害人首先举起十字镐的情况之下，宋某某冲动之下将被害人打死，不可否认，后果很严重。但是否这样就一定要判处死刑呢？辩护人认为不尽然。因为即使是触犯了刑法的相关规定，但法律在量刑上也是规定了"处

10年以上有期徒刑、无期徒刑或者死刑”这样一个比较宽泛的量刑幅度，并非只有死刑一种刑罚。笔者认为，判决死刑立即执行应该极其慎重和严格，除非是罪刑极其严重，社会危害性极大，不处死刑不能消除此种危险，或者种种情节表明犯罪人没有可以改造得好的可能性等情况下，才应该考虑适用死刑。另外，在量刑上不应该对法条做机械的理解和对照适用，而应以事实为依据，以法条为基准的前提下，充分考虑犯罪人的自然情况、文化水平、所处环境经济状况、犯罪地点的特殊性、社会经济政治大环境等因素。以便对其主观恶性的大小、社会危害性、改造的可能性及难易程度、犯罪的危害性大小等有一个更为客观公正、更符合当前时代特征的评价，并在此基础上进行量刑，才能实现罪刑相适应的目的，从而达到更好的一般预防与特殊预防的效果，从根本上实现刑法的最终目的。否则，即便从表面上看起来是“遵照”法条量刑，但如果不充分考虑与客观环境和相似案例的对准比较，那么这其实也是隐性地背离刑法立法精神的做法。一审法院对宋某某的量刑，没有考虑和谐社会以人为本的时代特征，也没有斟酌最高人民法院提出的少杀慎杀等司法精神，尤其是没有考虑宋某某积极自首等因素，致使对上诉人宋某某的量刑畸重。对宋某某这样的犯罪分子，通过对其处以死缓或以下刑罚，在一定时间内限制其人身自由，使其接受劳动改造，深刻认识到自己的错误，应该可以达到惩罚与教育的目的，可以达到使其不再犯罪并警示周围人不要犯罪的目的，刑法的一般预防与特殊预防目的均可以达到。对他这种犯罪者，给他一个教训，一个警示，使其以后改邪归正即可，没有必要处以死刑这种只适用于“罪行极其严重，严重危害国家安全、危害公共安全、气焰嚣张、屡教不改的犯罪分子”的极刑。我国是人民民主专政的国家，大量适用死刑违背社会主义国家的性质。死刑存在消极作用，大量运用死刑会引起恶性犯罪增加、阻碍人们价值观念提升的恶果。“除个别犯罪外，死刑总是与无期徒刑等刑罚方法共同构成一个量刑幅度，故即使是极其严重犯罪的最严重情节，也并非必须绝对判处死刑。因此，适用死刑时，必须综合评价所有情节，判断犯罪人的罪行是否极其严重”。请二审合议庭审慎判决，给上诉人一个重新做人的机会。

第四，本案属于激情犯罪，上诉人主观恶性不大。

第五，本案属于亲属邻里之间的纠纷引起的刑事案件，量刑上根据《全国法院维护农村稳定刑事审判工作座谈会纪要》的规定，“对于因婚姻家庭、邻里纠纷等民间矛盾激化引发的故意杀人犯罪，适用死刑一定要十分慎重，应当与发生在社会上的严重危害社会治安的其他故意杀人犯罪案件有所区别，对于被害人一方有明显过错或对矛盾激化负有直接责任，或者被告人有法定从轻处罚情节的，一般不应判处死刑立即执行"。对上诉人不宜判处死刑。

综上，辩护人认为，上诉人宋某某虽然造成了严重的危害后果，但本案事出有因，被害人主动挑衅，也有一定的过错，上诉人事发后积极自首，应该看成是其积极悔罪、认罪态度好的表现。加上其与被害人系亲兄弟，其纠纷有特殊性，属于不宜判死刑立即执行的情况，在这种情况之下，一审对上诉人宋某某的量刑过重，建议二审合议庭对其适当减轻量刑，给其一个重新做人的机会。

承办结果

2011年1月15日，云南省高级人民法院作出（2010）云高刑终字第995号刑事附带民事判决书，撤销对其判处死刑立即执行的判决，依法改判上诉人宋某某死刑缓期2年执行。二审判决认为"上诉人宋某某非法剥夺他人生命，造成2死1伤的严重后果，其行为已构成故意杀人罪，且情节恶劣，后果严重，本应严惩。鉴于本案系家庭矛盾纠纷引发、宋某某有自首情节，可对其从轻改判。宋某某属应当判处死刑，但不是必须立即执行的犯罪分子。宋某某及其辩护人所提存在自首情节，且本案是邻里纠纷，不同于一般恶性杀人的上诉理由，经查属实，应予采纳"（详见本书附录2第402—405页）。

案件点评

在处理人民内部矛盾引发的案件时要贯彻"当宽则宽，该严则严，宽严相济，罚当其罪"的刑事政策。对因亲友、邻里及同学同事之间纠纷引发的轻微刑事案件，要着重从化解矛盾、解决纠纷的角度正确处理，可以依法从宽处理。

本案是一起典型的因为家庭矛盾、邻里纠纷处理不当，民事纠纷没有通过合理、合法的维权途径进行解决，从而引发惨剧的案件。本案危害后果严重，2死1伤，但辩护人紧紧抓住本案系发生在农村的亲属邻里纠纷、上诉人有自首情节、被害人有过错这样几个关键点进行条分缕析、丝丝入扣的分析论证，水到渠成得出本案符合《全国法院维护农村稳定刑事审判工作座谈会纪要》的相关规定可不判死刑立即执行，论证有理，分析透彻，用事实说话，用法条服人，最终取得了辩护的成功。

兄弟不顾手足情，同室操戈实可哀。

恋爱不成报复他人引发的命案

——因恋爱纠纷引发的杀人案中死刑的适用条件

案情简介

　　保山市中级人民法院审理保山市人民检察院指控谭某某犯故意杀人罪一案，于2010年3月16日作出（2010）保中刑初字第40号刑事附带民事判决。原判认定，谭某某与被害人杨某某的姐姐杨某平系恋爱关系。两人因恋爱关系发生矛盾，杨某平经常躲避谭某某，谭某某多次到其家中寻找未果，便产生报复杨某平的念头。谭某某于2009年9月19日购买了一把尖刀，藏在杨某某家大门口的石缝中。次日20时许，谭某某再次到杨某某家找杨某平未果，便在杨某某住处中与杨某某发生口角，后谭某某出门拿出藏在石缝中的尖刀，持刀进入杨某某住处，将站在床边的杨某某推倒在床上，持刀刺了杨某某腹部一刀，杨某某被刺后拉住谭某某不让其逃离，谭某某又用刀刺了杨某某数刀后丢弃尖刀逃离现场。同月21日，谭某某在腾冲县被抓获。根据上述事实，保山市中级人民法院以故意杀人罪判处谭某某死刑，剥夺政治权利终身；由被告人谭某某赔偿刑事附带民事诉讼原告人经济损失共计人民币12015元。

　　宣判后，谭某某不服，向云南省高级人民法院提出上诉，在上诉状中辩称矛盾是杨某平造成的，其没有把人杀死的想法，一审量刑过重，请求二审予以从轻改判。

承办经过

　　受理本案后，笔者及时查阅、复制全部卷宗材料，会见上诉人，全面掌握了案件情况。辩护人注意到，本案系情感纠纷引发，被害人不能妥善处理与上诉人的感情纠纷，本身有一定过错；上诉人作案后曾打电话给被害人家属让其报警，主观恶性轻，不属于非杀不可的类型。经过仔细思辨，遂提出如下辩护意见。

第一，谭某某具备改造条件，没有必要判处死刑立即执行。

谭某某认罪态度一直很好，属初犯、偶犯，没有前科，平素的为人也是规规矩矩，其犯罪后积极打电话给被害人家属让其报警，反映上诉人主观恶性较轻，可以改造好，没有必要判处死刑立即执行。我国刑法对故意杀人罪的量刑规定也并非一律处以死刑，而是设置了从3年以上10年以下、10年以上有期徒刑、无期徒刑直至死刑的一个相对宽泛的量刑幅度，目的正是给法官针对具体情况有一个量刑空间。没有理由也没有理论认为只要是杀人致死，就一定要判处死刑立即执行，而不考虑种种酌定量刑情节。在本案中，谭某某的行为的确触犯了刑法的规定，造成了致人死亡的严重后果。但考虑种种情节，辩护人认为，通过对其处以死刑以下刑罚，在一定时间内限制其人身自由，使其接受劳动改造，深刻认识到自己的错误，应该可以达到惩罚与教育的目的，也可以达到使其不再犯罪并警示周围人不要犯罪的目的，刑法的一般预防与特殊预防目的均可以达到，没有必要判处死刑立即执行。这也符合当前构建和谐社会所倡导的理念，符合少杀慎杀的相关精神。说来说去，谭某某走上犯罪的道路，和被害人的姐姐不能恰当地处理他们的恋爱关系也有一定的原因。对谭某某这种犯罪者，给他一个教训，一个警示，使其以后改邪归正即可，没有必要非要处以死刑这种只适用于"罪行极其严重，严重危害国家安全、危害公共安全、气焰嚣张、屡教不改的犯罪分子"的极刑。我国是人民民主专政的国家，大量适用死刑违背社会主义国家的性质。死刑存在消极作用，大量运用死刑会引起恶性犯罪增加、阻碍人们价值观念提升的恶果。

第二，被害人的姐姐不能妥善处理与上诉人的恋爱纠纷，一味回避，只堵不疏，也有一定的过错。相应应该减轻上诉人的刑事责任。

第三，上诉人认罪态度好，案发后积极打电话给被害人的家属要求其报警，且表示愿意从经济上尽力赔偿被害人家属。

综上所述，上诉人多次寻女友未果，在绝望的心情之下，精神压抑，但分析下来认为其主观恶性较轻，不属于不可以改造非杀不可的类型。在相关精神少杀慎杀的前提下，建议法庭对其改判死缓。

承办结果

2010年8月3日，云南省高级人民法院作出（2010）云高刑终字第771号刑事附带民事判决书，撤销对其判处死刑立即执行的判决，依法改判上诉人谭某某死刑缓期2年执行。二审判决认为"上诉人谭某成无视国家法律，因不能正确处理恋爱关系，采用极端手段，将杨某强杀死的行为已构成故意杀人罪。应依法惩处。但鉴于谭某成作案后，打电话给被害人的亲属，让其报警抢救被害人，无潜逃行为，归案后认罪态度较好等情节，对谭某成可判处死刑，但不立即执行。谭某成上诉请求从轻处罚及辩护人提出原判量刑过重的辩护意见，本院予以采纳。原判定罪准确。审判程序合法。但对谭某成量刑过重"（详见本书附录2第390—392页）。

案件点评

因恋爱矛盾激化引发的故意杀人案件，其社会危害性与那些严重危害社会治安的其他故意杀人案件具有区别，因此，处理此类案件时，在死刑适用标准上要更加严格。对于行为人确有法定或酌定从轻、减轻情节的，要尽可能全面、综合地考虑相关情节，少用、慎用死刑。除了法律规定的自首、立功等法定从轻、减轻情节外，以下情节也是考量此类案件是否适用死刑的重要因素：（1）行为人的一贯表现。行为人平时是否遵纪守法，是否有违法前科，在日常生活中的行为方式是否平和等，可以考量行为人主观恶性的大小。（2）行为人行为时的主观故意内容。一般情况下，直接故意杀人的恶性要大于间接故意杀人，预谋杀人的恶性大于激情杀人，报复杀人的主观恶性通常大于殉情杀人。（3）行为人的行为方式。杀人手段是否残忍，是否有毁尸、碎尸等令人发指的情节等。（4）行为人的悔罪表现。在实施故意杀人行为后，行为人认罪，其本人或其亲属积极赔偿被害人损失，或者以其他方式弥补其罪行给被害人带来的损失、减轻被害方的痛苦，降低其犯罪行为造成的危害后果的，可以认定其有悔罪表现。若取得了被害方谅解的，可以对行为人从轻处罚。

被告人谭某某的行为已构成故意杀人罪，罪行极其严重，论罪应当判处死刑。鉴于本案系因婚恋纠纷引发，谭某某求婚不成，恼怒并起意杀人，归案后坦白悔罪，积极赔偿被害方经济损失，且没有前科，故对其判处死刑，可不立即执行。本案辩护人所提出的辩护意见重点突出，论证流畅，表达观点鲜明，为上诉人挽回一命起到了积极的作用。

本案也警示年轻人：要树立正确的恋爱观，理性面对"恋爱分手"，对生命要怀有敬畏之心。当爱情来到之时，除了去享受爱情带来的快乐和幸福，更要冷静地对待随之发生的问题。

酒桌口角引发的命案

—— 自首对死刑案件量刑的影响

案情简介

云南省普洱市中级人民法院审理普洱市人民检察院指控杨某犯故意杀人罪一案，于2009年2月20日作出（2009）普中刑初字第57号刑事附带民事判决。原判认定，2008年7月13日20时许，被告人杨某在与罗某福饮酒过程中，因口角纠纷便产生将罗某福杀死后投案自首的念头。当晚23时许，杨某持一把菜刀潜入罗某福住处，至次日凌晨3时许，待罗某福熟睡后，持刀砍击罗某福左侧颈部一刀，并在确认罗某福死亡后，打电话向110报警。经法医鉴定，罗某福左侧颈部受锐器砍创致失血性休克死亡。根据上述事实，普洱市中级人民法院以故意杀人罪判处杨某死刑，剥夺政治权利终身；由被告人杨某赔偿刑事附带民事诉讼原告人经济损失共计人民币81263.8元。

宣判后，杨某不服，向云南省高级人民法院提出上诉，在上诉状中辩称其有自首情节，且在看守所关押期间阻止患有艾滋病的关押人员自杀，有良好表现，一审量刑时均没有考虑以上法定和酌定情节，请求二审予以从轻改判。

承办经过

受理该案后，笔者到法院认真查阅了该案卷宗并会见了上诉人杨某，发现本案一审辩护人也提到了自首和阻止关押人员自杀的情节，但一审判决严格说实际上也不是不承认自首成立，判决书所使用的词语仅为"投案"，而且认为"被告人杨某仅因语言纠葛而谋划持刀砍死受害人，并企图通过投案的方式逃避法律的打击，其公然藐视和游戏法律，漠视他人生命权利，手段极其残忍，后果极其严重，社会危害性极大。其投案的内心活动，并非诚心悔过自新，接受法律制裁的表现，该投案的情节较之其严重的罪行，无法折抵，罪不可赦，应予严惩"。在这种认识基础上，一审对上诉人杨某没有适用自首从轻的规定，对其判处死刑立即执行。笔者认为，这正是本案的突破点。我国刑法对自首的构成要件做了明确规定，其中并无对自首者内心活动的规定，法院不应对此做扩大解释，特别是导致对上诉人不利裁判的扩大解释更应慎重，否则容易导致实质上法官自由裁量权的滥用。笔者认为，如果自首也要根据所谓"内心活动"分出种种类型的自首的话，那么对于社会上潜在的犯罪分子来说，就会打击其自首的积极性，因为内心活动实在是一个很模糊的概念，到底出于什么样的内心活动的自首才能获得审判的认可？对这些问题的权衡本身即是对自首制度的极大破坏。虽然细究起来，杨某在杀人之前就想好了去自首不假，但谁能否认这种自首不叫自首，非要以"投案"一词来替代呢？这种自首与杀完人后临时起意的自首，两者都是主动交代犯罪事实，与逃避侦查等行为相比，均是大大节约了侦查资源和成本，其司法效应是一样的。苛求自首要到达内心"诚心悔过自新"的程度，这等于说是对自首制度的根本否定，这于法律适用无凭无据，于司法实践是有害的。再加上上诉人关押期间的表现和其酒后犯罪等情节，笔者认为对上诉人判处死刑立即执行属量刑过重。

综合以上分析，笔者出具了以下几点辩护意见：一是一审判决过于强调自首背后的所谓"内心活动"，对上诉人没有从轻判处，属法律适用不当，应予纠正。二是上诉人在看守所关押期间，积极配合管教成功阻止其他在押人员自杀，对看守所的管理工作是有贡献的。三是上诉人酒后犯罪，主观恶性较轻。四是认罪态度好，虽然有罪，但罪不至死，可以改造。五是具有初犯、偶犯、年轻、学历低等若干酌定情节。

承办结果

2009年9月23日，云南省高级人民法院作出（2009）云高刑终字第726号刑事附带民事判决书，撤销对其判处死刑立即执行的判决，依法改判上诉人杨某某死刑缓期2年执行。二审判决认为"杨某无视国法，故意非法剥夺他人生命，其行为已构成故意杀人罪。依法应予严惩。对上诉人杨某及其辩护人所提出其有投案自首情节，请求从轻判处的上诉理由和辩护意见，经查，在案证据证实杨某作案后打电话报警投案并在现场等待民警，归案后如实交代了犯罪事实，其自首成立，原判亦予以了认定。原判认定事实清楚，定罪准确，但对杨某量刑失重；综合本案事实、法定情节，对杨某可判处死刑，无须立即执行。杨某及其辩护人所提要求从轻判处的上诉理由和辩护意见，本院予以采纳"（详见本书附录2第282—285页）。

案件点评

自首是否可以成为"免死金牌"？自首虽然是我国刑法规定的从轻情节，但并不是影响案件刑罚适用的决定性因素，刑罚的轻重必须综合全案事实作出判断。在死刑的适用上，自首作为一种可以从轻处罚的情节，它与死刑的执行方式之间并没有必然的逻辑关系。自首属于"可以"从轻或减轻处罚的情节，而非"应当"从轻或减轻处罚的情节。法院根据被告人实施的犯罪行为的事实、犯罪的性质、情节和对社会的危害程度综合量刑，对于性质极其恶劣、手段极其残忍、社会危害程度极大的被告人，法院也可以对其不予从轻处罚。

本案上诉人杨某酒后因为口角引起不快，起意杀人后又积极自首，关押期间有立功表现，积极配合管教的管理，但一审仅因为其自首的内心活动不是诚心悔过就对其不予从轻，辩护人认为这是一审判决最为失当的地方。故在二审的辩护意见里，笔者主要论证了自首不应对内心活动过分苛责，否则可能导致实际上对自首制度的否定，于司法实践是有害的。该意见由于言之有据，说理充分，论证清楚，故得到了二审法院的采纳，上诉人获得了重新做人的机会。

奸情引发的命案

——因为出轨导致的命案应该怎么量刑

案情简介

云南省红河哈尼族彝族自治州中级人民法院审理红河哈尼族彝族自治州人民检察院指控原审被告人杨某某犯故意杀人罪一案，于2008年12月11日作出（2008）红中刑初字第204号刑事判决。原判认定，2008年5月11日凌晨1时许，被告人杨某某看见其前妻李某琼在自家门前的竹子树下，便怀疑李某琼与别人偷情，即上前质问李某琼，并用随身携带的铁锤朝李某琼头部猛击几下，致李某琼倒地后，回到家中拿了一把锄头和一个编织袋来，用编织袋套住李某琼的头，扛起李某琼到村后山杉树地里时，听见李某琼喘气，即从地上捡起一块石头砸李某琼的头部，后又继续将李某琼扛到村后山老鹰岩，用锄头朝李某琼的头部猛击数下，确认李某琼死亡后掩埋尸体并逃离现场。红河哈尼族彝族自治州中级人民法院以故意杀人罪判处杨某某死刑，剥夺政治权利终身；以非法持有枪支罪判处杨某某有期徒刑5年，数罪并罚，决定执行死刑，剥夺政治权利终身。

宣判后，杨某某不服，向云南省高级人民法院提出上诉，认为量刑过重。

承办经过

受理本案后，作为二审辩护人，笔者到法院认真查阅了该案卷宗，在阅卷时，有一个疑问挥之不去，并且从卷宗上也无法得到答案，即被害人已经与上诉人离了婚，为什么上诉人还会以被害人偷情为理由将被害人打死呢？离婚之后，双方已经解除了忠诚义务，何来偷情一说？带着这个疑问，笔者到屏边县看守所会见了上诉人杨某某。在办理会见手续的时候，看守所的警官就忍不住对律师感叹：杨某某也是可怜，老实巴交的一个人，他那个老婆不是东西！这越发让笔者困惑，一个作案手段如此残忍的罪犯，何以竟然赢得这样的同情？及至见到杨某某，对他进行充分的询问之后，笔者心中的疑问多少有了一些回答。本案发生的背景是这样的，被害人李某琼在与上诉人杨某某离婚以前，就与本村的陈某书等人有不正当男女关系，作风不端，品行不好。有时候发展到大白天趁杨出门时把陈某书喊到家中偷情，杨一忍再忍，最终离婚。离婚后，李却又不搬离原住处，白天与杨某某共同劳作，晚上又与陈某书同居，但自己生病，又吵着要杨某某给钱治病。本村多名村民作证，对李某琼这些非常异于正常道德观的行为表达了否定的态度，例如，证人黄某堂所言："他家的事早晚要出的，果真出了"，又说，"小娃读初中时，他俩关系才不好的，如果不是杨某某的媳妇李某琼这样乱，李某琼不会被杨某某杀死。她家后家（指女方娘家）来后都只是说你这样做，法律怎么处理怎么处理了"。笔者认为，这是本案的一个特殊之处，与一般杀人案件中被害人家属强烈要求杀人偿命，钱可以不要赔但命必须要偿的态度不同的是，本案被害人家属的态度要平和得多，但到底是不是这样，相关卷宗里没有被害人家属的供述材料（一般认为与本案无关）。笔者认为，上诉人没有自首、立功、从犯等法定从轻情节，作案手段也算残忍，后果严重，上诉人也不能赔偿被害人家属经济损失，本案要想改判，也许只能从酌定情节入手，也就是说所谓事出有因，但这个"因"到了什么程度。虽然卷宗里有2名证人对被害人的品行发表了看法，但仍然显得单薄，也许不足以影响法庭的判断，不足以打动法庭，有必要对被害人家属的证言也收集一些。如果被害人家属的证言果然如黄某堂所言，那么这就意味着对杨某某的宽大处理应该也并不违背被害人家属的意愿吧。笔者从上诉人那里要到了被害人家属所在村的地址，决定去试着收集点补充材料。从看守所出来已经是下午4点了，笔者包了一辆出租车，经过4个多小时找到被害人家属所在的村，同时联系上了该村村支书唐某富。村支书一听是杨某某的案子，同意帮忙把可能找到的证人都集合到村办公室等律师。结果后来找到村民杨某全、袁某英、侯某品，连上村支书本人在内的4个人。据村支书后来说，他还联系上了被害人的大哥，电话里大哥的态度还是比较客观的，只是说虽然以前一直与杨某某相处很好，杨某某对待我们都很好，但毕竟是自己的妹妹被杀了，综合考虑还是不来出具对杨有利的证言了，法律怎么判就怎么判了，他们也不多说。就这样，笔者收集了杨某全、袁某英、侯某品、村支书唐某富4人的证言，所有证言都指向一个观点——被害人作风实在不好，杨某某平素的为人太好了，是因为隐忍多年才最终爆发的，希望给上诉人一个重新做人的机会。笔者认为，虽然这些证言严格说从法律意义上讲与本案的直接关联并不明显，但至少可以让法庭对本案的认识更具体鲜明一些，从而在酌定时可以酌定从轻。

结合卷宗材料、杨某某二审开庭时的供述和辩护人收集到的材料等，案发时的情节得到了还原：案发当天白天，杨某某去朋友家帮助调解他们两口子的矛盾，还说："你老婆只是和你哥骑一下摩托，（你就跟她打起来），遇着我的那种我却还忍着。"当时，杨某某朋友说"我是你的那种，早就出人命了"。当晚，杨某某在值班的工厂喝了酒，因为工厂当晚停电，杨无需值班（杨值通宵夜班），就背上工具包返回家中。到家时已是12点多，远远看见从自己家后墙附近跑出一个人，李某琼站在门口。杨顺手捡了一块石头朝跑远的人扔过去，因为他认为一定是这个人又与自己的前妻在自家里鬼混。李某琼见状就扑上来把杨某某扑倒在地，一手死死抓住杨的下身，一手乱打，嘴里乱骂，杨推不开她，情急之下顺手摸出工具袋里的铁锤打向李某琼，意思让她松手，但没想在酒精的作用之下将人打死。实际上，杨在看到李被打得不轻后才破罐破摔地将李继续打死的，这属于临时起意，并非预谋杀人，主观恶性不深。

经过分析和思考，笔者提出以下辩护意见。一是本案事出有因，被害人有过错，对上诉人判处死刑立即执行量刑过重。随着对人这一主体的认识的不断深入，扭曲人格与刑事政策之间的联系应该受到重视。社会环境越来越复杂，对一部分心理承受能力较差的人的扭曲也越来越强烈。当这种扭曲达到一定程度的时候，精神崩溃则在所难免。到了这一步，法律应该可以给予受扭曲的犯罪人一定程度上的免责才能体现实质意义上的公平。当今的刑法学理论越来越倾向达成这样一个共识：有什么样的犯罪原因论，就有什么样的刑事政策论，合理的定罪量刑及行刑政策必然奠定在对犯罪原因正确认识的基础上。辩护人提请合议庭重视并确认李某琼的行为存在一定程度的过错这一事实，重视杨某某受到扭曲的人格和心理状态，认定他首先是一个因被害人的不当行为受到扭曲的人，然后才是一个对他人生命构成威胁的人，一个"犯人"。杨某某有罪，但罪不至死，其有被改造好的基础，没有必要对其判处死刑立即执行。二是上诉人具有初犯、偶犯等酌定从轻情节。

承办结果

2009年4月1日，云南省高级人民法院作出（2009）云高刑终字第134号刑事判决书，撤销对其判处死刑立即执行的判决，依法改判上诉人杨某某死刑缓期2年执行。二审判决认为"杨某某无视国法，不能正确处理感情纠纷，故意非法剥夺他人生命，其行为构成故意杀人罪。犯罪手段残忍，造成的后果严重。鉴于该案事出有因，对杨某某判处死刑，可不立即执行。杨某某及其辩护人辩护意见部分有理，本院部分采纳。原审定罪准确，审判程序合法。但量刑失当"（详见本书附录2第258—260页）。

案件点评

因婚外情杀人的，处死刑、无期徒刑或者10年以上有期徒刑。因出轨导致杀人的应当如何判刑，需要综合考虑犯罪动机、情节的严重性等诸多因素。根据司法实践，主要包括：（1）防卫过当的故意杀人；（2）义愤杀人，即被害人恶贯满盈；（3）激情杀人，即本无任何杀人故意，但在被害人的挑逗下而失去理智，失控而将他人杀死，其必须具备以下条件：其一，必须是因被害人严重过错而引起行为人的情绪强烈波动；其二，行为人在精神上失去理智，丧失或减弱了自己的辨认和自我控制能力；其三，必须是在激愤的精神状态下当场实施。

本案在缺乏法定从轻减轻情节且犯罪手段残忍后果严重的情况下，以被害人有过错这样一个通常意义上讲法庭可考虑可不考虑的酌定情节为切入点，辩护人积极采集补充大量证人证言，尤其是收集到被害人本村村支书的证言，从作证人的身份这一角度，其证言的证明力还是较高的。这样做的目的是让法庭在可考虑可不考虑（被害人的过错）之间有理由选择考虑，从而作出对上诉人有利的判决。同时，在大量对上诉人有利的证人证言的基础上，辩护人就扭曲人格与刑事政策之间的联系、犯罪原因和刑事政策之间的联系展开论述，该意见由于言之有据，说理充分，论证清楚，故得到了二审法院的采纳，上诉人获得了重新做人的机会。

张某兴酒后口角开枪杀人案

——关键证据有瑕疵对最终定罪量刑的影响

案情简介

云南省普洱市中级人民法院审理普洱市人民检察院指控张某兴犯故意杀人罪一案，于2009年6月25日作出（2009）普中刑初字第198号刑事判决。原判认定，2008年11月21日凌晨4时许，被告人张某兴携带1支火药枪在本村村民杨某文家守地窝棚内，与杨某文、李某、张某华3人喝酒过程中，因琐事与杨某文发生口角纠纷，后趁杨某文等3人睡着后，张某兴用其携带的火药枪向杨某文的左颈部开了一枪，造成杨某文颅脑严重损伤当场死亡。普洱市中级人民法院以故意杀人罪判处张某兴死刑，剥夺政治权利终身；以非法持有枪支罪判处张某兴有期徒刑5年，数罪并罚，决定执行死刑，剥夺政治权利终身；由被告人张某兴赔偿刑事附带民事诉讼原告人李某燕经济损失共计人民币74825元。

宣判后，张某兴不服，向云南省高级人民法院提出上诉，在上诉状中辩称其不是故意杀人，而是枪走火误伤了被害人杨某文。

承办经过

接受该案辩护任务后，笔者到法院认真查阅了该案卷宗并会见了上诉人后发现，本案对上诉人主观方面的认定缺乏充分的证据支持。首先，案发时另2名现场可能的目击证人李某、张某华都已经睡熟，对于这一枪是如何打出来的，是故意还是枪支走火谁也没看见，无从证实。一审以故意杀人罪对张某兴定罪，主要是根据张一开始在公安机关所做的供述，其承认因为生气就打死了被害人。但后来上诉人翻供，称自己当时因为吓昏了头，又不懂法律，觉得反正人死了都是要偿命的，所以作出那样的供述。真实情况是枪走火了。其次，在上诉人翻供的情况下，缺乏其他证据来帮助判断，既没有证人对当时的射击情况作证，伤情鉴定报告上也无从看出枪伤系近距离（上诉人一开始的供述是枪抵着被害人脑袋）射击还是较远的距离（所谓枪走火）射击，在这种情况之下，没有理由认为上诉人翻供后的供述一定不是真实的，也就是说，在没有其他证据（物证和人证）证明系故意枪杀的情况下，仅凭上诉人张某兴的故意供述就认定为故意，是重口供轻证据的做法，特别是在上诉人翻供的情况之下，判处死刑立即执行有失审慎。除了对上诉人的主观方面进行审查和辩护以外，笔者还注意到，从案发当时直到被抓获，上诉人一直是明确表示要自首的，他委托在场的另2名当事人李某、张某华说："你们年轻走得快，你们先帮我去自首，我先回家告个别。"其回家后也是对妻子说要去自首，只是其还没有到派出所就被抓获，因为李某和张某华打了电话。一审没有将其认定为自首是不恰当的。

综合以上分析，笔者提出了以下几点辩护意见：一是一审认定张某兴构成故意杀人罪缺乏充分的事实依据，应该以过失致人死亡罪对其定罪量刑；二是上诉人张某兴有自首情节，应该认定；三是张某兴酒后犯罪，主观恶性不大，张某兴有罪，但其有被改造好的基础，没有必要对其判处死刑立即执行；四是具有初犯、偶犯等若干酌定从轻情节。综合以上几点，请求法庭撤销对张某兴的死刑立即执行判决。

承办结果

2010年3月1日，云南省高级人民法院作出（2009）云高刑终字第1263号刑事判决书，撤销对张某兴判处死刑立即执行的判决，依法改判上诉人张某兴死刑缓期2年执行。二审判决认为"张某兴为琐事与他人发生口角纠纷后，竟持枪非法故意剥夺他人生命，其行为已构成故意杀人罪，后果严重，应依法惩处。上诉人张某兴违反国家对枪支的管理规定，长期非法持有火药枪1支，其行为还构成非法持有枪支罪，依法应数罪并罚。关于上诉人张某兴及其辩护人提出，张某兴是因为枪走火而误伤被害人杨某文，对张某兴应定过失致人死亡罪；张某兴作案后有自首情节的上诉理由及辩护意见。经查证，法医尸检报告已证明，被害人杨某文系被他人用霰弹枪近距离射击左颈部造成颅脑损伤死亡，且张某兴在公安机关的审讯中多次供述他是故意向杨某文开枪的。故该上诉理由及其辩护人的意见与本案事实不符，也无相关证据证实，不能成立。上诉人张某兴作案后虽表示准备去投案，但其在一、二审庭审中均翻供，否认故意杀死被害人杨某文的事实，该行为不符合刑法关于自首的规定，不构成自首，故对张某兴关于其具有自首情节的上诉理由及其辩护人的辩护意见，本院均不予采纳。但鉴于本案属于农村民间纠纷引发，对张某兴可判处死刑，无须立即执行"（详见本书附录2第315—319页）。

案件点评

本案上诉人张某兴酒后因为口角引起不快，在纠纷已经平息一段时间后，因为返回被害人睡觉的房间找引发纠纷的白鹇未果，将被害人打死。由于本案对枪如何射击缺乏人证和物证，在上诉人翻供的情况下，上述据以对被告人定罪量刑的证据尚不能形成完整的证据体系，尚不能得出唯一、排他性结论。

辩护人认为应避免主观归罪，对其判处死刑立即执行刑有失审慎，建议对其改判死刑缓期2年执行。该意见由于言之有据，说理充分，论证清楚，故得到了二审法院的采纳，上诉人获得了重新做人的机会。

赵家兄弟故意杀人案

——因民间纠纷引发的故意杀人案件的量刑

案情简介

2009年1月10日，上诉人赵某斌的父亲拉电线从邻居高某某家门前上方经过，高某某以其影响车辆进出为由进行阻止，双方为此发生争执。随后，赵家父子3人与高某某发生争吵，高某某被打跑。高某某的三弟即被害人闻讯后提着砖刀来到现场。赵家兄弟2人见状则分别持西瓜刀和铡刀追砍被害人，上诉人赵某斌的弟弟追上被害人后持铡刀朝被害人砍了一刀，被害人当即倒地并滚落至烤棚沟中，上诉人赵某斌随即跳进沟内，持西瓜刀朝被害人头、手等部位猛砍10余刀致被害人经送医院抢救无效死亡。2009年12月11日，云南省红河哈尼族彝族自治州中级人民法院作出（2009）红中刑初字第213号刑事判决，认定被告人赵某斌犯故意杀人罪，判处死刑，剥夺政治权利终身；其弟弟赵某刚犯故意杀人罪，判处有期徒刑12年。宣判后，被告人赵某斌不服一审判决，向云南省高级人民法院提出上诉。

承办经过

接到辩护任务后，笔者及时查阅、复制全部卷宗材料，会见了上诉人，辩护人注意到本案被害人在事情平息后又持刀来挑衅，存在一定过错，上诉人当时存在一定程度的防卫过当，理应减轻量刑。经过分析思考，提出如下辩护意见。

第一，本案应定故意伤害（致人死亡）罪，一审以故意杀人罪定罪量刑属定性不准，量刑不公。案发当天，上诉人与被害人发生矛盾后由于受到被害人冲到自己家里来挑衅的刺激，在被害人手拿砖刀并且将上诉人手背砍伤的情况之下（一审判决证据第13项），上诉人赵某斌也只是想把他吓退，并没有要置其于死地的动机，其将被害人右手指砍掉，其目的是"心想他即使爬起来，也无法拿砖刀来砍我"，并且其供述离开时，被害人"当时还在哼哼"。从这一供述可以判断其主观方面没有杀人的故意，只有伤害的故意，据此，本案一审以故意杀人罪定性是不恰当的。值得注意的是，本案造成死亡这一严重后果，其致死原因不能排除有被害人摔下沟致使伤情加重的原因，毕竟，赵某斌追打被害人的具体情节没有直接的目击证人，但被害人手提砖刀找赵某斌挑衅却是有多名证人证实的，同时，赵某斌首先受到被害人击打致使手背受伤也有检查笔录予以证实。毫无疑问，故意伤害致死比起故意杀人，主观恶性要小得多，相应的量刑幅度也要轻得多。

第二，考虑到被害人有过错，应酌情减轻上诉人的刑事责任，才能体现罪刑相适应的公平原则。

本案的发生，与被害人在第一次争斗发生完各自回家后又手拿砖刀折回来找上诉人赵某斌"算账"并且砍伤了赵的手背有直接的关系，如果被害人息事宁人，也许悲剧就不会发生。正是因为被害人不能本着大事化小的态度处理纠纷，导致上诉人内心产生了害怕被打伤的心理，才作出了超出必要限度的防卫行为对被害人实施攻击，造成严重的后果。被害人的过错在本案中是明显的，有证据证实的，考虑到这一因素，就应该减轻加害人也就是上诉人的刑事责任，才能体现我国刑法的公平原则。

第三，本案存在一定程度上的防卫过当的问题，就造成的后果而言，上诉人仅应就防卫过当部分造成的后果而不是全部承担刑事责任，体现在量刑上就应该减轻判处。

本案是在被害人手持砖刀跑到上诉人赵某斌家门前叫嚣挑衅后引发的，被害人手持凶器并且首先打向上诉人（致上诉人手背8cm×7cm的肿胀），这已经符合正当防卫的条件即正在发生的危及人身的不法侵害，只是上诉人后来的追打过了头，属防卫过当，造成了严重的后果。但不管怎样，我国刑法对正当防卫规定是免予处罚；对防卫过当，普遍的司法实践也是要减轻或者从轻处罚，建议法庭减轻对上诉人的处罚。

第四，上诉人犯罪后及时自首，节约了大量的司法成本，这种行为应该受到鼓励，并从量刑上体现出来，而不是用苛刻的标准来衡量，作出不予认定的判断。

本案中，公诉方把没有证据证明自首与不能搜集证据证明自首混为一谈，明明是侦查机关侦查不及时和电话设备功能限制的原因，导致证据没有办法收集的问题，却变成了没有证据可以证明，这是不能服人的，在此基础上作出的判决，对公正司法大为有害。建议二审法庭结合种种材料，分清"没有"与"不能"的根本区别，对上诉人作出有利判决。上诉人一再提出，自己当时打了电话自首，但对这么重要的情节，公诉方却不予认定，理由有三：一是因为手机的通话记录只能打6个月的清单，故无法获取案发时的通话记录；二是派出所的电话只能显示打出记录，无法显示打入记录；三是当天有个派出所的"呼叫转移"电话是转到当日值班民警陈某的手机上，但陈某无法回忆当天具体情况。为什么对上诉人的通话记录要延迟到已无法打印才去打印呢？作为治安防范第一线的派出所，打出和打入电话都是非常重要的，尤其是打入电话，涉及包括自首在内的很多重要线索，怎么可以设置一部只能反映打出不能反映打入的电话呢？"呼叫转移"表明当天那个时候没有现场值班人员，作为派出所，出现这种情况正常吗？以上种种充分说明，正是因为侦查机关的疏漏，导致上诉人自首证据的不能及时搜集，这种由于侦查不能的消极后果，怎么可以反过来由上诉人承担呢？我国刑事诉讼法明确规定，侦查机关收集证据，既要收集证明犯罪嫌疑人有罪的证据，也要收集无罪和罪轻的证据。值得注意的是，据赵的供述，当时他报案自首时，对方说的是"我们已经出来了"，让他在原地不要动，这一供述与案发时派出所没有人值班导致电话被呼转是可以吻合的，充分说明上诉人没有撒谎，的确有自首情节。遗憾的是，公诉方坚持没有证据一说，认为没有直接证据就不能认定，对此辩护人不能赞同。

第五，上诉人表示愿意从经济上赔偿被害人家属，可视为其认罪态度好，悔罪表现积极，希望法庭能居中调解，促成赔偿的实现，并在此基础上对上诉人减轻处罚。

第六，本案属于亲属邻里纠纷引发，上诉人客观上的确造成了伤害致死的严重后果，但综合其他情节来看，上诉人并非不可以改造的对象，上诉人有罪，但罪不至死。

我国死刑的适用是非常严格的，后果严重只是其中的一个但不是唯一一个条件。赵某斌认罪态度一直很好，属初犯、偶犯，没有前科，平素的为人也是规规矩矩的，被害人一再挑起事端，也是造成悲剧发生的原因之一。相较于故意杀人罪，我国刑法对故意伤害致死的量刑幅度要宽容得多，"致人死亡或者以特别残忍手段致人重伤造成严重残疾的，处10年以上有期徒刑、无期徒刑或者死刑"。没有理由也没有理论认为只要是杀人致死，就一定要判处死刑立即执行，而不考虑种种酌定量刑情节。在本案中，赵某斌的行为的确触犯了刑法的规定，造成了1人死亡的严重后果。但考虑种种情节，辩护人认为，通过对其处以死刑以下刑罚，在一定时间内限制其人身自由，使其接受劳动改造，深刻认识到自己的错误，应该可以达到惩罚与教育的目的，也可以达到使其不再犯罪并警示周围人不要犯罪的目的，刑法的一般预防与特殊预防目的均可以达到，没有必要判处死刑立即执行。这也符合当前构建和谐社会所倡导的理念，符合少杀慎杀的相关司法精神。对赵某斌这种犯罪者，给他一个教训，一个警示，使其以后改邪归正即可，没有必要非要处以死刑这种只适用于"罪行极其严重，严重危害国家安全、危害公共安全、气焰嚣张、屡教不改的犯罪分子"的极刑。我国是人民民主专政的国家，大量适用死刑违背社会主义国家的性质。死刑存在消极作用，大量运用死刑会引起恶性犯罪增加、阻碍人们价值观念提升的恶果。

综上所述，本案定性不准，量刑不当，被害人存在过错的情况之下，上诉人防卫过当，虽然造成严重后果，但其主观恶性不深，加上上诉人犯罪后的积极自首，仅仅因为自身主观意志以外的原因导致自首举证不能，这种举证不能的后果不应由上诉人承担，应对上诉人做有利推定予以认定自首成立，在"少杀慎杀"的司法精神前提下，请二审合议庭给其一个改过的机会，减轻一审对其的量刑。

承办结果

2010年6月30日，云南省高级人民法院作出（2010）云高刑终字第335号刑事附带民事判决书，撤销对赵某斌死刑立即执行的判决，依法改判上诉人赵某斌死刑缓期2年执行。二审判决认为"上诉人赵某斌、赵某刚不能正确处理邻里纠纷，打伤被害人高某某，后又持刀砍杀被害人高某某，致高某某死亡，二人的行为均已构成故意杀人罪，应依法惩处。在共同犯罪中，赵某斌对高某某积极实施殴打行为，后又持西瓜刀对高某某积极实施砍杀行为，是致高某某死亡的主凶，系主犯，应对全部犯罪承担罪责。赵某刚积极参与殴打高某某，并持刀追砍高某某，起次要作用，系从犯，依法应当从轻处罚。赵某斌罪行极其严重，论罪当处死刑。鉴于本案系邻里纠纷所引发，被害人高某某对引发本案有一定过错，故对赵某斌可不立即执行死刑。赵某斌及其辩护人所提被害人有过错；原判对赵某斌量刑过重，请求对其从轻处罚的上诉理由和辩护意见成立，本院予以采纳。赵某斌及其辩护人所提赵某斌有自首情节；赵某刚所提无证据证实其殴打、砍杀过二被害人的上诉理由和辩护意见与本院审理查明的事实不符，本院均不予采纳。原判根据赵某刚犯罪的性质、事实、情节及社会危害程度，已依法对其从轻处罚，故赵某刚所提原判量刑过重，请求再予从轻处罚的上诉理由不能成立，本院亦不予采纳。检察员的出庭意见部分采纳。原判定罪准确。审判程序合法，但对赵某斌量刑失重"（详见本书附录2第381—384页）。

案件点评

因民间矛盾激化引发的故意杀人，均事出有因、属于针对特定对象实施的犯罪，这与发生在社会上、针对不特定对象实施同类犯罪的被告人相比，在主观恶性、人身危险性上有明显区别。基于罪责刑相适应刑法基本原则的要求，从预防犯罪的刑罚目的出发，为保障案件处理取得良好法律效果，对此类案件的被告人理应区别对待。对此类案件，应当根据被告人犯罪情节、人身危险性等情况，综合分析各种法定和酌定量刑情节，然后依法作出罚当其罪、效果良好的裁判。应综合考虑案件起因、犯罪手段、犯罪后果、悔罪认罪表现、民事赔偿、被害方诉求等影响量刑的因素。

本案的辩护主要从上诉人的主观故意是杀人还是伤害、自首是否成立、被害人有过错、防卫过当四个方面进行辩护，力图证明上诉人主观恶性不大，属于可以被改造好的罪犯，不属于"罪行极其严重，严重危害国家安全、危害公共安全、气焰嚣张、屡教不改的犯罪分子"以至于必须被判处死刑立即执行的类型。无论二审法庭完全同意还是部分同意这些观点，这种建立在案件事实基础之上的分析论证，对提醒法院充分注意上诉人主观恶性不大这一事实是有积极意义的。

被告人认命认罪不上诉 律师全力辩护免其一死

——对自首情节事实上的认定可以影响法官心证而改判

案情简介

2009年4月，被告人汪某锁在腾冲打工期间与朱某某有感情纠纷。后来朱某某负气回到家中，汪某锁多次要求见面，朱均避而不见。同年10月19日，汪某锁到腾冲县朝云村朱某某家中找朱某某，看到朱某某与黄某某在一起，汪醋意大发，一直在朱某某家里大闹、纠缠。21日上午，汪某锁要求朱某某赔偿其1万元钱而发生争执，朱某某报警后民警到朱某某家把汪某锁带离朱某某家。当天下午，汪某锁酒后再次到朱某某家，当大家围坐在火塘边时，汪某锁拿起火塘边的一把砍刀砍击黄某某头部，致黄某某当场死亡。同时砍伤朱某及怀中的女儿以及朱某某的母亲，致1死3伤。

云南省保山市中级人民法院于2010年5月19日作出（2010）保中刑初字第95号刑事附带民事判决书，以故意杀人罪判处被告人汪某锁死刑，剥夺政治权利终身。

汪某锁自知罪孽深重，表示服判，不上诉，一心求死。该案报送云南省高级人民法院死刑复核，由于被告人服判不上诉，也没有委托律师，云南省高级人民法院委托云南省司法厅法律援助中心指派律师援助，后该案被指派给笔者承办。

承办经过

笔者接受指派后去阅卷，通过阅卷，发现汪某锁对被害人朱某某一直有深厚的感情，通过打工负担朱某某及其女儿的日常生活开销，但朱某某未能妥善解决好二人的感情纠纷就与其他人同居，且在汪某锁寻至家中后亦用语言刺激汪某锁，矛盾进一步激化。加之事发当时为酒后，意识控制能力弱，最重要的是，事发后，汪某锁积极招呼周围的人打120等电话投医报警，并且没有逃离现场，并主动对到来的民警说人是自己杀的，可视为其成立自首。这一点对改变量刑是很重要的，但汪某锁一心求死，见到律师，他说，他希望法院早日审理完毕，他已经做好了赎命的准备。笔者说，我可以尽力为你说说自首情节，争取法院能够认定，但汪某锁很肯定地说，不会有用的。的确，1死3伤，后果确实严重。汪某锁作出这种判断也难免。

　　辩护人提出如下意见。首先，本案事发有因，朱某某对本案的发生有责任，虽然没有达到负刑事责任的程度，但至少应通过对汪某锁减轻量刑的方式来潜在地表达对朱某某行为的消极评价，辩护人对一审判决以故意杀人罪对原审被告人汪某定罪没有异议，但认为判处死刑量刑过重。本案中，汪某锁与朱某某确定了恋爱关系，在两人同居的情况下，其相信了朱某某对其的结婚承诺，并陆续借给朱近1万元，这些都是被当事人双方的供述证实了的事实。但朱某某却违背基本的风序良俗，在与汪没有结束关系的同时，与另一男子（被害人）交往并当着汪的面同居，而且对汪要求解决两人之间纠纷的建议，不是正面回应、真诚面对，而是采取欺骗、躲闪等逃避的态度，对其花费的汪的钱，先承诺偿还，后又不还，最终激怒了汪。汪某锁在极端愤怒的情绪之下，用刀捅死了朱某某的现任男友，属典型的激情犯罪。但仔细分析汪某锁的主观故意，毫无疑问应该属间接故意，即对黄某某的死亡持的是放任的态度，最终导致了黄某某死亡结果的发生。辨清这一点是为了请合议庭重视该主观故意的性质，从而与直接故意导致的故意杀人的主观恶性的量刑有一个区别。事实上，汪某锁也曾供述，自己一开始并没有想杀死黄某某的明确故意，当时仅仅是气糊涂了，结合汪、朱二人系恋人且汪很爱朱，一直打工挣钱养着朱的事实，这样的供述应该说是反映了汪某锁一个比较客观真实的心态。建议合议庭考虑其主观恶性相较于直接故意而言不是太大，对汪某锁给予一个相对较轻的量刑。我国刑法对故意杀人罪的量刑规定也并非一律处以死刑，而是设置了从3年以上10年以下、10年以上有期徒刑、无期徒刑直至死刑的一个相对宽泛的量刑幅度，目的正是给法官针对具体情况有一个量刑空间。没有理由也没有理论认为只要是杀人致死，就一定要判处死刑立即执行，而不考虑种种酌定量刑情节。在本案中，汪某锁剥夺了无辜者黄某某的生命，其行为的确触犯了刑法的规定。但考虑种种情节，辩护人认为，通过对其处以死刑以下刑罚，在一定时间内限制其人身自由，使其接受劳动改造，深刻认识到自己的错误，应该可以达到惩罚与教育的目的，也可以达到使其不再犯罪并警示周围人不要犯罪的目的。刑法的一般预防与特殊预防目的均可以达到。这也符合当前构建和谐社会所倡导的理念，符合"少杀慎杀"的相关司法精神。说来说去，汪某锁走上犯罪的道路，和朱某某不能恰当地处理与其他男子的关系也有一定的原因。对汪某锁这种犯罪者，给他一个教训，一个警示，使其以后改邪归正即可，没有必要非要处以死刑这种只适用于"罪行极其严重、严重危害国家安全、危害公共安全、气焰嚣张、屡教不改的犯罪分子"的极刑。我国是人民民主专政的国家，大量适用死刑违背社会主义国家的性质。死刑存在消极作用，大量运用死刑会引起恶性犯罪增加、阻碍人们价值观念提升的恶果。"除个别犯罪外，死刑总是与无期徒刑等刑罚方法共同构成一个量刑幅度，故即使是极其严重犯罪的最严重情节，也并非必须绝对判处死刑。因此，适用死刑时，必须综合评价所有情节，判断犯罪人的罪行是否极其严重。"

其次，原审被告人汪某锁犯罪后的行为应成立自首，应当对其减轻处罚。积极招呼周围的人打120等电话投医报警，并且没有逃离现场，并主动对到来的民警说人是自己杀的，可视为其成立自首，反映其认罪态度好，主观恶性不高，具备较高的可改造性，没有必要对其处以极刑，建议对其从轻处罚，可对其处以死缓刑或者以下刑罚，给其一个重新改造做人的机会。我国死刑的适用是非常严格的，后果严重只是其中的一个但不是唯一条件。

最后，原审被告人系酒后犯罪，请法庭据此考虑判定其主观恶性较小，从而对其从轻判处。汪某锁在案发当天喝了1斤左右泡酒，"头是昏的，走路有点晃"，在酒精的刺激之下，其又受到被害者说不赔钱的话的刺激，失了控，才发生这场悲剧。请法庭考虑其主观恶性较清醒状态下的预谋杀人有差别，对其从轻判处。

承办结果

2010年8月2日，云南省高级人民法院作出（2010）云高刑复字第236号刑事判决书，撤销一审判决中的量刑部分，改判汪某锁死刑缓期2年执行。二审判决认为"被告人汪某锁无视国家法律，因不能正确处理与朱某某间的感情纠纷，持刀砍死黄某某，砍伤3人，其已构成故意杀人罪，应依法惩处。辩护人提出汪某锁有自首情节，与本院查明的事实和证据不符，不予采纳。鉴于汪某锁有悔罪表现，对其判处死刑，可不立即执行。原判定罪准确，审判程序合法。但对汪某锁量刑不当"（详见本书附录2第364—365页）。

案件点评

本案为被告人认罪不上诉的案件，这种案件一般维持原判的结果比较常见，但笔者还是尽心尽力为其辩护，并提出在被害人有过错的情况之下，唯有减轻对被告人的量刑才能潜在地表示对被害人行为的消极评价。另外，虽然法院最终没有认定自首，但笔者全力论证，显然对法官心证的形成有影响，最起码动摇了被告人不具备改造可能的心证，从而导致本案最终改判。可见，不管最终法院采纳与否，不管当事人如何没有信心，律师一旦介入案件，就必须全力以赴，不到最后一刻，绝不轻言放弃。

满某某酒后伤人致死案

—— 死刑的适用有严格的证据要求

案情简介

2008年7月24日凌晨4时许，上诉人满某某在吃烧烤的时候因琐事与被害人张某某发生冲突，满某某用脚踢被害人张某某头部一脚，致被害人张某某头部撞墙后倒地，又用脚踩张某某背部，随后与茶室值班人员一起将倒地的张某某拖至附近巷道内丢弃。事发1小时后被害人张某某被发现在巷道内已经死亡，法医鉴定系外伤性闭合性颅脑损伤死亡。2010年4月16日，云南省红河哈尼族彝族自治州中级人民法院作出（2009）红中刑初字第102号刑事判决，认定被告满某某犯故意伤害罪，判处死刑，剥夺政治权利终身；赔偿附带民事原告人经济损失共计100000元。宣判后，被告人满某某不服一审判决，向云南省高级人民法院提出上诉。

承办经过

受理该案后，辩护人及时查阅、复制全部卷宗材料，会见上诉人，全面掌握案件情况。

在认真梳理案情后，辩护人注意到，上诉人与被害人在烧烤摊吃烧烤时还喝了很多酒，两人虽然有点口角，但没有深仇大恨，而且上诉人从侦查阶段就一直稳定供述自己没有踢打过被害人，只是在搀扶被害人的过程中不慎致其头部砸到地上。种种现象提示，不能排除被害人的死亡与上诉人的伤害行为之间没有直接因果关系的可能性。经过对以上事实和证据的仔细思辨，笔者提出如下辩护意见。

第一，上诉人满某某的加害行为与被害人死亡这样的后果之间没有直接的因果关系，一审对满某某量刑过重。

本案中，满某某只是踢了被害人面部一脚，在通常情况下，仅此一脚并不可能造成死亡这样严重的后果，本案之所以发生了死亡这样严重的后果，与存在其他致害因素是分不开的。本案认定满某某的加害行为（踢被害人一脚）即为造成被害人死亡的直接和唯一原因的证据不充分，无法对造成被害人的死亡的其他可能性（例如被害人自身严重酒精中毒；当晚气温太低，被害人颅内可能有容易引发血管破裂的宿疾；被害人在躺在巷道口的过程中被其他人挪动并在此过程中遭到再次撞击等）进行逐一排除，在这种情况下，判决满某某死刑立即执行意味着让满某某承担了较之其行为所伴随的后果严重得多的责任，不符合我国刑法罪责刑相适应的原则，对此应予以纠正。

第二，本案系上诉人满某某与被害人两人均醉酒的情况下发生，在酒精的作用下，满某某的判断能力、认知能力、辨识能力和对行为的控制能力均严重下降，其主观恶性不深，满某某有罪，但不属于罪大恶极非杀不可的类型，一审对满某某判处死刑量刑过重。

事发当晚，满某某与被害人在烧烤摊上相互认识，双方还互留了电话，没有任何矛盾冲突。在送被害人回家的过程中，仅仅因为被害人无法说出自己家的地址，满某某就觉得自己受了欺骗，生气地踢了被害人一脚，并邀约耿某某一起想把被害人放在路边让其自己苏醒。由于满某某自己本身就已醉酒，故在抬拉被害人的时候无法做到完全的小心，致使被害人的头部碰到了地上。但值得注意的是，据满某某供述，在满某某与耿某某离开的时候，被害人还在呼吸，严格说本案至少没有证据证实两人离开时被害人是否死亡。笔者认为，判决死刑立即执行应该极其慎重和严格，除非是罪刑极其严重，社会危害性极大，不处死刑不能消除此种危险，或者种种情节表明犯罪人没有可以改造得好的可能性等情况下，才应该考虑适用死刑。另外，在量刑上不应该对法条做机械的理解和对照适用，而应以事实为依据，以法条为基准，充分考虑犯罪人的自然情况、文化水平、所处环境经济状况、犯罪地点的特殊性、社会经济政治大环境等因素，以便对其主观恶性的大小、社会危害性、改造的可能性及难易程度、犯罪的危害性大小等有一个更为客观公正、更符合当前时代特征的评价，并在此基础上进行量刑，才能实现"罪刑相适应"的目的，从而达到更好的一般预防与特殊预防的效果，从根本上实现刑法的最终目的。否则，即便从表面上看起来是"遵照"法条量刑，实际上却是隐性地背离刑法立法精神的做法。一审法院对满某某的量刑，没有考虑和谐社会以人为本的时代特征，也没有斟酌最高人民法院提出的少杀慎杀等司法精神，尤其是没有考虑满某某系酒后犯罪且其加害行为与危害后果之间没有直接因果关系等因素，致使对上诉人满某某的量刑畸重。对满某某这样的犯罪分子，通过对其处以死缓或以下刑罚，在一定时间内限制其人身自由，使其接受劳动改造，深刻认识到自己的错误，应该可以达到惩罚与教育的目的，可以达到使其不再犯罪并警示周围人不要犯罪的目的，刑法的一般预防与特殊预防目的均可以达到。对他这种犯罪者，给他一个教训，一个警示，使其以后改邪归正即可，没有必要处以死刑这种只适用于"罪行极其严重，严重危害国家安全、危害公共安全、气焰嚣张、屡教不改的犯罪分子"的极刑。我国是人民民主专政的国家，大量适用死刑违背社会主义国家的性质。死刑存在消极作用，大量运用死刑会引起恶性犯罪增加、阻碍人们价值观念提升的恶果。"除个别犯罪外，死刑总是与无期徒刑等刑罚方法共同构成一个量刑幅度，故即使是极其严重犯罪的最严重情节，也并非必须绝对判处死刑。因此，适用死刑时，必须综合评价所有情节，判断犯罪人的罪行是否极其严重"。请二审合议庭审慎判决，给上诉人一个重新做人的机会。

第三，本案属于典型的结果加重犯，危害结果的加重有多样的原因，仅就加害行为而言，本案犯罪手段一般，动机不明，主观恶性不大，一审对其判处死刑立即执行刑量刑过重。

故意伤害，后果严重的，最高可以判处死刑，但这里所指的后果严重，其本身的含义是加害行为恶劣，加害手段残忍所导致的后果严重，与本案这种加害行为轻微，加害手段一般，但因为存在其他种种原因而导致的后果严重不是一回事。对此必须加以区分，同时在量刑上体现出来，才能贯彻我国刑法的公平原则。

第四，值得一提的是，虽然满某某系累犯，应当从重处罚，但无论什么情况下的从重，其应有之义就是对当前本案的公正判处。如果本案的量刑是不公正的，那么在此基础之上的所谓从重，则必然成为无源之水、无本之木，最终是违背刑法公平原则的做法，对此不再赘述。

综上所述，本案虽然是故意伤害致人死亡，但故意伤害只是死亡的表面原因、间接原因，本案没有证据证明上诉人的加害行为系被害人死亡的直接原因，对上诉人判处死刑立即执行就失之审慎！

承办结果

2010年2月26日，云南省高级人民法院作出（2009）云高刑终字第1481

号刑事附带民事判决书，撤销对其判处死刑立即执行的判决，依法改判上诉人满某某死刑缓期2年执行。二审判决认为"上诉人满某某无视国法，用脚踢因醉酒蹲在路边的张某某，致张某某的头部撞在墙上死亡，其行为构成故意伤害罪，应依法惩处。认定满某某将被害人拖到巷道里丢弃，有满某某自己的供述、证人耿某某的证言、公安机关的现场勘查笔录，证据确凿。满某某认为一审认定事实部分不符，其是将被害人扶到路边，不是拖到巷道里的辩解不能成立，不予采纳。被害人张某某的死亡系满某某的犯罪行为所致，其加害行为与被害人的死亡有直接的因果关系。辩护人认为满某某的加害行为与被害人死亡后果没有直接的因果关系的辩护意见不能成立，不予以采纳。满某某所犯罪行极其严重，综合考虑被告人满某某的犯罪事实、性质情节和对社会的危害程度，对其判处死刑，可不立即执行。检察机关、辩护人认为一审量刑过重的出庭意见及辩护意见予以采纳。原审定罪准确，审判程序合法。但量刑不当"（详见本书附录2第338—341页）。

案件点评

我国刑法对死刑采取的是"少杀慎杀，严禁错杀"的死刑政策。办理死刑案件，对被告人犯罪事实的认定，必须达到证据确实、充分。证据确实、充分是指：（1）定罪量刑的事实都有证据证明；（2）每一个定案的证据均已经法定程序查证属实；（3）证据与证据之间、证据与案件事实之间不存在矛盾或者矛盾得以合理排除；（4）共同犯罪案件中，被告人的地位、作用均已查清；（5）根据证据认定案件事实的过程符合逻辑和经验规则，由证据得出的结论为唯一结论。

本案上诉人酒后与人争执致一人死亡，且上诉人系累犯，案发前半年才因抢劫罪刑满释放，在此情况之下，一审已判死刑二审改判的可能性是很小的。但辩护人从伤害行为与死亡后果之间没有直接因果关系作为整个辩护意见的切入点展开辩护，分析透彻，论证严密，说理透彻，尤其是指出累犯从重的前提是本案必须得到公正判决，否则在不公正判决基础上的从重只能是无本之木，在此基础之上水到渠成地提出"上诉人有罪，但罪不至死"这样的辩护观点，这样就对一审判决考虑欠妥的地方进行了有力的论证和补充，二审最终改判上诉人死缓，也是对辩护意见的肯定。

邱某某恋爱受阻买凶杀人案

——买凶杀人案中买凶者和行凶者的责任认定

案情简介

云南省保山市中级人民法院审理保山市人民检察院指控邱某某犯故意杀人罪一案，于2007年12月21日作出（2007）保中刑初字第524号刑事附带民事判决。原判认定，被告人邱某某于2003年12月24日刑满释放后认识了保山市的陈某某，并与之产生恋情，但遭到陈某某之女孙某某的反对，邱某某遂怀恨在心。2004年2月9日，邱某某到杨某某家中与杨某某（已被执行死刑）共谋，由邱某某出资5万元，让杨某某杀害孙某某，杨某某同意。2月10日凌晨1时许，杨某某潜入陈某某家中，藏匿于院内的草堆上。8时许，杨某某看到陈某某离家外出后，即到孙某某房内，用手扼压孙某某颈部致其昏迷，随后到陈某某家堂屋内取得1把铁锤猛击孙某某右额颞部，将铁锤放回原处后，看到孙某某仍有动静，又拿斧子朝孙某某的头部砸了一斧，将斧子放回原处并逃离现场。经法医鉴定，孙某某系被他人扼颈后用钝器打击右额部致颅脑损伤死亡。2004年3月26日，公安机关在杨某某家中将杨某某抓获。2007年6月1日20时许，公安民警根据报警，在保山客运站旁将在逃的邱某某抓获。保山市中级人民法院以故意杀人罪判处邱某某死刑，剥夺政治权利终身；赔偿刑事附带民事诉讼原告人经济损失共计人民币30000元。

另查明，邱某某1988年12月21日因犯盗窃罪、破坏集体生产罪被简阳市人民法院判处有期徒刑5年6个月，1998年4月1日因犯盗窃罪被原保山市人民法院判处有期徒刑6年，2001年10月26日因盗窃罪被保山市隆阳区人民法院判处有期徒刑3年，2003年12月24日刑满释放。其在刑罚执行完毕后5年内又故意犯罪，系累犯。

宣判后，邱某某不服，以刑讯逼供被冤枉为由向云南省高级人民法院提出上诉。

承办经过

接受该案辩护任务后，笔者到法院认真查阅了该案卷宗，在阅卷过程中，有这样几个疑问。

一是如果邱某某系犯罪后在逃，那么他为什么会在案发3年后又回到案发地，并且在遇到被害人孙某某的母亲后主动打招呼？难道仅仅是所谓"反侦查"？问题是从卷宗上看起来邱并非在逃，而是当年被讯问后释放的，意味着当时侦查机关也没有认为他系罪犯，他又有什么必要事隔3年后搞所谓的"反侦查"呢，唯一的解释就是他内心是坦荡的。

二是2004年时对孙某某被害一案已经审理完毕，杀人者杨某某当时供述为取5万元报酬受邱某某的雇佣，将被害人孙某某杀死。该供述为"孤证"，而且供述时间为侦查后期，他为何不一开始就这样说呢？这与常情不符，如果供出幕后指使者，不排除自己可以不被判死刑的可能性，杨某某为什么不这样做？非要到最后看不行了才供述系邱某某指使？

三是侦查机关没有提供所谓邱"在逃"的证据。从卷宗反映的情况看来，当时公安机关讯问了邱某某，但没有获得什么有效线索，就将人放了。何来"在逃"一说？

带着这些疑问，笔者会见了上诉人邱某某。邱大呼冤枉，说自己当年与被害人母亲刚认识几天，还谈不上谈恋爱。只是自己刑满释放后，由于自己在四川的老母亲如果被认定为五保户、孤寡老人，就可以得到更好的福利，故自己没有把户口转回老家。想到保山安家，经人介绍认识了被害人的母亲陈某某，双方都有一起过日子的意思，头天去提了下亲，陈某某的女儿即被害人孙某某有点不高兴，走出房间去了，当时在场的还有介绍人阿青等其他人。自己再昏，也不至于会在提亲后第二天就去杀人，而且自己头天提亲受到小姑娘的冷遇后还去找了陈某某的二嬢，让其做做小姑娘的思想工作，再想杀人，怕也不至于这么着急、这么明显吧？

结合卷宗材料和上诉人的辩解及陈述，笔者认为本案从证据上来说仅有已被执行死刑的杨某某的供述和在本案中邱某某的供述，除此之外没有任何人证、物证对邱的有罪供述进行补强。不仅如此，邱的有罪供述与常情违背，许多地方不符合基本的风序良俗，经不住质问和推敲。考虑到邱某某一直在喊冤，说自己受到了刑讯逼供，笔者经过思考，提出如下辩护意见。

首先，邱某某的作案时间不能确定。证人之间关于邱作案时间的供述前后矛盾，邱在2004年案发时的供述与本案所做的供述也是矛盾的。杨某某的妻子说案发当晚11点左右听见邱某某在窗外叫杨某某，后杨某某出去整夜未归；杨某某自己的供述却是案发当晚8点钟邱来自己家还一起吃了方便面。邱当时的供述是案发当天下午4点左右去了杨某某家，后去职介所，当晚在小云家碰到阿青后与阿青一并回阿青家，与阿青的儿子同睡一张床至天明（该供述有阿青的证言补强，证明力较高）。但邱某某在本案中的供述却成了案发当晚8点去的杨某某家。无论如何，没有证据证明邱某某到底是几点找到杨某某的，也没有证据证明邱找杨某某的目的就是让其帮自己除掉孙某某。除了杨某某一个人在自说自证，没有任何证据对这一核心问题作出证明。

其次，邱某某的作案动机存疑。如果像陈某某2007年6月的供述里说是因为听说陈的房子可以补偿20多万元，所以邱见财起意，这不符合常情。因为那20万元影子都还没有，并且2004年陈某某在案发后的第一时间被讯问时压根就没有提到这一情节。再说，邱才提了亲就将陈某某的女儿杀掉，第一个怀疑对象就是邱，陈某某还会与女儿生前反对的嫌疑人结婚吗？另外，杨某某说邱许给自己5万元的佣金，杨某某明明知道，邱系刚刚刑满释放人员，怎么可以拿得出5万元呢？在司法实践里，雇凶杀人者往往不是有钱就是有权，很难想象一个居无定所、身无分文还欠着钱的人，会去雇凶杀人，而且凶手居然毫不犹豫，立马就行动了。而且，说是去杀人，但连工具也没有准备。这些都不符合常情。

最后，本案没有直接目睹作案过程的证人证言，也不能对作案动机做符合常理的推断，杨某某又已被执行了死刑，本案关于邱某某的案情客观上难以查清，应本着"疑罪从无"原则，宜宣判上诉人邱某某无罪。

承办结果

云南省高级人民法院作出（2008）云高刑终字第136号刑事终审判决，判决撤销了一审对邱某某的量刑部分，改判邱某某死缓。二审判决认为"上诉人邱某某无视国家法律，为泄私愤雇凶杀人，其行为已构成故意杀人罪。邱某某及辩护人所提没有出资雇佣杀人的上诉理由和辩护意见，违背事实，与杨某某口供不符，不能成立。邱某某在刑满释放后五年内又犯新罪，构成累犯，应依法从重惩处，检察员的建议有一定法律依据。但根据本案的事实和邱某某的犯罪情节，可判处死刑，不必立即执行"（详见本书附录2

第178—180页）。

案件点评

　　根据我国的相关法律法规的规定，买凶杀人的雇主和实施杀人行为的犯罪行为人属于共同犯罪，都应该被按照故意杀人罪来追究相关责任人的刑事责任。买凶者是主谋，属于刑法上的教唆犯；行凶者属于被教唆犯，如果被教唆的人没有犯被教唆的罪，则可以从轻或者减轻处罚。在实际操作中，买凶者与行凶者都构成故意杀人罪，都可能被判处死刑。

　　本案判处死刑立即执行几乎成为定局。在这种情况下，辩护人不轻言放弃，全面梳理案情和指控，找出了证据链的疑点，整个案件事实都面临解体的危险。最终，法院作出死缓判决的结果，是对辩护人工作的认可。上诉人邱某某于2004年2月因涉嫌杀人被公安机关传讯，因为孙某某遇害后，第一嫌疑人就是他，但当时公安机关没有从讯问中得到有用的线索，将他释放了。后通过血型、痕迹等找到杀人者杨某某，杨一开始说是自己去孙家偷东西后被发现遂杀人灭口，后供述系受邱某某雇佣杀人。而邱某某后来一直在四川老家居住，公安机关并没有去抓他，反而是在时隔3年后他回保山来玩的情况下，很偶然遇到被害人母亲并且是其主动向对方打招呼的情况之下被对方报警抓获的。在这种情况下，本案的证据仅有邱自己的有罪供述，且有罪供述前后矛盾，不符合常情，其他证言均互相矛盾，没有办法形成相对完整的证据链，加上邱屡供屡翻，故辩护人提出本着"疑罪从无""死刑慎重"的原则建议法院对其宣告无罪，虽然结果只是改判死缓，但毕竟为上诉人挽回了一条生命。在辩护意见中，辩护人对证据尤其是证人证言之间的矛盾处的仔细分析，对一审判决、上诉人、被害人母亲、杀人者杨某某就作案动机的表述其不符合常情处的一一分析论证，对本案证据还原不了的事实部分的大胆推测，都是为了能够给法庭在量刑时提供哪怕只是多一点点的思路。由于言之有据，说理充分，论证清楚，分析细致，故该意见部分得到了二审法院的采纳，上诉人获得了重新做人的机会。

金平县边民持枪多次抢劫村民物资案

——抢劫罪中死刑的适用有严格限制

案情简介

上诉人李某某，云南省金平县人，从2005年开始，李某某或单独或伙同李阿某、王某某等多名被告人，先后在附近乡寨进行抢劫26起，抢走村民钱、鸡、狗、酒、猪、牛、鸭子、弯刀、菜刀、铁锅、西瓜、蚊帐等物共折合人民币31000元。检察院提起公诉以后，红河哈尼族彝族自治州中级人民法院审理认为，李某某携带火药枪多次入室抢劫，数额巨大，又违背妇女意志进行强奸，其行为构成抢劫罪、强奸罪和非法持有枪支罪，一审判决李某某犯抢劫罪，处死刑，剥夺政治权利终身，并处没收个人全部财产；犯强奸罪，判处有期徒刑13年；犯非法持有枪支罪，判处有期徒刑2年；决定执行死刑，剥夺政治权利终身，并处没收个人全部财产。一审宣判后，李某某不服提出上诉，认为没有抢劫那么多次，没有做过强奸的事，请求改判。

承办经过

受理本案后，笔者先去法院查阅该案的卷宗。卷宗材料表明，李某某参与的多起抢劫先后在1年多的时间陆续发生，具体到每一起的数额并不是太大，而且所抢财物除少部分为现金外，多为鸡、鸭、锅、碗等生活用品，其价值是以评估值记入抢劫总额里的，存在一定程度上的高估；抢劫罪只有受害者的指控，没有其他相关证据证实；关于非法持有枪支，存在当地村民普遍用火药枪防身打猎的特殊情况，李某某并非特意持有正规枪支入室抢劫，对此应区别对待。

之后，笔者到看守所会见了上诉人李某某。李某某一再表示，没有抢着那么多，也没有强奸过云云。听完上诉人述说上诉理由和抢锅碗鸡鸭的几次经过后，笔者开始思考这样一个问题：现在随着经济的不断发展，我国人均收入水平的提高，法院应该如何与时俱进地看待"数额巨大"等概念呢？对本案的辩护思路也随这一思考在头脑里渐渐清晰起来。

在充分了解、掌握了案情并会见了上诉人的基础之上，笔者提出了一审量刑偏重，李某某并非非杀不可的辩护意见。意见认为：虽然在抢劫罪上，李某某符合"入户、多次且数额巨大、持枪"等几个情节，但量刑不应走形式主义或者教条主义，而应以事实为依据，以法条为基准，充分考虑犯罪人的自然情况、文化水平、所处经济环境、犯罪地点的特殊性、社会经济政治大环境等因素，以便对其主观恶性的大小、社会危害性、改造的可能性及难易程度等有一个客观公正、符合当前时代特征的评价，并以此为基础进行量刑，才能实现罪刑相适应的目的，从而更好地达到一般预防与特殊预防的效果，从根本上实现刑法的最终目的。否则，即使从表面上看起来是"遵照"法条量刑，但如果不充分考虑与客观环境和相似案例的对照比较，那么这其实也是隐性地背离刑法立法精神的做法。

一审法院对李某某量刑过重，正是忽略了案件的具体情况和特殊性。针对"入户"，应该考虑到，本案发生地处于边境少数民族地区的自然村，在这样的村子里，村人之间随意地走动、串门是很平常的事，门户的闭锁情况就不可与城市里相提并论，所以，对"入户"抢劫的主观恶性的评价，就应该相应降低，而与城市里的"入户"有一个区别。针对"多次"，辩护人提出，李某某多达26次的抢劫持续了1年左右的时间，但中间竟然没有受到哪怕是一次来自民间或官方的制止和制裁，这客观上使李某某愈来愈胆大妄为，造成了"多次"抢劫的后果。同样，分析评价这个"多次"的主观恶性的大小，也不应忽略这一客观背景。另外，还要注意李某某是文盲、法盲这个客观情况，将这里的"多次"与某些犯罪分子经过警告、处罚后仍然不改的"多次"犯罪区别开来。针对"数额巨大"，辩护人认为，31000元是多次抢劫累计的结果，但现金只有2000多元，其他非货币性财物的价值认定存在偏高的问题。并从经济学的角度，用资产评估的方法理论对此观点进行了论证，证明用成本法来评估，31000元价值将只会剩下1/3，如果再考虑按共同抢劫者的人数来平分的话，最终的抢劫数额将会更低，保守估计应该在6000元左右。辩护人认为，评价这个数字，一定要站在经济快速发展的今天，用目前的城乡基本工资水平和农民平均年收入水平来考虑，然后再来评判是否应定性为"数额巨大"。"连简单的生活用品都要抢，是李某某的悲哀，更是边疆经济落后地区的悲哀，我们在一项一项加总其抢劫物资的时候，是否应该考虑这些数字前面的物品名称和数字背后的无奈？"针对"持枪"抢劫，辩护人提出，在边疆少数民族地区，火药枪作为打猎、防身的工具被村民所持有，实际是比较普遍的现象，当然，这是法律所不允许的。但考虑到持有火药枪的普遍性，李某某把它当作犯罪工具的主观恶性，就要与在城市里的持枪抢劫的主观恶性有一个区别。

所以本案虽然符合"入户""多次""持枪"等情节，但仍然应该重视这3个情节的特殊性。况且，刑法对此量刑的规定并非一律处以死刑，而是设置了从10年以上有期徒刑到无期徒刑直至死刑的一个相对宽泛的量刑幅度，目的正是给法官针对具体情况有一个量刑空间。在本案中，李某某等人属游手好闲、偷鸡摸狗之流，其行为的确影响了周围群众的生产生活。但这一切终究属于人民内部矛盾，通过对其处以死缓或有期徒刑，在一定时间内限制其人身自由，使其接受劳动改造，深刻认识到自己的错误，应该可以达到惩罚与教育的目的。如果偷鸡摸狗就要搭进一条命去，这与当前所倡导的构建和谐社会的理念不相符合，也与最高人民法院少杀慎杀的司法精神不相符合。辩护人认为，李某某走上犯罪的道路，和周边经济环境的落后、贫穷是分不开的，对他这种犯罪者，给他一个教训，一个警示，使其以后改邪归正即可，不必处以死刑立即执行。

承办结果

由于该辩护意见紧扣我国刑法"惩罚与教育相结合"的基本原则，针对案件的几点特殊性逐项进行分析，说理透彻，结合实际，逻辑清楚，条理清晰，论证明确，二审法院最终采纳了该意见。2007年11月1日，云南省高级人民法院以（2007）云高刑终字第905号作出终审判决（详见本书附录2第445—454页），对李某某改判死缓。上诉人李某某获得了重新做人的机会。

案件点评

抢劫犯罪是多发性的侵犯财产和侵犯人身权利的犯罪，在判处死刑案件中占相当大的比重。加强对抢劫罪死刑适用标准的研究，对于贯彻宽严相济的刑事司法政策、降低死刑判决数量有重要的意义。刑法把"入户"抢劫的行为，作为加重情节的理由，这是因为行为人对"户"的侵入，使被害人对社会秩序丧失信赖感和安定感。在司法实践中如何认定"户"是否属于刑法意义上的"户"应当结合行为时"户"所承载的实际功能进行分析判定。刑法之所以将入户抢劫规定为法定加重情节，一个重要原因是入户抢劫直接威胁到户内居民的人身和财产安全，因此，在量刑时还应考量对户内居民的人身和财产安全的危害性。

本案涉及相对稳定的刑法体系和相对变化的经济生活环境之间有所"冲突"时，如何与时俱进地分析案情，在将案情特殊性逐条分析的基础上为上诉人展开辩护，说理透彻，结合实际，逻辑清楚，条理清晰，论证明确。最终，法院经合议，采纳了辩护人提出的部分辩护意见，对其他意见虽未直接采纳，也做了适当考虑。根据上诉人的犯罪事实、性质、情节和社会危害性，对其判处死刑缓期2年执行。

林某某等共同伤害致人死亡案

——共同故意伤害案件中"教唆者"的责任认定

案情简介

2008年12月3日22时许，上诉人林某某与吴某某、马某某等人在街上玩，吴某某提议在街上随便找个人打一场架后回家睡觉，林某某和马某某均表示同意。3人拿木棍遇到被害人余某某，上诉人林某某持木棒猛击被害人的头部，马某某持木棒击打余某某的背部，吴某某用脚踢被害人。3人将被害人打倒后逃离现场。次日，被害人在开远市人民医院经抢救无效死亡。2009年10月27日，云南省红河哈尼族彝族自治州中级人民法院作出（2009）红中刑初字第158号刑事判决，认定被告人林某某犯故意伤害罪，判处死刑，剥夺政治权利终身；吴某某犯故意伤害罪，判处无期徒刑，剥夺政治权利终身；马某某犯故意伤害罪，判处有期徒刑15年。宣判后，被告人林某某不服一审判决，向云南省高级人民法院提出上诉。

承办经过

受理案件后，笔者及时查阅、复制全部卷宗材料，会见了上诉人，注意到本案存在同案犯量刑不公的问题。经过分析思考，提出如下辩护意见。

第一，一审判决在没有充分理由和依据的情况下对上诉人林某某和吴某某作出了非常悬殊的量刑，实际上是对上诉人林某某的量刑过重。

纵观全案，一个非常清楚而且也被一审判决确认的事实是：吴某某首起犯意，主观恶性最深；林某某积极实施打击，是致死被害人的主要凶手。但相应的量刑却是矛盾的，林某某被判处死刑，而吴某某仅被判为无期徒刑。如果说直接致死者即为主犯的话，那么我国刑法为何要规定"教唆者为主犯"呢，大量的司法判例比如雇凶杀人案中，雇凶者为主犯，承担最重的刑事责任，这是共识。所以本案中，即便不能认定林某某的犯罪情节和作用、地位比吴某某的小，至少也没有理由认为其比吴某某作用大从而要承担比吴某某重得多的量刑。本案事实清楚，证据确凿，3位被告人的作用地位不难分清主次轻重，但一审判决没有对主从犯作出明确的认定和判断，用语模糊笼统，但量刑却差别巨大，这种判决不能令人信服。实际上，认定共同犯罪中的主从犯，应当以各共同犯罪人在共同犯罪中所起的作用为标准，根据其在参加实施共同犯罪活动中所处的地位、参与的程度以及对造成的危害结果所起的作用等，全面、本质地予以综合判断。在共同犯罪中，主犯可以是一个，也可能是几个。本案中，如果要认定林某某为主犯，那么毫无疑问首先提议打人的吴某某也应该是主犯，如果不是吴某某提议打人，林某某也不会发生后来的行为。在这种情况之下，判决上诉人林某某死刑意味着让林某某承担了较之其行为所伴随的后果重得多的责任，不符合我国刑法罪责刑相适应的原则和公平原则，对此应予以纠正。

第二，本案的发生系上诉人林某某醉酒的情况下发生，在酒精的作用下，林某某的判断能力、认知能力、辨识能力和对行为的控制能力均严重下降，其主观恶性不深，林某某有罪，但罪不至死。

事发当晚，林某某与另2名同案被告均喝了大量的白酒，意志力降低。辩护人认为，判决死刑立即执行应该极其慎重和严格，除非是罪刑极其严重，社会危害性极大，不处死刑不能消除此种危险，或者种种情节表明犯罪人没有可以改造得好的可能性等情况下，才应该考虑适用死刑。另外，在量刑上不应该对法条做机械的理解和对照适用，而应以事实为依据，以法条为基准，充分考虑犯罪人的自然情况、文化水平、所处环境经济状况、犯罪地点的特殊性、社会经济政治大环境等因素。以便对其主观恶性的大小、社会危害性、改造的可能性及难易程度、犯罪的危害性大小等有一个更为客观公正、更符合当前时代特征的评价，并在此基础上进行量刑，才能实现罪刑相适应的目的，从而达到更好的一般预防与特殊预防的效果，从根本上实现刑法的最终目的。否则，即便从表面上看起来是"遵照"法条量刑，但如果不充分考虑客观环境，那么这其实也是隐性地背离刑法立法精神的做法。一审法院对林某某的量刑，没有考虑和谐社会以人为本的时代特征，也没有斟酌最高人民法院提出的少杀慎杀等司法精神，尤其是没有考虑林某某系酒后犯罪且首起犯意者不是其本人等因素，致使对上诉人林某某的量刑畸重。对林某某这样的犯罪分子，通过对其处以死缓或以下刑罚，在一定时间内限制其人身自由，使其接受劳动改造，深刻认识到自己的错误，应该可以达到惩罚与教育的目的，可以达到使其不再犯罪并警示周围人不要犯罪的目的，刑法的一般预防与特殊预防目的均可以达到。对他这种犯罪者，给他一个教训，一个警示，使其以后改邪归正即可，没有必要处以死刑这种只适用于"罪行极其严重，严重危害国家安全，危害公共安全、气焰嚣张、屡教不改的犯罪分子"的极刑。我国是人民民主专政的国家，大量适用死刑违背社会主义国家的性质。死刑存在消极作用，大量运用死刑会引起恶性犯罪增加、阻碍人们价值观念提升的恶果。"除个别犯罪外，死刑总是与无期徒刑等刑罚方法共同构成一个量刑幅度，故即使是极其严重犯罪的最严重情节，也并非必须绝对判处死刑。因此，适用死刑时，必须综合评价所有情节，判断犯罪人的罪行是否极其严重"。

第三，本案属于典型的结果加重犯，危害结果的加重有多样的原因，医院抢救不力也是造成死亡后果的原因之一，3位被告人不应承担所有的责任。从这一角度来讲，一审对三被告均量刑过重。

被害人2008年12月3日晚22点左右被击打头部，报警时间是2008年12月3日晚22点27分，被害人被送到开远市人民医院，医院明知被害人受伤部位是头部，CT扫描颅脑严重损伤，但是因没有收到医疗费预付款，就没有采取开颅的抢救措施，只是保守治疗，实际上延误了抢救时机，造成被害人死亡的严重后果。从被害人被打到死亡，中间长达14.5小时。故意伤害，后果严重的，最高可以判处死刑，但这里所指的后果严重，应进一步分析造成严重后果的原因，是与加害行为有唯一联系，还是主要联系，还是一般联系，也就是说，非加害行为在加害后果中所占的比重越大，则加害人的责任承担就应该越轻。大量的司法实践和判例均认可一个事实，被害人自身的体质、健康状况、特殊性、医院的抢救力度、被伤害后所被弃置的环境条件等对伤害后果有影响但又不是直接加害原因的因素，在量刑时应该被予以充分的考虑和区分对待，并视其所起的作用大小，相应地减轻直接加害人的责任，在这种情况之下的量刑才能做到最大程度的公平公正，体现罪刑相适应原则。具体到本案中，由于考虑到击打被害人的为3人共同犯罪，且医院抢救不力是被害人最终死亡的原因之一，一审对林某某的量刑过重，建议改判从轻。

综上，辩护人认为，本案表面上似乎是上诉人林某某对被害人的打击造成了严重的危害后果，但由于不能对造成加重结果的其他原因进行逐一排除，让林某某完全承担加重后果所对应的刑事责任就是不妥当的。每一个人都只应该对自己的行为以及由行为所导致的直接后果承担责任，过多或者过少都意味着量刑失当。林某某酒后犯罪，但犯罪情节一般，主观恶性不大，尤其是相对于毫无疑问应该作为主犯认定的首起犯意者吴某某的量刑而言，对林某某明显量刑过重，在上诉不加刑原则的制约之下，建议减轻一审对林的量刑，使其承担不重于吴某某的量刑。

承办结果

2010年5月6日，云南省高级人民法院作出（2010）云高刑终字第20号刑事附带民事判决书（详见本书附录2第455—458页），撤销对其判处死刑立即执行的判决，依法改判上诉人林某某死刑缓期2年执行。

案件点评

故意伤害他人身体的，处3年以下有期徒刑、拘役或者管制；致人重伤的，处3年以上10年以下有期徒刑；致人死亡或者以特别残忍手段致人重伤造成严重残疾的，处10年以上有期徒刑、无期徒刑或者死刑。如果是共同故意伤害犯罪，应进行主、从犯等的划分，做到罚当其罪；如果不能认定共同犯罪，共同参与人就应当各负其责。教唆犯在犯罪活动中起利诱、授意的作用，一般是属于主犯，如果实行犯在实施伤害时忘记或者忽视了教唆人的要求，而是一意孤行，造成的后果超出了教唆人的授意限度，那么，对教唆犯的处罚就应讲究罪责适应，不能要求其对实行犯的行为负全责。

本案是共同犯罪，共同犯罪由于系多人实施伤害行为，对伤害后果按照加害程度分别承担相应的刑事责任是共同犯罪量刑的基本原则，但本案一审对上诉人林某某的量刑与首起犯意应该被认定为主犯的同案犯吴某某相比差别巨大却没有充分理由。教唆者为主犯对全案承担责任是我国刑法在量刑上的明确规定，辩护人抓住一审判决这种定性上与量刑上的矛盾之处作为切入点展开辩护，并且建设性地提出"医院抢救不力也是造成死亡后果的原因之一"，论证有理，分析透彻，用事实说话，用法条服人，水到渠成得出上诉人有罪但罪不至死的辩护结论，得到二审法庭的认可，最终为上诉人挽回一命。

第二章

毒品犯罪案件
二审辩护要点

毒品犯罪是指违反国家和国际有关禁毒法律、法规，破坏毒品管制活动，应该受到刑法处罚的犯罪行为。走私、贩卖、运输、制造毒品，无论数量多少，都应当追究刑事责任，予以刑事处罚。根据《中华人民共和国刑法》第357条的规定，毒品是指鸦片、海洛因、甲基苯丙胺（冰毒）、吗啡、大麻、可卡因以及国家规定管制的其他能够使人形成瘾癖的麻醉药品和精神药品。《中华人民共和国刑法》第6章第7节共11个条款专门规定了有关毒品犯罪的罪名和处罚。

笔者自执业以来，承办了多起毒品犯罪案件辩护工作，成功为数十名被判处死刑的毒品犯罪嫌疑人辩护并帮助他们减轻了处罚，在办理这些案件过程中，有一些感悟与读者分享。

严厉打击毒品犯罪分子固然很重要，但分清事实罚当其罪，对因无知而无辜受毒贩利用的弱势群体的保护同样重要，这也是构建和谐社会的题中应有之义。

毒品犯罪案件量刑时要充分考虑各种法定和酌定量刑情节，如年龄、自首、坦白、立功、认罪态度、是否有前科、累犯、犯罪形态及共同犯罪中的地位等量刑情节，这些都影响着基准刑的调整比例。此外，不同的犯罪罪名也有着不同的量刑情节，如运输毒品罪中，是否受雇则是重要的量刑考虑因素。

1.主观明知才构成犯罪

首先，从犯罪构成来看，毒品类犯罪的主观方面均应为明知即故意犯罪，从发现地来看，如果从嫌疑人身上或所属的车内、住宅内等地发现毒品，可推定为明知，构成犯罪。如果有证据证明确实属于不知道的情形，当然不认定为明知，则不构成犯罪。从毒品类型来看，如果"毒品"的类型在现有法律规定中找不到，但是属于可以成瘾的药品，如果出现了贩卖或持有等行为，是否认定为犯罪，则要看该涉案"毒品"的性质，属于药品还是毒品，再判断是否构成犯罪。

2.区分运输、贩卖毒品和非法持有毒品，量刑结果有差异

在定性辩护上，走私、贩卖、运输、制造毒品罪，非法持有毒品罪，窝藏、转移、隐瞒毒品毒赃罪，这3个罪名对应的最高刑分别是死刑、无期徒刑和10年有期徒刑。如果能够把行为的定性从重罪向轻罪靠拢，那么对应的刑期也会大幅下降。辩护时应注重各罪名的构成要件的异同以及单个罪名的构成要件是否充足。虽然我国刑法上对这几类行为规定都是明确的，定罪量刑也都有确定的条款，但实际上很多的判例也都显示类似的证据可能出现不一样的审判结果。

3.在量刑情节上，重点打击首要分子

在量刑情节辩护上，刑法中有利于被告人的情节有认罪态度、从犯、坦白、自首和立功等。毒品类犯罪辩护还要注意其特有的一些规则：（1）基于特情引诱才涉案，其罪责轻于其他毒品涉案人员；（2）贩卖毒品系控制下交付，尚未流入社会等具体情况，尚不必判处死刑立即执行；（3）对于毒品鉴定的问题需要详细审查，没有含量鉴定的毒品案件不能判处死刑；（4）毒品数量巨大，才能适用死刑。对于运输毒品案件的死刑适用问题，最高人民法院首次在《全国部分法院审理毒品犯罪案件工作座谈会纪要》中作出了较为具体的规定，《全国法院毒品犯罪审判工作座谈会纪要》则作了进一步的细化：要重点打击运输毒品犯罪集团首要分子，组织、指使、雇用他人运输毒品的主犯或者毒枭、职业毒犯、毒品再犯，以及具有武装掩护运输毒品、以运输毒品为业、多次运输毒品等严重情节的被告人，对其中依法应当判处死刑的，坚决依法判处。与此同时，对于受人指使、雇用参与运输毒品的被告人，应当综合考虑毒品数量、犯罪次数、犯罪的主动性和独立性、在共同犯罪中的地位作用、获利程度和方式及其主观恶性、人身危险性等因素，予以区别对待，慎重适用死刑。既要根据毒品数量的多少，又要考虑犯罪的情节。有的毒品犯罪分子虽然刚好达到走私、贩卖、运输、制造鸦片1000克、海洛因50克，但属累犯、惯犯或者其他情节特别恶劣的，也可以判处死刑；有的虽然走私、贩卖、运输、制造鸦片在1000克以上，海洛因在50克以上，但属偶犯、从犯或者有其他从轻、减轻情节的，也可以不判处死刑。

拉杆箱藏毒案

——毒品犯罪案件"主观明知"的推定

案情简介

2008年11月8日，上诉人李某某携带毒品到西双版纳机场，准备飞往昆明。19时10分许，在托运行李时，被公安人员抓获，从其托运的行李箱的后侧夹层内查获毒品甲基苯丙胺1335克。2009年9月29日，云南省西双版纳傣族自治州中级人民法院作出（2009）西刑初字第306号刑事判决，认定被告人李某某犯运输毒品罪，判处死刑，剥夺政治权利终身，并处没收个人全部财产。宣判后，被告人李某某不服一审判决，向云南省高级人民法院提出上诉。

承办经过

作为该案的二审辩护人，笔者及时查阅、复制全部卷宗材料，会见上诉人，全面掌握了案件情况。辩护人注意到，本案上诉人李某某系累犯，因犯盗窃罪2008年2月4日才被刑满释放。本案中，李某某从侦查阶段起就一直作无罪供述，供述自己捡到一拉杆箱，并不知道内藏毒品，并且本案认定其主观明知的其他证据不充分。经过仔细思辨，遂决定为其做无罪辩护，提出如下辩护意见。

第一，上诉人李某某不构成运输毒品罪，应对其宣告无罪。李某某虽然客观上实施了运输毒品的行为，但其主观上不知道自己无意中捡到的拉杆箱行李包夹层里有毒品，主观方面也没有运输毒品的故意，公诉方没有向法庭提供证据证明其"明知"，本案情节也不符合相关司法解释对可以推定为主观明知的规定，一审判决仅以藏毒位置高度隐秘为理由就推定其主观明知，这种推定没有诸如毒品外包装上的指纹鉴定来证实实施隐秘行为方式的行为人即为李某某，最重要的证据链缺失，推定依法不能成立。一审判决书第4

页也已经确认，本案藏毒位置隐秘，但同时又对上诉人李某某的辨认和识别义务作出了远远高于常人的要求，认为李某某捡到行李箱后按正常应该可以检查得出毒品，既然一审认为藏毒位置隐秘，那么为何又同时认为上诉人应该用通常的方法即可以检查得出包内藏有毒品？这明显是自相矛盾的。另外，一审判决书第4页中有这样的文字"经查，被告人李某某自称被查获藏有毒品的行李箱是在缅甸小勐拉巴莱酒店对面捡得，不知道箱内有毒品，其供述的情形和日常合法物品的取得方式明显不同"。对判决书这种说法，辩护人不能认同。首先，捡到东西（七八成新的箱子）并经询问丢东西的人被明确告知"不要了"后占为己有，不失为取得物品的一个合法的方式，不知一审法院为何认为这种方式与平时"明显不同"？其次，在毒品重灾区的小勐拉，在毒贩处心积虑设计安排布下陷阱的情况之下，对无意中受欺骗落入陷阱的被害人（本案上诉人）来说，判断取得方式是否正常的判断标准不得任意解释！在没有证据证明上诉人与毒品有直接接触的情况下，这种隐秘部位不同于贴身隐秘部位（后者因为要贴身，所以携带者本人不可能不知道）。区分此隐秘与彼隐秘，对判断本案中的藏毒位置是否隐秘，以及能否推定出主观明知作用十分重要，也关系能否真正维护刑法的严肃性。本案没有指纹鉴定或者其他同案犯的口供证明实施"藏毒"这一行为的行为人就是李某某，同时可以得出的结论是按照一般的检查方法无法发现藏匿的毒品，所以上诉人李某某对自己的行为实际上已经给出了合理的解释，法庭应该采信。值得一提的是，拉杆式行李箱本来自重就不轻，由于主要靠滑轮做支撑，使用者对增加1公斤左右的重量应该不会敏感，这也符合李某某没有及时发现毒品的解释。《全国部分法院审理毒品犯罪案件工作座谈会纪要》应该作为法院审理毒品案件的一个准绳和重要依据，在《纪要》中，对在哪些情况下可以推定犯罪嫌疑人主观为明知做了非常详细的规定，法院不应再对此做扩大解释。从卷宗及一审庭审反映的情况来看，从被抓获的当天一直到持续好几次的整个审讯过程，李某某均坚持认为自己在当时并不知道行李箱夹层里有毒品。对此，本案在没有证据的情况下对上诉人李某某的主观进行明知推定是不恰当的，显然缺乏审慎，是任意扩大自由裁量权的做法。在法治建设加快前进的今天，这是一种法律意识形态上的倒退。在社会贫富差距加大、毒品犯罪手段越来越隐秘的今天，严厉打击毒品犯罪分子固然很重要，但分清事实，对因无知而无辜受毒贩利用的弱势群体的保护同样重要，这也是构建和谐社会的题中应有之义。如果任意推定，这等于是从另一方面助长了毒贩老板的阴险狡诈行为。

第二，如果以上意见不能被法庭采纳的话，辩护人想就量刑补充一点意见，根据《全国部分法院审理毒品犯罪案件工作座谈会纪要》第二条的规定，认为"有些毒品犯罪案件，往往由于毒品、毒资等证据已不存在，导致审查证据和认定事实困难。在处理这类案件时，只有被告人的口供与同案其他被告人供述吻合，并且完全排除诱供、逼供、串供等情形，被告人的口供与同案被告人的供述才可以作为定案的证据。仅有被告人口供与同案被告人供述作为定案证据的，对被告人判处死刑立即执行要特别慎重"。根据这一规定，本案缺失重要的证据链条（指纹等证据），又没有任何口供作为直接证据，更没有同案被告的存在，上述人又一直坚持供述自己不明知，在这样的情况之下，辩护人认为，对其判处死刑立即执行有失审慎。

综上，建议二审合议庭坚决贯彻"疑罪从无"的推定原则，认定上诉人李某某不构成运输毒品罪，对其予以无罪释放。

承办结果

2010年8月24日，云南省高级人民法院作出（2009）云高刑终字第1766号刑事判决书，撤销对李某某死刑立即执行的判决，依法改判上诉人李某某死刑缓期2年执行。二审判决认为"李某某无视国法，运输毒品甲基苯丙胺的行为，已构成运输毒品罪，且所运输的毒品数量大，社会危害性严重，应依法惩处。李某某曾因犯盗窃罪被判刑，在刑罚执行完毕五年内又犯运输毒品罪，属累犯，依法应从重处罚。李某某上诉称其被人陷害捡了藏匿毒品的行李箱、成为犯罪分子运输毒品的工具的供述不符合常理，其辩解与其年龄、阅历、经历所反映出的自身应该具有的社会经验和应该具备的普通生活常识不相符，该上诉理由本院不予采纳，辩护人关于李某某没有犯罪故意的辩护意见不能成立。根据李某某的犯罪事实、犯罪性质和犯罪情节，对其可判处死刑，无须立即执行"（详见本书附录2第353—355页）。

案件点评

本案系运输毒品犯罪，在毒品罪犯普遍口供为"不明知"的大环境下，对在哪些情况之下法院可以推定被告人主观明知必须严格按照相关司法解释执行，任意和扩大解释都与打击毒品犯罪保护无辜者不受牵连的立法精神相悖，相应的判决也必然带来消极的社会效应。本案辩护人重点辩析了司法解释里的"贴身"，指出把拉杆箱藏毒视同为贴身隐秘部位藏毒是任意扩大解释，对司法实践是有害的，这样的分析切中要害，言之有理，并在此论述的基础上进一步提出"又没有其他证据补强，上诉人又做的无罪供述"，这种情况根据相关司法解释判处死刑立即执行刑"要特别慎重"，建议法庭至少应以死缓刑体现慎重，这样使得量刑建议中肯合理，易被法庭接受，最终法庭对上诉人给予了改判死缓。

如何认定嫌疑人主观上明知是毒品而加以运输、贩卖等行为是认定毒品犯罪的关键因素，在被告人供述拒不承认其实施毒品犯罪的情况下，最高人民法院2008年12月印发的《全国部分法院审理毒品犯罪案件工作座谈会纪要》，其中第十条明确列举规定了10种可以推定被告人主观明知的具体情形：

（1）执法人员在口岸、机场、车站、港口和其他检查站点检查时，要求行为人申报为他人携带的物品和其他疑似毒品物，并告知其法律责任，而行为人未如实申报，在其携带的物品中查获毒品的；

（2）以伪报、藏匿、伪装等蒙蔽手段，逃避海关、边防等检查，在其携带、运输、邮寄的物品中查获毒品的；

（3）执法人员检查时，有逃跑、丢弃携带物品或者逃避、抗拒检查等行为，在其携带或者丢弃的物品中查获毒品的；

（4）体内或者贴身隐秘处藏匿毒品的；

（5）为获取不同寻常的高额、不等值报酬为他人携带、运输物品，从中查获毒品的；

（6）采用高度隐蔽的方式携带、运输物品，从中查获毒品的；

（7）采用高度隐蔽的方式交接物品，明显违背合法物品惯常交接方式，从中查获毒品的；

（8）行程路线故意绕开检查站点，在其携带、运输的物品中查获毒品的；

（9）以虚假身份或者地址办理托运手续，在其托运的物品中查获毒品的；

（10）有其他证据足以认定行为人应当知道的。

具有上列情形之一，被告人不能作出合理解释的，可以认定其"明知"是毒品，但有证据证明确属被蒙骗的除外。

持枪运毒案

——毒品犯罪案件中对"从犯"减轻处罚的适用

案情简介

保山市中级人民法院审理保山市人民检察院指控毛某某犯运输毒品罪一案，于2009年11月3日作出（2009）保中刑初字第337号刑事判决。原判认定，被告人毛某某携带毒品及枪弹，于2009年6月2日13时许步行至云南省龙陵县老厂渡口附近，侦查人员对其实施抓捕，毛某某向侦查人员开枪射击一枪，后在逃跑过程中被抓获。当场从其所背竹篓内查获甲基苯丙胺10938克，鸦片70克；缴获五四式军用手枪1支、子弹6发。原判以运输毒品罪判处毛某某死刑，并处没收个人全部财产。

宣判后，毛某某不服，向云南省高级人民法院提出上诉。

承办经过

受理案件后，辩护人到法院认真查阅了该案卷宗，发现本案表面上只有一个被告人，但实际上存在未到庭同案犯的情况，在侦查机关出具的《抓获经过》中可以证实同案犯的存在，该份证明指出：公安机关接到群众举报获悉线索，经设伏于2009年6月2日12时30分对2名可疑男子实施抓捕，其中身背竹篓的男子（毛某某）向侦查人员开枪射击并逃跑摔倒，侦查人员追上将其制服抓获，另一名男子脱逃。由于这份《抓获经过》本身就证明了本案有未到庭同案犯的存在，那就无法排除本案未到庭同案犯为实际主犯的可能性，在此情况下，对本案上诉人就应该作有利推定，推定本案存在未到庭主犯，上诉人为从犯，不应该按主犯受罚，最终得出量刑过重的辩护意见。另外，本案查获的毒品虽然数量巨大，但含量很低，为0.92%，根据《全国部分法院审理毒品犯罪案件工作座谈会纪要》的规定，毒品数量不应作为量刑的唯一依据，并且上诉人毛某某属于为少量运费受雇佣运毒的类型，符合可以从轻处罚的适用条件。综合以上几点，辩护人向法庭提交了辩护意见，请求法庭撤销原判对毛某某判处死刑立即执行的判决。

承办结果

2010年3月31日，云南省高级人民法院作出（2009）云高刑终字第1884号刑事终审判决书，撤销了一审对毛某某的量刑部分，改判毛某某死刑缓期2年执行。二审判决认为"毛某某无视国家法律，为谋取非法利益，武装掩护运输毒品甲基苯丙胺和鸦片，其行为已触犯刑律，构成运输毒品罪。毛某某运输毒品数量巨大，且开枪拒捕，情节严重，本应依法严惩，但鉴于本案的具体情节及毛某某归案后认罪态度较好，依法可对其从轻处罚。辩护人关于毛某某系从犯的辩护意见没有相应的事实依据，本院不予采纳，但建议对毛某某从轻处罚的辩护意见，予以采纳。原判定罪准确，审判程序合法，但量刑失重"（详见本书附录2第360—361页）。

案件点评

本案从整个过程来看，上诉人的情况符合《全国部分法院审理毒品犯罪案件工作座谈会纪要》第九条相关规定："毒品犯罪中，部分共同犯罪人未到案，如现有证据能够认定已到案被告人为共同犯罪，或者能够认定为主犯或者从犯的，应当依法认定……区分主犯和从犯，应当以各共同犯罪人在毒品共同犯罪中的地位和作用为根据。要从犯意提起、具体行为分工、出资和实际分得毒赃多少以及共犯之间相互关系等方面，比较各个共同犯罪人在共同犯罪中的地位和作用……对于确有证据证明在共同犯罪中起次要或者辅助作用的，不能因为其他共同犯罪人未到案而不认定为从犯，甚至将其认定为主犯或者按主犯处罚。只要认定为从犯，无论主犯是否到案，均应依照刑法关于从犯的规定从轻、减轻或者免除处罚。"我国刑法第二十七条第二款也规定："对于从犯，应当从轻、减轻处罚或者免除处罚。"刑法之所以如此规定，是因为从犯与主犯相比，无论是主观恶性还是客观危害，都要轻一些。由于该意见言之有据，说理充分，论证清楚，故得到了二审法院的采纳，上诉人获得了重新做人的机会。

按摩垫藏毒案

—— 毒品犯罪案件中对"主观明知"推定的限制

案情简介

2009年2月19日，上诉人阙某某从勐海县打洛镇乘坐客车前往景洪市。当行至打洛镇勐景莱路口时，被在此设卡查缉的打洛边境检查站执勤人员抓获，当场从其携带的手提袋里的纸箱内包装按摩垫用的海绵中查获毒品甲基苯丙胺2381.8克。2009年9月7日，云南省西双版纳傣族自治州中级人民法院作出（2009）西刑初字第273号刑事判决，认定被告阙某某犯运输毒品罪，判处死刑，剥夺政治权利终身，并处没收个人全部财产。宣判后，被告人阙某某不服一审判决，向云南省高级人民法院提出上诉。

承办经过

作为阙某某的二审辩护人，笔者受到委托后马上开始分析案件，及时查阅、复制全部卷宗材料，会见上诉人，全面掌握了案件情况。辩护人注意到，本案上诉人从侦查阶段起就一直作无罪供述，并且认定其主观明知的证据不充分。经过仔细思辨，遂决定为其做无罪辩护，提出如下辩护意见。

第一，上诉人阙某某不构成运输毒品罪，应对其宣告无罪。

阙某某虽然客观上实施了运输毒品的行为，但其主观上不知道按摩垫夹层里有毒品，主观方面也没有运输毒品的故意，公诉方没有向法庭提供证据证明其"明知"，本案情节也不符合相关司法解释对可以推定为主观明知的规定，一审判决仅以藏毒位置高度隐秘为理由就推定其主观明知，这种推定没有诸如毒品外包装上的指纹鉴定来证实实施隐秘行为方式的行为人即为阙某某本人，最重要的证据链缺失，推定依法不能成立。一审判决书有这样的文字："本院认为，从阙某某的供述以及其获取物品并携带的行为方式看，均和日常合法物品惯常的交易和携带方式明显不同"，对判决书这种说法，辩护人不能认同。

首先，购买二手按摩垫不失为取得物品的一个日常方式，这种方式与平时不存在什么"明显不同"！其次，在毒品重灾区的打洛，在毒贩处心积虑的设计安排布下陷阱的情况之下，对无意中受欺骗落入陷阱的被害人（本案上诉人）来说，正常的标准应该怎么确定呢？这些问题应该慎重考虑！在没有证据证明上诉人与毒品有直接接触的情况之下，这种隐秘部位不同于贴身隐秘部位——后者因为要贴身，所以携带者本人不可能不知道，所以相关司法解释认为贴身隐秘部位藏毒可以直接推定为主观明知。辩护人认为，区分此隐秘与彼隐秘，对本案中的藏毒位置是否隐秘作出符合逻辑和法理的推理和判断，是本案能否公正审理的关键。本案没有指纹鉴定或者其他同案犯的口供证明实施"藏毒"这一行为的行为人就是阙某某本人，所以上诉人阙某某对自己的行为实际上已经给出了合理的解释，法庭应该采信。《全国部分法院审理毒品犯罪案件工作座谈会纪要》应该作为法院审理毒品案件的一个准绳和重要依据，在《纪要》中，对在哪些情况下可以推定犯罪嫌疑人主观为明知做了非常详细的规定，法院不应再对此做扩大解释。从卷宗及一审庭审反映的情况来看，从被抓获的当天一直到审讯结束，阙某某均坚持认为自己在当时并不知道按摩垫里有毒品。对此，本案在没有任何补强证据的情况下对上诉人阙某某的主观进行明知推定是不恰当的，显然缺乏审慎，是任意扩大自由裁量权的做法。在法治建设加快前进的今天，这是一种法律意识形态上的倒退！在社会贫富差距加大、毒品犯罪手段越来越隐秘的今天，严厉打击毒品犯罪分子固然很重要，但分清事实，对因无知而无辜受毒贩利用的弱势群体进行保护同样重要，这也是构建和谐社会的题中应有之义。

因此，建议二审合议庭坚决贯彻"疑罪从无"的推定原则，认定上诉人阙某某不构成运输毒品罪，对其予以无罪释放。

第二，如果以上意见不能被法庭采纳的话，辩护人想就量刑补充一点意见，根据《全国部分法院审理毒品犯罪案件工作座谈会纪要》第二条的规定："有些毒品犯罪案件，往往由于毒品、毒资等证据已不存在，导致审查证据和认定事实困难。在处理这类案件时，只有被告人的口供与同案其他被告人供述吻合，并且完全排除诱供、逼供、串供等情形，被告人的口供与同案被告人的供述才可以作为定案的证据。仅有被告人口供与同案被告人供述作为定案证据的，对被告人判处死刑立即执行要特别慎重。"根据这一规定，本案缺失重要的证据链条（指纹等证据），没有同案被告的存在可对现有证据进行补强；没有上诉人的口供作为直接证据，又不符合司法解释可以推定明知的情形，在上诉人一直坚持供述自己不明知的情况下，辩护人认为对其判处死刑立即执行有失审慎。

综合以上几点，辩护人向法庭提交了辩护意见，请求法庭撤销原判对阙某某判处死刑立即执行的判决。

承办结果

2010年5月25日，云南省高级人民法院作出（2009）云高刑终字第1737号刑事判决书，撤销一审对阙某某作出的死刑立即执行判决，依法改判上诉人阙某某死刑缓期2年执行。二审判决认为"阙某某无视国家法律规定，运输毒品甲基苯丙胺的行为已构成运输毒品罪，且所运输的毒品数量大，应依法惩处。针对阙某某及其辩护人提出阙某某不构成犯罪的意见，经查，被告人阙某某采用高度隐蔽的方式携带、运输毒品，直接实施了携带毒品进行运输的行为，其辩解不明知是毒品的理由，与客观事实不相符合，其所提无罪的上诉理由及其辩护人的辩护意见不能成立，本院不予采纳。原判定罪准确，审判程序合法，根据其犯罪事实、犯罪性质和犯罪情节，对其可判处死刑，无须立即执行"（详见本书附录2第347—349页）。

案件点评

本案系运输毒品犯罪，在毒品罪犯普遍口供为"不明知"的大环境下，对在哪些情况之下法院可以推定被告人主观明知必须严格按照相关司法解释执行，任意和扩大解释都与打击毒品犯罪、保护无辜者不受牵连的立法精神相悖，相应的判决也必然带来消极的社会效应。本辩护人重点辨析了"贴身"藏毒的含义，指出此隐秘不同于"按摩垫藏毒"彼隐秘，指出把按摩垫藏毒视同为贴身隐秘部位藏毒属于任意扩大解释，对司法实践是有害的，这样的分析切中要害，言之有理，并在此论述的基础上进一步提出"又没有其他证据补强，上诉人又做的无罪供述"，这种情况根据相关司法解释的规定，建议法庭至少应处以死缓刑体现慎重，这样使得量刑建议中肯合理，易被法庭接受，最终，法院改判为死缓。

音箱运毒案

——毒品共同犯罪案件中对"主犯、从犯"量刑的区别

案情简介

云南省普洱市中级人民法院审理普洱市人民检察院指控汤某某犯运输毒品罪一案，于2009年4月8日作出（2009）普中刑初字第110号刑事判决。原判认定，2008年10月8日21时许，被告人汤某某乘坐客车从景洪市前往昆明市，途经思小高速公路刀官寨收费站时，被在此设卡查缉的公安民警查获，当场从其携带的音箱中查获毒品甲基苯丙胺2783克。原判以运输毒品罪判处汤某某死刑，剥夺政治权利终身，并处没收个人全部财产。另外查明，汤某某2005年1月27日因犯抢劫罪被合川市人民法院判处有期徒刑4年，2007年9月23日刑满释放，系累犯。

本案宣判后，汤某某不服，向云南省高级人民法院提出上诉，认为量刑过重。

承办经过

接受该案二审辩护任务后，辩护人到法院认真查阅了该案卷宗并会见了上诉人，发现本案的难点在于上诉人系累犯，且运输毒品数量巨大。但本案也有两个特点：一是本案表面上只有一个被告人，但实际上存在未到庭同案犯的情况，在相关材料里可以证明，汤某某被抓获后当着警察的面还接到过"货主"陈某杰打来的电话说"朋友，对不起"，不能仅仅因为侦查的局限性导致本案不能延伸就将汤某某按主犯处罚；二是汤某某认罪态度很好，供述前后一致，完整清晰，没有隐瞒也没有翻供，尤其在二审庭审的时候这一点表现得很突出。由于本案无法排除未到庭同案犯为实际主犯的可能性，在此情况下，对本案上诉人就应该做有利推定，推定本案存在未到庭主犯，上诉人为从犯，不应该按主犯处罚，最终得出量刑过重的

辩护意见。另外，本案查获的毒品虽然数量巨大，但根据《全国部分法院审理毒品犯罪案件工作座谈会纪要》的规定，毒品数量不应作为量刑的唯一依据，并且上诉人汤某某属于为少量运费受雇佣运毒，认罪态度很好，符合从轻处罚的适用条件。

综合以上几点，辩护人提出如下辩护意见。一是在未到庭同案犯为主犯的可能性不能排除的情况下，不宜将上诉人认定为主犯或者实际上按主犯处罚，一审对其量刑过重。二是查获的毒品虽然数量巨大，但毒品数量不应作为量刑的唯一依据。三是上诉人一度想过放弃运毒，但受到"货主"陈某杰的胁迫，主观恶性较轻。四是上诉人属于为少量运费受雇佣运毒，认罪态度好，符合可以从轻处罚的适用条件。五是具有若干酌定从轻情节。因此，请求法庭撤销原判对毛某某判处死刑立即执行的判决。

承办结果

2009年10月19日，云南省高级人民法院作出（2009）云高刑终字第769号刑事终审判决书，依法改判上诉人汤某某死刑缓期2年执行。二审判决认为"汤某某无视国法，为获取非法利益携带运输毒品甲基苯胺的行为，已经触犯我国刑法，构成运输毒品罪，应依法予以惩处。汤某某在因抢劫犯罪被判刑入狱刑满释放后，在五年内又犯应当判处有期徒刑以上刑罚之罪，是累犯，依法从重处罚。上诉人汤某某原犯抢劫罪被判处刑罚，刑满释放后不思悔改，运输毒品甲基苯胺2783克，本应依法严惩，汤某某归案后的认罪态度较好，综合本案具体犯罪事实、情节，对其依法可判处死刑，无需立即执行；对上诉人汤某某及其辩护人所提请求从轻判处的上诉理由和辩护意见本院予以采纳；所提其他上诉理由和辩护意见，经查与在案证据不符，本院不予采纳。原判认定犯罪事实清楚，证据确实充分，定罪准确，审判程序合法，但量刑失重"（详见本书附录2第289—291页）。

案件点评

不同的毒品犯罪案件不能简单类比，一个案件的从犯参与犯罪的毒品数量可能比另一案件的主犯参与犯罪的毒品数量大，但对这一案件从犯的处罚不是必然重于另一案件的主犯。共同犯罪中能分清主从犯的，不能因为涉案的毒品数量特别巨大，就不分主从犯而一律将被告人认定为主犯或者实际上都按主犯处罚，一律判处重刑甚至死刑。对于共同犯罪中有多个主犯或者共同犯罪人的，处罚上也应做到区别对待。应当全面考察各主犯或者共同犯罪人在共同犯罪中实际发挥作用的差别、主观恶性和人身危险性方面的差异，对罪责或者人身危险性更大的主犯或者共同犯罪人依法判处更重的刑罚。本案从整个过程来看，上诉人的情况符合《全国部分法院审理毒品犯罪案件工作座谈会纪要》第九条规定："对于确有证据证明在共同犯罪中起次要或者辅助作用的，不能因为其他共同犯罪人未到案而不认定为从犯，甚至将其认定为主犯或者按主犯处罚。只要认定为从犯，无论主犯是否到案，均应依照刑法关于从犯的规定从轻、减轻或者免除处罚。"另外，本案上诉人认罪态度很好，从抓获至二审开庭，所做的供述均清晰稳定，针对这一点，辩护人将其作为一个重点向法庭反复重申，认为在目前毒品犯罪趋向复杂，犯罪分子普遍采取抵赖狡辩的情况之下，对认罪态度好的犯罪分子应该给予积极的肯定并从量刑上体现出来。由于该意见言之有据，说理充分，论证清楚，故得到了二审法院的采纳，上诉人获得了重新做人的机会。

张某某运输毒品案

——嫌疑人同时具备从重和从轻情节时如何定罪量刑

案情简介

上诉人张某某，女，汉族，住湖北省武汉市黄陂区某村。云南省西双版纳傣族自治州中级人民法院审理西双版纳傣族自治州人民检察院指控原审被告人张某某、田某犯运输毒品罪一案，于2008年10月14日作出（2008）西刑初字第221号刑事判决。原判认定2008年2月间，徐某某（另案处理）邀约上诉人张某某为其运输毒品。张某某同意后又邀约田某参与，2人从湖北省武汉市到云南省景洪市，接到徐某某交给的毒品欲运输至武汉市。2008年2月13日11时许，田某携带毒品到景洪市客运总站，准备乘坐从景洪发往蒙自的客车时，被公安民警抓获，当场从其随身携带的茶叶包及炉灶内查获毒品甲基苯丙胺，净重3073克。同日11时30分许，在田某协助下，公安民警在景洪市客运总站候车室内将上诉人张某某抓获。据此，西双版纳傣族自治州中级人民法院判处张某某死刑，剥夺政治权利终身，并处没收个人全部财产。

宣判后，张某某不服，向云南省高级人民法院提出上诉称，自己是受他人安排、指挥运输毒品，其与田某均系从犯，原判量刑过重，请求从轻判处。

承办经过

受理该案后，辩护人到法院认真查阅了该案卷宗并会见了上诉人张某某，发现本案有一个难点：上诉人为累犯，累犯本身就是定罪量刑的一个法定从重情节，这增加了辩护人对于从轻处罚的辩护难度。在会见上诉人了解情况、阅读案卷分析证据之后，辩护人发现了2个对上诉人有利的情节，一是上诉人张某某是受徐某某邀约为其运输毒品，上诉人既不是毒品的来源也不是犯意的提出者，其在整个过程中受张某某支配，其在整个犯罪过程中并不居于核心地位，也不是犯罪收益的主要获得者。因此，上诉人张某某应该认定为从犯。二是上诉人张某某在关押期间，检举、揭发同监室人犯的犯罪行为，经查证属实，有立功表现，依法可从轻处罚。

在以上几点的基础上，经过仔细分析，辩护人提出如下几点辩护意见。一是本案有非常确实的证据证明存在同案犯徐某某，上诉人是在他人指使、安排下犯罪，根据其在犯罪中的地位、作用应认定为从犯。根据罪刑相适应原则，应该依法给予从宽处罚，以分化瓦解毒品犯罪分子，预防和减少毒品犯罪。这也符合《全国法院毒品犯罪审判工作座谈会纪要》"对于有证据证明确属受人指使、雇用运输毒品，又系初犯、偶犯的被告人，即使毒品数量超过实际掌握的死刑数量标准，也可以不判处死刑；尤其对于其中被动参与犯罪，从属性、辅助性较强，获利程度较低的被告人，一般不应当判处死刑"的规定。二是根据相关司法会议精神，毒品数量不应作为量刑的唯一依据。张某某属于为少量运费受雇佣运毒，符合可以从轻处罚的适用条件，依法可以从轻。三是上诉人张某某在关押期间，检举、揭发同监室人犯的犯罪行为，经查证属实，有立功表现，依法可从轻处罚。四是上诉人张某某虽然是累犯，应当从重处罚，但值得注意的是，无论什么情况下的从重，其本身题中应有之义就是对本案的公正判处，如果本案的量刑是不公正的，那么在这种基础之上的所谓从重也必然失之公正。从重情节和从轻情节应该综合考虑，对于本案而言，上诉人的从轻情节大于从重情节。五是张某某主动交代同案犯徐某某，认罪态度好，具有若干酌定从轻处罚情节。

承办结果

云南省高级人民法院于2009年3月17日作出（2008）云高刑终字第1723号终审判决，改判张某某死刑缓期2年执行。二审判决认为"上诉人张某某、田某无视国家法律，为牟取非法利益，为他人运输毒品甲基苯丙胺3073克，其行为均已触犯刑律，构成运输毒品罪，且运输毒品数量大，应依法惩处。田某受张某某邀约参与犯罪，张某某、田某又在他人指使、安排下犯罪。应根据二人在犯罪中的地位、作用处罚。张某某在关押期间，检举、揭发同监室人犯的犯罪行为，经查证属实，有立功表现，依法可从轻处罚。田某被抓获后，协助公安民警抓获同案被告人张某某，有重大立功表现，依法可从轻处罚；田某因犯罪被判处有期徒刑，刑罚执行完毕五年内又犯罪，系累犯，依法应当从重处罚；综合其从轻、从重处罚情节，并结合其在犯罪中的地位作用，对其适用从轻处罚。上诉人张某某及其辩护人、上诉人田某及其辩护人关于两人有立功表现的上诉理由及辩护意见，本院予以采纳。检察院的检察意见应予采纳。原审判决定罪准确，审判程序合法。但对张某某、田某量刑失重"（详见本书附录2第215—217页）。

案件点评

一个案件中既有从重量刑情节又有从轻量刑情节时，该怎么处理呢？一个犯罪人也可能同时具有从宽情节与从严情节，在这种情况下，不能采取简单的折抵办法，而应考虑不同情节的地位与作用，分别适用各种量刑情节。具体做法是，先撇开量刑情节考虑应当判处的刑种与刑度，再考虑从严情节估量出刑种与刑度，然后考虑从宽情节决定刑种与刑度。首先，根据基本犯罪事实与犯罪性质确定一个基本刑。其次，利用情节对量刑进行裁判上的平衡修正。

一般情况下，应先考虑从重情节，根据从重情节对基本刑进行趋重修正。然后再考虑从轻情节，根据从轻情节对经过第一次修正确定的刑罚进行趋轻修正。司法实践中，有的审判人员当同一案件中有2个以上的逆向性量刑情节，即有的对量刑起从宽作用，有的对量刑起从严作用，在确定犯罪人刑事责任的时候，往往将这两种情节相互抵销，既不从轻，也不从重，把这两种量刑情节从量刑的因素中删掉。

本案上诉人张某某为累犯，运输毒品数量较多，含量较高，这些都指向其主观恶性较大，在这种情况下，要获得改判其难度是较大的。但是，在仔细分析案情之后，辩护人发现上诉人也具备从轻处罚的法定情节和酌定情节。一是上诉人符合从犯认定标准，根据刑法第27条第2款规定："对于从犯，应当从轻、减轻处罚或者免除处罚。"二是嫌疑人有立功表现，根据刑法第68条规定，"犯罪分子有揭发他人犯罪行为，查证属实的，或者提供重要线索，从而得以侦破其他案件等立功表现的，可以从轻或者减轻处罚"。三是上诉人主动交代同案犯徐某某，认罪态度好，这符合"坦白从宽""的刑事政策。因此，上诉人同时具备法定从重情节和从轻情节。

辩护人将从重情节和从轻情节综合考虑，提出对于本案而言，上诉人的从轻情节大于从重情节，点出了每个从轻情节的事实依据和法律依据，说理充分、论证严密。最终，法庭采纳了辩护人的辩护意见。

柳某某运输毒品案

——运输毒品犯罪中对从犯、偶犯应慎用死刑立即执行

案情简介

上诉人柳某某，男，住云南省昭通市某村。2009年1月21日因涉嫌运输毒品犯罪被刑事拘留，同年1月29日被逮捕并羁押于澜沧县看守所。

2009年4月10日，云南省普洱市中级人民法院作出（2009）普中刑初字第132号刑事判决。原判认定，2009年1月21日，被告人柳某某携带毒品乘客车前往昆明市，当日16点30分，途经澜沧公安边防检查站时，被公开查缉的执勤人员查获，当场从其乘坐的18号床位的被子下查获海洛因2块，后又查获其捆绑在大腿内侧的海洛因2块，共计重1400克。

原判根据上述事实，依法以运输毒品罪判处被告人柳某某死刑，剥夺政治权利终身，并处没收个人全部财产；查获的毒品海洛因1400克、手机1部依法予以没收。

宣判后，被告人柳某某表示不服，其认为对其判处死刑立即执行处罚畸重，向云南省高级人民法院提起上诉。

承办经过

受理该案后，辩护人查阅了该案卷宗并会见了上诉人柳某某，认为本案存在事实认定不清、量刑过重等问题，从上诉人在整个犯罪中的地位作用、主观恶性方面分析，上诉人具备不必须判处死刑立即执行的情节。

第一，根据一审判决所依据的证据和认定的事实，可以推定，根据在本案整个毒品犯罪环节中的地位和作用，本案被告人柳某某应被认定为从犯。因为其只是受人指使和雇佣才实施运输毒品犯罪行为的，虽然主犯还没有被抓获，但是这不影响对本案被告人从犯地位的认定。上诉人柳某某的情况符合《全国部分法院审理毒品犯罪案件工作座谈会纪要》第九条相关规定："毒

品犯罪中，部分共同犯罪人未到案，如现有证据能够认定已到案被告人为共同犯罪，或者能够认定为主犯或者从犯的，应当依法认定……区分主犯和从犯，应当以各共同犯罪人在毒品共同犯罪中的地位和作用为根据。要从犯意提起、具体行为分工、出资和实际分得毒赃多少以及共犯之间相互关系等方面，比较各个共同犯罪人在共同犯罪中的地位和作用……对于确有证据证明在共同犯罪中起次要或者辅助作用的，不能因为其他共同犯罪人未到案而不认定为从犯，甚至将其认定为主犯或者按主犯处罚。只要认定为从犯，无论主犯是否到案，均应依照刑法关于从犯的规定从轻、减轻或者免除处罚。"

第二，本案被告人柳某某没有犯罪前科，柳某某是在打工受伤致残后，为了少量报酬而运输毒品，是偶犯。其与武装掩护运输毒品、以运输毒品为业、多次运输毒品等应当依法判处死刑的被告人相比，主观恶性要小得多。而且本案由于被民警及时查获，毒品还没有流入社会，还没有造成严重的危害结果。无论是主观恶性还是客观危害，都要轻一些。

第三，本案被告人柳某某认罪态度很好，到案后供述前后一致，完整清晰，没有隐瞒也没有翻供。从其悔罪态度和主观恶性来看，其具备改造的可能性，属于不是必须判处死刑的罪犯。

综上，上诉人虽然实际实施了运输毒品的行为，但与未被抓获的潜在同案犯相比较而言处于从犯的地位，又具备一些酌定从轻处罚情节，属于受人雇佣、指使甚至欺骗，为获得较少的报酬而运输毒品的贫民。建议二审合议庭给上诉人一个重新做人的机会，也并不违背我国刑法惩罚与教育相结合的原则。

承办结果

2009年10月28日，云南省高级人民法院作出（2009）云高刑终重字第786号刑事判决书，采纳了辩护人请求从轻判处的辩护意见，判决撤销一审判决中的量刑部分，改判柳某某死刑缓期2年执行。二审判决认为"柳某某无视国法、为牟取非法利益、运输毒品海洛因，其行为已经触犯刑法，构成运输毒品罪，应依法惩处，至于上诉人柳某某归案认罪态度好，结合犯罪的具体情节，对其可依法判处死刑，无需立即执行；针对上诉人柳某某及其辩护人所提请求从轻判处的上诉理由和辩护意见，本院予以采纳。原判定罪准确，审判程序合法，但量刑失重"（详见本书附录2第296—297页）。

案件点评

　　司法机关对毒品犯罪的裁判惯例和指导精神，是重点打击运输毒品犯罪集团首要分子（主犯或者毒枭、职业毒犯、毒品再犯）。对从犯、偶犯适用死刑立即执行会比较慎重。

　　《全国法院毒品犯罪审判工作座谈会纪要》指出：要重点打击运输毒品犯罪集团首要分子，组织、指使、雇用他人运输毒品的主犯或者毒枭、职业毒犯、毒品再犯，以及具有武装掩护运输毒品、以运输毒品为业、多次运输毒品等严重情节的被告人，对其中依法应当判处死刑的，坚决依法判处。与此同时，对于受人指使、雇用参与运输毒品的被告人，应当综合考虑毒品数量、犯罪次数、犯罪的主动性和独立性、在共同犯罪中的地位作用、获利程度和方式及其主观恶性、人身危险性等因素，予以区别对待，慎重适用死刑。

　　《全国部分法院审理毒品犯罪案件工作座谈会纪要》第九条规定："毒品犯罪中，部分共同犯罪人未到案，如现有证据能够认定已到案被告人为共同犯罪，或者能够认定为主犯或者从犯的，应当依法认定……区分主犯和从犯，应当以各共同犯罪人在毒品共同犯罪中的地位和作用为根据。要从犯意提起、具体行为分工、出资和实际分得毒赃多少以及共犯之间相互关系等方面，比较各个共同犯罪人在共同犯罪中的地位和作用……对于确有证据证明在共同犯罪中起次要或者辅助作用的，不能因为其他共同犯罪人未到案而不认定为从犯，甚至将其认定为主犯或者按主犯处罚。只要认定为从犯，无论主犯是否到案，均应依照刑法关于从犯的规定从轻、减轻或者免除处罚。"

　　本案上诉人构成运输毒品罪毋庸置疑，但是一审量刑偏重。根据上述两个会议纪要指导精神，上诉人柳某某是从犯、偶犯，且其认罪态度好，从其在整个犯罪中的地位作用、主观恶性方面分析，其不属于必须判处死刑立即执行的犯罪分子。

　　综上，辩护人认为，被告人虽然运输毒品数量较大，但综合考虑，应属"不是必须立即执行的"，从而对其依法从宽处罚，适用死刑缓期2年执行更为合适。二审法院从贯彻和坚持少杀慎杀、宽严相济的刑事政策出发，综合考虑全案情节，依法改判被告人死刑缓期2年执行，是正确的。

运毒被抓获死刑 "走心"辩护改死缓

——刑事辩护要"走心"

案情简介

上诉人王某某，男，1972年10月24日生，住贵州省织金县某村。

2006年3月18日上午8时许，王某某与王忠某乘坐中巴车携带毒品欲返回贵州，当车途经蒙自县时被公安机关抓获，查获海洛因1013克。检察院提起公诉，红河哈尼族彝族自治州中级人民法院审理认为，被告人王某某、王忠某无视国家法律，大量运输毒品，二被告人的行为均已构成运输毒品罪。一审判决王某某犯运输毒品罪，处死刑，剥夺政治权利终身，并处没收个人全部财产；同案犯王忠某被判处死刑，缓期2年执行，剥夺政治权利终身，并处没收个人全部财产。

一审判决宣判后，王某某不服提起上诉，认为量刑过重，请求改判。

承办经过

受理本案后，作为二审辩护人，辩护人先去法院查阅该案的卷宗，在查阅的过程中，辩护人将上诉人王某某和同案犯王忠某的每人各10多次的讯问笔录进行了仔细对比，发现无论是所出毒资额度、分工大小、作用大小还是认罪态度等，两人都不相上下，没有明显的区别。但量刑却有很大的区别，的确存在量刑不公的问题。

之后，辩护人到蒙自县看守所会见了上诉人王某某，王某某也一再表示，他承认与王忠某一起贩卖毒品，但王忠某判了死缓，他判了死刑，他觉得对他的量刑偏重了。

在充分了解、掌握了案情并会见上诉人的基础上，辩护人撰写了辩护意见，并在后来开庭审理时结合庭审实际情况向法庭进行了陈述，重点提出："一审判决认为较之于上诉人王某某，同案犯王忠某在庭审过程中认罪态度好，但辩护人认为这仅仅是一个酌定情节。而且，辩护人查阅了相关卷宗发现，从2006年3月18日到2006年8月15日，对王忠某共进行了12次讯问，但王忠某均没有交代犯罪事实，一直在说东西不是他的，不知道，直到2006年10月16日才开始交代。同样，王某某从2006年3月18日直到8月19日都拒不交代，直到2006年11月13日才交代，中间只有不到1个月的时间差别，考虑到王忠某前边也是拒不交代，态度强硬，这点区别是没有意义的，不能作为量刑有差距的原因。"由于该辩护意见条理清晰，言之有据，辩护观点能被证据支持，二审法院最终采纳了该意见。

承办结果

2007年4月10日，云南省高级人民法院作出（2007）云高刑终字第127号终审判决（详见本书附录2第459—461页），判决撤销了一审对王某某判处死刑立即执行的量刑部分，改判王某某死缓。上诉人王某某获得了重新做人的机会。

案件点评

刑事辩护，要"走心"。现实中，有些律师在办理刑事案件时有一些不正确的态度，认为刑事案件中律师说与不说一个样，说的好和说的差一个样，反正司法机关不会听律师的，索性不认真看卷，不认真分析案情，不查找法律依据，草率办案。这种观念是极其错误的。虽然刑事辩护确有难度，但只要律师认真准备，言之成理，司法机关还是会听取律师意见的，本案就是一个很好的例子。我们团队办理的其他案件大多数也都取得了不错的结果，秘诀无外乎"走心"。

无知村妇运毒案

——毒品犯罪中"累犯"不是必须判死刑

案情简介

2009年3月15日，上诉人夏某某（系文盲）携带毒品乘坐梅某某（另案处理）驾驶的二轮摩托车前往墨江县，当日22时10分，途经国道213线2548公里处时，被景东县公安局禁毒民警抓获。禁毒民警当场从被告人夏某某携带的塑料编织袋内查获用红色及黄色塑料袋包裹的毒品海洛因4块，经称量共计净重1392克。2010年3月1日，云南省普洱市中级人民法院作出（2010）普中刑初字第63号刑事判决，认定被告人夏某某犯运输毒品罪，判处死刑，剥夺政治权利终身，并处没收个人全部财产。宣判后，被告人夏某某不服一审判决，向云南省高级人民法院提出上诉。

承办经过

受理案件后，辩护人及时查阅、复制全部卷宗材料，会见上诉人，全面掌握了案件情况。本案上诉人夏某某系累犯，且是毒品再犯，因贩卖毒品罪曾被判刑1年，2008年10月8日才刚被刑满释放，不到半年就因本案被刑拘。对累犯，从重处罚是法律规定，这类案件改判的可能性一般更小。但本案上诉人为一贫穷无知的村妇，其供述骑摩托者梅某某为她的同居男友，系共同作案，但因为种种原因，梅某某已被放走。且夏某某供述其受毒品老板"日哈"的指使运毒，但公安机关未能抓获"日哈"。经过仔细思辨，辩护人决定为其做罪轻辩护，提出如下辩护意见。

第一，上诉人夏某某不是主犯，也不应实际按照主犯定罪处罚，一审对其量刑过重。本案中，上诉人夏某某虽然直接实施了运输毒品的行为，但不能排除有同案犯的可能性，"日哈"为主犯的可能性是很大的，"日哈"虽然未被抓获，但综合夏某某的供述来分析，其独立完成运输毒品的可能性不大，"日哈"应该是真实存在的，不能因为现实中的侦破不能就让上诉人承担所有的消极后果，这对上诉人来说是不公平的。考虑到夏某某与梅某某之间的姘居关系，夏有意隐瞒包庇梅的可能性也极大。总的来说，夏某某不是犯意的提起者，也没有实际出资，运输费用也是雇佣者支付的，其也不是毒品的所有者，而且没有实际获得报酬。从整个过程来看，上诉人的情况符合《全国部分法院审理毒品犯罪案件工作座谈会纪要》第九条规定："毒品犯罪中，部分共同犯罪人未到案，如现有证据能够认定已到案被告人为共同犯罪，或者能够认定为主犯或者从犯的，应当依法认定……区分主犯和从犯，应当以各共同犯罪人在毒品共同犯罪中的地位和作用为根据。要从犯意提起、具体行为分工、出资和实际分得毒赃多少以及共犯之间相互关系等方面，比较各个共同犯罪人在共同犯罪中的地位和作用……对于确有证据证明在共同犯罪中起次要或者辅助作用的，不能因为其他共同犯罪人未到案而不认定为从犯，甚至将其认定为主犯或者按主犯处罚。只要认定为从犯，无论主犯是否到案，均应依照刑法关于从犯的规定从轻、减轻或者免除处罚。"

本案中，"日哈"未被抓获，梅某某又被放走，在其为共同犯罪的主犯的可能性不能完全排除的情况下，应该对夏某某作出有利推定。根据以上相关规定，本案上诉人夏某某相较于其他同案犯，处于从犯的地位，依法可以从轻或者减轻处罚，没有必要对其判处死刑立即执行。

第二，查获的毒品虽然数量巨大，含量也不低，但根据相关司法会议精神，毒品数量不应作为量刑的唯一依据。

《全国部分法院审理毒品犯罪案件工作座谈会纪要》第二条中规定："毒品数量是毒品犯罪案件量刑的重要情节，但不是唯一情节。对被告人量刑时，特别是在考虑是否适用死刑时，应当综合考虑毒品数量、犯罪情节、危害后果、被告人的主观恶性、人身危险性以及当地禁毒形势等各种因素，做到区别对待……对虽然已达到实际掌握的判处死刑的毒品数量标准，但是具有法定、酌定从宽处罚情节的被告人，可以不判处死刑。"在可以不判处死刑的情形里，该条规定列举了9种情形，其中第9种是"其他不是必须判处死刑立即执行的"，对法院在综合考虑各种量刑情节后慎重使用死刑的自由裁量权做了最大限度的规定。本案中，上诉人夏某某实属从犯，认罪态度较好，反映出其主观恶性较轻，是为了解决生活困难问题才走上犯罪道路的。

第三，上诉人夏某某属于为少量运费受雇佣运毒，符合可以从轻处罚的适用条件，依法可以从轻。

上诉人确属受人指使、雇佣参与运输毒品犯罪，符合《全国部分法院审理毒品犯罪案件工作座谈会纪要》第三条规定："毒品犯罪中，单纯的运输毒品行为具有从属性、辅助性特点，且情况复杂多样。部分涉案人员系受指使、雇佣的贫民、边民或者无业人员，只是为了赚取少量运费而为他人运输毒品，他们不是毒品的所有者、买家或者卖家，与幕后的组织、指使、雇佣者相比，在整个毒品犯罪环节中处于从属、辅助和被支配地位，所起作用和主观恶性相对较小，社会危害性也相对较小。因此，对于运输毒品犯罪中的这部分人员，在量刑标准的把握上，应当与走私、贩卖、制造毒品和前述具有严重情节的运输毒品犯罪分子有所区别。"对此，请二审法院查明事实，酌情考虑上诉人认罪态度好，系受雇佣运输毒品这一事实，减轻一审对上诉人的量刑，更能体现我国刑法惩罚与教育相结合的原则。

第四，上诉人虽系累犯，但累犯从重处罚的前提必须是本案的公正判处，在量刑有失公正基础上的从重，只可能是更不公正。

第五，上诉人夏某某还具有以下酌定从轻处罚情节：一是从上诉人的犯罪动机来说，主要是因为贫穷；二是从上诉人的悔罪态度来说，犯罪后认罪态度好，而不是顽固不化、拒不认罪；三是从上诉人的文化水平来说，其为文盲，认知能力较差，容易走上犯罪道路。

综上，上诉人虽然实施了运输毒品的行为，但与未被抓获的潜在同案犯相比较而言处于从犯的地位，另外又具备一些酌定从轻情节，属于受人雇佣、指使甚至欺骗，为获得较少的报酬而运输毒品的贫民。建议二审合议庭给上诉人一个重新做人的机会，这并不违背我国刑法惩罚与教育相结合的原则。

承办结果

2011年3月1日，云南省高级人民法院作出（2010）云高刑终字第918号刑事判决书（详见本书附录2第462—465页），撤销了一审夏某某判处死刑立即执行的量刑部分，依法改判上诉人夏某某死刑缓期2年执行。

案件点评

本案系运输毒品犯罪，上诉人为毒品累犯。尽管如此，辩护人从"不能因为主犯未到庭就将从犯认定为主犯或者实际按主犯处罚"作为出发点展开辩护，认为在逃毒品老板存在，不能将侦破不能的消极后果由上诉人承担，在不能排除本案还有其他在逃同案犯的情况下，对上诉人不宜判处死刑立即执行。尤其是毫不回避地指出"累犯从重处罚的前提必须是本案的公正判处"，这就对上诉人的全部情况毫无遗漏地进行了辩护。整个辩护逻辑清楚，说理透彻，论证充分，二审法院在判决书中写道："夏某某系累犯、毒品再犯，论罪当处死刑。鉴于本案不能排除尚有其他人参与犯罪的可能，部分案件事实尚未查明，故判处夏某某死刑，可不立即执行。"对辩护人的意见给予了充分的认可。

运输毒品数量巨大获死刑 律师全力辩护免其一死

——运输毒品数量不是量刑的唯一依据

案情简介

2009年11月23日，阿某携带毒品海洛因1024克从保山市板桥镇乘坐客车准备将毒品带往宁蒗。12时50分，途经大保高速公路老营路段时，被在此进行公开查缉的保山市公安局流动警务站民警当场查获其携带于上衣左、右口袋及右后裤袋内的毒品海洛因共3块，重1024克。

2010年4月22日，保山市中级人民法院审理保山市人民检察院指控原审被告人阿某犯运输毒品罪一案，作出（2010）保中刑初字第68号刑事判决，以运输毒品罪，判处阿某死刑，剥夺政治权利终身，并处没收个人全部财产；对查获的毒品海洛因1024克、1部手机依法予以没收。

判决宣告后，阿某不服，提出上诉。阿某没有委托律师，云南省高级人民法院委托云南省司法厅法律援助中心指派律师援助，后该案被指派给笔者承办。

承办经过

辩护人接受指派后去阅卷，通过阅卷，发现阿某系受雇佣运输毒品，手机短信和通话记录均证明真正的主犯不是阿某，不能因为真正的主犯未归案，就将阿某作为主犯处罚。毒品数量确实巨大，但阿某归案后积极主动检举揭发同案犯，如实供述罪行，认罪态度好，应该为其留下一个劳动改造的机会，同时也对潜在贩卖毒品者起到一个通过认罪态度获得宽大处理从而节约司法资源的积极示范效应。

辩护人提出如下意见，第一，本案不能排除存在未到庭主犯的可能性，相对于加某以哈和阿某补哈，阿某为从犯，应从轻处罚，不能因为主犯未到庭就将从犯实际按主犯处罚。上诉人阿某不是主犯，也不应实际按照主犯定罪处罚，一审对其量刑过重。本案实际上存在主从犯关系，不能因为真正的主犯没有被抓获就将阿某认定为主犯处以死刑立即执行，这不符合我国刑法罪责刑相适应的原则。有证据表明，加某以哈的确存在，而且现在不知去向，辩护人提请法庭重视公诉方提供补充证据的重要性，认定本案属于"有证据证明存在未到庭主犯"，并据此对上诉人阿某从轻处罚。本案从整个过程来看，上诉人阿某的情况符合《全国部分法院审理毒品犯罪案件工作座谈会纪要》第九条规定："毒品犯罪中，部分共同犯罪人未到案，如现有证据能够认定已到案被告人为共同犯罪，或者能够认定为主犯或者从犯的，应当依法认定……区分主犯和从犯，应当以各共同犯罪人在毒品共同犯罪中的地位和作用为根据。要从犯意提起、具体行为分工、出资和实际分得毒赃多少以及共犯之间相互关系等方面，比较各个共同犯罪人在共同犯罪中的地位和作用……对于确有证据证明在共同犯罪中起次要或者辅助作用的，不能因为其他共同犯罪人未到案而不认定为从犯，甚至将其认定为主犯或者按主犯处罚。只要认定为从犯，无论主犯是否到案，均应依照刑法关于从犯的规定从轻、减轻或者免除处罚。"本案上诉人阿某相较于加某以哈和阿某补哈而言，处于从犯的地位，不能仅仅因为侦查的局限性导致的主犯抓获不能就将阿某实际当作主犯来处罚。建议法庭对其从轻或者减轻处罚，没有必要对其处以死刑立即执行。

　　第二，本案上诉人阿某生活贫穷，又是初犯、偶犯，认罪态度好，符合可以从轻处罚的适用条件，依法可以从轻。阿某确属受人指使、雇佣参与运输毒品犯罪，而且是初犯、偶犯，符合《全国部分法院审理毒品犯罪案件工作座谈会纪要》第三条规定："毒品犯罪中，单纯的运输毒品行为具有从属性、辅助性特点，且情况复杂多样。部分涉案人员系受指使、雇佣的贫民、边民或者无业人员，只是为了赚取少量运费而为他人运输毒品，他们不是毒品的所有者、买家或者卖家，与幕后的组织、指使、雇佣者相比，在整个毒品犯罪环节中处于从属、辅助和被支配地位，所起作用和主观恶性相对较小，社会危害性也相对较小。因此，对于运输毒品犯罪中的这部分人员，在量刑标准的把握上，应当与走私、贩卖、制造毒品和前述具有严重情节的运输毒品犯罪分子有所区别。……对有证据证明被告人确属受人指使、雇佣参与运输毒品犯罪，又系初犯、偶犯的，可以从轻处罚，即使毒品数量超过实际掌握的死刑数量标准，也可以不判处死刑立即执行。"对此，请二审法院查明事实，充分重视有证据证明存在未到庭主犯可能性的这一事实，在考虑其他酌定从轻情节的情况下，审慎判决，慎用死刑，减轻一审对上诉人阿某的量刑，给其一个重新做人的机会。

第三，本案虽然涉案毒品数量巨大，但根据《全国部分法院审理毒品犯罪案件工作座谈会纪要》的相关规定，毒品数量不应作为量刑的唯一依据。《全国部分法院审理毒品犯罪案件工作座谈会纪要》第二条规定："毒品数量是毒品犯罪案件量刑的重要情节，但不是唯一情节。对被告人量刑时，特别是在考虑是否适用死刑时，应当综合考虑毒品数量、犯罪情节、危害后果、被告人的主观恶性、人身危险性以及当地禁毒形势等各种因素，做到区别对待……对虽然已达到实际掌握的判处死刑的毒品数量标准，但是具有法定、酌定从宽处罚情节的被告人，可以不判处死刑。"在可以不判处死刑的情形里，该条规定列举了9种情形，其中第9种是"其他不是必须判处死刑立即执行的"，对法院在综合考虑各种量刑情节后慎重使用死刑的自由裁量权做了最大限度的规定。本案中，上诉人阿某属从犯，认罪态度好，具有法定和酌定从宽处罚情节，符合可以不判处死刑立即执行的规定。一审法院量刑畸重。

第四，本案上诉人阿某认罪态度较好，主观恶性不深，可以通过劳动来改造，不属于非要判处死刑的罪犯。虽然阿某一审时没有说同案犯的情况，但分析下来，结合阿某二审时的情况，阿某受到同案主犯欺骗和恐吓的可能性是很大的，他以为不说同案犯，顶多关上个七八个月就可以出来了，这分明是受到了欺骗。换个角度来说，对阿某这样的犯罪者，其主观恶性较轻，年龄也较大，通过限制其人身自由和进行劳动改造，给其一个教训即可，没有必要对其判处死刑立即执行。我国是人民民主专政的国家，死刑的适用应该慎重。除非是罪行极其严重、主观恶性很大、气焰嚣张屡教不改的犯罪分子，对其余的罪犯均没有必要适用死刑，通过劳动改造，刑法惩罚和教育的目的均可以达到。建议法庭给上诉人一个重新做人的机会。

第五，上诉人阿某还具有以下酌定从轻情节：从上诉人的犯罪动机来说，主要是因为贫穷需要钱；从上诉人的悔罪态度来说，犯罪后尤其是二审阶段认罪态度好，而不是顽固不化，拒不认罪；从上诉人的文化水平来说，其为小学文化，认知能力较差，是其走上犯罪道路的原因之一。

综上，辩护人认为，上诉人虽然实际实施了运输毒品的行为，但与未被抓获的有证据证实的确存在的同案犯相比较而言处于从犯的地位，毒品数量虽然较大，但其又具备若干酌定从轻情节，不是非要处以死刑立即执行的罪犯。最重要的是，与潜在的同案犯比较起来，无论从认罪态度、主观恶性还是作用大小来看，均居于从犯的地位，至少没有证据证明阿某的罪行比未到庭主犯更严重，一审量刑存在不公和过重的问题。建议二审合议庭减轻对上诉人阿某的量刑，给其一个重新做人的机会。

承办结果

2010年9月25日，云南省高级人民法院作出（2010）云高刑终字第857号刑事判决书，撤销一审判决中的量刑部分，改判阿某死刑缓期2年执行。二审判决认为，"阿某无视国家法律，为牟取非法利益，明知是毒品海洛因而予以运输的行为，已构成运输毒品罪。且运输的毒品数量大，应依法惩处。阿某独立实施运输毒品，其上诉理由及辩护人提出的辩护意见，应予驳回。鉴于阿某归案后认罪态度好，有一定的悔罪表现，检察机关亦提出改判意见，可对阿某判处死刑但不立即执行。原判定罪准确，审判程序合法。但对阿某量刑畸重"（详见本书附录2第393—394页）。

案件点评

本案为毒品数量巨大的案件，海洛因1024克，从数量来看完全符合判处死刑立即执行的法定量刑条件，但经过研究案件，从"虽然毒品数量巨大，但数量不是量刑的唯一标准"、认罪态度好、无法证明其是主犯等方面入手辩护，尝试说服法庭，对阿某这种认罪态度很好，通过其的供述，好几名同案毒贩已经或正在进入司法程序（另案处理），如果对认罪态度好的运输毒品被告人与认罪态度不好的被告人在量刑上不加区别，那么看似公正的判决其实存在不公正，刑法的惩罚作用是实现了，但警示和教育作用却被抑制了。如果给上诉人一个重新做人的机会，则潜在的社会效益将更好，坦白从宽应该落在实处，而不能成为一句口号。最终，云南省高级人民法院采纳了辩护人的意见，对上诉人予以了改判。

运输毒品数量巨大获死刑 四次辩护最终免其一死

——对自首情节的认定可以影响法官心证导致改判

案情简介

2008年1月26日，江城县公安局禁毒大队民警根据群众举报的线索，会同在外执勤的交警大队民警前往楚勐线492km+50m处的江城县康平乡大过岭限超载检测点进行设卡查缉。15时25分许，民警对一辆摩托车进行检查时，坐在摩托车后面座位上的上诉人许某某突然逃离现场，后被民警抓获，并从许某某丢弃在路边的黑色皮包内查获用白色塑料袋包装的7包毒品甲基苯丙胺，重4000克，用黄色塑料袋包装的2支军用手枪以及8发子弹；同时抓获驾驶摩托车的赵某其和在此之前驾驶摩托车被检查的霍某亮、张某，后3人因证据不足被释放。

云南省普洱市中级人民法院于2008年7月25日以（2008）普中刑二初字第68号刑事判决，认定被告人许某某犯运输毒品罪，判处死刑，剥夺政治权利终身，并处没收个人全部财产。

宣判后，许某某提出上诉。云南省高级人民法院审理后，认为原审判决认定的部分事实不清，于2008年12月16日以（2008）云高刑终字第1292号刑事裁定，撤销原判，发回重审。普洱市中级人民法院依法另行组成合议庭审理了本案，于2009年3月19日以（2009）普中刑初字第105号刑事判决，认定许某某犯运输毒品罪，判处死刑，剥夺政治权利终身；并处没收个人全部财产。宣判后，许某某提出上诉。云南省高级人民法院经依法开庭审理，于2009年9月22日以（2009）云高刑终字第756号刑事裁定，驳回上诉，维持原判，并依法报送最高人民法院复核。最高人民法院于2010年3月19日作出（2009）刑五复58946237号刑事裁定撤销二审裁定，发回云南省高级人民法院重新审理。

承办经过

辩护人接受代理后通过阅卷，发现许某某虽然是累犯，但其主观上确实不知所运输的是毒品，反而是他前边的3人（赵、霍、张）才是真正的毒品主犯，许某某当时是被蒙蔽的，所以被查获时没有说出认识前面的3人，导致真正的主犯没有被追究责任，而其在搞不清情况的时候逃跑，是因为其是刑满释放人员，莫名地害怕被盘问，怕被重新抓到看守所，所以就打算偷偷溜走。许某某并没有运输毒品的主观故意和明知，并且毒品亦不是藏在贴身的地方，无法推断出许某某具有运输毒品的主观故意，依法不应该判处死刑，更不用说是死刑立即执行。公安机关在没有对许某某全面盘问的情况之下就把前面的3名主犯予以释放，本身存在疏忽大意的问题。但不能因为主犯未到庭就把到庭的被告当作主犯来认定和处罚，这不符合罪责刑相适应的原则。

辩护人提出如下辩护意见。首先，本案上诉人许某某主观上对运输之物为毒品不明知，不构成运输毒品罪。一审判决证据不足，定性不准，应予改判。本案中许某某系受人（霍某亮）指使和诱骗，在对自己受人所托携带的物品系毒品这一事实不知情的情况之下，被动地参与了运输毒品的行为。因为主观方面为"不明知"，故不符合运输毒品罪的犯罪构成之主观要件。具体而言：一是许某某逃跑是受到霍某亮眼神的暗示，其本身并不知道为何要逃跑；二是被抓获后，如果许某某明知自己运输的是毒品，按照常情分析，为了活命，一定会供出同案犯，而不会考虑什么哥们义气，硬说自己不认识另外3人。因为很明显，这样说意味着把自己置于相当不利的境地；三是许某某并非将毒品藏在什么隐秘部位或贴身部位，不符合《全国部分法院审理毒品犯罪案件工作座谈会纪要》第十条对主观明知认定问题的相关规定，既然如此，法院在审理中就不应该对其主观进行"明知"的推定。按照立法精神和司法惯例，在没有证据和法律依据的情况之下，如果一定要推定，就只能做有利推定；四是其他同案3人没有归案，也没有任何其他证据证明许某某主观明知。

其次，本案存在其他同案犯因为上诉人许某某的供述过失造成客观上无法归案的情形，在同案其他犯罪嫌疑人未能到庭的情况下，不宜将许某某认定为主犯或者实际按主犯处罚，一审对上诉人许某某的量刑过重。《全国部分法院审理毒品犯罪案件工作座谈会纪要》第九条规定："毒品犯罪中，部分共同犯罪人未到案，如现有证据能够认定已到案被告人为共同犯罪，或者能够认定为主犯或者从犯的，应当依法认定……区分主犯和从犯，应当以各共同犯罪人在毒品共同犯罪中的地位和作用为根据。要从犯意提起、具体行为分工、出资和实际分得毒赃多少以及共犯之间相互关系等方面，比较各个共同犯罪人在共同犯罪中的地位和作用……对于确有证据证明在共同犯罪中起次要或者辅助作用的，不能因为其他共同犯罪人未到案而不认定为从犯，甚至将其认定为主犯或者按主犯处罚。只要认定为从犯，无论主犯是否到案，均应依照刑法关于从犯的规定从轻、减轻或者免除处罚。"具体到本案中，有以下两点值得注意：一是从许某某的角度来讲，出于种种他自以为是的原因，出于种种复杂的内心活动，在被抓获的最初，许做了其实是对其不利的供述，并因为这种供述过失导致公安机关丧失了抓获同案犯的最佳机会。但分析许当时的供述动机及心态，很显然，他无非是认为那样的供述对自己更有利。所谓有利，指的是其在被报复和服刑（他不知道是毒品，认为不会很严重）两害之间选择了自以为较轻的服刑。但后来意识到问题严重以后（可能判死刑），很显然，他必须重新权衡，重新选择，通过交代真正的实情以避免对其极其不利的后果。许的心态，符合一般犯罪者在供述时惯常会有的心态，甚至谈不到认罪态度好不好的问题。犯罪嫌疑人没有必须供述全部对自己不利的情节的义务，否则的话，就不需要侦查机关了。所以说，不能因为许某某存在供述过失就让其承担额外加重的刑事责任后果，这个道理，正如自首可以从轻处罚，但反过来却不能因为不自首就从重处罚一样，其中的刑法原理是显而易见的。本案绝不能因为许某某一开始没有坦白就对其做不利推定，使其承担额外加重的刑事责任。无论如何，犯罪者承担责任的原因只有且只应该有一个——对其所犯罪行承担责任。在没有证据证明许某某犯罪且系主犯的情况下，将许认定为主犯或者实际按主犯处罚有失法律的公正。二是从侦查机关的角度来讲，本案在重审以前的侦查过程中，对未归案的其他3名同伙的侦查有失疏忽。从理论上讲，既然后来许已经供述他们4人是一伙的，而且提供了详尽的户籍住址等信息，将3名同伙抓获归案进一步调查案情应该是可以实现的。这里辩护人无意对侦查实践提出任何诟病，只是想强调一点：不能因为侦查工作客观上存在局限性就让当事人承担侦查不能的所有消极后果。特别是种种迹象表明尚未侦查出的情况中（在本案中指其他3人是否犯罪，是否是主犯）包含有其他犯罪的可能性很大的时候，如果仍然不管不顾地以所谓的"没有证据"作出对已到案当事人的不利推定的话，这实际上等于让已到案的当事人承担了超过自己实际犯罪行为的刑事责任，等于将侦查不能所导致的全部不利后果全部由已到案当事人来承担，这有违公平原则和罪责刑相适应原则。本案中，上诉人许某某供述了霍某亮、赵某其的详细情况，甚至是其家庭内部的一些生活琐事等（比如，赵某其的姐姐结婚相关情况，见辩护人提交的《会见笔录》），表明4人之间的确是一伙的。另外，许还详细供述了霍某亮带领他们买摩托车的地点等，到底是谁买的摩托车、谁付的钱，如果这些情况能够通过侦查得到证实的话，最起码可以作为判断谁是主犯的线索之一。但遗憾的是，因为侦查的局限性，这些证据无法获得。但是否能够因为无法获得就可以推定许是主犯呢？显然不能。

建议法庭高度重视这2个事实：一是霍某亮、张某、赵某其从一开始接受讯问就否认认识许某某，也否认彼此认识，但现有的证据表明，他们撒了谎。如果他们心怀坦荡的话，他们为什么要撒谎呢？实际情况到底是怎样的呢？二是许某某一开始否认认识霍某亮等3人，这意味着他并不认为自己行为的后果有多严重，这恰好与他不是主犯的供述是一致的。以上2个事实说明，许某某不明知是毒品，不是运毒的策划者和主谋者，主犯另有其人的可能性是很大的。这种逻辑结论的得出并不能仅仅因为谈论的是"可能性大小"而被弃之不顾，因为如果所有的审判活动仅仅只能建立在百分之百的证明度之上的话，那么恐怕大部分案件都将会不了了之。对可能性大小的判断至少应该作为酌定情节被法庭考虑。本案中，考虑到这种可能性，一审将上诉人许某某按主犯处罚就有失审慎。

另外，关于上诉人系累犯的问题。辩护人认为，累犯应该从重处罚不假，但从重的前提是对本案的公正公平判处，在此基础上的从重才是合理的。不能因为系累犯就跳过对本案公正判处的讨论而不分青红皂白一律从重，这一点不再赘述。

综上，辩护人认为，本案没有证据证明上诉人主观为明知，也不符合可以推定为明知的条件，运输毒品罪不成立。由于存在未到案犯罪嫌疑人的情况，部分相关事实没有也不可能查清，在此情况下不能因为上诉人存在供述过失就让上诉人承担全部不利后果，也不能因为客观上存在一定程度上的侦查不能就将上诉人作为主犯。考虑到未到案的其他3名犯罪嫌疑人撒谎以及许某某最初的有违常情的供述（其不认识其他3人），在对此不能查清事实用证据来解释的情况下，判处许某某死刑立即执行有失审慎。建议二审合议庭正确适用法律，对上诉人作出无罪或者罪轻的判决。

承办结果

2010年10月29日，云南省高级人民法院作出（2009）云高刑终重字第756—1号刑事判决书，撤销一审判决中的量刑部分，改判许某某死刑缓期2年执行。二审判决认为"许某某无视国法，为获取非法利益携带毒品甲基苯胺进行运输的行为，已触犯刑法，构成运输毒品罪，应依法予以惩处。上诉人许某某在前罪刑满释放后五年内又犯应当判处有期徒刑以上刑罚之罪，是累犯，依法应从重处罚。对辩护人所提许某某主观不明知所运输的是毒品的辩护意见，经查，许某某对自己为获取一定报酬而运输毒品在侦查及开庭阶段均作了供述，结合所运输毒品的方式和被公安人员检查时有逃避检查的行为，可以认定其主观明知，对该辩护意见不予采纳。对上诉人许某某及其辩护人所提其是从犯，应从轻判处的上诉理由和辩护意见，经查，现有证据不能证实许某某是受人指使、雇佣运输毒品，许某某是毒品运输的具体实施人；许某某运输毒品数量大，社会危害大，且是累犯，前罪系暴力性犯罪，足见其主观恶性深，人身危险性大。其要求从轻判处的上诉理由和辩护人的辩护意见，本院不予采纳。原判定罪准确，审判程序合法。但根据本案的事实、证据和许某某的犯罪情节，对许某某可判处死刑，无须立即执行"（详见本书附录2第251—253页）。

案件点评

本案为毒品数量巨大的案件，甲基苯丙胺4000克，从数量来看完全符合判处死刑立即执行的法定量刑条件，但经过研究案件，从"虽然毒品数量巨大，但数量不是量刑的唯一标准"、认罪态度好、无法证明其是主犯等方面入手辩护，尝试说服法庭，对许某某的被抓获时没有说认识前面3人（系真正的主犯）以及试图逃跑的行为，从其主观心理进行分析，由于分析清楚，逻辑环环相扣，最终动摇了法官的心证，对其改判死缓。

第三章

其他刑事案件
二审辩护要点

本章重点分析了贪污贿赂罪案例和交通肇事罪案例。

一、受贿罪

受贿是世界各国都予以强力打击的犯罪行为，究其原因，行贿、受贿行为腐蚀国家肌体，导致政府公信力下降。刑法第三百八十五条规定："国家工作人员利用职务上的便利，索取他人财物的，或者非法收受他人财物，为他人谋取利益的，是受贿罪。国家工作人员在经济往来中，违反国家规定，收受各种名义的回扣、手续费，归个人所有的，以受贿论处。"为此学理上将受贿罪定义为国家工作人员利用职务上的便利，索取他人财物或者非法收受他人财物，为他人谋取利益的行为。我国当前正加大力度全面从严治党，打击公职人员职务腐败行为正逐步走向制度化、常态化。在这种大趋势下，从理论上厘清受贿罪的各个构成要件，有利于执法人员正确处理案件，正确区分罪与非罪、此罪与彼罪；也有利于保障犯罪嫌疑人的合法权益，防止无辜的人被冤枉。

受贿罪的行为方式及数额认定标准是什么？

1.受贿罪的行为方式

（1）国家工作人员利用职务上的便利，索取他人财物的，或者非法收受他人财物，为他人谋取利益的，是受贿罪。

（2）国家工作人员在经济往来中，违反国家规定，收受各种名义的回扣、手续费，归个人所有的，以受贿论处。

（3）国家工作人员利用本人职权或者地位形成的便利条件，通过其他国家工作人员职务上的行为，为请托人谋取不正当利益，索取请托人财物或者收受请托人财物的，以受贿论处。

2.受贿罪的数额认定标准

受贿罪的量刑问题与贪污罪基本相同。以受贿数额和受贿情节为标准，具体确定行为人的刑罚。对犯受贿罪的，根据情节轻重，分别依照下列规定处罚：

（1）受贿数额在3万元以上不满20万元的，应当认定为刑法第三百八十三条第一款规定的"数额较大",依法判处3年以下有期徒刑或者拘役,并处罚金。

(2)受贿数额在20万元以上不满300万元的,应当认定为刑法第三百八十三条第一款规定的"数额巨大",依法判处3年以上10年以下有期徒刑,并处罚金或者没收财产。

(3)受贿数额在300万元以上的,应当认定为刑法第三百八十三条第一款规定的"数额特别巨大",依法判处10年以上有期徒刑、无期徒刑或者死刑,并处罚金或者没收财产。

二、交通肇事罪

近几年来,交通肇事案件在刑事案件中的占比呈上升趋势。交通肇事案件的增多,严重危害了人民群众的生命安全,危害后果严重,社会影响大,善后处理难。这类案件逐渐增多,而立法却相对滞后,给审理这类案件带来了许多难题,因此,认真研究此罪对立法的完善和发展是大有裨益的。

交通肇事罪,是指违反道路交通管理法规,发生重大交通事故,致人重伤、死亡或者使公私财产遭受重大损失,依法被追究刑事责任的犯罪行为。交通肇事罪是一种过失危害公共安全的犯罪,根据我国刑法理论,任何一种犯罪的成立都必须具备四个方面的构成要件,即犯罪客体、犯罪客观方面、犯罪主体和犯罪主观方面,所以,我们仍用犯罪构成的四要件说来阐述交通肇事罪的特征。即交通肇事行为是否构成交通肇事罪,其唯一判定标准是该罪的犯罪构成。

(1)犯罪主体:本罪的主体为一般主体。即凡年满16周岁,具有刑事责任能力的自然人均可构成。

(2)犯罪客体:交通肇事罪侵犯的客体是交通运输的安全。交通运输与广大人民群众的生命财产安全紧密相连,一旦发生交通事故,就会危及不特定多数人的生命和财产安全。因此,其本质上是危害公共安全的犯罪。

(3)犯罪的主观方面:交通肇事罪的主观方面表现为过失,包括疏忽大意的过失和过于自信的过失,这种过失是指行为人对自己的违章行为可能造成的后果而言。

(4)犯罪的客观方面:交通肇事罪的客观方面表现为在交通运输活动中违反交通运输管理法规,因而发生重大事故,致人重伤、死亡或者使公私财产遭受重大损失的行为。

何某某滥用职权、受贿案

——如何认定贿赂案件中的受贿与借贷行为

案情简介

二审上诉人何某某，男，1956年11月5日出生，彝族，云南省文山壮族苗族自治州人，大学文化。

云南省红河哈尼族彝族自治州中级人民法院于2015年10月19日作出（2015）红中刑二初字第29号刑事判决，以被告人何某某犯滥用职权罪、受贿罪，数罪并罚，决定执行无期徒刑，剥夺政治权利终身，并处没收个人全部财产，继续追缴赃款人民币1664220元。宣判后，被告人何某某不服，提出上诉。

承办经过

作为何某某滥用职权、受贿罪上诉案的辩护人，辩护人经过认真查阅该案卷宗并会见了被告之后，提出如下辩护意见。

首先，上诉人何某某的行为不构成滥用职权罪，一审对该罪名的认定事实不清，证据不足。本案中，没有证据证明上诉人有超越职权擅自决策或玩弄职权的行为。对于麻栗坡县钨矿的改制一事，是在当时特定的经济政治大环境下发生的改革举措。在这种情况之下，政府发挥协调作用，在法律和实践中探索一些解决实际问题的方法，不仅合理，而且必要。本案卷宗中所反映出来的情况，当时政府对办证这件事也是很急促的，参与改制并有决策参与权的包括当时的县长马某、省国土厅矿产开发管理处处长蒋某等人，与这些人比起来，上诉人何某某的决策权重显然要小很多。某些情况下，对于签字来说，其只是一个必经的程序。没有证据证明在改制这个过程中，何某某与谁有明显的个人利益诉求。另外，认为转让行为造成国家财产损失3.2亿余元的计算及认定完全没有科学依据，损失的认定应该作相应的损失价值鉴定，由专业机构进行专业的评估和认定。仅仅根据转让款扣除税金就得出损失，这种认定方式既不科学，也不严谨，不能服人。

其次，上诉人何某某虽然犯有受贿罪，但公诉机关指控的受贿金额的认定及计算不准确，没有将通过正常的民间借贷行为借来的款项从中区分出去，导致对上诉人受贿金额的认定与事实不符，建议重新认定。本案中，上诉人担任某地国土资源局局长期间，不可否认的确利用职权索取并收受了他人财物，具备受贿罪的构成要件，依法应当认定。但对于其退休前为满足女朋友汪某的物质需求而向多人借的多笔款项，不符合"名为借款实为受贿"的受贿、索贿情形，不能认为是受贿。上诉人是国家干部不假，但国家干部就不可以向别人借钱，这恐怕说不过去。对于这许多笔借款来说，没有具体的利益诉求，而且借贷双方签有借条，出借方有催款行为。不管怎样，违心的出借也是出借，没有证据和理由认为这不是借贷关系，并且，以上诉人没有还款能力为由就不认定其借款行为也是不符合法律规定的。我们可以对有借条证明的几笔款项从民事诉讼的角度判处上诉人归还，但没有理由对这几笔款项按照受贿来认定。严惩贪官固然重要，维护法律的尊严和权威更重要。一次错误的裁判比犯罪者造成的损害更严重，因为前者污染的是源头。

再次，上诉人有自首情节和立功情节，应当依法认定并给予从轻或者减轻处罚。上诉人在侦查机关仅掌握其涉嫌滥用职权罪和受贿罪几万元金额的情况下，能够主动将全部受贿金额如实交代，并提供追缴赃款的线索，使办案机关能够将1890万元赃款追缴到案，符合自首的相关规定，应当予以认定。同时，上诉人揭发他人犯罪事实，构成立功。最起码反映其认罪态度非常好，可以通过较短的刑期得到改造，没必要判处无期徒刑。

最后，大部分赃款已经追回，对国家和社会的危害程度有所减低，建议对其从轻判处。上诉人总的来说也是有贡献的，在其认罪态度好的前提下来看，的确是量刑过重了。对上诉人来说，对其处以一定时间的有期徒刑，使其认识到自己的犯罪行为的严重性就可以了，对社会潜在的警示作用已经可以达到，没有必要判处无期徒刑。

承办结果

云南省高级人民法院于2016年1月26日作出（2015）云高刑终字第1657号刑事判决，撤销红河哈尼族彝族自治州中级人民法院于2015年10月19

日作出（2015）红中刑二初字第29号刑事判决对何某某判处无期徒刑的量刑部分，以被告人何某某犯滥用职权罪、受贿罪，数罪并罚，改判何某某有期徒刑17年。二审判决认为"何某某身为国家机关工作人员，违反国家相关规定处理公务，致使国家利益遭受重大损失，情节严重、其行为已构成滥用职权罪；利用职务便利，先后多次非法索取他人财物，多次非法收受他人财物，为他人谋取利益，数额特别巨大，其行为已构成受贿罪。上诉人及其辩护人提出其不构成滥用职权罪与本院查明的事实不符，不予采纳。上诉人及其辩护人提出何某某不具有索贿行为，只是民间借贷行为的上诉和辩护意见，经查，上诉人何某某利用担任国家机关领导干部职务的便利，采取零付款认购房屋后出卖获取差价方式获得现金，还以向他人借款的方式获得现金，且在得到款项后，从未还过任何借款，所借款项也未用于投资，借款数额巨大，何某某不具备还款的能力，其行为与民间的借款、炒房行为有本质区别，应认定为索贿行为，故此上诉理由和辩护意见本院不予采纳。上诉人及其辩护人还提出何某某具有自首和立功情节，经查，上诉人何某某的行为不符合我国法律关于自首和立功的规定，故此意见不予采纳。鉴于上诉人何某某受贿的大多数事实，均是其归案后主动供述，系坦白，案发后，大部分涉案款已被追缴，依法可对何某某从轻处罚。综上所述，原判定罪准确，审判程序合法，但量刑偏重"（详见本书附录2第440—444页）。

案件点评

受贿与借贷如何界定是贪污贿赂刑事案件中经常遇到的问题，行为人常常采取以借贷名义实施行贿受贿，作为对付检察机关侦查的一种手段。但是，这并不代表国家工作人员坚决不应该有任何私人借贷行为。因此，在受贿罪的认定中，正确把握受贿与借款的界限，对区分罪与非罪、此罪与彼罪有重要意义，须综合分析在案证据加以判断。

《全国法院审理经济犯罪案件工作座谈会纪要》规定，在国家工作人员借款性质的认定时，不能仅仅看是否有书面借款手续，应当根据以下因素综合判定：（1）有无正当、合理的借款事由，正常情况下的借贷是因借贷人急需购物或办理某一事项缺少资金才发生的；（2）款项的去向，借款用途的说法是否和实际用途相一致；（3）双方平时关系如何、有无经济往来；（4）出借方是否要求国家工作人员利用职务上的便利为其谋取利益；（5）借款后是否有归还的意思表示及行为，一般而言，受贿中的借款是不存在还款行为的；（6）是否有归还的能力；（7）未归还的原因。

本案有2个影响定罪和量刑的关键点，一是上诉人是否构成滥用职权罪，二是对上诉人受贿数额的认定。关于滥用职权罪，其侵犯的客体是国家机关的正常活动，表现形式是玩弄职权，擅自决定或处理无权决定、处理的事项，不正确地履行职责。本案上诉人何某某虽然在麻栗坡县钨矿的改制一事的文件上有签字，但是其是在麻栗坡县人民政府副县长马某担任组长的钨矿深化改革领导小组领导下工作，其没有个人擅自决定矿企改革事项，其是在集体讨论和决定后程序性地在文件上签字。关于受贿罪，上诉人何某某不符合"名为借款实为受贿"这种受贿、索贿情形。对于这许多笔借款来说，首先是没有具体的利益诉求，其次是双方签有借条，最后是出借方有要求还款的催收行为。虽然何某某能比一般人更容易借到多笔款项也许和其担任的职务有关，但是其职务为其借款提供的便利并不能改变其借款的性质。刑法对每种犯罪都规定了严格的犯罪构成，目的之一就是防止任意扩大自由裁量权和避免审判方的自由心证。上诉人的多笔借款显然不能按照受贿来认定。

由于该辩护意见针对案件的几点特殊性逐项进行分析，说理透彻，结合实际，逻辑清楚，条理清晰，论证明确，二审法院最终采纳了辩护人意见，对上诉人何某某由判处无期徒刑改判有期徒刑17年。

詹某某交通肇事案

——交通肇事案中"逃逸"的认定及对量刑的影响

案情简介

上诉人（原审被告人）詹某某，男，家住嵩明县。2008年4月29日因本案被刑事拘留，同年5月13日被逮捕。

昆明市西山区人民法院审理昆明市西山区人民检察院指控原审被告人詹某某犯交通肇事罪并附带民事诉讼一案，在查清案件事实后作出（2008）西刑初字第637号刑事附带民事判决。原判认定：2008年4月27日晚20时05分许，被告人詹某某驾驭畜力车沿昆明市石安公路西向东方向机动车道由东向西行驶。吴某雄持D类车型驾驶证，驾驶一辆制动检验不合格、前转向灯功能无效、驾驶室内违规载乘1名乘客邓某、货厢内载重超过标准140千克的正三轮载客摩托车，沿石安公路由路中起第二条机动车道西向东行驶。两车至第三污水处理厂门前路段时，迎面相撞，致邓某受重伤、吴某雄受轻微伤，摩托车部分损坏，骡子受伤。事故发生后，被告人詹某某，未保护现场、抢救受伤人员并向公安机关报案，而是丢弃畜力车后，牵赶骡子逃离现场。次日，被告人詹某某被公安机关抓获。2008年5月5日，昆明市公安局交通警察支队九大队认定被告人詹某某承担此次事故的主要责任，吴某雄承担此次事故的次要责任，邓某无责任。

宣判后，原审被告人詹某某不服，向昆明市中级人民法院提起上诉，认为一审量刑过重，请求改判。

承办经过

接受本案辩护任务后，辩护人在认真查阅了本案卷宗，会见上诉人詹某某之后，结合本案相关事实和证据，提出了如下辩护意见。

首先，就违法性而言，对方当事人吴某雄的违法性更重。本案的特殊之处在于交警部门认定詹某某应承担主要责任的事实依据是其在事发后的所谓逃逸行为，而非事故行为本身。本案上诉人詹某某除"逃逸"外，几乎没有违法行为，反之，对方当事人吴某雄至少违反以下几条道路交通安全法：（1）驾驶机件不符合技术标准的三轮摩托车（制动性能、前转向灯及信号灯均不合格）；（2）在同方向划有2条以上机动车道的道路上未在最右侧车道行驶；（3）载物超过核定的载质量；（4）载人超过核定的人数；（5）刹车时挂空挡；（6）刹车前疑似超速行驶（不能鉴定，但从吴某雄试图超过大货车的供述证明中推断出超速的可能性极大）。虽然詹某某有"未在非机动车道内行驶"的"违法行为"，但詹从其经常性干活的土堆村要回到位于第三污水处理厂旁边的小河梗村的租住房里，横穿石安公路是最近也是最方便的路线。事实上，公路上的几个开口，也是为了行人通行的方便设置，附近与詹一样赶马车谋生的马车夫及附近生活的村民，也是把横穿石安公路作为回家的首选路线。所以，在这种前提之下，我们考虑詹某某的违法性时就应该有一个更宽容的态度才是客观的。路灯不亮、刹车不灵、超载和可能的超速，毫无疑问才是本起交通事故发生的关键、根本的原因。在此前提下只是简单地根据詹的所谓"逃逸"就直接认定詹的主要责任，没有对事实进行全面合理的分析评估，不宜作为刑事审判的证据使用。

其次，詹某某主观方面没有逃避法律追究的心理，其不符合交通肇事逃逸主观方面认定标准。在发生交通事故后，詹某某因其骡子在事故中受伤并受惊吓奔跑，遂去追赶，主观上无逃离现场的意图。骡子是詹最重要的也是唯一的生产工具，在当时那种情况下，他去追骡子是可以理解的，况且他也并没有注意到对方的损伤情况。虽然交通肇事罪是过失犯罪，但仅就逃逸行为而言，具有直接的行为故意。因此，只有行为人对肇事行为明知，同时又有逃逸的直接犯意，才构成交通肇事后逃逸。而本案詹某某不是因为对现场后果的害怕才离开现场，不具备逃逸的直接故意。

最后，根据刑法关于交通肇事罪的犯罪构成规定，詹某某的行为客观上也不符合交通肇事罪的犯罪构成。根据刑法第一百三十三条的规定，行为人只有在违反交通运输管理法规，以致发生了致人重伤、死亡或者使公私财产遭受重大损失的交通事故时，其行为才构成犯罪。根据该条规定，如果行为人并没有违反交通运输管理法规或者有违规行为但没有造成严重后果，即使肇事者有事后逃逸行为，肇事行为亦不构成犯罪，否则就违反了罪刑法定原则。对于本案，交通事故虽然造成邓某受重伤的严重后果，但是造成此次事故的一个主要原因是受伤者一方自己违反多项交规。造成此次事故的另一个原因是肇事地段的路灯不亮,根据道路交通安全法第二十九条的规定,这个责任应该由路政或者交管部门来负责。此次事故的严重后果不是詹某某的"逃逸行为"引起的,二者之间没有因果关系。由于事故认定书根据的是道交法实施条例,属行政法规,其级别低于作为法律的刑法,故建议法庭在审慎的基础上有保留地选择适用,不宜作为刑事审判的证据使用。否则就会出现这样的局面——因为自己不遵守交规影响了别人通行,反而最终的责任却要受害者来承担,这不符合刑法罪刑法定原则,也不符合依法治国对公平正义的价值追求。

综上所述,本案表面上看起来似乎可以认定上诉人詹某某构成交通肇事罪,但按照犯罪构成理论来分析,则得不出这样的结论。上诉人有发生交通事故后"逃逸"的违反交通运输管理法规的行为,交警部门亦据此认定詹负事故主要责任。但交通事故发生在前,詹某龙的"逃逸"行为发生在后,本案事故发生的主要原因是路灯不亮、对方当事人吴某雄(人、货物)驾驶刹车不灵而且超载的三轮摩托车疑似超速行驶等原因所致。詹某某的"逃逸"行为并非引发本案交通事故的原因。因此,詹的行为不具备交通肇事罪的犯罪构成,不构成交通肇事罪。

承办结果

2008年12月16日,昆明市中级人民法院作出(2008)昆刑终字第509号刑事判决,撤销一审对詹某龙的量刑,对詹某龙由有期徒刑3年改判为有期徒刑1年6个月。二审判决认为"詹某某违反《道路交通安全法》,发生致一人重伤的交通事故,经事故责任认定负事故的主要责任,且发生交通事故后逃离事故现场,根据最高人民法院《关于审理交通肇事刑事案件具体应用法律若干问题的解释》第二条第二款之规定,上诉人詹某某的行为应以交通肇事罪定罪处罚。根据《中华人民共和国刑法》第三十六条之规定,上诉人詹某某因其犯罪行为给原审附带民事诉讼原告人邓某造成的经济损失应予赔偿。原判依照《最高人民法院关于审理人身损害赔偿案件适用法律若干问题的解释》以及云南省高级人民法院、云南省公安厅联合下发的《关于印发2008年云南省道路交通事故人身损害赔偿有关费用计算标准的通知》的相关规定,根据原审附带民事诉讼原告人邓某所提交的证据进行判赔,符合法律规定,本院予以支持。关于上诉人詹某某所提上诉理由及其辩护人所提辩护意见，经审查，本案中，上诉人詹某某的行为造成一人重伤的后果，并负事故主要责任，发生交通事故后逃离事故现场、因一个情节不能两次评判，故原判量刑过重，且考虑上诉人詹某某积极赔偿被害人的经济损失，具有一定悔罪表现，本院依法予以改判"（详见本书附录2第169—172页）。

案件点评

发生交通事故后，交通肇事逃逸一方自己要承担事故全责，且商业保险不赔，还需承担终生禁驾的行政责任，被认定为"交通肇事逃逸"会承担较重的赔偿责任、行政责任，甚至还要承担刑事责任。因此，对交通肇事逃逸的认定就显得尤为重要。

交通肇事逃逸是指，在发生交通事故后，为逃避法律追究而逃跑的行为，行为人主观上有逃避法律追究的心理，客观上有离开现场的行为。主观方面，虽然交通肇事罪是过失犯罪，但仅就逃逸行为而言，具有直接的行为故意。因此，只有行为人对肇事行为明知，同时又有逃逸的直接犯意，才构成交通肇事后逃逸。因为从主观方面来看，是对现场后果的害怕所致。所以无论何种情形，行为人在逃逸时都必须明知自己的行为造成了交通事故的发生，并对逃逸行为有直接的故意，这是行为人的主观方面。客观方面，交通肇事后逃逸行为必须符合法律规定的情形，根据交管部门出台的标准，有8种情形一般都会被认定为交通肇事逃逸。

就本案而言，上诉人詹某某除"逃逸"外，几乎没有其他违法行为，其客观违法性轻微。而且，詹某某主观方面没有逃避法律追究的心理，其不符合交通肇事逃逸主观方面认定标准。在发生交通事故后，詹某某因其骡子在事故中受伤并受惊吓奔跑，遂去追赶，主观上无逃离现场的意图。因此，詹某某在主观方面没有犯罪故意，客观方面违法性轻微。二审法院虽然没有完全判其无罪，但是在交通肇事逃逸犯罪量刑标准以下判处其1年多刑期，说明也是充分考虑了辩护人的辩护意见。

吴某某放火案

——放火罪与故意毁坏财物罪认定标准差异及对量刑的影响

案情简介

上诉人（原审被告人）吴某某，男，住蒙自县新安所镇。因本案于2009年3月11日被刑事拘留，同年3月26日被逮捕。

云南省红河哈尼族彝族自治州人民法院于2009年9月3日作出（2009）红中刑初字第125号刑事附带民事判决，以放火罪判处被告人吴某某死刑，剥夺政治权利终身；判令被告人吴某某赔偿附带民事诉讼原告人刘某华、刘某顺、刘某付、罗某英经济损失人民币80000元，赔偿附带民事诉讼原告人姜某亮、姜某兴经济损失人民币17109元。原判认定：被告人吴某某、被害人姜某兴共同居住在蒙自县新安所镇菜市街31号老房子内，双方因公共堂屋的使用权问题发生纠纷，吴某某遂生报复之念。2009年3月11日4时许，吴某某携带汽油、打火机、手电筒蹿至新安所镇菜市街31号，将汽油泼洒在其屋内的木柴上，并用打火机点燃木柴，引燃房屋后逃离现场。火势迅速从吴某某的房屋蔓延至姜某亮、姜某兴的房屋，致租住在姜某兴房屋内的被害人胡某顺被活活烧死。

宣判后，原审被告人吴某某不服，向云南省高级人民法院提起上诉，认为一审量刑过重，请求改判。

承办经过

接受本案辩护任务后，辩护人在认真查阅了本案卷宗，会见了上诉人并充分听取了其辩解，结合本案相关事实和证据，提出了如下辩护意见。

首先，吴某某主观上没有危害公共安全的故意，其行为也不足以危害到公共安全，原判认定吴某某构成放火罪的证据不足。相对而言，吴某某的行为更符合故意毁坏财物罪的犯罪构成。放火罪和故意毁坏财物罪在定义和构成要件上区别很大，但在实践中，以放火的手段毁坏财物的表现形式有时和放火罪很相似。放火罪的典型特征是对不特定多数人的生命、健康和重大公私财产安全的侵犯，属于重罪。故意毁坏财物罪的行为方式多种多样，其中，也可以采取放火焚烧的方法毁损他人财物。这两个罪名的主要区别是所侵犯的客体不同，放火罪侵犯的客体是公共安全，故意毁坏财物罪侵犯的客体是公私财产。如果行为人以放火的方法损坏公私财物，本身没有也不可能危及公共安全，则属于故意毁坏财物行为；如果该行为已危害或危及公共安全，就构成放火罪。判断一行为是否危害公共安全，可从犯罪行为实施的场所、犯罪方法、作案时周围的具体环境等具体情况进行综合考虑。

本案上诉人没有危害公共安全的主观故意，其动机只是要烧房子报复邻居。经查，被害人姜某兴被烧毁的房屋位置不在居民聚集区，该房屋与周围建筑物相对独立且具有封闭性。结合案发现场的周边环境及行为时的气候、天气、风向等情况，上诉人伙同他人放火的行为，尚不足以危害公共安全。本案虽然造成了租客胡某顺被意外烧死的严重后果，但是没有危害到不特定多数人的生命安全，吴某某也没有杀死租客胡某顺的主观故意。因此，上诉人吴某某的放火行为更符合故意毁坏财物罪的构成要件，对于造成租客死亡的后果应该认定为过失致人死亡罪。

其次，即使认定吴某某的行为构成放火罪，根据刑法对放火罪的规定，结合吴某某的主观恶性大小、改造的可能性及难易程度等因素考虑，对其判处死刑也量刑过重。对于放火罪，刑法设置了一个比较宽泛的量刑幅度，并非只有死刑这一种刑罚。判处死刑立即执行应该极其慎重和严格，除非是罪刑极其严重，社会危害性极大，不处死刑不能消除此种危险，或者种种情节表明犯罪人没有改造好的可能性等情况下，才应该考虑适用死刑。

对于本案，从上诉人的犯罪动机来说，主要是因为邻里之间房屋纠纷一直无法妥善解决，不满情绪没有得到合理的释放；从上诉人的悔罪态度来说，犯罪后认罪态度好，而不是顽固不化、拒不认罪。上诉人系残疾人，谋生不易，心理素质和心理承受能力均比常人低，把其看作社会上的弱势群体，应该在惩罚的时候考虑对其从轻，体现社会公平原则，也是构建和谐社会以人为本的题中应有之义。

最后，本案属于亲属邻里之间的纠纷引起的刑事案件，量刑上根据《全国法院维护农村稳定刑事审判工作座谈会纪要》的规定，"对于因婚姻家庭、邻里纠纷等民间矛盾激化引发的故意杀人犯罪，适用死刑一定要十分慎重，应当与发生在社会上的严重危害社会治安的其他故意杀人犯罪案件有所区别。对于被害人一方有明显过错或对矛盾激化负有直接责任，或者被告人有法定从轻处罚情节的，一般不应判处死刑立即执行"。

综上，辩护人认为，一审对上诉人吴某某的量刑畸重，建议二审合议庭对其减轻量刑，考虑给其一个重新做人的机会。

承办结果

2010年2月23日，云南省高级人民法院作出（2009）云高刑终字第1532号刑事判决，撤销红河哈尼族彝族自治州中级人民法院（2009）红中刑初字第125刑事附带民事判决对吴某某的量刑部分，依法改判吴某某死刑缓期2年执行。二审判决认为，"吴某某因不能正确处理邻里纠纷，故意放火烧毁他人房屋，严重危害公共安全，并致一人死亡，其行为已构成放火罪，应依法惩处。吴某某罪行极其严重，论罪当处死刑，鉴于本案系邻里纠纷所引发，其归案后如实供述自己的罪行，认罪态度较好，故对吴某某判处死刑，可不立即执行。吴某某及其辩护人所提本案系邻里纠纷所引发，吴某某归案后认罪态度较好，原判对吴某某量刑过重的上诉理由及辩护意见本院予以采纳。吴某某所提被害人有过错，其不明知被害人胡某某住在现场的上诉理由与本院审理查明的事实不符，本院不予采纳。对检察员所提的出庭意见，本院部分采纳。原判定罪准确。审判程序合法，但对吴某某量刑失当"（详见本书附录2第342—345页）。

案件点评

放火罪和故意毁坏财物罪在定义和构成要件上区别很大，但在实践中，以放火的手段毁坏财物的表现形式有时和放火罪很相似，在法律适用时容易产生分歧和争论。放火罪的典型特征是对不特定多数人的生命、健康和重大公私财产安全的侵犯，属于重罪。故意毁坏财物罪的行为方式多种多样，其中，也可以采取放火焚烧的方法，毁损他人财物。这两个罪名的主要区别是所侵犯的客体不同，放火罪侵犯的客体是公共安全，故意毁坏财物罪侵犯的客体是公私财产。如果行为人以放火的方法损坏公私财物，本身没有也不可能危及公共安全，则属于故意毁坏财物行为；如果该行为已危害或危及公共安全，就构成放火罪。判断一行为是否危害公共安全，可从犯罪行为实施的场所、犯罪方法、作案时周围的环境等具体情况进行综合考虑。

本案上诉人没有危害公共安全的主观故意，其动机只是要烧房子报复邻居。经查，被害人姜某兴被烧毁的房屋位置不在居民聚集区，该房屋与周围建筑物相对独立且具有封闭性。结合案发现场的周边环境及行为时的气候、天气、风向等情况，上诉人伙同他人放火的行为客观上尚不足以危害公共安全，其行为更符合故意毁坏财物罪的构成要件。本案虽然造成了租客胡某顺被意外烧死的严重后果，但是没有危害到不特定多数人的生命安全，吴某某也没有杀死租客胡某顺的主观故意。因此，上诉人吴某某的放火行为更符合故意毁坏财物罪的构成要件，对于造成租客死亡的后果应该认定为过失致人死亡罪。

即使机械地适用法条，认定吴某某构成放火罪，从其犯罪动机来说，主要是因为邻里之间房屋纠纷一直无法妥善解决，不满情绪没有得到合理地释放；从上诉人的悔罪态度来说，犯罪后认罪态度好，而不是顽固不化，拒不认罪。量刑上根据《全国法院维护农村稳定刑事审判工作座谈会纪要》的规定，一般也不应判处死刑立即执行。

范晓媛律师二审辩护
成功改判案例一览表

范晓媛律师二审辩护成功改判案例一览表

编号	案件号	案件基本情况	上诉人	一审刑期	二审辩护后判决结果
1	（2005）云高刑终字第819号	运输海洛因342.6克	字某	死缓	无期
2	（2005）云高刑终字第1212号	因怕奸情暴露故意杀人	马某	死刑立即执行	死缓
3	（2006）云高刑终字第1781号	运输毒品	赖某某	死刑立即执行	死缓
4	（2006）云高刑终字第1761号	运输毒品	曾某某	死刑立即执行	死缓
5	（2007）云高刑终字第546号	抢劫	刘某	死刑立即执行	死缓
6	（2007）云高刑终字第753号	运输海洛因2330克	杨某	死刑立即执行	死缓
7	（2007）云高刑终字第1013号	运输海洛因1377.4克	金某某	死刑立即执行	死缓
8	（2007）云高刑终字第127号	运输海洛因1013克	王某某	死刑立即执行	死缓
9	（2007）云高刑终字第905号	抢劫	李某某	死刑立即执行	死缓
10	（2008）云高刑终字第446号	运输海洛因6190克	吴某某	死缓	无期
11	（2008）云高刑终字第1723号	运输甲基苯丙胺3073克	张某某	死刑立即执行	死缓
12	（2008）云高刑终字第1734号	运输海洛因1440克	苟某	死刑立即执行	死缓
13	（2008）云高刑终字第653—1号	抢劫致人死亡	丁某	死刑立即执行	死缓
14	（2008）云高刑终字第1216—1号	运输海洛因1365克	王某	死刑立即执行	死缓
15	（2008）云高刑终字第555—1号	争吵后杀死同居者	吴某某	死刑立即执行	死缓
16	（2008）云高刑终字第1737号	运输毒品	李某	死刑立即执行	死缓
17	（2008）云高刑终字第1735号	运输毒品	地某	死刑立即执行	死缓

续表

编号	案件号	案件基本情况	上诉人	一审刑期	二审辩护后判决结果
18	（2008）云高刑终字第1286号	运输海洛因704克	阿某	死刑立即执行	死缓
19	（2008）云高刑终字第1705号	抢劫致1人身亡	胡某	死刑立即执行	死缓
20	（2008）云高刑终字第136号	恋爱受阻买凶杀人	邱某某	死刑立即执行	死缓
21	（2008）昆刑终字第509号	交通事故主要责任致1人重伤	詹某某	有期徒刑3年	有期徒刑1年6个月
22	（2008）云高刑终字第1015号	故意伤害	杨某某	有期徒刑10年	有期徒刑8年
23	（2008）云高刑终字第234号	运输毒品	玉某某	死刑立即执行	死缓
24	（2008）云高刑终字第308号	贩卖毒品	李某某	死缓	无期
25	（2008）云高刑终字第1746号	抢劫	李某某	死刑立即执行	撤销原判，发回重审
26	（2008）云高刑终字第728号	故意杀人	孔某某	死刑立即执行	撤销原判，发回重审
27	（2008）云高刑终字第988号	走私毒品	李某	死刑立即执行	撤销原判，发回重审
28	（2008）云高刑终字第495号	运输毒品	邱某某	死刑立即执行	撤销原判，发回重审
29	（2009）云高刑终重字第1737号	运输甲基苯丙胺2381.8克	阚某某	死刑立即执行	死缓
30	（2009）云高刑终字第769号	运输甲基苯丙胺2783克	汤某某	死刑立即执行	死缓
31	（2009）云高刑终字第902号	运输甲基苯丙胺2342克	唐某	死刑立即执行	死缓
32	（2009）云高刑终字第1371号	运输甲基苯丙胺1744克	王某	死刑立即执行	死缓
33	（2009）云高刑终第1385号	运输海洛因1075克	欧某	死刑立即执行	死缓
34	（2009）云高刑终字第1481号	故意伤害致死	满某某	死刑立即执行	死缓

编号	案件号	案件基本情况	上诉人	一审刑期	二审辩护后判决结果
35	(2009)云高刑终重字第756—1号	运输甲基苯丙胺4000克	许某某	死刑立即执行	死缓
36	(2009)云高刑终字第270号	运输甲基苯丙胺3284克	康某	死刑立即执行	死缓
37	(2009)云高刑终字第1250号	运输海洛因1399克	胡某	死刑立即执行	死缓
38	(2009)云高刑终字第399号	怀疑妻子有外遇残忍杀妻	高某	死刑立即执行	死缓
39	(2009)云高刑终字第904号	走私海洛因2740克	赵某	死刑立即执行	死缓
40	(2009)云高刑终字第1402号	运输甲基苯丙胺1463.1克	黄某	死刑立即执行	死缓
41	(2009)云高刑终字第1532号	报复放火致1人身亡	吴某某	死刑立即执行	死缓
42	(2009)云高刑终字第1403号	运输海洛因3850克	阿某	死刑立即执行	死缓
43	(2009)云高刑终字第773号	运输海洛因1053克	鲍某	死刑立即执行	死缓
44	(2009)云高刑终字第1266号	在发廊生事杀人	刘某	死刑立即执行	死缓
45	(2009)云高刑终字第111号	因感情纠纷致1死1伤	熊某某	死刑立即执行	死缓
46	(2009)云高刑终字第1263号	酒后发生口角开枪杀人	张某某	死刑立即执行	死缓
47	(2009)云高刑终字第786号	运输海洛因1400克	柳某某	死刑立即执行	死缓
48	(2009)云高刑终重字第00127—1号	抢劫致人死亡	刘某某	死刑立即执行	死缓
49	(2009)云高刑终字第726号	酒桌口角后报复杀死1人	杨某	死刑立即执行	死缓
50	(2009)云高刑终字第134号	出轨妻激怒老实丈夫被杀	杨某某	死刑立即执行	死缓
51	(2009)云高刑终字第755号	运输甲基苯丙胺3641克	曾某	死刑立即执行	死缓

续表

编号	案件号	案件基本情况	上诉人	一审刑期	二审辩护后判决结果
52	（2009）云高刑终字第630号	运输海洛因3811克	赤某	死刑立即执行	死缓
53	（2009）云高刑终字第1766号	运输甲基苯丙胺1335克	李某某	死刑立即执行	死缓
54	（2009）云高刑终字第928号	家庭矛盾杀害丈夫和婆婆	陈某	死刑立即执行	死缓
55	（2009）云高刑终字第1786号	运输海洛因3420克	朱某	死刑立即执行	死缓
56	（2009）云高刑终字第1884号	运输毒品10938克	毛某某	死刑立即执行	死缓
57	（2009）刑五复50023380号案件	抢劫、杀害情人	张某	死刑立即执行	死缓
58	（2009）云高刑终字第1764号	运输海洛因1116.6克	比火某某	死刑立即执行	死缓
59	（2009）云高刑终字第1352号	运输海洛因1414克	阿某	有期徒刑14年	有期徒刑7年
60	（2009）云高刑终字第632号	运输毒品	赤黑某某	死刑立即执行	撤销原判，发回重审
61	（2009）云高刑终字第1016号	运输毒品	阿某	无期	撤销原判，发回重审
62	（2009）云高刑终字第627号	贩卖、运输毒品	陈某某	死缓	撤销原判，发回重审
63	（2009）云高刑终字第1892号	贩卖毒品	马某某	死刑立即执行	撤销原判，发回重审
64	（2009）云高刑终字第1888号	运输毒品	白某某	死刑立即执行	撤销原判，发回重审
65	（2009）云高刑终字第980号	运输毒品	唐某某	死刑立即执行	死缓
66	（2009）云高刑终字第878号	走私毒品	李某某	死刑立即执行	死缓
67	（2009）云高刑终字第482号	运输毒品	阿色某某	死刑立即执行	死缓
68	（2010）云高刑终字第1071号	贩卖、运输海洛因26418克	何某	死缓	无期

续表

编号	案件号	案件基本情况	上诉人	一审刑期	二审辩护后判决结果
69	（2010）云高刑复字第236号	感情纠纷致1死3伤	汪某某	死刑立即执行	死缓
70	（2010）云高刑终字第98号	运输甲基苯丙胺2735.8克	雷某	死刑立即执行	死缓
71	（2010）云高刑终字第857号	运输海洛因1024克	阿某	死刑立即执行	死缓
72	（2010）云高刑终字第227号	酒桌上口角引发冲突致2人死亡	白某某	死刑立即执行	死缓
73	（2010）云高刑终字第995号	家庭琐事兄弟相残2死1伤	宋某某	死刑立即执行	死缓
74	（2010）云高刑终字第962号	精神障碍者连杀3人	施某某	死刑立即执行	死缓
75	（2010）云高刑终字第771号	恋爱不成报复杀人	谭某某	死刑立即执行	死缓
76	（2010）云高刑终字第335号	防卫过当致1人死亡	赵某某	死刑立即执行	死缓
77	（2010）云高刑终字第766号	因感情纠纷杀死3人	张某某	死刑立即执行	死缓
78	（2010）云高刑终字第1633号	多次抢劫、盗窃，并致1人重伤	乔某	死刑立即执行	死缓
79	（2010）云高刑终字第918号	运输海洛因1392克	夏某某	死刑立即执行	死缓
80	（2010）云高刑终字第20号	共同伤害致1人身亡	林某某	死刑立即执行	死缓
81	（2010）云高刑终字第909号	故意杀人	马某某	死缓	撤销原判，发回重审
82	（2010）云高刑终字第1848号	运输毒品罪	黄某某	死刑立即执行	撤销原判，发回重审
83	（2010）云高刑终字第1707号	故意杀人	杨某某	死刑立即执行	撤销原判，发回重审
84	（2010）云高刑终字第743号	运输毒品	岩某某	死缓	撤销原判，发回重审
85	（2010）云高刑终字第231号	故意伤害	李某	死刑立即执行	撤销原判，发回重审

续表

编号	案件号	案件基本情况	上诉人	一审刑期	二审辩护后判决结果
86	（2010）云高刑终字第1166号	抢劫	特某	死刑立即执行	撤销原判，发回重审
87	（2010）云高刑终字第1649号	强奸、故意杀人	李某某	死刑立即执行	撤销原判，发回重审
88	（2010）云高刑终字第122号	运输毒品	江某某	死刑立即执行	死缓
89	（2010）云高刑终字第67号	走私毒品罪	王某某	死刑立即执行	死缓
90	（2010）云高刑终字第2号	走私毒品	张某某	死刑立即执行	死缓
91	（2011）云高刑终字第332号	运输毒品	顾某某	死刑立即执行	死缓
92	（2012）云高刑终字第1556号	运输毒品	吉斯某某	死刑立即执行	死缓
93	（2012）云高刑终字第1326号	运输毒品	岩某	死刑立即执行	死缓
94	（2012）云高刑终字第1356—1号	争吵后杀害女友	潘某某	死刑立即执行	死缓
95	（2012）云高刑终字第1483号	走私、贩卖毒品	顾某某	死刑立即执行	撤销原判，发回重审
96	（2013）云高刑终字第618号	运输甲基苯丙胺36815克	唐某	死缓	无期
97	（2013）云高刑终字第621号	运输甲基苯丙胺2800克	岩某	死缓	无期
98	（2013）云高刑终字第1752号	走私、运输毒品	马某某	死缓	无期
99	（2013）云高刑终字第628号	运输毒品	唐某某	死缓	无期
100	（2015）云高刑终字第677号	因家庭琐事杀母	李某	死刑立即执行	死缓
101	（2015）云高刑终字第1033号	运输甲基苯丙3373克	鲍某	死刑立即执行	死缓
102	（2015）云高刑终字第862号	运输海洛因15110克、甲基苯丙胺10080克	李某	死刑立即执行	死缓

编号	案件号	案件基本情况	上诉人	一审刑期	二审辩护后判决结果
103	（2015）云高刑终字第600号	弑母	赵某某	死刑立即执行	死缓
104	（2015）云高刑终字第1657号	滥用职权违规转让采矿权、巨额受贿	何某某	无期徒刑	有期徒刑17年
105	（2015）云高刑终字第926号	走私毒品罪	赵某某	死刑立即执行	死缓
106	（2015）云高刑终字第734号	强奸、抢劫	胡某某	死刑立即执行	死缓
107	（2015）云高刑终字第1666号	走私、运输毒品罪	奥古某某	死缓	无期

附录2

相关裁判文书汇编

云南省高级人民法院
刑事裁定书

（2005）云高刑终字第819号

原公诉机关云南省大理白族自治州人民检察院。

上诉人（原审被告人）字*，男，2003年2月27日因犯贩卖毒品罪被大理州中级人民法院判处有期徒刑一年，2004年2月26日刑满释放。因本案于2004年9月8日被刑事拘留，同月13日被逮捕。现押于大理市看守所。

指定辩护人范晓媛，云南**律师事务所律师。

原审被告人吴*，男，1992年因犯盗窃罪被潞西县人民法院判处有期徒刑七年，1996年12月释放。因本案于2004年9月8日被刑事拘留，同月13日被逮捕。现押于大理市看守所。

云南省大理白族自治州中级人民法院审理大理白族自治州人民检察院指控被告人字*、吴*犯贩卖毒品罪一案，于二〇〇五年二月四日作出（2005）大中刑初字第38号刑事判决。原审被告人字*不服，提出上诉。本院依法组成合议庭审理了本案，现已审理终结。原判认定，2004年7月中旬，被告人字*、吴*在芒市拼资向他人购得海洛因1块，二人经商量后将海洛因运到大理市贩卖。

同年9月8日，被告人吴*将海洛因运至下关交给字*，字*在联系买主准备贩卖海洛因时被抓获，当场缴获海洛因1块，净重342.6克。同日在被告人字*配合下将吴*抓获。根据上述事实，原判认定被告人字*、吴*犯贩卖毒品罪，判处字*死刑，缓期二年执行，剥夺政治权利终身，并处没收个人全部财产；判处吴*无期徒刑，剥夺政治权利终身，并处没收个人全部财产；查获在案的海洛因342.6克及扣押的物品依法没收。宣判后，被告人字*上诉提出自己是公安的"线人"，且有立功表现，请求从轻判处，其辩护人提出原判对被告人字*量刑过重的辩护意见。

经审理查明，上诉人字*及原审被告人吴*在芒市拼资向他人购得净重为342.6克的海洛因后于2004年9月8日带到下关贩卖时被查获的事实属实。认定上述事实的证据有：公安机关的抓获经过、扣押物品清单及物证照片、称量笔录、刑事科学技术鉴定书、提取笔录及车票在卷，证实公安干警在治安巡逻时查获上诉人字*及缴获毒品海洛因342.6克，并在字*配合下抓获同案被告人吴*的事实；身份证明材料及刑事判决书在卷，证实上诉人字*系毒品再犯，原审被告人吴*犯有前科罪行的事实；上诉人字*及原审被告人吴*对共同贩卖毒品的犯罪事实供认不讳，其供述与本案其他证据相互印证。本案事实清楚，证据确实充分，足以认定。

本院认为，上诉人字*和原审被告人吴*无视国法，共同拼资买卖毒品海洛因的行为均已构成贩卖毒品罪，应依法惩处。上诉人字*提出自己是公安的"线人"无事实依据，但本案确实存在公安机关使用的"工作关系人"参与并起重要作用的情况，对上诉人字*和原审被告人吴*应从宽判处。原审法院对本案定罪准确，审判程序合法，但量刑失重。据此，依照《中华人民共和国刑事诉讼法》第一百八十九条第（一）、（二）项及《中华人民共和国刑法》第三百四十七条第二款（一）项、第三百五十六条、第二十五条、第五十七条第一款、第六十四条、第六十八条之规定，判决如下：

一、维持云南省大理白族自治州中级人民法院（2005）大中刑初字第38号刑事判决第（三）项，即对查获的海洛因及扣押的物品依法没收。

二、撤销云南省大理白族自治州中级人民法院（2005）大中刑初字第38号刑事判决第（一）、（二）项，即对被告人字*、吴*的定罪量刑。

三、上诉人（原审被告人）字*犯贩卖毒品罪，判处无期徒刑，剥夺政治权利终身，并处没收个人全部财产。

四、原审被告人吴*犯贩卖毒品罪，判处有期徒刑十五年，并处没收个人财产三万元。（刑期从判决执行之日起计算。判决执行以前先行羁押的，羁押一日折抵刑期一日，即自2004年9月8日起至2019年9月7日止）。

本判决为终审判决。

审　判　长　申　国　庆
审　判　员　林　　丽
审　判　员　柏　崇　良
二〇〇五年六月一日
书　记　员　熊　　熊

云南省高级人民法院
刑事判决书

（2005）云高刑终字第 1212 号

原公诉机关文山州人民检察院。

上诉人（原审被告人）马*贵，男，因本案于 2004 年 6 月 19 日被刑事拘留，同年 7 月 21 日被逮捕。现羁押于广南县看守所。

指定辩护人范晓媛，云南**律师事务所律师。

上诉人（原审被告人）周*英（又名周**），女，因本案于 2004 年 6 月 19 日被刑事拘留，同年 7 月 21 日被逮捕。现羁押于广南县看守所。

辩护人刘某，云南**律师事务所律师。

文山州中级人民法院审理文山州人民检察院指控原审被告人马*贵、周*英犯故意杀人罪、原审附带民事诉讼原告人罗友*提起附带民事诉讼一案，于二〇〇五年三月十八日作出（2005）文中刑初字第 5 号刑事附带民事判决。被告人马*贵、周*英不服，分别提出上诉。本院受理后，依法组成合议庭进行了审理。现已审理终结。

原判认定，被告人马*贵、周*英因多次发生不正当男女关系，二人害怕此事被周*英的丈夫罗*良知道，经商量后决定将罗*良杀死。1994 年 6 月 18 日（旧历五月十日），被告人马*贵携带火药枪、镰刀和胶把钳先到金竹档丫口等候。同日 18 时许，被告人马*贵见被告人周*英和其夫罗*良路过此地时，即乘罗不备之机，用石头猛击罗*良头部数下致罗倒地，接着，被告人周*英又用锄头朝罗*良的头部连击数下，造成罗*良当场死亡。后二被告人将罗*良的尸体抬到附近一石洞中藏匿。原审判决以故意杀人罪，判处被告人马*贵死刑，剥夺政治权利终身；判处被告人周*英死刑，剥夺政治权利终身；被告人马*贵、周*英各赔偿附带民事诉讼原告人罗友*人民币 5000 元。宣判后，被告人马*贵以其不懂法律，在本案中系从犯，一审判决量刑过重为由提出上诉。其辩护人提出被告人马*贵认罪态度好，其犯罪有一定客观原因的辩护意见。被告人周*英以受人教唆参与犯罪，系从犯，一审判决量刑过重为由提出上诉。其辩护人提出被害人罗*良有过错，周*英在本案中系从犯，一审判决量刑畸重的辩护意见。

经审理查明，原判认定1994年6月18日18时许，被告人马*贵、周*英因害怕二人不正当的男女关系被罗*良知道，用石块、锄头合伙将周*英的丈夫罗*良打死的犯罪事实清楚。有报案记录、接受刑事案件登记表及破案报告证实，2004年6月6日14时48分，广南县公安局南屏派出所接广南县南屏镇大牙扫村民委员会何家塘村小组的罗友*报案，称其大哥罗*良于1994年旧历五月十日失踪，至今音信全无，怀疑罗*良已被大嫂周*英和马*贵杀害。接报后该派出所立即展开调查取证工作，经询问罗*、黄*等人后将周*英、马*贵相继传唤到派出所进行讯问，马*贵、周*英供认二人长期通奸，致周怀孕，遂于1994年旧历五月十日那天下午5至6点钟在该村金竹档丫口附近，按事先商量好的地点，二人用石块、锄头将罗*良砸死，然后将尸体转移至一山洞中。根据二人指认公安机关找到了被害人罗*良的遗骨。尸体勘验笔录及鉴定书证实被害人罗*良系被他人用钝器致机械性颅脑损伤后死亡。提取笔录证实，公安机关从马*贵家提取一把胶把钳，经马*贵辨认是其用来拔被害人罗*良二颗金牙的工具；从杨*文家提取杨以150元向马*贵买的火药枪一支。证人罗某证实，在1996年的一天听马*贵讲，罗*良是被周*英用锄头砸死的，后将此事告诉过罗*良之母。证人黄*证实，罗*曾来其家讲，其子罗*良是被周*英用锄头砸死的，罗*是听马*贵讲的。证人杨*证实，其以150元向马*贵买过一支火药枪。证人周*、曾*、许*证实，罗*良明显的特征是安有二颗金牙齿。

本案证据确实、充分，足以认定。

本院认为，上诉人马*贵、周*英无视国家法律，因害怕二人之间不正当男女关系被周*英之夫罗*良知道，故意非法剥夺他人生命的行为，均已构成故意杀人罪，应依法惩处。根据本案具体情节及二人归案后能如实供述犯罪事实，认罪态度较好，可判处死刑，但不立即执行。原审判决定罪准确，审判程序合法，所作附带民事部分判决适当。据此，依照《中华人民共和国刑事诉讼法》第一百八十九条（一）、（二）项，《中华人民共和国刑法》第十二条、《中华人民共和国刑法》第一百三十二条、第二十二条第一款、第四十三条第一款、第五十条、第五十三条第一款、第三十一条之规定，判决如下：

一、撤销文山州中级人民法院（2005）文中刑初字第5号刑事附带民事判决的第一、二项，即对被告人马*贵、周*英的量刑部分；维持第三项，即附带民事赔偿部分。

二、上诉人马*贵犯故意杀人罪，判处死刑，缓期二年执行，剥夺政治权利终身。

三、上诉人周*英犯故意杀人罪，判处死刑，缓期二年执行，剥夺政治权利终身。

本判决为终审判决。

审　判　长　　蔡　定　波
审　判　员　　张　　华
代理审判员　　张　广　川
二〇〇五年八月二十三日
书　记　员　　赵　劲　超

云南省高级人民法院
刑事裁定书

（2006）云高刑终字第1153号

原公诉机关红河州人民检察院。

上诉人（原审被告人）李海*，男，2005年6月19日因本案被刑事拘留，同年7月27日被逮捕。现押于泸西县看守所。

辩护人钟某坤，云南**律师事务所律师。

上诉人（原审被告人）陈*军，男，2005年6月19日因本案被刑事拘留，同年7月27日被逮捕。现押于泸西县看守所。

指定辩护人范晓媛，云南**律师事务所律师。

上诉人（原审被告人）苏*红，男，2005年6月19日因本案被刑事拘留，同年7月27日被逮捕。现押于泸西县看守所。

红河州中级人民法院审理红河州人民检察院指控原审被告人李海*犯故意杀人罪、非法持有弹药罪，原审被告人陈*军、苏*红犯故意杀人罪，附带民事诉讼原告人魏*芝、谢*灿、谢*辉提起附带民事诉讼一案，于二〇〇六年六月十三日作出（2006）红中刑初字第109号刑事附带民事判决。以故意杀人罪，判处被告人李海*死刑，剥夺政治权利终身；以非法持有弹药罪，判处其有期徒刑一年，决定执行死刑，剥夺政治权利终身。以故意杀人罪，判处被告人陈*军死刑，剥夺政治权利终身。以故意杀人罪，判处被告人苏*红死刑，缓期二年执行，剥夺政治权利终身。附带民事诉讼原告人魏*芝、谢*灿、谢*辉的经济损失死亡赔偿金177420元、丧葬费7660元，共计人民币185080元，由被告人李海*、陈*军、苏*红各赔偿61693元，并相互承担连带赔偿责任。作案工具"云南G4885*"号农用车一辆、千斤顶一只、人民币21000元予以没收。宣判后，被告人陈*军、苏*红均以受人指使作案，原判量刑过重为由提出上诉。被告人李海*辩称未指使陈*军杀人，上诉要求宣告无罪。本院依法组成合议庭审理了本案。现已审理终结。

经本院审理认为,原判认定李海*指使被告人陈*军、苏*红故意杀害谢*和的事实不清、证据不足。据此,依照《中华人民共和国刑事诉讼法》第一百八十九条(三)项之规定,裁定如下:

一、撤销红河州中级人民法院(2006)红中刑初字第109号刑事附带民事判决。

二、发回红河州中级人民法院重新审判。

本裁定为终审裁定。

审　判　长　　蒋　玉　池

审　判　员　　谭　丽　芬

代理审判员　　何　　　玲

二〇〇六年七月十二日

书　记　员　　吴　声　娅

云南省高级人民法院
刑事裁定书

（2007）云高刑终重字第546—1号

原公诉机关云南省丽江市人民检察院。

上诉人（原审被告人）刘*，男，因涉嫌犯抢劫罪，于2006年10月1日被刑事拘留，同年11月1日被逮捕。现押于丽江市看守所。

指定辩护人范晓媛，云南**律师事务所律师。

云南省丽江市中级人民法院审理云南省丽江市人民检察院指控原审被告人刘*犯抢劫罪、附带民事诉讼原告人张*、寸*、和*秋、张*提起附带民事诉讼一案，于二〇〇七年三月十二日作出（2007）丽中刑初字第10号刑事附带民事判决。附带民事诉讼原告人均服判不上诉。原审被告人刘*不服提出上诉。本院依法组成合议庭公开开庭审理了本案。经本院审判委员会讨论决定，驳回上诉，维持原判，并于二〇〇七年八月十六日报请最高人民法院核准。最高人民法院于二〇〇七年九月三十日发回本院重新审理。现已审理终结。

本院认为，原判认定上诉人刘*犯抢劫罪的证据不足，依照《中华人民共和国刑事诉讼法》第一百八十九条第（三）项、《最高人民法院关于复核死刑案件若干问题的规定》第八条第二款之规定，裁定如下：

一、撤销云南省丽江市中级人民法院（2007）丽中刑初字第10号刑事附带民事判决；

二、发回云南省丽江市中级人民法院重新审理。

审　判　长　　李红兵

审　判　员　　石映谊

代理审判员　　田奇慧

二〇〇七年十二月二十日

书　记　员　　杨　聘

云南省高级人民法院
刑事判决书

（2007）云高刑终字第731号

原公诉机关云南省玉溪市人民检察院。

上诉人（原审被告人）陈*学，男，因本案于2006年9月29日被刑事拘留，2006年10月28日被逮捕。现羁押于江川县看守所。

指定辩护人旃*，云南**律师事务所律师。

上诉人（原审被告人）皇*深，男，因本案于2006年9月29日被刑事拘留，2006年10月28日被逮捕。现羁押于江川县看守所。

上诉人（原审被告人）宋*波，男，因犯敲诈勒索罪于2004年8月16日被江川县人民法院判处有期徒刑六个月，同年10月6日刑满释放。因本案于2006年10月30日被刑事拘留，2006年11月8日被取保候审、2007年3月28日被逮捕。现羁押于江川县看守所。

原审被告人金*明，男，因本案于2006年9月29日被刑事拘留，2006年10月28日被逮捕。现羁押于江川县看守所。

监护人江川县前卫镇上街村村民小组*号。

负责人陈*和，该村民小组组长。

指定辩护人范晓媛，云南**律师事务所律师。

原审被告人宋*，男，因本案于2006年10月30日被取保候审。

云南省玉溪市中级人民法院审理云南省玉溪市人民检察院指控原审被告人陈*学、金*明犯故意杀人罪、原审被告人皇*深犯故意伤害罪、原审被告人宋*波、宋*犯窝藏罪，原审附带民事诉讼原告人杨*林、杨*和、杨凤*、杨*英、杨*仙、杨*芬提起附带民事诉讼一案，于2007年3月26日作出（2007）玉中刑初字第22号刑事附带民事判决。原审被告人陈*学、皇*深、宋*波不服，就刑事判决部分提出上诉。原审被告人金*明、宋*和原审附带民事诉讼原告人均服判不上诉。本院受理后，依法组成合议庭，于

2007年8月21日依法不公开开庭审理了本案，云南省人民检察院检察员赵、万玮出庭履行职务，上诉人陈*学及其指定辩护人施*，上诉人皇*深，原审被告人金*明及其指定辩护人范晓媛、监护人江川县前卫镇上街村村民小组组长陈*和到庭参加诉讼。本案现已审理终结。

原判认定，被告人陈*学、金*明、皇*深及张*正（在逃）受雇在江川县大街镇白龙潭样板山板栗园务工期间，于2006年9月22日晚将黄*寿寄养在板栗园内的四条狗打死，后黄*寿要求四被告人赔偿500元损失费；9月27日晚，张*正、金*明、皇*深携带凶器到黄*寿的核桃园找黄协商用苞谷抵付损失的事宜。因黄*寿不在，三人遂对替黄看守核桃园的杨*福拳打脚踢。回到板栗园后，皇*深怕杨*福出事，就叫陈*学、金*明去看杨*福的伤情，张*正携带菜刀与陈*学、金*明同去，并授意陈*学、金*明用菜刀砍杀被害人，陈*学、金*明便先后用菜刀砍割杨*福颈部及头、脚部位，致杨*福颈总动脉断裂致失血性休克死亡。案发后，四人找到宋*波、宋*，告之相关情况，宋*拿出2000元给了张*正、陈*学、金*明、皇*深，四人连夜外逃。原判依据上述事实和相关证据，依法以故意杀人罪判处被告人陈*学死刑，剥夺政治权利终身；判处金*明无期徒刑，剥夺政治权利终身；以故意伤害罪判处被告人皇*深有期徒刑十年；以窝藏罪判处被告人宋*波有期徒刑二年；判处被告人宋*有期徒刑一年，缓刑二年；作案工具菜刀依法没收；被告人陈*学、金*明、皇*深赔偿附带民事诉讼原告人丧葬费、死亡赔偿金共计49290元。宣判后，被告人陈*学、皇*深、宋*波不服，对刑事判决部分提出上诉。

被告人陈*学上诉称，自己是在张*正的授意下砍被害人，只砍了头、脚部，被害人颈部损伤是金*明砍的，张*正、金*明的作用比自己要大；自己从小在智力上有一定的缺陷，一味听信张*正等人的话，归案后能如实交代犯罪行为，请求二审改判。其指定辩护人提出，被害人是在多人两次实施伤害情况下死亡的，致死的颈动脉伤是在张*正的指使下，金*明先用菜刀砍的，陈*学是随后砍的，陈*学在本案中是胁从犯，而本案起到指挥、操纵作用的主犯张*正在逃，陈*学认罪态度好，是偶犯、初犯，且当时是在醉酒状态下，本案属于激情犯罪，与有预谋、有准备的杀人案件有区别，请求二审从轻对其判处死缓刑的辩护意见。被告人皇*深上诉称，与黄*寿发生争议的是张*正、金*明，与其无关，案发时张*正、金*明二人与被害人发生口角并踢打被害人，自己都是在劝拉，没有实施殴打，主观上没有故意，客观上没有实施殴打，后来自己叫陈*学、金*明去看被害人是怕被害人受伤过重，但张*正却携带菜刀并行凶伤人，与自己本意不符，一审错误认定自己的劝拉行为是伤害行为，请求二审改判。

被告人宋*波上诉称，自己在案发后给陈*学等人钱是事实，但该行为是支付拖欠的工资，而且当时仅知道陈*学等人打了人，并不知道是杀了人，与窝藏罪所指的无偿提供资金帮助犯罪分子逃逸不同，认定其窝藏情节严重也无法律依据；自己在案发后有自首、立功情节，虽是累犯，情节轻微；请求二审依法减轻处罚，改判为管制刑。

原审被告人金*明的指定辩护人提出，金*明认罪态度好，属于初犯、偶犯，犯罪时未满十六周岁，是本案的从犯，建议在一审的量刑基础上再次对其减轻处罚的辩护意见。

在二审开庭审理中，出庭履行职务的检察员提出，陈*学虽然是受张*正的指使，但并非是胁迫参与犯罪的，其犯罪故意是明显的；在案的证据证实皇*深参与殴打被害人的事实，其有伤害他人的主观故意，也有伤害他人的事实；宋*波明知陈*学、金*明、皇*深、张*正将被害人打伤致死，还向四人提供财物帮助逃匿，并致使张*正至今在逃，其行为属于情节严重的窝藏行为；三上诉人的上诉理由均不能成立，一审认定事实清楚，证据确实、充分，定性准确，量刑适当，审判程序合法，建议二审驳回上诉，维持原判的出庭意见。

经审理查明，上诉人陈*学、皇*深、原审被告人金*明及张*正均为江川县大街镇白龙潭样板山板栗园的劳务人员，2006年9月22日晚，四人将附近核桃园主黄*寿寄养在该板栗园的四条狗打死后埋藏在板栗园，后黄*寿找四人要求赔偿500元损失费；9月27日晚，张*正叫上金*明、皇*深，三人携带两把篾刀、一把斧子到黄*寿核桃园找其协商用苞谷抵付损失的事宜。因黄不在，三人借故对核桃园看守人员杨*福拳打脚踢，后将其拖到核桃园外的乡村公路上，张*正、金*明再次对杨*福进行殴打，金*明还在张*正指使下连续踩踏杨*福的头部，随后三人回到板栗园。后皇*深叫陈*学、金*明去看杨*福的伤情，张*正携带菜刀与陈*学、金*明同去，见杨*福躺在地上哼，陈*学便朝杨*福肚子上踢了两脚，用菜刀朝杨*福头、脚部位砍了几刀，张*正喊砍脖子，金*明就接过菜刀砍了杨*福的脖子几刀，并将菜刀递给陈*学，陈*学接过后又砍了杨*福头、颈部几刀，几人随后逃离现场。杨*福因颈总动脉断裂致失血性休克死亡。9月28

日凌晨1时许，张*正、陈*学、金*明、皇*深找到上诉人宋*波，将打伤人的事告诉了宋*波，并让其找钱帮助他们逃走，宋*波找到原审被告人宋*，告之相关情况，宋*拿出2000元给了张*正、陈*学、金*明、皇*深，四人连夜外逃。9月29日，皇*深、陈*学、金*明返回江川，在宋*波、宋*的协助下，公安机关在当天先后抓获了三人。

以上犯罪事实，有下列证据予以证实：

1.报案记录、情况说明、抓获经过，证实当地群众在发现被害人尸体后向公安机关报案，公安机关在宋*波、宋*的配合下抓获被告人陈*学、金*明、皇*深的事实情况。

2.现场勘查笔录、照片，证实本案案发地点、案发现场情况及从现场提取物证、痕迹的情况。现场指认笔录、照片，证实各被告人指认现场的情况，与现场勘查笔录一致。

3.刑事科学分析意见书、法医学鉴定书、被害人尸体检验照片，证实被害人全身损伤分布广，有多处钝器伤、锐器伤，并有颅脑损伤（是导致其死亡辅助原因），结论是：被害人系被用锐器砍断颈总动脉致失血性休克死亡。

4.搜查笔录、提取笔录，证实提取陈*学、金*明、皇*深所穿粘有血迹的衣物情况，和在陈*学的供述和指引下，在案发现场附近提取了作案用的菜刀情况。法医学鉴定书证实，现场提取的血迹均系被害人杨*福血液，金*明所穿衣裤、陈*学所穿长裤、皇*深所穿长裤上的可疑血迹均是被害人杨*福血液。

5.物证菜刀一把，经被告人陈*学、金*明在一审庭审时辨认后确认为作案工具。

6.各被告人对各自参与实施的犯罪事实均有供述在卷，口供可相互印证。

7.证人李世*、陆常*的证言，证实引发本案的矛盾是张*正、陈*学等人将黄*寿寄养的狗打死的事实情况，与被告人陈*学、皇*深、金*明的供述相吻合。以上证据均经原审庭审举证、质证，取证程序合法，内容属实，且能相互印证，本院予以确认。本案事实清楚，证据确实、充分，足以认定。

本院认为，上诉人陈*学、原审被告人金*明和张*正（在逃）使用菜刀砍割被害人颈部，造成被害人颈总动脉断裂致失血性休克死亡的行为，均已构成故意杀人罪；上诉人皇*深伙同他人借故殴打被害人，致被害人全身多处受伤，并致被害人颅脑损伤的行为构成故意伤害罪；上诉人陈*学、皇

*深、原审被告人金*明的行为均应依法受到惩处。在对被害人实施侵害中，上诉人陈*学、原审被告人金*明均辩称是受张*正的授意指使，但二人在实施侵害过程中，行为积极，手段恶劣，造成的后果严重，二人和张*正均是故意杀人犯罪的主犯，依法应予从重处罚。上诉人陈*学提出的其作用要小于其他共同犯罪人的上诉理由，其指定辩护人提出的陈*学是胁从犯、陈*学是酒后激情犯罪，请求从轻处罚的辩护意见，与在案证据证实的事实不相符，于法无据，不予以采纳。上诉人皇*深提出的其无伤害被害人的主观故意、也无伤害被害人的客观行为的无罪上诉理由，与在案证据证实的事实不符，不予采纳；但综合全案的事实及上诉人皇*深在案件中的作用、犯罪的手段、情节，原判对其量刑过重，本院依法予以改判。原审被告人金*明的指定辩护人提出金*明作案时未满十六周岁，且是在张*正指使下作案，可在原判基础上对金*明再次减轻的辩护意见。根据最高人民法院《关于审理未成年人刑事案件具体应用法律若干问题的解释》的规定，鉴于金*明作案时未满十六周岁，对该辩护意见本院予以采纳。

上诉人宋*波、原审被告人宋*在明知本案的被告人陈*学、金*明、皇*深已经将被害人打伤有可能死亡的情况下，而为陈*学、金*明、皇*深提供外逃的资金，帮助几个被告人逃匿，两人的行为已构成窝藏罪。上诉人宋*波是累犯，应依法从重处罚，原审鉴于宋*波有自首、立功情节，结合其在窝藏犯罪中作用及所造成的后果，对其判处刑罚并无不当。上诉人宋*波提出的上诉理由不能成立，对其上诉要求改判的请求不予采纳。

综上，原判认定事实清楚，证据确实、充分，定罪准确，审判程序合法，但对上诉人皇*深、原审被告人金*明量刑不当。本院对检察机关提出驳回上诉、维持原判的出庭意见，部分予以采纳。依照《中华人民共和国刑事诉讼法》第一百八十九条第（一）、（二）项，《中华人民共和国刑法》第二百三十二条、第二百三十四条第二款、第三百一十条第一款、第四十八条第一款、第五十七条第一款、第二十五条、第十七条第三款、第六十五条第一款、第六十七条第一款、第六十八条、第七十二条第一款、第七十三条、第四十七条、第七十四条及最高人民法院《关于处理自首和立功具体应用法律若干问题的解释》第一条、第三条之规定，判决如下：

一、维持云南省玉溪市中级人民法院（2007）玉中刑初字第22号刑事判决的第一、四、五、六项，即对被告人陈*学、宋*波、宋*的定罪量刑和对作案工具菜刀予以没收的判决。

二、撤销云南省玉溪市中级人民法院（2007）玉中刑初字第22号刑事判决的第二、三项，即对被告人金*明、皇*深的量刑部分。

三、原审被告人金*明犯故意杀人罪，判处有期徒刑十五年（刑期从判决执行之日起算，判决执行前先行羁押的，羁押一日折抵刑期一日，即刑期自2006年9月29日起至2021年9月28日止）。

四、上诉人（原审被告人）皇*深犯故意伤害罪，判处有期徒刑六年（刑期从判决执行之日起算，判决执行前先行羁押的，羁押一日折抵刑期一日，即刑期自2006年9月29日起至2012年9月28日止）。

本判决为终审判决。

对被告人陈*学判处死刑的判决，依法报送最高人民法院核准。

审　判　长　　杨晓娅
代理审判员　　杨　帆
代理审判员　　李文华
二〇〇七年九月四日
书　记　员　　杨　婕

云南省高级人民法院
刑事判决书

（2007）云高刑终字第753号

原公诉机关云南省昆明市人民检察院。

上诉人（原审被告人）杨*绵，曾用名杨*明，男，2006年10月12日因本案被刑事拘留，同年11月17日被逮捕。现羁押于昆明市第二看守所。

辩护人范晓媛，云南**律师事务所律师。

云南省昆明市中级人民法院审理昆明市人民检察院指控原审被告人杨*绵犯运输毒品罪一案，于二〇〇七年四月二日作出（2007）昆刑三初字第113号刑事判决。原审被告人杨*绵不服，提出上诉。本院依法组成合议庭，于二〇〇七年七月三十一日公开开庭审理了本案。云南省人民检察院检察员李瑞、徐薇出庭履行职务；上诉人杨*绵及其辩护人范晓媛到庭参加诉讼。现已审理终结。

原判认定，2006年10月11日，被告人杨*绵在昆明市福德村汇丰招待所门口交接毒品时被公安民警抓获，缴获毒品海洛因净重2330克，毒资人民币3000元。

原判根据上述事实，依照相关法律规定，以运输毒品罪，判处被告人杨*绵死刑，剥夺政治权利终身，并处没收个人全部财产；查获的毒品海洛因2330克予以没收。

二审庭审中，上诉人杨*绵上诉称其是被诱骗利用，不知其所运输的竹筐内有毒品，认罪态度好，请求从轻判处。辩护人提出相同辩护意见，并认为因涉案人杨三*不到案，导致原判认定事实不清。

检察机关的检察意见认为，一审判决认定事实清楚，证据确实充分，定罪准确，量刑适当，应予维持。

经审理查明，2006年10月11日，上诉人杨*绵携带藏有毒品的两竹筐水果，从瑞丽市畹町开发区乘车运输至昆明市，在福德村汇丰招待所门口交接毒品时被公安民警抓获，从其正在搬运的竹筐竹条夹层内查获毒品海洛因净重2330克。

以上事实，有下列证据证实：

1.公安机关出具的抓获经过说明材料及照片，证实2006年10月11日，公安民警根据线索，在昆明市福德村汇丰招待所抓获被告人杨*绵，并从其正在搬运的装有水果的竹筐竹条夹层内，查获用透明塑料膜包装的毒品可疑物；

2.刑事科学技术鉴定书、毒品称量记录，证实查获的毒品可疑物系海洛因，净重2330克；

3.证人杨三*证实，2006年10月9日，一个缅甸女子许诺给其1000元好处费，买了机票让其从芒市到昆明汇丰旅社送2500元钱给一男子。其到昆明与该男子电话联系后，见面时给该男子500元，后其找了一辆车来到汇丰旅社，该男子从旅社里抬了一箱水果到车上，去抬另一箱时被抓。其不知道水果箱里有毒品；

4.被告人杨*绵供述，为牟取三四万元报酬，帮助一名缅甸女人从畹町带两筐水果到昆明。其认为毒品肯定藏在里面。在昆明市汇丰旅社门口与接货人正交接两筐水果时就被公安民警抓获，从其所搬运的竹筐竹条里查获毒品海洛因；

5.查获的机票及写有被告人杨*绵电话号码的纸条、汇丰招待所出具的住宿证明印证杨*绵运输毒品的犯罪事实。

以上证据来源合法，内容客观、真实，足以认定被告人杨*绵运输毒品的犯罪事实，应予以确认。

本院认为，上诉人杨*绵无视国家法律，为牟取非法利益运输毒品，其行为已构成运输毒品罪，且运输毒品数量大，依法应予严惩。上诉人杨*绵关于被诱骗利用、不知竹筐内有毒品及其辩护人关于因涉案人杨三*不到案导致原判认定事实不清的上诉及辩护意见，与查明的事实不符，不能成立。对上诉人杨*绵论罪当处死刑，鉴于其归案后能如实供述犯罪事实，认罪态度好，及行为的社会危害程度，对其可判处死刑，无须立即执行。检察机关的检察意见部分予以采纳。原判定罪准确，审判程序合法。但对杨*绵量刑失重。据此，依照《中华人民共和国刑事诉讼法》第一百八十九条第（一）、（二）项及《中华人民共和国刑法》第三百四十七条第二款（一）项、第四十八条第一款、第五十七条第一款、第五十九条、第六十四条之规定，判决如下：

一、维持云南省昆明市中级人民法院（2007）昆刑三初字第113号刑事判决第二项，即对查获的毒品依法没收。

二、撤销云南省昆明市中级人民法院（2007）昆刑三初字第113号刑事判决第一项，即对原审被告人杨*绵的定罪处刑。

三、上诉人（原审被告人）杨*绵犯运输毒品罪，判处死刑，缓期二年执行，剥夺政治权利终身，并处没收个人全部财产。

本判决为终审判决。

审　判　长　　李　云　霞

代理审判员　　赵　　伟

代理审判员　　宴　良　彬

二〇〇七年八月十三日

书　记　员　　艾　荣　庆

云南省昆明市中级人民法院
刑事附带民事判决书

原公诉机关昆明市西山区人民检察院。

上诉人（原审被告人）詹＊龙，男，2008年4月29日因本案被刑事拘留，同年5月13日被逮捕。现羁押于昆明市第二看守所。

指定辩护人范晓嫒，云南＊＊律师事务所律师。

原审附带民事诉讼原告人吴＊雄，男，现住昆明市西山区土堆村。

原审附带民事诉讼原告人邓＊，男，现住昆明市西山区土堆村。

昆明市西山区人民法院审理昆明市西山区人民检察院指控原审被告人詹＊龙犯交通肇事罪，并附带民事诉讼一案，在查清案件事实后作出（2008）西刑初字第637号刑事附带民事判决。宣判后，原审被告人詹＊龙不服，向本院提起上诉。本院受理后，依法组成合议庭，经审阅案卷材料，讯问了上诉人詹＊龙，依法指定云南＊＊律师事务所为其提供法律援助，听取了其辩护人的辩护意见，并将本案案件材料移送昆明市人民检察院阅卷，认为本案事实清楚，决定不开庭审理。现已审理终结。

原判认定：2008年4月27日晚20时05分许，被告人詹＊龙驾驭畜力车沿昆明市石安公路西向东方向机动车道由东向西行驶。吴＊雄持证号为532128107609040＊＊＊"D"类车型驾驶证，驾驶一辆制动检验不合格、前转向灯功能无效、驾驶室内违规载乘一名乘客邓＊、货厢内载重超过标准140千克的云D/F08＊＊号"鑫源"牌正三轮载客摩托车，沿石安公路由路中起第二条机动车道西向东行驶。两车至第三污水处理厂门前路段时，迎面相撞，致邓＊受重伤，吴＊雄受轻微伤，摩托车部分损坏，骡子受伤。事故发生后，被告人詹＊龙未保护现场，抢救受伤人员并向公安机关报案，而是丢弃畜力车后，牵赶骡子逃离现场。次日，被告人詹＊龙被公安机关抓获。2008年5月5日，昆明市公安局交通警察支队九大队认定被告人詹＊龙承担此次事故的主要责任，吴*雄承担此次事故的次要责任，邓*无责任。

附带民事诉讼原告人邓*伤后在云南省第二人民医院住院治疗52天，支付医药费52217.4元。附带民事诉讼原告人邓*的伤情经云南鼎丰司法鉴定中心鉴定构成十级伤残，需后期医疗费2500元。为此，附带民事诉讼原告人邓*支付鉴定费650元。

上述事实，有抓获经过、被告人供述、被害人陈述、证据证言、交通事故现场勘查笔录及照片、伤情鉴定及告知、户口证明、情况说明、鉴定书、病历资料、医疗费单据等证据证实。原判认为：被告人詹*龙违反道路交通安全管理秩序，驾驶畜力车未在非机动车道内行驶，造成交通事故，致使被害人邓*构成重伤的严重后果，且事故发生后，被告人詹*龙逃逸，其行为构成交通肇事罪，依法应当予以惩处。因此次事故中，吴*雄负事故的次要责任，被告人詹*龙负主要责任，故可以减轻被告人詹*龙的民事赔偿责任。附带民事诉讼原告人邓*主张的医疗费52217.4元、后续治疗费2500元、鉴定费650元，有相应证据4予以证实，依法予以支持。住院伙食补助费依法应计算为780元，护理费计算为2184元，误工费计算为1764元，营养费酌情支持1000元。其余费用无相关依据证实，依法不予支持。据此，为保护道路交通安全管理秩序，依照《中华人民共和国刑法》第一百三十三条、第四十七条、第三十六条和《中华人民共和国民法通则》第一百一十九条、第一百三十一条之规定，判决：一、被告人詹*龙犯交通肇事罪，判处有期徒刑三年；二、由被告人詹*龙于本判决生效之日起十日内赔偿附带民事诉讼原告人邓*经济损失61095.4元的80%，计人民币48876.32元；三、驳回附带民事诉讼原告人邓*的其他诉讼请求；四、驳回附带民事诉讼原告人吴*雄的诉讼请求。

宣判后，原审被告人詹*龙提出上诉，认为：原判量刑过重，因其骡子在事故中受伤并受惊吓奔跑，遂去追赶，主观无逃离现场的意图，请求二审法院从轻处罚。其辩护人提出交警部门所作《交通事故责任认定书》责任划分不够客观，不能因詹*龙不在事故现场即简单认定其负事故主要责任；被告人詹*龙离开事故现场系事出有因，主观恶性较小；另根据刑法第133条之规定，当事人逃逸的前提可以是交通肇事罪，但不能因为逃逸即必然构成交通肇事罪，詹*龙的逃逸行为并非引发本案交通事故的原因，故被告人詹*龙的行为不构成交通肇事罪的辩护意见。昆明市人民检察院阅案后认为：被告人詹*龙的行为符合交通肇事罪的构成要件，原判认定事实清楚，证据确实、充分，适用法律正确，量刑适当，建议二审驳回上诉，维持原判。二审期间，上诉人詹*龙的辩护人向本院提交了住院病人预缴款收据三张，总计金额为2000元，欲证实事故发生后，上诉人詹*龙及其家属积极赔偿受害人损失，具有一定认罪、悔罪表现。

经二审审理查明：2008年4月27日晚20时05分许，上诉人詹*龙驾驭畜力车沿昆明市石安公路西向东方向机动车道由东向西行驶。吴*雄持证号为532128107609040***"D"类车型驾驶证，驾驶一辆制动检验不合格、前转向灯功能无效、驾驶室内违规载乘一名乘客邓*、货厢内载重超过标准140千克的云D/F08**号"鑫源"牌正三轮载客摩托车，沿石安公路由路中起第二条机动车道西向东行驶。两车至第三污水处理厂门前路段时，迎面相撞，致邓*受重伤，吴*雄受轻微伤，摩托车部分损坏，骡子受伤。经事故责任认定上诉人詹*龙承担此次事故的主要责任，吴*雄承担此次事故的次要责任，邓*无责任。

上述事实，有一审判决列明并经庭审质证的抓获经过、被告人供述、被害人陈述、证据证言、交通事故现场勘查笔录及照片、伤情鉴定及告知、户口证明、情况说明、鉴定书、病历资料、医疗费单据等证据在卷佐证，本院予以确认。

本院认为：上诉人詹*龙违反《道路交通安全法》，发生致一人重伤的交通事故，经事故责任认定负事故的主要责任，且发生交通事故后逃离事故现场，根据最高人民法院《关于审理交通肇事刑事案件具体应用法律若干问题的解释》第二条第二款之规定，上诉人詹*龙的行为应以交通肇事罪定罪处罚。根据《中华人民共和国刑法》第三十六条之规定，上诉人詹*龙因其犯罪行为给原审附带民事诉讼原告人邓*造成的经济损失应予赔偿。原判依照《最高人民法院关于审理人身损害赔偿案件适用法律若干问题的解释》以及云南省高级人民法院、云南省公安厅联合下发的公交[2008]99号文件《关于印发2008年云南省道路交通事故人身损害赔偿有关费用计算标准的通知》的相关规定，根据原审附带民事诉讼原告人邓*所提交的证据进行判赔，符合法律规定，本院予以支持。关于上诉人詹*龙所提上诉理由及其辩护人所提辩护意见，经审查，本案中，上诉人詹*龙的行为造成一人重伤的后果，并负事故主要责任，发生交通事故后逃离事故现场，因一个情节不能两次评判，故原判量刑过重，且考虑上诉人詹*龙积极赔偿被害人的经济损失，具有一定悔罪表现，本院依法予以改判。昆明市人民检察院所提检察意见，本院不予采纳，上诉人詹*龙及其辩护人所提上诉理由及辩护意见，因与本案证据所证实的事实不符，本院不予采纳。据此，根据《中华人民共和国刑事诉讼法》第一百八十九条第（一）、（二）项及《中华人民共和国刑法》第一百三十三条、第四十七条、第三十六条、最高人民法院《关于审理交通肇事刑事案件具体应用法律若干问题的解释》第二条第二款和《中华人民共和国民法通则》第一百一十九条、第一百三十一条之规定，判决如下：

一、维持（2008）西法刑初字第637号刑事附带民事判决的第二、三、四项，即"二、由被告人詹*龙于本判决生效之日起十日内赔偿附带民事诉讼原告人邓*经济损失61095.40元的80%，计人民币48876.32元；三、驳回附带民事诉讼原告人邓*的其他诉讼请求；四、驳回附带民事诉讼原告人吴*雄的诉讼请求"；

二、撤销（2008）西法刑初字第637号刑事附带民事判决的第一项，即"被告人詹*龙犯交通肇事罪，判处有期徒刑三年"；

三、上诉人（原审被告人）詹*龙犯交通肇事罪，判处有期徒刑一年零六个月。

（刑期自判决执行之日起计算，判决执行以前先行羁押的，羁押一日折抵刑期一日，即自2008年4月29日起至2009年10月28日止）。

本判决为终审判决。

审 判 长　　杨 国 晖
审 判 员　　王 庆 国
代理审判员　　易　　玲
二○○八年十二月十六日
书 记 员　　李 江 敏

云南省高级人民法院
刑事判决书

（2008）云高刑终重字第 555-1 号

原公诉机关云南省普洱市人民检察院。

上诉人（原审被告人）吴*德，男，2007年5月28日因本案被刑事拘留，同年6月7日被逮捕。现羁押于普洱市看守所。

指定辩护人范晓媛，云南**律师事务所律师。

云南省普洱市中级人民法院审理由云南省普洱市人民检察院提起公诉的被告人吴*德犯故意杀人一案，于二〇〇八年二月二十八日作出一审判决，认定被告人吴*德犯故意杀人罪，判处死刑，剥夺政治权利终身。被告人吴*德不服，提出上诉。本院经二审开庭审理，于二〇〇八年七月二十五日裁定驳回上诉，维持原判，报请最高人民法院核准。最高人民法院经过复核，裁定不予核准，发回本院重新审判。本院受理后，另行组成合议庭，经阅卷并听取辩护人的意见，认为本案事实清楚，决定不开庭进行审理，现已审理终结。

原判认定，2007年5月27日，被告人吴*德与同居生活的陈*英发生争吵、撕拽，吴*德便持割胶刀向陈*英胸部捅刺两刀，持铁棒击打陈*英头部，致其死亡，吴*德用汽油焚尸后逃离现场。

原判据此以故意杀人罪判处吴*德死刑，剥夺政治权利终身；在案扣押的铁棒一根、橡胶刀一把依法予以没收。

被告人吴*德提出口头上诉。其辩护人提出，吴*德是在一时气愤情况下实施了犯罪，归案后认罪态度好，请求二审从轻判处的辩护意见。

经审理查明，被告人吴*德与被害人陈*英在普洱市思茅区思茅港镇橄榄坝村一队敬老院同居生活多年，期间，多次因琐事发生争吵。2007年5月27日21时，再次因为琐事发生争吵、撕拽，陈*英跑到院子内，吴*德追出，持割胶刀向陈*英胸部捅刺两刀，持铁棒击打陈*英头部，致陈*英颅脑损伤死亡。之后，吴*德将汽油浇在陈*英身上并点燃，逃离现场。5月28日，吴*德在其藏匿的橄榄坝村大落凹山一简易房被抓获。

有下列证据予以证实：

1.抓获经过、报案人吴*宏证言证实，案发当晚思茅港镇橄榄坝村一队敬老院附近居民吴*宏发现敬老院着火后进行报案，民警出警后进行调查，确定嫌疑人并抓获吴*德的经过。

2.现场勘查笔录，现场提取痕迹物证表，现场勘查照片证实，案发现场位于普洱市思茅港镇橄榄坝村一队敬老院，在敬老院场内有一具部分烧焦的俯卧状尸体，身上有衣服燃烧残留物，从尸体旁提取到一把割胶刀、一根铁棒；从敬老院猪圈和厕所的围墙上发现有擦划痕迹，并提取人体皮肤组织

3.物证检验报告书证实，现场提取尸体、地面上及割胶刀上的血迹经DNA鉴定是陈*英的血；围墙上所提取到人体皮肤组织经DNA鉴定是吴*德所留。

指认笔录和照片证实，吴*德指认了作案地点和作案用的铁棒及割胶刀；并指认了其从敬老院围墙翻墙逃跑的位置就是提取到其人体组织的位置。

4.尸体检验报告及照片证实，被害人身体多处呈烧焦状，后枕顶部颅骨凹陷层叠状骨折，右前胸乳房下缘和上腹中部各有一创口。死者被他人用钝器打击头面部致颅脑损伤死亡，属死后焚尸。询问笔录、户口证明存根证实，被害人尸体经其兄长陈*辨认，被害人是其妹妹陈*英。

5.证人证言

敬老院养老人员王*证实，案发当晚22时许，他看到在敬老院做饭的陈*英被相好的吴*德殴打，后吴*德将汽油浇在陈*英身上点燃后就逃跑了。

陈*英的哥哥陈*证实，其妹妹陈*英和吴*德经常发生吵打，吴*德会动手打，案发当天早上两人还发生吵打；案发后同村游*龙说在大落凹山上简易房见到一个40多岁被烧伤的男子，他听说后就报告民警了。证人橄榄坝村村民游*龙证实，发现吴*德并将该情况告知陈*兴的事实。

陈*英的哥哥陈*、橄榄坝村民李*康证实，陈*英与吴*德在案发前一直同居在一起，但没有办理结婚手续。

6.被告人吴*德对其因与陈*英发生争吵后，使用割胶刀刺了陈*英胸部两刀，后又用铁棒击打陈*英头部，致其死亡后，用汽油焚尸后逃逸的犯罪事实供认不讳。其供述作案的时间、地点、所使用的凶器、用汽油焚尸、

翻墙逃跑的路线等和在案提取的物证、证人证言、被害人尸体鉴定、现场状况一致。

上述证据，原一、二审经开庭质证、认证，证据来源合法，内容客观、真实，足以认定。

本院认为，被告人吴*德无视国法，在与其同居生活的陈*英发生争吵后，持刀刺伤陈*英，并用铁棒击打其头部致陈*英颅脑损伤死亡，其行为已触犯刑法，构成故意杀人罪，依法予以惩处。吴*德与被害人虽没有办理结婚手续，但两人已长期同居，吴*德与被害人发生争吵中临时起意杀人，属于民间矛盾引发的杀人案件，吴*德归案后认罪态度好，对其可依法判处死刑，无需立即执行。原判认定事实清楚，证据确实充分，定罪准确，审判程序合法，但量刑失重。据此，依照《中华人民共和国刑事诉讼法）第一百八十九条第（一）、（二）项，《中华人民共和国刑法》第二百三十二条、第四十八条第一款、第五十七条第一款、第六十四条之规定，判决如下：

一、撤销普洱市中级人民法院作出的（2008）普中刑一初字第22号刑事判决书第一项，即对被告人吴*德的定罪量刑部分；

二、维持普洱市中级人民法院作出的（2008）普中刑一初字第22号刑事判决书第二项，即对作案凶器没收部分；

三、被告人吴*德犯故意杀人罪，判处死刑，缓期二年执行，剥夺政治权利终身。

本判决为终审判决。

审　判　长　　李　文　华
代理审判员　　郑　德　志
代理审判员　　李　江　鹏
二〇〇九年十月九日
书　记　员　　刘　津　嘉

云南省高级人民法院
刑事判决书

（2008）云高刑终重字第 1216-1 号

　　原公诉机关云南省普洱市人民检察院。

　　上诉人（原审被告人）王 * 飞，曾用名王 * 宾，男，因本案于 2007 年 12 月 12 日被刑事拘留，同年 12 月 20 日被逮捕。现羁押于澜沧县看守所。

　　指定辩护人范晓媛，云南 ** 律师事务所律师。

　　云南省普洱市中级人民法院审理云南省普洱市人民检察院指控原审被告人王 * 宾（当时尚未查实王 * 宾真实姓名叫王 * 飞）犯运输毒品罪一案，于二〇〇八年五月二十九日作出（2008）普中刑三初字第 47 号刑事判决。原审被告人王 * 宾不服，提出上诉。本院于二〇〇八年十一月十三日作出（2008）云高刑终字第 1216 号刑事裁定，驳回上诉，维持原判，依法报请最高人民法院核准。最高人民法院于二〇〇九年三月三十一日作出（2009）刑五复 54410957 号刑事裁定，撤销本院裁定，发回本院重审。本院依法组成合议庭进行审理。现已审理终结。

　　原判认定，2007 年 12 月，被告人王 * 宾从四川省攀枝花市到云南省孟连县，并接取到他人交给的毒品。12 月 12 日，其从孟连县乘坐云 J0759 * 号卧铺客车前往昆明市，当日 17 时 30 分，途经思澜公路 169 公里处时，被公安人员抓获，当场从王 * 宾所携带的两件外衣内查获毒品海洛因 4 块，净重 1365 克。

　　原判根据上述事实及相关法律规定，认定被告人王 * 宾构成运输毒品罪，判处死刑，剥夺政治权利终身，并处没收个人全部财产；查获的毒品海洛因 1365 克依法予以没收。

　　二审中，王 * 宾上诉称其系受人指使运输毒品，属从犯；其因生活困难而实施犯罪，主观恶性不深；原判量刑过重，请求从轻处罚。

　　辩护人提出，王 * 宾系为他人运输毒品，属从犯；其在被侦查人员发现带有1块毒品后，主动交代藏匿的另3块毒品，具有自首情节；其被抓获后，积极配合侦查机关抓捕毒品货主"小王"，有立功情节；其所运输的海洛因含量较低；请求二审法院对王*宾从宽处罚。

经审理查明，原判认定2007年12月12日，原审被告人王*宾携带毒品海洛因1365克，乘车运输途中被查获的事实清楚。且经本院查明，原审被告人王*宾的户籍姓名为王*飞。故本院自二审阶段对王*宾的姓名更正为王*飞。

上述事实，有经一审、二审开庭审理质证的抓获经过及相关情况说明材料、毒品称量记录、刑事科学技术鉴定书及鉴定结论通知书、扣押物品清单、毒品照片、车票、住宿证明、户籍证明、证人周*前、吴*清的证言等证据证实，被告人王*飞对其为获取4万元报酬，答应为一个叫"小王"的西昌彝族女子从孟连县运输毒品到攀枝花的犯罪事实亦供认不讳。

以上证据经一、二审庭审质证、认证，来源合法，内容客观、真实，且能相互印证，本院依法予以确认。

本院认为，上诉人王*飞无视国法，为谋取非法利益，明知是毒品海洛因仍进行运输，其行为已构成运输毒品罪，且运输毒品数量大，应依法予以惩处。根据王*飞的犯罪事实、犯罪情节和犯罪性质，对其判处死刑，可不立即执行。原判定罪准确，审判程序合法，但对王*飞的量刑失重。据此，依照《中华人民共和国刑事诉讼法》第一百八十九条第（一）、（二）项和《中华人民共和国刑法》第三百四十七条第二款第（一）项、第四十八条第一款、第五十七条第一款、第六十四条之规定，判决如下：

一、维持云南省普洱市中级人民法院（2008）普中刑三初字第47号刑事判决第一项对被告人王*飞的定罪部分、第二项对查获毒品的处理部分；

二、撤销云南省普洱市中级人民法院（2008）普中刑三初字第47号刑事判决第一项对被告人王*飞的量刑部分；

三、上诉人（原审被告人）王*飞犯运输毒品罪，判处死刑，缓期二年执行，剥夺政治权利终身，并处没收个人全部财产。

本判决为终审判决。

审 判 长　周 红 敏

审 判 员　刘 晋 云

代理审判员　杨 丽 娟

二〇一〇年二月二十三日

书 记 员　杨　婕

云南省高级人民法院
刑事判决书

（2008）云高刑终字第 136 号

原公诉机关云南省保山市人民检察院。

上诉人（原审被告人）邱*洪，男，1988 年 12 月 21 日因犯盗窃罪、破坏集体生产罪被简阳市人民法院判处有期徒刑五年零六个月；1998 年 4 月 1 日因犯盗窃罪被原保山市人民法院判处有六年；2001 年 10 月 26 日因犯盗窃罪被保山市隆阳区人民法院判处有期徒刑三年，2003 年 12 月 24 日刑满释放。2007 年 6 月 2 日因本案被刑事拘留，同年 6 月 15 日被逮捕。现羁押于保山市隆阳区看守所。

辩护人范晓媛，云南**律师事务所律师。

云南省保山市中级人民法院审理云南省保山市人民检察院指控原审被告人邱*洪犯故意杀人罪一案，于二〇〇七年十二月二十一日作出（2007）保中刑初字第 524 号刑事附带民事判决。附带民事诉讼原告人陈*美服判不上诉；原审被告人邱*洪不服判决，提出上诉。本院依法组成合议庭，公开开庭审理了本案。云南省人民检察院指派检察员张黎明、罗杉杉出庭执行职务。上诉人（原审被告人）邱*洪及其辩护人范晓媛等到庭参加诉讼。现已审理终结。

原审判决认定，被告人邱*洪于 2003 年 12 月 24 日释放后认识了保山市隆阳区河图镇白塔村的陈*美，并与之产生恋情，但遭到陈*美之女孙*蓉的反对，邱*洪遂怀恨在心。2004 年 2 月 9 日，邱*洪到杨*华家中与杨*华（已被执行死刑）共谋，由邱*洪出资 5 万元，让杨*华杀害孙*蓉，杨*华同意。2 月 10 日凌晨 1 时许，杨*华潜入陈*美家中，藏匿于院内的草堆上。8 时许，杨*华看到陈*美离家外出后，即到孙*蓉房内，用手扼压孙*蓉颈部致其昏迷，随后到陈*美家堂屋内取得一把铁锤猛击孙*蓉右额颞部一锤，将铁锤放回原处后，看到孙*蓉仍有动静，又拿得一把斧子朝孙*蓉的头部砸了一斧，将斧子放回原处并逃离现场。经法医鉴定，孙*蓉系被他人扼颈后用钝器打击右额部致颅脑损伤死亡。3月26日，公安机关在杨*华家中将杨*华抓获。2007年6月1日20时许，公安民警根据报警，在保山客运站旁将在逃的邱*洪抓获。原审判决依照《中华人民共和国刑法》第二百三十二条、第四十八条、第五十七条第一款、第六十五条第一款、第二十五条、第三十六条第一款、第六十一条和《中华人民共和国民法通则》第一百一十九条的规定，以故意杀人罪，判处被告人邱*洪死刑，剥夺政治权利终身；赔偿附带民事诉讼原告人经济损失30000元。宣判后，被告人邱*洪以受刑讯逼供，被冤枉为由提出上诉；其辩护人提出原审判决认定邱*洪犯故意杀人罪的事实不清，证据不足，应宣告无罪的辩护意见；检察员提出认定邱*洪犯故意杀人罪的事实清楚，证据确凿，应维持原判的建议。

　　经审理查明，上诉人邱*洪在与保山市隆阳区河图镇白塔村的陈*美谈恋爱期间，因遭到陈*美之女孙*蓉的反对，邱*洪遂怀恨在心。2004年2月9日，邱*洪与杨*华（已判处死刑）共谋，由邱*洪出资5万元，让杨*华杀害孙*蓉。2月10日凌晨8时许，杨*华潜入陈*美家中，用手扼压孙*蓉颈部、铁锤猛击孙*蓉右额颞部、斧子砍砸孙*蓉的头部，致孙*蓉死亡。上述事实，有陈*美证实，邱*洪与陈*美的恋情关系遭到孙*蓉反对；杨*华供认，邱*洪因对孙*蓉的行为不满，出资5万元让其杀害孙*蓉；公安机关《现场勘验笔录》、《尸检报告》证实，孙*蓉被杀害的时间、地点、受害的部位、死亡的原因，与杨*华的供认的作案情节一致；提取现场遗留的烟头作鉴定，附着杨*华的皮细胞组织；邱*洪被抓获归案后，对雇佣杨*华杀害孙*蓉的事实供认不讳，口供与杨*华的供词吻合。本案事实清楚，证据确凿。

　　本院认为：上诉人邱*洪无视国家法律，为泄私愤雇凶杀人，其行为已构成故意杀人罪。邱*洪及辩护人所提没有出资雇佣杀人的上诉理由和辩护意见，违背事实，与杨*华口供不符，不能成立。邱*洪在刑满释放后五年内又犯新罪，构成累犯，应依法从重惩处，检察员的建议有一定法律依据。但根据本案的事实和邱*洪的犯罪情节，可判处死刑，不必立即执行。原审判决定罪准确，审判程序合法。对邱*洪量刑过重。据此，依照《中华人民共和国刑事诉讼法》第一百八十九条第一、二款之规定，裁定如下：

　　一、维持云南省保山市中级人民法院（2007）保中刑初字第524号刑事附带民事判决第二项，即邱*洪赔偿附带民事诉讼原告人陈*美经济损失

30000元。

二、撤销云南省保山市中级人民法院（2007）保中刑初字第524号刑事附带民事判决第一项中对邱＊洪的量刑部分，即判处邱＊洪死刑，剥夺政治权利终身。

三、上诉人（原审被告人）邱＊洪犯故意杀人罪，判处死刑，缓期二年执行，剥夺政治权利终身。

审 判 长　邓 广 民
审 判 员　李 忠 良
代 理 审 判 员　张　　导
二〇〇八年五月十日
书 记 员　董　　秘

云南省高级人民法院
刑事判决书

（2008）云高刑终字第308号

原公诉机关云南省丽江市人民检察院。

上诉人（原审被告人）阿的*应，又名阿的肯*、胡*宝，男，2007年3月14日因涉嫌犯贩卖、运输毒品罪，非法买卖、运输枪支弹药罪被丽江市公安局刑事拘留，同年4月20日被逮捕，现押于丽江市看守所。

辩护人田某某，云南**律师事务所律师。

上诉人（原审被告人）阿丁*布，又名阿的永*，男，2007年3月14日因涉嫌犯贩卖、运输毒品罪，非法买卖、运输枪支弹药罪被丽江市公安局刑事拘留，同年4月20日被逮捕，现押于丽江市看守所。

指定辩护人吴某，云南***律师事务所律师。

上诉人（原审被告人）李*文，男，2007年3月19日因涉嫌犯贩卖、运输毒品罪，非法买卖、枪支弹药罪被丽江市公安局刑事拘留，同年4月20日被逮捕，现押于丽江市看守所。

指定辩护人范晓媛，云南**律师事务所律师。

上诉人（原审被告人）折子*，又名折*达、折*子，男，2007年3月14日因涉嫌犯贩卖、运输毒品罪，非法买卖、运输枪支弹药罪被永胜县公安局刑事拘留，同年4月20日被逮捕，现押于丽江市看守所。

辩护人和某某，云南**律师事务所律师。

指定辩护人胡某，云南***律师事务所律师。

上诉人（原审被告人）苏*元，又名阿苏*干，男，2007年4月20日因涉嫌犯贩卖、运输毒品罪被丽江市公安局逮捕，现押于丽江市看守所。

辩护人陆某某，云南**律师事务所律师。

指定辩护人王某福，云南***律师事务所律师。

上诉人（原审被告人）祖*忍，又名海里*罗、加日*罗，男，2007年4

月20日因涉嫌犯贩卖、运输毒品罪被永胜县公安局逮捕，现押于丽江市看守所。

指定辩护人罗某，云南***律师事务所律师。

上诉人（原审被告人）马*古，又名马*克古，男，2007年4月20日因涉嫌犯贩卖、运输毒品罪被永胜县公安局逮捕，现押于丽江市看守所。

指定辩护人刘某夷，云南***律师事务所律师。

上诉人（原审被告人）马*布，又名马*林，男，2007年10月23日因涉嫌犯贩卖、运输毒品罪被丽江市公安局逮捕，现押于丽江市看守所。

辩护人张某某，云南**律师事务所律师。

指定辩护人蒲某某，云南***律师事务所律师。

上诉人（原审被告人）杨*华，男，2007年3月13日因涉嫌犯贩卖、运输毒品罪被永胜县公安局刑事拘留，同年4月20日被逮捕，现押于丽江市看守所。

辩护人唐某某，云南***律师事务所律师。

指定辩护人张某，云南***律师事务所律师。

云南省丽江市中级人民法院审理云南省丽江市人民检察院指控原审被告人阿的*应、阿丁*布、李*文、折子*、苏*元、祖*忍、马*布、杨*华犯贩卖、运输毒品、非法买卖、运输枪支弹药罪一案，于二〇〇八年一月十六日作出（2008）丽中刑初字第3号刑事判决。判决宣告后，原审被告人均不服，分别提出上诉。本院依法组成合议庭，公开开庭审理了本案。现已审理终结。

原判认定：

一、2007年2月底，被告人阿的*应筹集了27万余元资金后，组织阿丁*布、祖*忍和卢*母（已病亡）等人到中缅边境购买毒品和枪支。其间，阿的*应、折子*、苏*元将购买毒品及枪支的人民币27万余元从迪庆州香格里拉县的一农行汇给了"张老板"。根据"张老板"的安排，李*文到中缅边境将阿丁*布、祖*忍和卢*母三人接到"张老板"家，并将两个黑色布袋（每袋装有毒品海洛因五块、手枪一支及子弹八发）交给阿丁*布、祖*忍和卢*母，并将三人送出"张老板"家。祖*忍和卢*母将毒品和枪支背运到永甸（地名）后换为祖*忍和杨*华背运，二人将毒品和枪支背运到澜沧江边的一山洞内藏匿后返回宁蒗。2007年3月初，阿的*应又安排杨*华、祖*忍、卢*母、马*古乘折子*驾驶的微型车前往澜沧江边，拿到毒品和枪支后由祖*忍和马*古背运到大理州洱源县下山口后，又交由杨*华和卢*母继续背运。2007年3月13日下午14时许，杨*华、卢*母行至永胜县顺州乡迪里坡丫口时被公安机关抓获，当场缴获了海洛四十块，净重3405.5克，制式手枪二支，子弹十六发，当晚，阿的*应、阿丁*布、苏*元、折子*、马*古、祖*忍被分别抓获，2007年3月19日，公安干警在德宏州医院门口抓获了李*文。

二、2007年1月，被告人阿的*应组织指挥了阿丁*布，杨*华、祖*忍、马*古四人到中缅边境运输毒品，四人到中缅边境"张老板"处拿到毒品海洛因十三块（约4550克）后轮流背运到宁蒗县新营盘乡老屋基（地名）处，由折子*开车将毒品及运毒人员接到新营盘乡阿的*应岳父家，次日，被告人阿丁*布和被告人杨*华又将十三块毒品从阿的*应岳父家背运至宁蒗县烂泥箐乡大拉坝村交给了阿的*应。

三、2004年2月，阿的*应组织指挥了金*阿支（另案处理）、阿*念古（另案处理）、马*布、苏*元、金*拉补（已判刑）等人运输毒品。苏*元驾车到保山至德宏公路的一岔路口接到运输毒品的金*阿支、阿丁*布后，由马*布驾车在前面探路，阿丁*布和金*阿支携带毒品乘苏*元驾的车前往大理方向。后因马*布探路遇到警车，阿丁*布和金*阿支携带毒品下车步行，到大理州永平县境内时又将毒品交由苏*元、金*拉补、阿*念古步行运输。2月20日，三人途经漾濞县境内大保公路30Km+200m处时，被大保公路路政大队工作人员发现后查获，抓获了金*拉补，缴获毒品海洛因5300克，苏*元和阿*念古逃脱。

四、2003年7月，阿的*应，沙*忠（已判刑）组织指挥了阿*铁哈（已判刑）、阿*什沙（已判刑）、阿*尔子（已判刑），阿*王林（另案处理）、阿*子布（另案处理）、阿苏子*（另案处理）从中缅边境"张老板"处购得毒品海洛因6500克，运输到阿的*应家后又指派阿*铁哈、阿*什沙、阿*尔子将毒品运至四川省凉山州，于2003年8月23日在四川省盐源县境内被查获。抓获了运输毒品的阿*铁哈、阿*什沙、阿*尔子、阿*阿吉，并缴获毒品海洛因18块，净重6500克。

五、2004年9月，阿的*应组织指挥了阿*木果、阿*体日、吉*布哈、吉*伍良（以上四人已被判刑）、阿*里哈、阿*尔者、阿*来甲、勒*日布（以上四人另案处理）从中缅边境"张老板"处购得毒品海洛因60块（约计21000克）运回宁蒗阿的*应家。后阿*木果、阿*体日、勒*日布等人将其中43块毒品海洛因共计15129克，运到四川省凉山州西昌市，准备运往昭觉出售时被凉山州公安机关抓获并缴获毒品43块净重15129克。

原判据上述事实及相关证据，依照《中华人民共和国刑法》第三百四十七条第二款第（一）项、第一百二十五条第一款、第二十五条第一款、第二十六条第一款、第四款、第二十七条、第四十八条、第五十七条、第六十四条、第六十九条之规定判决如下：

（一）被告人阿的＊应犯贩卖、运输毒品罪，判处死刑，剥夺政治权利终身，并处没收个人全部财产；犯非法买卖、运输枪支、弹药罪，判处有期徒刑八年。数罪并罚，决定执行死刑，剥夺政治权利终身，并处没收个人全部财产。

（二）被告人阿丁＊布犯贩卖、运输毒品罪，判处死刑，剥夺政治权利终身，并处没收个人全部财产；犯非法买卖、运输枪支弹药罪，判处有期徒刑七年。数罪并罚，决定执行死刑，剥夺政治权利终身，并处没收个人全部财产。

（三）被告人李＊文犯贩卖毒品罪，判处死刑，缓期二年执行，剥夺政治权利终身，并处没收个人全部财产；犯非法买卖枪支、弹药罪，判处有期徒刑六年。数罪并罚，决定执行死刑，缓期二年执行，剥夺政治权利终身，并处没收个人全部财产。

（四）被告人折子＊犯贩卖、运输毒品罪，判处死刑，缓期二年执行，剥夺政治权利终身，并处没收个人全部财产；犯非法买卖、运输枪支、弹药罪，判处有期徒刑六年。数罪并罚，决定执行死刑，缓期二年执行，剥夺政治权利终身，并处没收个人全部财产。

（五）被告人苏＊元犯贩卖、运输毒品罪，判处死刑，缓期二年执行，剥夺政治权利终身，并处没收个人全部财产；犯非法买卖、运输枪支弹药罪，判处有期徒刑六年。数罪并罚，决定执行死刑，缓期二年执行，剥夺政治权利终身，并处没收个人全部财产。

（六）被告人祖＊忍犯贩卖、运输毒品罪，判处死刑，缓期二年执行，剥夺政治权利终身，并处没收个人全部财产；犯非法买卖、运输枪支、弹药罪，判处有期徒刑六年。数罪并罚，决定执行死刑，缓期二年执行，剥夺政治权利终身，并处没收个人全部财产。

（七）被告人马＊古犯贩卖、运输毒品罪，判处死刑，缓期二年执行，剥夺政治权利终身，并处没收个人全部财产；犯非法买卖、运输枪支弹药罪，判处有期徒刑六年。数罪并罚，决定执行死刑，缓期二年执行，剥夺政治权利终身，并处没收个人全部财产。

（八）被告人马*布犯贩卖、运输毒品罪，判处死刑，缓期二年执行，剥夺政治权利终身，并处没收个人全部财产。

（九）被告人杨*华犯贩卖、运输毒品罪，判处死刑，缓期二年执行，剥夺政治权利终身，并处没收个人全部财产；犯非法买卖、运输枪支弹药罪，判处有期徒刑六年。数罪并罚，决定执行死刑，缓期二年执行，剥夺政治权利终身，并处没收个人全部财产。

（十）随案移送的财物被告人阿的*应、阿丁*布、折子*、马*古、杨*华的手机各一部，被告人祖*忍的手表一块，被告人李*文的手机一部、戒指一枚，人民币80元均予以没收。

宣判后，原审被告人阿的*应提出上诉称：只参与了第一起毒资的转汇，且是受他人的指使汇钱到缅甸，在本案中只起到了辅助性作用，是从犯；一审判决所认定第二、三、四、五起其没有参与。其辩护人提出：原判认定上诉人阿的*应第二、三、四、五起事实不清、证据不足，且其在第一起犯罪中起辅助作用，属从犯，不应对其判处死刑立即执行。

原审被告人阿丁*布提出上诉称：不是主犯。其辩护人提出：原判认定上诉人阿丁*布犯贩卖毒品罪定罪不准，只应认定其犯运输毒品和枪支、弹药罪，且属从犯，原判量刑过重。

原审被告人李*文提出上诉称：未曾实施过非法买卖枪支弹药的行为，未实施过明知是毒品而贩卖毒品或协助贩卖毒品的行为，请求改判无罪。其辩护人提出：原判认定上诉人李*文犯贩卖毒品、非法买卖、运输枪支、弹药事实不清，证据不足，不构成犯罪。

原审被告人折子*提出上诉称：未曾参与第二起贩卖、运输毒品案件，在第一起案件中，其在整个案件中只起了非常次要极小的辅助性作用，一审量刑过重。其辩护人提出：上诉人折子*的行为不构成贩卖毒品罪，其行为只构成运输毒品罪，认定其参与的第二起犯罪事实不清，且属从犯，原判量刑过重。

原审被告人苏*元提出上诉称：认定买卖、运输枪支弹药罪不能成立，其只参与了2004年2月在大保公路上运输毒品，只构成运输毒品罪；有协助公安机关抓捕同案犯马*林的重大立功表现，请减轻处罚。其辩护人提出：上诉人苏*元主观上没有非法买卖枪支、弹药犯意，不构成犯罪，且其行为只构成运输毒品罪，属从犯，原判量刑过重。

原审被告人祖*忍提出上诉称：参与的两起案件中，是运输而不是买卖毒品和枪弹；第二起运输毒品案中，有自首立功情节。其辩护人提出：原判认定祖*忍参与的第二起犯罪证据不足，其行为构成运输毒品罪和非法运输枪支、弹药罪，属从犯，原判量刑过重。

原审被告人马*古提出上诉称：参与的两起案件中，是运输而不是买卖毒品和枪弹，是在阿的*应的唆使下才走上犯罪道路，在本案中是从犯，认罪态度较好，请求从宽从轻处罚。其辩护人提出：原判定罪不准，上诉人马*古参与的第二起犯罪证据不足，属从犯，原判量刑过重。

原审被告人杨*华提出上诉称：有重大立功情节，受阿的*应的指使，只参与了运输毒品和枪弹，而不是买卖，原判量刑过重。其辩护人提出：上诉人杨*华具有重大立功情节，其行为只构成运输毒品罪和非法运输枪支、弹药罪，原判量刑畸重。

原审被告人马*布提出上诉称：一审认定事实不清，定罪不准，没有参与贩卖、运输毒品，请求二审改判无罪。其辩护人提出：原判认定马*布犯贩卖运输毒品罪事实不清，定罪不准，量刑过重。

检察机关发表出庭意见认为，本案事实清楚，证据确实、充分，建议维持一审判决。

经审理查明：

一、2007年2月底，上诉人阿的*应组织阿丁*布、祖*忍等人到中缅边境购买毒品和枪支。其间，阿的*应、折子*、苏*元将人民币27万余元从迪庆州香格里拉县的一农行汇给了卖主"张老板"。李*文将阿丁*布、祖*忍和卢*母三人接到"张老板"家，将毒品和枪支、弹药交给该三人，由祖*忍和卢*母背运到永甸后交由祖*忍和杨*华将毒品和枪支背运到澜沧江边的一山洞内藏匿后返回宁蒗。同年3月初，阿的*应又安排杨*华、祖*忍、卢*母、马*古乘折子*驾驶的微型车前往藏毒品、枪支弹药处，拿到毒品和枪支后由祖*忍和马*古背运到大理州洱源县下山口后，又交由杨*华和卢*母继续背运。2007年3月13日下午14时许，杨*华和卢*母在永胜县顺州乡迪里坡丫口被公安干警抓获，当场缴获了毒品海洛因十块，净重3406克（一审认定3405.5克有误，经核准称量笔录，为3406克），制式手枪二支，子弹十六发，并于当晚二十三时许在永宁公路新营盘段，抓获了阿的*应、阿丁*布和苏*元。在永胜县城蓝天宾馆，抓获了折子*、马*

古、祖*忍。2007年3月19日，在德宏州医院门口抓获了李*文。

上述事实，有以下证据予以证实：抓获经过证实抓获阿的*应、阿丁*布、李*文、卢*母、折子*、祖*忍、马*古、杨*华、苏*元归案的时间及地点；提取笔录、计量笔录、物证照片、刑事科学技术鉴定书证实查获毒品海洛因10块、净重3406克、手枪2支、子弹16发；辨认笔录及辨认照片证实阿丁*布、祖*忍、卢*母分别辨认出李*文就是在中缅边境接、送及交毒品、枪支弹药给他们的人；上诉人阿的*应、阿丁*布、李*文、折子*、祖*忍、马*古、杨*华、苏*元、马*布、卢*母的供述能相互印证。

二、2007年1月，上诉人阿的*应组织指挥了阿丁*布、杨*华、祖*忍、马*古四人到中缅边境运输毒品，四人到中缅边境"张老板"处拿到毒品海洛因十三块（约4550克）后轮流背运到宁蒗县新营盘乡老屋基（地名）处，由折子*开车将毒品及运毒人员接到新营盘乡阿的*应岳父家，次日，阿丁*布和杨*华将十三块毒品从阿的*应岳父家背运至宁蒗县烂泥箐乡大拉坝村交给了阿的*应。

上述事实，有以下证据予以证实：上诉人阿丁*布、杨*华和祖*忍、马*古的供述证实系受阿的*应的指使，其四人到中缅边境购买毒品海洛因，共13块，约4550克已交给阿的*应，折子*的供述证实，曾开车到阿的*应家接人。上诉人阿丁*布、杨*华、祖*忍、马*古、折子*的供述能相互印证。

三，2004年2月，阿的*应组织指挥了金*阿支（另案处理）、阿*念古（另案处理）、马*布、苏*元、金*拉补（已判刑）等人运输毒品。苏*元驾车到保山至德宏公路的一岔路口接到运输毒品的金*阿支、阿丁*布后，由马*布驾车在前面探路，阿丁*布和金*阿支携带毒品乘苏*元驾的车前往大理方向。后因马*布探路遇到警车，阿丁*布和金*拉补携带毒品下车步行，到大理州永平县境内时又将毒品交由苏*元、金*拉补、阿*念古步行运输，2月20日，三人途经漾濞县境内大保公路30Km+200m处时，被大保公路路政大队工作人员发现后查获，抓获了金*拉补，缴获毒品海洛因5300克，苏*元和阿*念古逃脱。

上述事实，有以下证据予以证实：云南省大理白族自治州中级人民法院（2004）大中刑初字第210号刑事判决和本院（2004）云高刑复字第841号刑事裁定书证实金*拉补等人运输毒品海洛因5300克，在漾濞县境内大保公路30KM+200M处被大保公路路政工作人员发现并抓获金*拉补，缴获海洛因5300克，苏*元、阿*念古逃脱的事实；提取笔录、计量笔录、刑事科学技术鉴定书证实被查获的毒品已提取，净重5300克，为毒品海洛因；辨认笔录及照片证实金*拉补辨认出共同贩卖运输毒品的阿的*应、阿丁*布，阿*念古、苏*元、马*布，苏*元辨认出共同贩卖运输毒品的马*布；上诉人阿丁*布、阿*念古、苏*元、马*布的供述能相互印证，共同证实本起贩卖、运输毒品系受阿的*应的指使。

　　四、2003年7月，阿的*应、沙*忠（已判刑）组织指挥了阿*铁哈（已判刑）、阿*什沙（已判刑）、阿*尔子（已判刑）、阿*王林（另案处理）、阿*子布（另案处理）、阿苏子*（另案处理）从中缅边境"张老板"处购得毒品海洛因6500克，运输到阿的*应家后又指派阿*铁哈、阿*什沙、阿*尔子将毒品运至四川省凉山州，于2003年8月23日在四川省盐源县境内被查获。抓获了运输毒品的阿*铁哈、阿*什沙、阿*尔子、阿*阿吉，并缴获毒品海洛因18块，净重6500克。

　　上述事实；有以下证据予以证实：四川省凉山彝族自治州中级人民法院（2004）川凉中刑初字第74号刑事判决书证实阿的*应、沙*忠组织阿*铁哈、阿*什沙、阿*尔子、阿*王林、阿*子布、阿苏子*从中缅边境"张老板"处购得海洛因6500克，运输到阿的*应家后，阿的*应又指使阿*铁哈、阿*什沙、阿*尔子将毒品运至四川省凉山州交阿*阿吉，2003年8月23日，凉山州公安局禁毒大队抓获阿*阿吉、阿*铁哈、阿*什沙、阿*尔子，缴获海洛因18块，计重6500克；抓获经过、扣押物品清单、计量笔录、刑事科学技术鉴定书证实抓获阿*阿吉、阿*铁哈、阿*什沙、阿*尔子的经过及查获的海洛因为18块，重6500克的事实；沙*忠、阿*铁哈、阿*什沙、阿*尔子的供述证实受阿的*应的指使，到中缅边境"张老板"处购买毒品海洛因18块，运到阿的*应家后，阿的*应又安排阿*什沙、阿*铁哈、阿*尔子将海洛因运到四川交给阿*阿吉的事实。

　　五、2004年9月，阿的*应组织指挥了阿*木果、阿*体日、吉*布哈、吉*伍良（以上四人已被判刑）、阿*里哈、阿*尔者、阿*来甲、勒*日布（以上四人另案处理）从中缅边境"张老板"处购得毒品海洛因60块（约计21000克）运回宁蒗阿的*应家。后阿*木果、阿*体日、勒*日布等人将其中43块毒品海洛因共计15129克，运到四川省凉山州西昌市，准备运往昭觉出售时被凉山州公安机关抓获并缴获毒品海洛因43块净重15129克。

　　上述事实，有下列证据予以证实：四川省凉山彝族自治州中级人民法院（2005）川凉中刑初字第101号刑事判决书证实了2004年9月，阿的*应组织了阿*木果、阿*体日、吉*布哈、吉*伍良、阿*里哈、阿*尔者、阿*来甲、勒*日布从中缅边境"张老板"处购得毒品海洛因60块（约计21000克）运回宁蒗阿的*应家，后阿*木果、阿*体日、勒*日布等人将其中43块毒品海洛因运到四川省凉山州西昌市，准备运往昭觉出售时被凉山州公安机关查获，抓获阿*木果、阿*体日、吉*布哈、吉*伍良、阿*里哈、勒*日布等人，缴获毒品海洛因43块，净重15129克；扣押物品清单、计量笔录、刑事科学技术鉴定书、查获现场照片证实缴获毒品海洛因43块，净重15129克；已被抓获的阿*木果、阿*体日、吉*伍良的供述与辩解，证实阿的*应是贩卖、运输毒品犯罪的组织和指挥者。

本院认为，上诉人阿的*应从2003年开始，组织他人，分时分路段，从缅甸采用徒步、车辆接运的方式，共组织贩卖、运输毒品五次，涉案毒品海洛因数量约40750克（约40公斤），非法买卖、运输手枪2支、子弹16发，其行为已触犯刑律，构成贩卖、运输毒品罪、非法买卖、运输枪支、弹药罪。关于其上诉提出没有参与原判认定的第二、三、四、五起犯罪事实及在犯罪中处于次要作用，属从犯的上诉理由，与本案查证属实的事实不符，不能成立，不予采信。其辩护人提出原判认定事实不清、证据不足，阿的*应属从犯的意见亦不予采纳。

上诉人阿丁*布从2004年2月开始积极组织人员参与阿的*应贩卖、运输毒品3次，涉案毒品海洛因数量约13250克（约13公斤），参与非法买卖手枪2支、子弹16发，其行为已触犯刑律，构成贩卖、运输毒品罪，非法买卖、运输枪支、弹药罪。在犯罪中阿丁*布积极组织人员并出境购买毒品、枪支，作用较大，属主犯，其上诉称不是主犯的理由不能成立，不予采纳。阿丁*布接受阿的*应的指使，到缅甸购买毒品并组织他人运输，主观上具有贩卖、运输毒品的故意，故其辩护人提出原判定性不准的意见不采纳，且其所犯罪行极其严重，故其辩护人提出原判量刑过重的理由亦不予采纳。

上诉人折子*、苏*元、祖*忍、马*古、杨*华先后参与阿的*应贩卖、运输毒品2次，涉案毒品海洛因8000余克，非法买卖、运输手枪2支、子弹16发，其行为均已触犯刑律，构成贩卖、运输毒品罪，非法买卖、运输枪支、弹药罪。上列上诉人分别按各自的分工参与协助阿的*应贩卖、运输毒品和非法买卖、运输枪支、弹药，为本案从犯，依法应从轻处罚。关于上诉人折子*上诉称没有参与第二起犯罪的理由与查明的事实不符，不能成立，不予采纳，其辩护人提出折子*不构成贩卖毒品罪的意见及第二起犯罪事实不清的意见不能成立，不予采纳。关于上诉人祖*忍提出有自首立功情节的理由没有证据证实，不能成立，不予采纳。其辩护人提出祖*忍参与的第二起犯罪事实不清的意见与本案查证属实的事实不符，不予采纳。关于马*古上诉称是运输而不是买卖毒品枪支、弹药的理由，与本案事实不符，不能成立，不予采纳。其辩护人提出原判定罪不准，马*古参与的第二起犯罪事实不清的意见亦不予采纳。关于上诉人杨*华上诉称有重大立功情节的理由没有证据证实，不能成立，其辩护人提出原判定性不准的意见与本案查证属实的事实不符，不予采纳。但鉴于上列上诉人在本案中属从犯，原判对其量刑过重。

上诉人李*文积极协助毒品卖主，到中缅边境将阿丁*布、祖*忍、卢*母等人接至毒品卖主处，并将毒品海洛因3405克、手枪2支、子弹16发交给阿丁*布、祖*忍、卢*母，其行为已触犯刑律，构成贩卖毒品罪、非法买卖枪支、弹药罪，依法应予惩处，其在犯罪中起到辅助作用，属从犯，依法应从轻处罚。其上诉称没有犯罪的理由与本案查证属实的事实不符，不能成立，其辩护人提出原判认定事实不清、证据不足的意见不能成立，不予采纳。但鉴于李*文在犯罪中属从犯，原判对其量刑过重。

上诉人马*布参与阿的*应贩卖、运输毒品1次，涉案毒品海洛因5300克，其行为已触犯刑律，构成贩卖、运输毒品罪，依法应予惩处。在犯罪过程中，马*布按分工探路，起到辅助作用，属从犯，依法应从轻处罚。其上诉称没有犯罪的理由与本案查证属实的事实不符，不能成立，不予采信。其辩护人提出的辩护意见不予采纳。但鉴于马*布在犯罪中属从犯，原判对其量刑过重。

综上，原判定罪准确，对上诉人阿的*应、阿丁*布量刑适当。但对上诉人折子*、苏*元、祖*忍、马*古、杨*华、李*文、马*布量刑不当。依照《中华人民共和国刑事诉讼法》第一百八十九条第（一）项、第（二）项、第一百九十九条的规定，判决如下：

一、维持云南省丽江中级人民法院（2008）丽中刑初字第3号刑事判决第（一）、（二）、（十）项，即对被告人阿的*应、阿丁*布的定罪量刑部分及没收财产部分；

二、撤销云南省丽江中级人民法院（2008）丽中刑初字第3号刑事判决第（三）、（四）、（五）、（六）、（七）、（八）、（九）项，即对被告人李*文、折子*、苏*元、祖*忍、马*古、杨*华、马*布的定罪量刑部分；

三、上诉人李*文犯贩卖毒品罪，判处无期徒刑，剥夺政治权利终身，并处没收个人全部财产；犯非法买卖枪支、弹药罪，判处有期徒刑六年，决定执行无期徒刑，剥夺政治权利终身，并处没收个人全部财产；

四、上诉人折子*犯贩卖、运输毒品罪，判处无期徒刑，剥夺政治权利终身，并处没收个人全部财产；犯非法买卖、运输枪支、弹药罪，判处有期徒刑六年，决定执行无期徒刑，剥夺政治权利终身，并处没收个人全部财产；

五、上诉人苏*元犯贩卖、运输毒品罪，判处无期徒刑，剥夺政治权利终身，并处没收个人全部财产，犯非法买卖、运输枪支、弹药罪，判处有期徒刑六年，决定执行无期徒刑，剥夺政治权利终身，并处没收个人全部财产；

六、上诉人祖*忍犯贩卖、运输毒品罪，判处无期徒刑，剥夺政治权利终身，并处没收个人全部财产，犯非法买卖、运输枪支、弹药罪，判处有期徒刑六年，决定执行无期徒刑，剥夺政治权利终身，并处没收个人全部财产；

七、上诉人马*古犯贩卖、运输毒品罪，判处无期徒刑，剥夺政治权利终身，没收个人全部财产，犯非法买卖、运输枪支、弹药罪，判处有期徒刑六年，决定执行无期徒刑，剥夺政治权利终身，并处没收个人全部财产；

八、上诉人马*布犯贩卖、输毒品罪，判处无期徒刑，剥夺政治权利终身，并处没收个人全部财产；

九、上诉人杨*华犯贩卖、运输毒品罪，判处无期徒刑，剥夺政治权利终身，并处没收个人全部财产，犯非法买卖、运输枪支、弹药罪，判处有期徒刑六年，决定执行无期徒刑，剥夺政治权利终身，并处没收个人全部财产。

本判决为终审判决。

对被告人阿的*应、阿丁*布的判处死刑的刑事裁定报最高人民法院核准后生效。

审 判 长　李 红 兵
审 判 员　石 映 谊
代理审判员　田 奇 慧
二〇〇八年九月十九日
书 记 员　杨　　聘

云南省高级人民法院
刑事判决书

（2008）云高刑终字第446号

原公诉机关云南省普洱市人民检察院。

上诉人（原审被告人）李*，男，因本案于2007年5月4日被刑事拘留，同年6月8日被逮捕。现羁押于孟连县看守所。

上诉人（原审被告人）吴*龙，又名憨包，男，国籍不明，因本案于2007年5月4日被刑事拘留，同年6月8日被逮捕。现羁押于孟连县看守所。

指定辩护人范晓媛，云南**律师事务所律师。

云南省普洱市中级人民法院审理普洱市人民检察院指控原审被告人李*、吴*龙犯运输毒品罪一案，于二○○八年一月十日作出（2008）普中刑三初字第2号刑事判决。原审被告人李*、吴*龙均不服，分别提出上诉。本院受理后，依法组成合议庭。经阅卷审查，认为事实清楚，决定不开庭审理。现已审理终结。

原判认定，2007年5月2日，被告人李*、吴*龙用行李托运的方式，将装有毒品的两个旅行包从孟连客运站托运到勐海客运站。同月4日19时30分许，当吴*龙从勐海客运站领取旅行包走到大厅时，公安民警将其抓获，当场从其所提旅行包内的毛毯夹层中查获海洛因6190克。后根据其交代，在勐海荣昌旅社301房间抓获李*。

根据上述事实，原判依照刑法相关规定，认定被告人李*、吴*龙犯运输毒品罪，分别判处死刑，缓期二年执行，剥夺政治权利终身，并处没收个人全部财产；扣押的毒品海洛因6190克、手机二部依法予以没收。

宣判后，原审被告人李*以其是受"阿坤"之托到勐海县客运站取行李的，并未运输毒品为由，提出上诉。原审被告人吴*龙以其有立功表现，原判量刑过重为由，提出上诉；其辩护人认为，吴*龙受李*邀约、指使，且有立功情节，量刑应轻于李*。

经审理查明，上诉人李＊接受阿坤（在逃）给的"路费"人民币3000元、一部手机后，答应帮其到勐海县客运站寄存两个行李包。2007年5月1日，李＊邀约上诉人吴＊龙从缅甸入境后到孟连县城东路东方旅社住宿。2日凌晨1时许，李＊在其房间内指使吴＊龙天亮后到孟连县客运站，将放于地上的两个内装毛毯、毛毯夹层中藏有"白的东西"（毒品海洛因）的编织袋包托运到勐海县客运站。2日9时许，吴＊龙与江＊（在逃）到孟连县客运站将两个编织袋包托运后，李＊、吴＊龙从孟连县分别乘车到澜沧县，又乘同一辆车到勐海县。因托运的编织袋包被司机带到了景洪，李＊与阿坤联系后，叫吴＊龙到景洪将包带回并寄存在勐海县客运站。当晚，李＊、吴＊龙在勐海县荣昌旅社住宿。4日18时许，李＊叫吴＊龙到勐海县客运站取包。19时30分许，当吴＊龙提取了其寄存的编织袋包走到客运站候车大厅时，被公安民警抓获，当场从其携带的两个编织袋包内装的毛毯夹层中查获用避孕套包装的毒品海洛因共计6190克。根据吴＊龙的交代，公安民警在勐海县荣昌旅社301房间抓获李＊。上述事实，有下列证据予以证实：

1.公安机关出具的抓获经过说明材料，证实公安机关2007年5月2日10时许接到群众举报后，对本案立案侦查。同月4日19时30分许，在勐海县客运站候车大厅抓获取包后正欲离开的吴＊龙，从其携带的两个编织袋包内装的毛毯夹层中查获用避孕套包装的海洛因可疑物。后根据吴＊龙的交代，在勐海县荣昌旅社301房间抓获李＊。

2.毒品可疑物称量记录、提取毒品可疑物检材笔录、刑事科学技术鉴定书，证实从吴＊龙所提两编织袋包内装毛毯夹层中查获的383包用避孕套包装的毒品海洛因可疑物，当着李＊、吴＊龙的面称量，净重6190克；经检验，均系毒品海洛因。当庭出示的毒品实物及称量、指认照片，李＊、吴＊龙均无异议。

3.被告人李＊供述，其接受阿坤给的3000元路费、一部手机后，约吴＊龙一同前往勐海帮阿坤寄存两个装被子的"包包"。后因"包包"被司机带到了景洪，阿坤又打电话叫到景洪把包拿来勐海，吴＊龙到景洪带回"包包"后将之寄存在勐海县客运站。2007年5月4日下午，阿坤打电话叫将包取出，因其生病，即叫吴＊龙去取，后其在荣昌旅社被抓。

4.被告人吴＊龙供述，其受李＊邀约，随李＊到孟连后，在东方旅社李＊的房间见到江＊，李＊告诉他房间里地上的两个包是江＊带来的，里面有"白的东西"。受李＊指使，第二天他与江＊一起到孟连县客运站将两个包托运到勐海。后因包被司机拉到了景洪，他包乘一辆摩托车到景洪将包带回勐海并寄存在客运站。2007年5月4日下午6点多，李*说有人来接东西了，叫他去取包，他取了包后刚要走出客运站就被抓了。

以上证据经原审法院庭审质证、认证，来源合法，内容客观、真实，本院予以确认。

本院认为，上诉人李*、吴*龙无视国法，以托运行李的方式运输毒品海洛因6190克的行为，均已构成运输毒品罪，且运输毒品数量大，应依法严惩。鉴于二人系受人指使，且不明知毒品数量，对其予以从轻处罚。上诉人李*所提其未运输毒品的上诉理由，与审理查明的事实不符，本院不予采纳。原判定罪准确，审判程序合法。对李*的量刑适当。上诉人吴*龙及其辩护人所提其受李*邀约、指使，且有立功表现，量刑应轻于李*的上诉、辩护意见，本院予以采纳。据此，依照《中华人民共和国刑事诉讼法》第一百八十九条（一）、（二）项，《中华人民共和国刑法》第三百四十七条第二款（一）项、第六条、第二十五条第一款、第六十八条第一款、第四十八条第一款、第五十七条第一款、第六十四条的规定，判决如下：

一、维持云南省普洱市中级人民法院（2008）普中刑三初字第2号刑事判决第一、三项，即被告人李*犯运输毒品罪，判处死刑，缓期二年执行，剥夺政治权利终身，并处没收个人全部财产；扣押的毒品海洛因6190克、手机二部依法予以没收。

二、撤销云南省普洱市中级人民法院（2008）普中刑三初字第2号刑事判决第二项中对被告人吴*龙的量刑部分。

三、上诉人（原审被告人）吴*龙犯运输毒品罪，判处无期徒刑，并处没收个人全部财产。本判决为终审判决。

根据《中华人民共和国刑事诉讼法》第二百零一条的规定，本判决即为核准以运输毒品罪判处被告人李*死刑，缓期二年执行，剥夺政治权利终身，并处没收个人全部财产的刑事判决。

审　判　员　赵　　伟
代理审判员　何丽萍
代理审判员　姚　永
二〇〇八年五月九日
书　记　员　杨　燕

云南省高级人民法院
刑事判决书

（2008）云高刑终字第653-1号

原公诉机关云南省玉溪市人民检察院。

上诉人（原审被告人）丁*，男，2007年10月1日因本案被刑事拘留，同年11月5日被逮捕。现羁押于玉溪市红塔区看守所。

指定辩护人范晓媛，云南省**律师事务所律师。

原审被告人张*贵，男，2007年10月30日因本案被刑事拘留，同年11月6日被逮捕。现羁押于玉溪市红塔区看守所。

原审附带民事诉讼原告人沐*生，男，住云南省峨山县小街镇*村二组*号。

云南省玉溪市中级人民法院审理云南省玉溪市人民检察院指控原审被告人丁*、张*贵犯抢劫罪、原审附带民事诉讼原告人沐*生提起附带民事诉讼一案，于2008年3月21日作出（2008）玉中刑初字第24号刑事附带民事判决。原审被告人张*贵、原审附带民事诉讼原告人沐*生服判，均不上诉，附带民事部分判决已经发生法律效力。原审被告人丁*对刑事部分判决不服，提出上诉。本院受理后，依法组成合议庭公开开庭审理了本案，于2008年10月13日裁定驳回上诉，维持原判，并报最高人民法院核准。最高人民法院裁定不核准对丁*以抢劫罪判处死刑，发回本院重新审判。本院依法另行组成合议庭审理了本案，现已审理终结。

原审判决认定，2007年9月24日，被告人丁*、张*贵、李*江（在逃）三人驾驶贵AD027*汽车至玉溪市红塔区北城镇刺桐关强林加油站内盗窃云J1132*号罐车内的柴油被发现后，由丁*驾车撞人后逃跑，被害人沐*洪被车拖擦、碾压致颅脑损伤并失血性休克死亡，被害人沐*生全身多处擦伤，构成轻微伤。被盗柴油价值人民币1443元。丁*、张*贵先后被公安机关抓获。根据丁*的交待，公安干警在昆明市西山区明珠村83组团（丁*租房处）查获本案作案车辆贵AD027*汽车。据上述事实，原审法院依法认定被告人丁*、张*贵均犯抢劫罪，判处丁*死刑，剥夺政治权利，并处没收个人全部财产；判处张*贵有期徒刑十五年，并处罚金人民币10000元；由被告人丁*、张*贵赔偿附带民事诉讼原告人沐*生人民币950元；作案工具贵AD027*号三菱汽车退还贵阳松阳汽车租赁部。

一审宣判后，被告人丁*以案中偷油的犯意是张*贵和李*江提出的，盗窃柴油是张*贵负责分工，负责销售；当时是在张*贵和李*江的催促下，慌忙开车逃跑，并没有看见有人拦车，并非故意伤人；认罪态度好，有自首情节，原判量刑过重等为由提出上诉。丁*的辩护人提出丁*只是构成盗窃罪和过失致人死亡罪，不构成抢劫罪，丁*不是主犯。

经审理查明，原判认定原审被告人丁*、张*贵、李*江（在逃）在盗窃油罐车内柴油时被驾驶员沐*洪、沐*生发现，丁*在张、李二人的催促下开车逃跑，将拦在车头的沐*洪撞倒后拖擦、碾压致当场死亡，致沐*生轻微伤的事实属实。上述事实有现场勘查笔录、现场指认笔录和照片、刑事科学技术鉴定书、尸体检验报告、被害人沐*生的陈述、证人杨*、卢*佑、崔*、杨*等多人的证言在案予以证实。被告人丁*、张*贵对犯罪事实供认不讳，并与上述其它证据相符。

本院认为，上诉人丁*及原审被告人张*贵盗窃他人财物，为抗拒抓捕而当场驾车撞人，致一人死亡，一人轻微伤的行为，均已构成抢劫罪，应依法惩处。在共同犯罪中，丁*驾车撞击他人，起主要作用，是主犯；张*贵起次要作用，是从犯。丁*上诉提出盗窃柴油的犯意由张*贵、李*江提出且是由张*贵负责分工安排的理由，经查无相关证据予以证实，不能成立。丁*提出在驾车逃跑时，未发现有人拦车，不是故意撞人的理由，经查，丁*在侦查阶段均多次供称看见一男子拦在车的左侧大灯前面，张*贵及被害人沐*生均证实能看见沐*洪站在车的左侧前面，且当时沐*洪还在大声喊不能走，因此该上诉理由不能成立。丁*提出有自首情节的理由，经查，公安机关是在设卡公开查缉时在公共汽车上将丁*抓获，其无自首情节，该上诉理由不能成立。丁*的辩护人提出丁*只构成盗窃罪和过失致人死亡罪且不是主犯的辩护意见亦不能成立。被告人丁*虽罪行极其严重，但尚不属判处死刑，必须立即执行的犯罪分子。综上，原判决审判程序合法，定罪准确，对被告人张*贵的量刑适当，应予维持。但原判对被告人丁*的量刑不当，应予改判。依照《中华人民共和国刑事诉讼法》第一百八十九条第（一）、（二）项和《中华人民共和国刑法》第二百六十九条、第二百六十三条第（五）项、第二十五条第一款、第二十六条第一款、第四款、第二十七条、第四十八条、第五十七条第一款、第六十四条、第三十六条之规定，判决如下：

一、维持玉溪市中级人民法院（2008）玉中刑初字第24号刑事附带民事判决书的第二、三、四项，即对被告人张＊贵的定罪量刑、附带民事诉讼的判决部分和没收作案工具；

二、撤销玉溪市中级人民法院（2008）玉中刑初字第24号刑事附带民事判决书的第一项，即对被告人丁＊的定罪量刑部分；

三、上诉人（原审被告人）丁＊犯抢劫罪，判处死刑，缓期二年执行，剥夺政治权利终身，并处没收个人全部财产。

本判决为终审判决。

审　判　员　　牛　　凯

代理审判员　　田　奇　慧

代理审判员　　张　华　青

二○○九年九月十日

书　记　员　　陈　丽　娟

云南省高级人民法院
刑事裁定书

（2008）云高刑终字第728号

　　原公诉机关云南省玉溪市人民检察院。

　　上诉人（原审被告人）孔*金，男，2007年9月28日因本案被刑事拘留，同年10月12日被逮捕，现羁押于华宁县看守所。

　　指定辩护人范晓媛，云南**律师事务所律师。

　　云南省玉溪市中级人民法院审理云南省玉溪市人民检察院指控原审被告人孔*金犯故意杀人罪，附带民事诉讼原告人高*琼、李*祥、李*珍、李*芬提起附带民事诉讼一案，于二○○八年三月二十一日作出（2008）玉中刑一初字第20号刑事附带民事判决，认定被告人孔*金犯故意杀人罪，判处死刑，剥夺政治权利终身；由被告人孔*金赔偿附带民事诉讼原告人高*琼丧葬费、死亡赔偿金、处理尸体的交通费、误工费，合计人民币55888.50元；赔偿附带民事诉讼原告人李*祥、李*珍、李*芬丧葬费、死亡赔偿金、李*珍和李*芬的生活费，合计人民币65988.50元；驳回附带民事诉讼原告人高*琼要求被告人孔*金赔偿赡养费；李*祥、李*珍、李*芬要求被告人孔*金赔偿财产损失费的诉讼请求。宣判后，原审附带民事诉讼原告人高*琼、李*祥、李*珍、李*芬均服判，不上诉；原审被告人孔*金不服，以原判认定他犯故意杀人罪不准确，他因喝多了酒，不能自控过失造成二被害人死亡，请求从轻处罚为由提出上诉。本院依法组成合议庭。不公开开庭审理了本案，云南省人民检察院指派检察员张永贵、罗俊出庭履行职务。孔*金的指定辩护人范晓媛到庭参加诉讼。现已审理完毕。

　　本院认为，原判认定2007年9月28日6时许，被告人孔*金因嫖娼后故意将被害人普*岚勒死的犯罪事实清楚，证据确实、充分，应予认定；但原判认定2004年8月19日晚上，被告人孔*金因嫖娼后将被害人杨*兰勒死的部分事实不清，依照《中华人民共和国刑事诉讼法》第一百八十九条第（三项）之规定，裁定如下：

一、撤销玉溪市中级人民法院（2008）玉中刑一初字第20号刑事附带民事判决；

二、发回玉溪市中级人民法院重新审判。

本裁定为终审裁定。

审　判　员　　刘晋云

代理审判员　　杨丽娟

代理审判员　　税海波

二〇〇八年十月二十三日

书　记　员　　杨　婕

云南省高级人民法院
刑事裁定书

(2008)云高刑终字第988号

原公诉机关西双版纳傣族自治州人民检察院。

上诉人(原审被告人)殷*春,男,因本案于2007年10月4日被刑事拘留,同年11月8日被逮捕。现羁押于西双版纳州看守所。

上诉人(原审被告人)肖*,男,因本案于2007年10月4日被刑事拘留,同年11月8日被逮捕。现羁押于西双版纳州看守所。

上诉人(原审被告人)李*明,男,因本案于2007年10月4日被刑事拘留,同年11月8日被逮捕。现羁押于西双版纳州看守所。

原审被告人李*,男,1988年12月13日因犯贩卖鸦片罪被景洪市人民法院判处有期徒刑五年,1993年4月7日刑满释放。因本案于2007年10月4日被刑事拘留,同年11月8日被逮捕。现羁押于西双版纳州看守所。

指定辩护人范晓媛,云南**律师事务所律师。

云南省西双版纳傣族自治州中级人民法院审理西双版纳傣族自治州人民检察院指控原审被告人李*、殷*春、肖*、李*明犯走私毒品一案,于二〇〇八年五月五日作出(2008)西刑初字第96号刑事判决,以走私毒品罪,分别判处被告人李*死刑,剥夺政治权利终身,并处没收个人全部财产;判处被告人殷*春死刑,缓期二年执行,剥夺政治权利终身,并处没收个人全部财产;判处被告人肖*无期徒刑,剥夺政治权利终身,并处没收个人财产人民币15万元;判处被告人李*明有期徒刑十五年,并处没收个人财产人民币15万元。原审被告人殷*春、肖*、李*明不服,分别提出上诉。本院依法组成合议庭审理了本案。现已审理终结。

本院认为,原判认定被告人李*、殷*春、肖*、李*明犯走私毒品罪一案的部分事实不清。据此,依照《中华人民共和国刑事诉讼法》第一百八十九条第(三)项之规定,裁定如下:

一、撤销云南省西双版纳傣族自治州中级人民法院（2008）西刑初字第96号判决；

二、发回云南省西双版纳傣族自治州中级人民法院重新审判。

本裁定为终审裁定。

审　判　长　赵　　伟

审　判　员　张建华

代理审判员　姚　　永

二〇〇八年七月二十一日

书　记　员　杨　　燕

云南省高级人民法院
刑事判决书

（2008）云高刑终字第1015号

　　原公诉机关大理白族自治州人民检察院。

　　上诉人（原审被告人）周*，曾用名周*生，男，因本案于2007年12月4日被刑事拘留，同年12月14日被逮捕。现羁押于弥渡县看守所。

　　上诉人（原审被告人）王*，男，因本案于2007年12月4日被刑事拘留，同年12月14日被逮捕。现羁押于弥渡县看守所。

　　上诉人（原审被告人）杨*飞，男，因本案于2007年12月3日被刑事拘留，同年12月14日被逮捕。2008年6月6日取保候审。

　　指定辩护人范晓媛，云南**律师事务所律师。

　　云南省大理白族自治州中级人民法院审理云南省大理白族自治州人民检察院指控原审被告人周*、王*、杨*飞犯故意伤害罪及附带民事诉讼原告人尤*明、王*兰提起附带民事诉讼一案，于二〇〇八年六月三日作出（2008）大中刑初字第89号刑事附带民事判决书。附带民事诉讼原告人尤*明、王*兰服判不上诉。被告人周*、王*、杨*飞均不服，分别提出上诉。本院依法组成合议庭，经过阅卷，认为本案事实清楚，决定不开庭审理。现已审理终结。

　　原判认定，2007年11月29日22时许，被告人周*、王*、杨*飞到弥渡县城的地球村网吧上网，被告人王*看见被害人尤*也在该网吧上网，其因怀疑尤*曾到被告人周*家偷窃厨房用具，即将此事告诉被告人周*。之后，被告人周*即对被害人尤*进行质问并殴打，又揪住尤*的衣领强行拖出网吧外，三被告人即对不敢还手的被害人尤*拳打脚踢，将其打倒在地仍不罢手，被告人周*用脚猛踩仰面躺在地上的被害人尤*的胸、腹部及头部。之后，三被告人离开现场。120急救中心到达现场时被害人尤*已经死亡。2007年12月3日，被告人周*到公安机关投案自首，被告人杨*飞在洱源县被民警抓获。同月4日，被告人王*在弥渡县被民警抓获。原审法院根据上述事实和庭审质证、认证的相关证据，以故意伤害罪判处被告人周*死刑，缓期二年执行，剥夺政治权利终身。判处被告人王*有期徒刑十五年。判处被告人杨*飞有期徒刑十年。扣押在案的被告人的物品依法没收。由被告人周*、王*及附带民事诉讼被告人杨*周赔偿附带民事诉讼原告人尤*明、王*兰丧葬费等共计人民币37093元。（其中：被告人周*赔偿15000元；被告人王*赔偿12093元；附带民事诉讼被告人杨*周赔偿10000元，相互间承担连带赔偿责任。限判决生效后10日内付清。）宣判后，被告人周*上诉称，有自首情节，请求从轻判处。被告人王*上诉称，在本案中起次要作用，认罪态度好，请求从轻判处。被告人杨*飞上诉称，犯罪时未满十八周岁，应减轻处罚，且家庭困难，请求免除赔偿。辩护人提出，被告人杨*飞犯罪时未满十八周岁，建议对其免除处罚。

经审理查明，原判认定2007年11月29日22时许，被告人周*、王*、杨*飞因怀疑被害人尤*曾到被告人周*家盗窃厨房用具便将尤*打伤致死的事实属实。认定上述犯罪事实的证据有现场勘验检查笔录、现场指认笔录及照片、足迹鉴定书、法医学尸体检验鉴定书、扣押笔录及扣押物品清单、辨认笔录、证人证言等证据在案予以证实。各被告人均对犯罪事实供认不讳，且与上列证据能够相互印证。本案事实清楚，证据确实充分，足以认定。

本院认为，上诉人周*、王*、杨*飞无视国家法律，因怀疑被害人尤*有盗窃行为，在公共场所共同将被害人打伤致死，其行为均已触犯刑律，构成故意伤害罪，应依法惩处。在共同犯罪中，上诉人周*将被害人尤*拖出网吧外，三人将被害人打倒在地后，周*仍不罢手，用脚猛踩被害人尤*的胸、腹部及头部，手段残忍，后果严重，本应依法从严惩处，鉴于周*有自首情节，能如实供述犯罪事实，故一审在量刑时对其作从宽处罚，其请求从轻判处的理由本院不再采纳。上诉人王*引发事端，在本案中积极参与殴打被害人尤*，应对致死被害人尤*承担共同罪责，原判对其定罪量刑并无不当，其上诉理由不能成立。上诉人杨*飞参与殴打被害人尤*，应依法惩处，鉴于杨*飞犯罪时未满十八周岁，在本案中作用较小，可依法对其减轻处罚，其部分上诉理由本院应予采纳。由于杨*飞的行为给被害方造成了经济损失，应承担赔偿责任，由于杨*飞系未成年人，民事赔偿部分应由其法定代理人杨*周承担，对其上诉称因家庭困难，请求免除赔偿的理由不予采纳。辩护人提出的辩护意见也不能成立。原判对周*、王*定罪准确,量刑适当。对杨*飞定罪及其法定代理人杨*周承担赔偿责任的判决准确,但对杨*飞量刑失重,应予改判。依照《中华人民共和国刑事诉讼法》第一百八十九条第(一)项、第(二)项及《中华人民共和国民事诉讼法》第一百五十三条第(一)项、《中华人民共和国刑法》第二百三十四条第二款、第二十五条、第三十六条第一款、第四十七条、第四十八条、第五十一条、第五十七条第一款、第六十七条及《中华人民共和国民法通则》第一百一十九条、第一百三十条、第一百三十三条之规定,判决如下:

一、维持云南省大理白族自治州中级人民法院(2008)大中刑初字第89号刑事附带民事判决的第一、二、四、五项,即被告人周*犯故意伤害罪,判处死刑,缓期二年执行,剥夺政治权利终身。被告人王*犯故意伤害罪,判处有期徒刑十五年。扣押在案的被告人的物品依法没收。由被告人周*、王*及附带民事诉讼被告人杨泽周赔偿附带民事诉讼原告人尤*明、王*兰丧葬费等共计人民币37093元。(其中:被告人周*赔偿15000元;被告人王*赔偿12093元;附带民事诉讼被告人杨*周赔偿10000元,相互间承担连带赔偿责任。限判决生效后10日内付清。)

二、撤销云南省大理白族自治州中级人民法院(2008)大中刑初字第89号刑事附带民事判决的第三项,即被告人杨*飞犯故意伤害罪,判处有期徒刑十年。

三、上诉人(原审被告人)杨*飞犯故意伤害罪,判处有期徒刑八年。

本判决为终审判决。

根据《中华人民共和国刑事诉讼法》第二百零一条的规定,本判决并为核准以故意伤害罪判处被告人周*死刑,缓期二年执行,剥夺政治权利终身的刑事判决。

审　判　长　牛　　凯
审　判　员　黎　昌　荣
代理审判员　张　华　青
二〇〇八年八月二十九日
书　记　员　冷　　敏

云南省高级人民法院
刑事判决书

（2008）云高刑终字第1286号

原公诉机关云南省丽江市人民检察院。

上诉人（原审被告人）阿西古*，男，2007年12月22日因本案被刑事拘留，2008年1月22日被逮捕。现押于永胜县看守所。

辩护人周*兴，云南**律师事务所律师。

指定辩护人范晓媛，云南**律师事务所律师。

原审被告人马海补*，又名马*斤，男，2007年12月22日因本案被刑事拘留，2008年1月22日被逮捕。现押于永胜县看守所。

原审被告人敌的补*，又名李*干，男，2007年11月23日因本案被刑事拘留，2008年1月22日被逮捕。现押于永胜县看守所。

原审被告人阿尼布*，男，2007年12月23日因本案被刑事拘留，2008年1月22日被逮捕。现押于永胜县看守所。

云南省丽江市中级人民法院审理云南省丽江市人民检察院指控原审被告人阿西古*、马海补*、敌的补*、阿尼布*犯贩卖、运输毒品罪，原审被告人阿尼布*犯运输毒品罪一案，于二〇〇八年七月二十三日作出（2008）丽中刑初字第31号刑事判决。原审被告人阿西古*不服，提出上诉。本院依法组成合议庭，公开开庭审理了本案。云南省人民检察院指派检察员韩本福、代理检察员魏森出庭履行职务。上诉人阿西古*及辩护人周*兴、指定辩护人范晓媛到庭参加诉讼。现已审理终结。

原判认定，2007年12月初，被告人阿西古*在华坪邀约被告人马海补*、阿尼布*、敌的补*到缅甸购买毒品进行贩卖。经预谋，由阿西古*、马海补*、敌的补*三人从华坪乘车到中缅边界，又步行到缅甸境内一杨姓毒贩家中购得毒品二块及一小包，之后三人徒步将毒品运到南伞，到南伞后被告人阿西古*乘车先走，由被告人马海补*、敌的补*继续徒步运输毒品，二人将毒品运到保山市施甸境内后，打电话要求阿西古*来接应，被告人阿西古*与阿尼布*前往施甸接应。2007年12月20日被告人阿西古*出钱，让马海补*在施甸购买一辆摩托车，由阿尼布*驾驶摩托载着携带毒品的敌的补*；阿西古*与马海补斤乘车在前面探路，将毒品运到大理。2007年12月22日下午，被告人阿西古*携带毒品与马海补*驾驶摩托车经宾川往永胜方向行驶；被告人阿尼布*、敌的补*乘车在前面探路。当晚23时许，被告人阿西古*、马海补*途经祥宁路永胜大厂路段时被永胜县公安局禁毒大队民警查获，当场从被告人阿西古*身上查获用胶带纸包装的毒品可疑物二块及一小包。经鉴定是毒品海洛因，计量净重704克，含量均在71.84%以上。2007年12月23日12时25分被告人阿尼布*、敌的补*乘车到丽攀路华坪县荣将镇路段被公安民警抓获。原判根据认定的上述事实和相关证据，并依照相关法律规定，认定被告人阿西古*犯贩卖、运输毒品罪，判处死刑，剥夺政治权利终身，并处没收个人全部财产；被告人马海补*犯贩卖、运输毒品罪，判处无期徒刑，剥夺政治权利终身，并处没收个人全部财产；被告人敌的补*犯贩卖、运输毒品罪，判处无期徒刑，剥夺政治权利终身，并处没收个人全部财产；被告人阿尼布*犯运输毒品罪，判处有期徒刑十五年，并处罚金人民币10000元；

宣判后，原审被告人阿西古*上诉称他的实际年龄小于身份证上的年龄；一审判决书认定的事实不清楚、疑点较多，对他在犯罪中所起作用的认定不正确；另一审判决未考虑他的特殊情况，虽他系文盲，粗通汉语，但侦查、审判机关未依法聘请翻译，且量刑过重，请求二审法院予以从轻改判。辩护人周*兴提出，本案购买毒品的毒资不是阿西古*出的；上诉人阿西古*户籍材料上证明的年龄与真实年龄有差距，其犯罪时未满18周岁，请求二审法院查明事实并依法改判。

指定辩护人范晓媛提出，本案存在主从犯划分不清楚的问题，阿西古*、马海补*和敌的补*都是本案主犯，建议二审法院查明事实区别量刑；其次上诉人阿西古*犯罪时19岁，无前科，初犯，应依法从轻判处。

云南省人民检察院提出如下检察意见，本案一审判决认定事实清楚，证据确实充分，定性准确；上诉人阿西古*所提年龄、主从犯区分及翻译问题均与本案查明证据不符，建议驳回；鉴于本案的实际情况和云南的司法审判实际，上诉人阿西古*不属于判处死刑必须立即执行的犯罪分子，建议对上诉人阿西古*从轻改判。

经审理查明，上诉人阿西古*于2007年12月初组织毒资，在华坪县邀约原审被告人马海补*、阿尼布*、敌的补*到缅甸购买毒品进行贩卖。阿西古*、马海补*、敌的补*从华坪乘车经保山到缅甸境内向缅甸毒贩杨某购得毒品2块及一小包，3人徒步将毒品运到南伞。阿西古*乘车从南伞先期到达保山市施甸，由马海补*、敌的补*继续徒步运输毒品到施甸交给阿尼布*。2007年12月20日阿西古*出钱在施甸购买了1辆摩托车，由阿尼布*驾摩托载着携带毒品的敌的补*，阿西古*与马海补*乘车在前面探路，将毒品运到大理。2007年12月22日下午，阿西古*携带毒品与马海补*驾驶摩托车经宾川往永胜方向行驶，途经祥宁路永胜县大厂路段时被永胜县公安局禁毒大队抓获，当场从阿西古*身上查获用胶带纸包装的毒品可疑物2块及1小包，共计704克。2007年12月23日12时25分许永胜县公安局侦查员根据监控线索将在前方探路的阿尼布*、敌的补*在丽攀路华坪县荣将镇路段抓获。

上述事实，有公安机关出具抓获经过材料、查获的毒品物证照片及对查获毒品所作刑事科学技术鉴定书、毒品称量笔录、中国农业银行存取款记录、电话通话记录、证人证言及上诉人阿西古*、原审被告人马海补*、阿尼布*、敌的补*供述等经一审庭审质证的证据证实。上述证据采证程序合法，其来源真实合法，予以采证。

本院认为，上诉人阿西古*、原审被告人马海补斤、阿尼布*、敌的补*为牟取非法利益，明知是毒品海洛因，仍违反国边境管理制度，走私、贩卖毒品海洛因的行为均已构成走私、贩卖毒品罪。且走私、贩卖毒品数量巨大，应依法从严惩处。上诉人阿西古*组织、策划、邀约、出资，起主要作用，系主犯，应对全案犯罪行为承担刑事责任。原审被告人马海补*、阿尼布*、敌的补*受邀约参与实施贩卖、走私行为，起次要、辅助作用，系从犯，应从轻处罚。上诉人阿西古*所提其犯罪时不满十八周岁及在本案中处于从犯地位的上诉理由及其辩护人所提相同内容的辩护意见，与公安机关出具户籍证明及本案证据证明阿西古*组织毒资，走私毒品进行贩卖的事实不符，本院均不予支持。云南省人民检察院关于对上诉人阿西古*酌情从宽判处的检察意见本院予以支持。综上所述，一审判决认定事实清楚，证据确实充分，审判程序合法。但对上诉人阿尼布*及原审被告人马海补*、阿尼布*、敌的补*定罪不准确及适用法律不当，对上诉人阿西古*量刑畸重。鉴于本案具体情节，上诉人阿西古*属于判处死刑，不须立即执行的犯罪分子。综上所述，本院为打击毒品犯罪，维护社会管理秩序，保护公民身心健康，根据本案的事实、情节及上诉人及各原审被告人在本案中的地位、作用，依照《中华人民共和国刑事诉讼法》第一百八十九条（二）项及《中华人民共和国刑法》第三百四十七条第二款第（一）项、第二十五条第一款、第二十六条第一款、第四款、第二十七条、第四十八条、第五十七条第一款、第六十四条之规定，判决如下：

一、撤销云南省丽江市中级人民法院（2008）丽中刑初字第31号刑事判决第一、二、三、四项，即被告人阿西古*、马海补*、敌的补*、阿尼布*的定罪量刑部分；

二、上诉人阿西古*犯走私、贩卖毒品罪，判处死刑，缓期二年执行，剥夺政治权利终身，并处没收个人全部财产；

三、原审被告人马海补*犯走私、贩卖毒品罪，判处无期徒刑，剥夺政治权利终身，并处没收个人全部财产；

四、原审被告人敌的补*犯走私、贩卖毒品罪，判处无期徒刑，剥夺政治权利终身，并处没收个人全部财产；

五、原审被告人阿尼布*犯走私、贩卖毒品罪，判处有期徒刑十五年，并处没收个人财产人民币1万元。（刑期从判决执行之日起计算；判决执行以前先行羁押的，羁押一日折抵刑期一日，即自2007年12月23日起至2022年12月22日止）

六、缴获的毒品海洛因704克予以没收。

本判决为终审判决。

审　判　长　　邓　广　民
审　判　员　　柏　崇　良
审　判　员　　杨　志　刚
二〇〇八年十二月二十二日
书　记　员　　陈　丽　娟

云南省高级人民法院
刑事附带民事判决书

（2008）云高刑终字第 1705 号

原公诉机关云南省丽江市人民检察院。

上诉人（原审附带民事诉讼原告人）詹*华，男，系被害人詹*庆之父。

上诉人（原审附带民事诉讼原告人）杨*香，女，系被害人詹*庆之母。

委托代理人张**，云南**律师事务所律师。

上诉人（原审被告人）吕*军，男，因案于2008年4月15日被刑事拘留，同年5月16日被逮捕。现押于丽江市看守所。

辩护人和**，云南**律师事务所律师。

上诉人（原审被告人）胡*义，绰号大李，男，因案于2008年4月15日被刑事拘留，同年5月16日被逮捕。现押于丽江市看守所。

指定辩护人范晓媛，云南**律师事务所律师。

上诉人（原审被告人）杨*奎，别名小杨，男，因案于2008年4月15日被刑事拘留，同年5月16日被逮捕。现押于丽江市看守所。

指定辩护人李**，云南**律师事务所律师。

上诉人（原审被告人）陈*国，男，因案于2008年4月15日被刑事拘留，同年5月16日被逮捕。现押于丽江市看守所。

指定辩护人旃*，云南**律师事务所律师。

云南省丽江市中级人民法院审理云南省丽江市人民检察院指控被告人吕*军犯抢劫罪、合同诈骗罪，被告人胡*义、杨*奎、陈*国犯抢劫罪、原审附带民事诉讼原告人詹*华、杨*香提起附带民事诉讼一案，于二〇〇八年十月二十二日作出（2008）丽中刑初字第43号刑事附带民事判决。原审被告人吕*军、胡*义、杨*奎、陈*国及原审附带民事诉讼原告人詹*华、杨*香均不服，分别向我院提出上诉。本院依法组成合议庭，于2009年4月26日在丽江市中级人民法院法庭依法公开开庭审理了本案。云南省人民检察院检察员张黎明、韩本福出庭履行职务，上诉人吕*军及其辩护人和**、胡*义及其辩护人范晓媛、杨*奎及其辩护人李**、陈*国及其辩护人旃*、附带民事诉讼原告人詹*华、杨*香委托的代理人张*秀到庭参加诉讼。本案现已审理终结。

原判认定，2008年4月11日，被告人吕*军与被告人胡*义、杨*奎、陈*国携带匕首、仿真手枪来到丽江准备抢劫。12日四人在束河古镇寻找作案目标未果后，被告人吕*军打电话给原认识现在丽江卖飞机票的詹*庆，四被告人准备对詹实施抢劫。后吕*军带三人到丽江黑龙潭公园选择作案地点，并且在丽江市古城区民主路五金厂旁的"恒源机电"门市购买了9.5米电话线、在电影城旁的"狂雅代言"门市购买了两个编织袋。当晚22时许，被告人吕*军、胡*义、杨*奎、陈*国携带上述作案工具，来到黑龙潭公园三孔桥旁，将工具藏匿于桥旁小屋内，然后由吕*军打电话约詹*庆到公园准备对詹实施抢劫，因詹未来抢劫未果。被告人吕*军又提出将詹*庆约到酒店实施抢劫，被告人陈*国、杨*奎认为酒店不适合作案。后经商量，仍然决定将詹*庆骗至黑龙潭公园实施抢劫。23时许，吕*军以请詹*庆洗桑拿为由将詹骗出，被告人陈*国以自己年纪大为由没有一同前往。4月13日凌晨2时许，三被告人将詹*庆骗至黑龙潭公园三孔桥旁，杨*奎趁詹*庆不备，用一块砖头从后击打詹头部，吕*军迅即按住詹双脚，并用钢珠仿真手枪抵住詹的腰部，杨*奎用手抱住詹头部并捂嘴，胡*义手持匕首朝詹颈部猛刺两刀，三人搜身抢走詹的一部"UT118"型小灵通手机、一部"长虹S818"型手机和400元人民币。待詹*庆不能动弹后，三人拿出预先准备的电话线，将詹全身捆绑，并用编织袋装上石头绑在詹身上，三人合力将詹抬至三孔桥上抛入潭中，又用另一个编织袋打水冲洗血迹。被告人吕*军与胡*义、杨*奎来到詹*庆的住处，搜走詹*庆的一张农行卡和旅行箱、衣物等物后离去。13日早上三人回到住宿的客栈后告知被告人陈*国抢劫一事，后四人逃离丽江，14日晚四被告人在楚雄市被抓获。经检验，受害人詹*庆系颈部被单刃锐器刺伤致急性失血性休克，生前被捆绑并系重物抛入水中，死亡原因系急性失血性休克及溺水引起的窒息。

2007年9月16日，被告人吕*军冒充昆明**航空丽江售票处经理，利用受害人古城区束河古镇"四合院"客栈老板解*禹欲经营机票代售业务的机会，与解*禹签订了一份合作经营"昆明**航空丽江束河售票处"的协议。被告人吕*军骗取解*禹的人民币13190元，仅提供了一台打印机后潜逃。

　　根据上述事实及查明的相关证据，原判认定被告人吕*军犯抢劫罪，判处死刑，剥夺政治权利终身，并处没收个人全部财产、犯合同诈骗罪，判处有期徒刑一年，并处罚金3000元，决定执行死刑，剥夺政治权利终身，没收个人全部财产；被告人胡*义犯抢劫罪，判处死刑，剥夺政治权利终身，并处没收个人全部财产；被告人杨*奎犯抢劫罪，判处死刑，缓期二年执行，剥夺政治权利终身，并处没收个人全部财产；被告人陈*国犯抢劫罪，判处有期徒刑十年，并处罚金5000元。由被告人吕*军、胡*义、杨*奎各赔偿附带民事原告人詹*华、杨*香经济损失人民币2万元，陈*国赔偿附带民事原告人詹*华、杨*香经济损失人民币1万元。各被告人承担连带责任。宣判后，被告人吕*军上诉提出抢劫被害人不是他提出的、被害人不是他杀害的、归案后如实供述了犯罪行为，请求对其从轻处罚；辩护人提出吕*军在抢劫中没有持刀杀害被害人，事后认罪悔罪态度好，合同诈骗应属自首，请求法院给吕*军一个重新做人的机会的辩护意见。被告人胡*义上诉称是被他人邀约参与抢劫并致人死亡，认罪悔罪态度好，愿尽最大能力赔偿被害人家属各项损失以弥补自己罪行给受害人家属造成的伤害，请求对其从轻处罚；辩护人提出原判认定抢劫中胡*义持刀刺杀被害人证据不足，胡*义认罪悔罪态度好，其与家属愿尽最大能力对被害人家属进行经济赔偿，原判对其量刑过重的辩护意见。被告人杨*奎上诉提出没有提出和策划抢劫，是受吕*军指使参与抢劫，也未实施杀害被害人的行为，如实供述了自己的犯罪行为，认罪态度好，原判量刑过重；辩护人提出杨*奎交代犯罪事实态度好，有悔罪表现，请求二审酌情考虑对其量刑的辩护意见。被告人陈*国上诉辩解没有参与吕*军等人预谋抢劫被害人，请求二审法院予以减轻改判；辩护人提出一审认定陈*国参与本案抢劫的事实不清，证据不足，应对陈*国宣告无罪的辩护意见。原审附带民事诉讼原告人詹*华、杨*香及其委托代理人上诉提出一审判决判定各被告人赔偿数额太低，请求二审判处各被告人赔偿各项经济损失共计人民币417287元。检察机关发表的出庭意见认为，本案原判认定各上诉人的犯罪事实清楚，证据确实充分，定性准确，量刑适当，审判程序合法，上诉人的上诉理由不能成立，建议二审驳回上诉，维持原判。

　　经审理查明，2008年4月12日上诉人吕*军、胡*义、杨*奎、陈*国在束河古镇商量对吕*军原来认识现在丽江卖飞机票的詹*庆实施抢劫，并准备了作案工具，选择了作案地点。次日凌晨2时许，吕*军、胡*义、杨*

奎三人将詹*庆骗至黑龙潭公园三孔桥旁（陈*国未一同前往），杨*奎用砖块击打詹头部致詹倒地后，吕*军按住詹的脚，杨*奎抱住詹的头，胡*义用匕首刺詹颈部，待詹不能动弹后，三人搜身抢走詹的一部"UT118"型小灵通手机、一部"长虹S818"型手机和400元人民币。后将詹全身捆绑，并用编织袋装上石头绑在詹身上，将詹抛入潭中，致受害人詹*庆因颈部被单刃锐器刺伤急性失血性休克及溺水引起窒息而死亡。作案后吕*军、胡*义、杨*奎来到詹*庆的住处，搜走詹*庆的一张农行卡和旅行箱、衣物等。13日早上三人回到住宿的客栈告知被告人陈*国抢劫一事后四人逃离丽江。

认定上四被告人抢劫犯罪事实，有报案记录、现场勘验检查笔录、现场照片及现场图、尸体检验报告及照片刑事科学技术鉴定书、告知笔录、辨认笔录及照片、现场指认笔录、提取笔录、检查笔录、价格鉴定结论书、丽江市公安局鉴定书、中国农业银行借记明细查询、詹*庆手机的通话清单及证人过*梅、张*天、徐*礼、黄*芬、唐*竹、朱*敏、甘*奎、和*吉的证言等在案证实，且有被告人吕*军、杨*奎、胡*义、陈*国的供述和辩解在案相印证。

2007年9月16日，被告人吕*军冒充昆明**航空丽江售票处经理，利用受害人古城区束河古镇"四合院"客栈老板解*禹欲经营机票代售业务的机会，与解*禹签订了一份合作经营"昆明**航空丽江束河售票处"的协议。被告人吕*军骗取解*禹的人民币13190元，仅提供了一台打印机后潜逃。

认定吕*军合同诈骗犯罪事实有：报警记录、解*禹陈述、有关保险单、行程单、吕*军名片、昆明**航空客货代理有限公司企业法人营业执照、税务证、昆明**航空公司行政及票务印章、证明、合作协议等证据在案证实，且被告人吕*军对冒充昆明**航空丽江售票处经理签订协议骗取解*禹人民币一万余元的事实供认不讳。

本院认为，上诉人吕*军、胡*义、杨*奎、陈*国无视国法，以非法占有为目的，致死被害人后抢劫其财物的行为均构成抢劫罪；吕*军冒用他人名义签订合同诈骗他人财物数额较大的行为还构成合同诈骗罪，对其应予数罪并罚。上诉人吕*军、胡*义、杨*奎、陈*国共同预谋杀死吕*军认识的被害人詹*庆后对詹实施抢劫，在共同犯罪中，吕*军、胡*义、杨*奎积极策划、参与并共同实施了杀死被害人抢走被害人财物的行为，是本案的主犯，其中吕*军认识被害人，对被害人及其经济状况清楚，且只有吕对丽江熟悉，对抢劫对象、地点的选择决定、实施的可能性，吕*军所起作用相对较大，是本案发生的关键人物，是主犯中作用最大的。本案被害人詹*庆的死亡原因系颈部被单刀锐器刺伤致失血性休克及溺水引起的窒息。吕、杨分别按住被害人脚和头让胡动刀刺杀被害人颈部后三人共同将被刺伤的被害人抛入水潭中致被害人溺水引起窒息而死亡，被害人的死亡结果是吕、胡、杨三上诉人共同造成。吕*军、杨*奎上诉及其辩护人提出不是他们致死被害人与查明的事实不符，二上诉人请求从轻处罚的上诉理由本院不予采纳。上诉人胡*义积极赔偿被害人家属各项经济损失以弥补自己罪行给受害人家属造成的伤害，具有悔罪表现，尚不属判处死刑必须立即执行的犯罪分子，二审对其应酌情从宽判处。上诉人陈*国参与共同预谋抢劫、购买作案工具、查看作案地点、同案犯抢劫后参与共同使用赃款，是本案从犯，陈*国上诉及其辩护人提出陈*国无罪的辩护意见与查明的事实不符，但鉴于陈*国未参与实施杀人抢劫行为，根据其参与犯罪的程度及在案中的作用，对其量刑可从宽判处。原判对上诉人吕*军、胡*义、杨*奎、陈*国定罪准确，审判程序合法，但对胡*义、陈*国量刑失重。依照《中华人民共和国刑事诉讼法》第一百八十九条（一）、（二）项、第一百九十九条、第二百零一条及《中华人民共和国刑法》第二百六十三条第（五）项、第二百二十四条第（一）项、第二十五条、第二十六条、第二十七条、第三十六条、第四十八条、第五十七条第一款、第六十九条和《中华人民共和国民法通则》第一百一十九条、第一百三十条的规定，判决如下：

一、维持云南省丽江市中级人民法院（2008）丽中刑初字第43号刑事附带民事判决第一项、第三项，即对被告人吕*军、杨*奎的定罪量刑；

二、撤销云南省丽江市中级人民法院（2008）丽中刑初字第43号刑事附带民事判决第二项、第四项、第五项，即对被告人胡*义、陈*国的定罪量刑及各被告人赔偿附带民事原告人经济损失部分。

三、上诉人（原审被告人）胡*义犯抢劫罪，判处死刑，缓期二年执行，剥夺政治权利终身，并处没收个人全部财产；

四、上诉人（原审被告人）陈*国犯抢劫罪，判处有期徒刑五年，并处罚金5000元。（刑期从判决执行之日起计算，判决执行以前先行羁押的，羁押一日折抵刑期一日，即自2008年4月15日起至2013年4月14日止）

五、由被告人吕*军、杨*奎各赔偿附带民事原告人詹*华、杨*香经济损失人民币2万元，陈*国赔偿附带民事原告人詹*华、杨*香经济损失人民币1万元。由被告人吕*军、杨*奎、陈*国承担连带责任。

本判决即为核准以抢劫罪判处被告人杨*奎死刑，缓期二年执行，剥夺政治权利终身，并处没收个人全部财产的刑事判决。

对原审被告人吕*军判处死刑的判决，由本院依法报请最高人民法院核准。

审　判　长　　林　　丽

审　判　员　　柏　崇　良

审　判　员　　杨　志　刚

二〇〇九年六月二十四日

书　记　员　　陈　丽　娟

云南省高级人民法院
刑事判决书

（2008）云高刑终字第1723号

原公诉机关云南省西双版纳傣族自治州人民检察院。

上诉人（原审被告人）张*芳，女，2008年2月13日因本案被刑事拘留，同年3月14日被逮捕。现押于景洪市看守所。

指定辩护人范晓媛，云南**律师事务所律师。

上诉人（原审被告人）田*龙，男，1996年2月17日因犯抢劫罪被吉林省长春市宽城区人民法院判处有期徒刑13年，2006年3月8日减刑释放。2008年2月13日因本案被刑事拘留，同年3月14日被逮捕。现押于景洪市看守所。

指定辩护人李**，云南**律师事务所律师。

云南省西双版纳傣族自治州中级人民法院审理西双版纳傣族自治州人民检察院指控原审被告人张*芳、田*龙犯运输毒品罪一案，于二○○八年十月十四日作出（2008）西刑初字第221号刑事判决。原审被告人张*芳、田*龙不服，提出上诉。本院依法组成合议庭，于二○○九年二月二十一日公开开庭审理了本案。云南省人民检察院检察员徐薇、李瑞出庭履行职务。上诉人张*芳及其辩护人范晓媛、上诉人田*龙及其辩护人李**到庭参加诉讼。现已审理终结。

原判认定，2008年2月10日，被告人张*芳、田*龙运输毒品甲基苯丙胺净重3073克被查获。

原判根据上述事实，依照刑法的规定，以运输毒品罪，分别判处被告人田*龙、张*芳死刑，剥夺政治权利终身，并处没收个人全部财产；查获的毒品甲基苯丙胺3073克予以没收。

二审庭审中，上诉人张*芳上诉称，受他人安排、指挥运输毒品，其与田*龙均系从犯；原判量刑过重；请求从轻判处。辩护人除提出以上相同意见外，还提出张＊芳在关押期间，检举在押人员藏匿毒品，经查证属实，应认定有立功表现；建议二审法院对张＊芳从轻判处。上诉人田＊龙上诉称，受同案犯张＊芳欺骗、安排、指使参与犯罪，系从犯；协助公安民警抓获同案犯张＊芳；请求从轻判处。辩护人提出本案系张＊芳首起犯意；田＊龙有立功表现；建议对田＊龙从轻判处的辩护意见。

检察员发表检察意见认为，一审判决认定事实清楚，证据确实、充分，定罪准确。经二审开庭审理，有证据证实张＊芳、田＊龙受他人安排、指挥运输毒品，且二被告人均有立功表现，建议二审法院依法对二被告人从轻处罚。

经审理查明：2008年2月间，徐＊京、尹＊芬（均另案处理）邀约上诉人张＊芳为其运输毒品。张＊芳同意后又邀约上诉人田＊龙参与，二人从湖北省武汉市到云南省景洪市，接到徐＊京交给的毒品欲运输至武汉市。2008年2月13日11时许，田＊龙携带毒品到景洪市客运总站，准备乘坐从景洪发往蒙自的客车时，被公安民警抓获，当场从其随身携带的茶叶包及炉灶内查获毒品甲基苯丙胺，净重3073克。同日11时30分许，在田＊龙协助下，公安民警在景洪市客运总站候车室内将张＊芳抓获。

以上事实，有下列证据证实：

1.公安机关出具的接受刑事案件登记表、抓获经过说明材料、情况说明，证实公安民警根据群众举报抓获被告人田＊龙，在田＊龙协助下，公安民警将被告人张＊芳抓获，查获两人共同运输的藏匿于茶叶袋和小煤炉内的红色颗粒状毒品可疑物。

2.刑事科学技术鉴定书、毒品称量记录，证实查获的毒品可疑物系甲基苯丙胺，净重3073克。

3.昆明铁路运输中级人民法院（2008）昆铁中刑初字第275号刑事判决书，证实2008年2月，徐＊京、尹＊芬购买到毒品甲基苯丙胺3073克，安排、指挥被告人张＊芳、田＊龙进行运输。

4.被告人张＊芳、田＊龙对为牟取报酬1万元，张＊芳受老板娘尹＊芬邀约、安排，又邀约田＊龙从武汉市到云南省景洪市，取到老板徐＊京交给的毒品，共同进行运输的犯罪事实供认不讳。

5.刑事判决书、释放证明书，证实被告人田＊龙因犯抢劫罪于1996年2月17日被吉林省长春市宽城区人民法院判处有期徒刑13年，2006年3月8日减刑释放。

以上证据来源合法，内容客观、真实，本院予以确认。

本院认为，上诉人张*芳、田*龙无视国家法律，为牟取非法利益，为他人运输毒品甲基苯丙胺3073克，其行为均已触犯刑律，构成运输毒品罪，且运输毒品数量大，应依法惩处。田*龙受张*芳邀约参与犯罪，张*芳、田*龙又在他人指使、安排下犯罪。应根据二人在犯罪中的地位、作用处罚。张*芳在关押期间，检举、揭发同监室人犯的犯罪行为，经查证属实，有立功表现，依法可从轻处罚。田*龙被抓获后，协助公安民警抓获同案被告人张*芳，有重大立功表现，依法可从轻处罚；田*龙因犯罪被判处有期徒刑，刑罚执行完毕五年内又犯罪，系累犯，依法应当从重处罚；综合其从轻、从重处罚情节，并结合其在犯罪中的地位作用，对其适用从轻处罚。上诉人张*芳及其辩护人，上诉人田*龙及其辩护人关于两人有立功表现的上诉理由及辩护意见，本院予以采纳。检察员的检察意见应予采纳。原审判决定罪准确，审判程序合法。但对张*芳、田*龙量刑失重。依照《中华人民共和国刑事诉讼法》第一百八十九条第（一）、（二）项及《中华人民共和国刑法》第三百四十七条第二款第（一）项、第二十五条、第二十六条第一、四款、第二十七条、第六十五条、第六十八条、第四十八条第一款、第五十七条第一款、第六十四条之规定，判决如下：

一、维持云南省西双版纳傣族自治州中级人民法院（2008）西刑初字第221号刑事判决第一、二项中对被告人张*芳、田*龙的定罪部分及第三项，即对查获的毒品甲基苯丙胺3073克依法予以没收。

二、撤销云南省西双版纳傣族自治州中级人民法院（2008）西刑初字第221号刑事判决第一、二项中对被告人张*芳、田*龙的量刑部分。

三、上诉人（原审被告人）张*芳犯运输毒品罪，判处死刑，缓期二年执行，剥夺政治权利终身，并处没收个人全部财产。

四、上诉人（原审被告人）田*龙犯运输毒品罪，判处无期徒刑，剥夺政治权利终身，并处没收个人全部财产。

本判决为终审判决。

审　判　员　　李云霞

代理审判员　　赵　伟

代理审判员　　陈　欣

二〇〇九年三月十七日

书　记　员　　李志君

云南省高级人民法院
刑事判决书

（2008）云高刑终字第1734号

原公诉机关云南省普洱市人民检察院。

上诉人（原审被告人）苟*，男，2008年5月2日因本案被刑事拘留，同年6月3日被逮捕。现羁押于云南省澜沧县看守所。

指定辩护人范晓媛，云南**律师事务所律师。

云南省普洱市中级人民法院审理普洱市人民检察院指控原审被告人苟*犯运输毒品罪一案，于二〇〇八年九月十八日作出（2008）普中刑三初字第116号刑事判决。判处被告人苟*死刑，剥夺政治权利终身，原审被告人苟*不服，提出上诉。

本院受理后，依法组成合议庭，于2009年2月19日公开开庭审理了本案，云南省人民检察院李*、万*出庭履行职务，原审被告人苟*及其指定辩护人范晓媛到庭参加诉讼。本案现已审理终结。

原判认定，2008年5月1日20时许，被告人苟*携带毒品租乘向*智、杨*勇（二人因证据不足释放）的摩托车从孟连到景洪，由杨*勇驾驶摩托车先行探路。次日凌晨20分许，当向*智运载被告人苟*通过澜孟公路14公里处时，被巡逻民警查获，并当场从苟*捆绑于摩托车货架上的绿色编织袋内的棉被里，查获四块及一小坨毒品海洛因，净重1440克。原判根据上述事实，依照刑法相关规定，以运输毒品罪判处被告人苟*死刑、剥夺政治权利终身，并处没收个人全部财产。查获的毒品海洛因1440克，依法予以没收。

二审庭审中，苟*上诉提出，因受他人遥控指挥运输毒品系从犯，毒品除去杂质按55.58%计算不足1000克，要求从轻判处。辩护人认为，苟*受人指使、雇佣运输毒品，归案后认罪态度好，建议对其从轻处理。

出庭履行职务的检察员认为，原判认定事实清楚，证据确实、充分，定罪准确，量刑适当，审判程序合法。建议驳回上诉，维持原判。

经审理查明，2008年5月1日20时许，被告人苟*受他人指使携带毒品租乘摩托车从孟连到景洪，途中被巡逻的公安民警抓获，并当场从苟*等人捆绑于摩托车货架上的绿色编织袋内的棉被里，查获毒品海洛因四块及一小坨，净重1440克。

上述事实，有下列证据证实：

1.澜沧县公安局禁毒大队民警刘*红、刘*明出具的"抓获经过"，证实了抓获被告人苟*的时间、地点，并从苟*捆绑于摩托车货架上的编织袋内的棉被里查获四块及一小坨毒品海洛因的情况。

2.公安机关出具的毒品提取笔录、涉品称量记录，刑事科学技术鉴定书证实，提取被告人苟*携带的编织袋内查获的四块及一小坨毒品可疑物，净重为1440克；经鉴定系毒品海洛因。

3.澜沧县人民检察院出具的《不予批准逮捕决定书》、澜沧县看守所出具的《释放证明书》证实，本案涉案人员杨*勇、向*智，因指控证据不足，于2008年6月2日作出不予逮捕决定，并于次日释放。

4.证人向*智的证言证实，2008年5月1日18时许，手机号为135****3550的四川人（不知名）在孟连农贸市场找到我，要求租乘两辆摩托车到景洪，每辆车500元，并要了我的电话号码。20时许，该人打电话叫我到下允角寨子接他。到寨子中间，见到四川人和今天被一起抓的这个人（被告人苟*），四川人拿给我1000元钱叫我送这人（苟*）到景洪，我将他们的绿色棉被捆在车后架上，他们又叫另一辆摩托车的情况，我就电话约了我妹夫杨*勇，四川人说，叫他不要过来了，在前面先走着探路，有情况通知我。之后，我和这人（苟*）骑上摩托车到澜孟公路14公里处，我下车解玩大便后，被巡逻的民警检查，并从草丛中抓获了坐我摩托车的人（苟*），后从他们捆绑在摩托车货架上的编织袋内查获了5坨毒品。证人杨*勇也证实了受向*智邀约，在前面探路被抓获的事实。

5.被告人苟*供认，为得到1000元的报酬，租乘摩托车帮他人运输毒品到景洪再转车去昆明，途经澜孟公路14公里时，被公安人员抓获并查获毒品的情况。

本案证据来源合法，内容客观、真实，足以证实被告人苟*运输毒品的犯罪事实，本院予以确认。

本院认为，上诉人无视国家法律，受他人指使运输毒品，其行为已触犯刑法，构成运输毒品罪，应依法惩处。鉴于苟*归案后认罪态度好，其上诉理由及辩护人的辩护意见部分成立，本院予以采纳。故可对苟*判处死刑、无需立即执行。原审判决定罪准确，审判程序合法。据此，依照《中华人民共和国刑事诉讼法》第一百八十九条（二）项和《中华人民共和国刑法》第三百四十七条第二款（一）项、第四十八条、第五十七条第一款、第六十四条之规定，判决如下：

一、维持普洱市中级人民法院（2008）普中刑三初字第116号刑事判决的第三项及第一项的定罪部分。

二、撤销普洱市中级人民法院（2008）普中刑三初字第116号刑事判决的一项的量刑部分。

三、上诉人（原审被告人）苟*犯运输毒品罪，判处死刑，缓期二年执行，剥夺政治权利终身。

本判决为终审判决。

审　判　长　　赵　　　林

代理审判员　　赵　　　伟

代理审判员　　张　赵　琳

二〇〇九年三月十七日

书　记　员　　李　志　君

云南省高级人民法院
刑事判决书

（2008）云高刑终字第1735号

原公诉机关云南省普洱市人民检察院。

上诉人（原审被告人）地史莫*扎，女，因本案于2008年5月6日被刑事拘留，同年5月29日被逮捕。现押于孟连傣族拉祜族佤族自治县（以下简称孟连县）看守所。

指定辩护人范晓媛，云南**律师事务所律师。

翻译李*芝，西盟公安边防大队干部。

云南省普洱市中级人民法院审理普洱市人民检察院指控原审被告人地史莫*扎犯运输毒品罪一案，于二〇〇八年九月十八日作出（2008）普中刑三初字第126号刑事判决。原审被告人地史莫*扎不服，提出上诉。本院依法组成合议庭，公开开庭审理了本案。云南省人民检察院指派检察员徐薇、杨粟出庭履行职务。上诉人地史莫*扎及其指定辩护人范晓媛到庭参加诉讼。现已审理终结。

原判认定，2008年5月5日21时许，被告人地史莫*扎携带毒品乘坐车牌为云J5169*的面包车，途经孟连县中勒水库路段时，被公安民警从其随身携带的黑色提包中查获毒品海洛因3095克。

原判根据上述事实，依照《中华人民共和国刑法》的相关规定，以运输毒品罪，判处被告人地史莫*扎死刑，剥夺政治权利终身，并处没收个人全部财产；查获的毒品海洛因3095克，依法予以没收。

二审庭审中，上诉人地史莫*扎上诉称其是在被骗的情况下为他人运输毒品，对车上的毒品不明知，应认定为从犯；其主观恶性不深；毒品未流入社会，其行为应认定为未遂；请求对其从轻判处。

辩护人提出地史莫*扎受人诱骗运输毒品，其主观不明知是毒品，不符合运输毒品罪的犯罪构成的主观要件，其行为不构成运输毒品罪。

检察员发表出庭意见认为原判认定地史莫*扎的犯罪事实清楚，证据确实、充分，原判定性准确，量刑适当。审判程序合法，建议二审法院对本案驳回上诉，维持原判。

经审理查明：2008年5月5日21时许，上诉人地史莫*扎携带毒品乘坐云J5169*号车，途经澜孟公路孟连县中勒水库路段时，被公安人员从其随身携带的黑色提包内查获毒品海洛因3095克。

上述事实，有下列证据予以证实：1.抓获经过材料，证实公安人员抓获被告人地史莫*扎并查获海洛因的经过。2.毒品指认笔录及照片、毒品物证照片，证实从被告人地史莫*扎携带的黑色提包内查获的海洛因可疑物九块，经被告人地史莫*扎指认，系其随身携带。3.提取笔录、毒品称量笔录、提取检材笔录及物证检验报告，证实从被告人地史莫*扎携带的黑色提包内查获的海洛因可疑物，经鉴定系毒品海洛因，净重3095克。4.证人许*华（云J5169*号车司机）、夏*卿、涂*强的证言，证实案发当天下午，有个男子到三人停车等生意的地方租车，要租三辆车当晚到镇沅。许*华证实当晚9时许，在孟连边防大队斜对面，看到两男一女（地史莫*扎）走过来，一个男的提着包，地史莫*扎一人上车后，那个男的就把包递给她，包放在她的脚旁边。后公安人员在中勒水库堵卡，从她的包内查到毒品。夏*卿证实，公安人员在中勒水库堵卡，从许*华车上抓到一个女的，并从她携带的一黑色挎包内查到海洛因。5.被告人地史莫*扎在公安机关供认了其运输毒品的犯罪事实。

本案事实清楚，证据确实、充分，足以认定。

本院认为，上诉人地史莫*扎无视国法，明知是毒品而非法运输，其行为已构成运输毒品罪。其所运输的毒品数量大，应依法惩处。上诉人地史莫*扎所提对车上毒品不明知，是在被骗的情况下运输毒品的上诉理由，经查，地史莫*扎所提此上诉理由，与其在公安机关的供述不符，本院不予采纳。其所提系从犯，并应认定为犯罪未遂的上诉理由，与本案查明的事实及刑法关于从犯及犯罪未遂的规定不符，本院不予采纳。其辩护人所提地史莫*扎主观不明知是毒品，其行为不构成运输毒品罪的辩护意见，经查，与本案查明的事实不符，本院不予采纳。结合地史莫*扎犯罪的具体情节，本院认为地史莫*扎论罪应判处死刑，但不是必须立即执行死刑的犯罪分子，对其可从轻处罚。检察员出庭发表的原判定罪准确，审判程序合法的出庭意见成立，本院予以采纳。原判认定事实清楚，定罪准确，审判程序合法，但对地史莫*扎量刑失重，应予改判。据此，依照《中华人民共和国刑事诉讼法》第一百八十九条第（一）、（二）项及《中华人民共和国刑法》第三百四十七条第二款（一）项、第四十八条第一款、第五十七条第一款，第六十四条的规定，判决如下：

一、维持云南省普洱市中级人民法院（2008）普中刑三初字第126号刑事判决第二项及该判决第一项中对被告人地史莫*扎的定罪部分；撤销该判决第一项中对被告人地史莫*扎的量刑部分。

二、上诉人（原审被告人）地史莫*扎犯运输毒品罪，判处死刑，缓期二年执行，剥夺政治权利终身，并处没收个人全部财产。

本判决为终审判决。

审　判　长　李云霞

代理审判员　陈　欣

代理审判员　何丽萍

二〇〇九年三月十七日

书　记　员　杨　燕

云南省高级人民法院
刑事判决书

（2008）云高刑终字第1737号

原公诉机关云南省普洱市人民检察院。

上诉人（原审被告人）李*强，男，因本案于2008年3月11日被刑事拘留，同年4月11日被逮捕。现押于孟连傣族拉祜族佤族自治县（以下简称孟连县）看守所。

指定辩护人范晓媛，云南**律师事务所律师。

云南省普洱市中级人民法院审理普洱市人民检察院指控原审被告人李*强犯运输毒品罪一案，于二〇〇八年九月十八日作出（2008）普中刑三初字第106号刑事判决。原审被告人李*强不服，提出上诉。本院依法组成合议庭，公开开庭审理了本案。云南省人民检察院指派检察员徐薇、杨粟出庭履行职务。上诉人李*强及其指定辩护人范晓媛到庭参加诉讼。现已审理终结。

原判认定，2008年3月10日20时30分许，被告人李*强携带毒品乘坐摩托车途经勐阿陇海组附近公路时，被公安民警抓获，并当场从其身上查获毒品海洛因四块，经称量，净重1390克。

原判根据上述事实，依照《中华人民共和国刑法》的相关规定，以运输毒品罪，判处被告人李*强死刑，剥夺政治权利终身，并处没收个人全部财产；查获的毒品海洛因1390克，依法予以没收。

二审庭审中，上诉人李*强上诉称事前不明知是毒品；是为他人运输，系从犯；毒品未流入社会造成危害；系初犯、偶犯；原判量刑过重，请求对其从轻判处。

李*强的辩护人提出上诉人李*强系为获得较少报酬为他人运输毒品，系从犯；且系初犯、偶犯；归案后认罪态度好；建议法庭对李*强从轻处罚的辩护意见。

检察员发表出庭意见认为原判认定李*强的犯罪事实清楚，证据确实、充分，原判定性准确，量刑适当。审判程序合法，建议二审法院对本案驳回上诉，维持原判。

经审理查明：2008年3月10日20时50分许，上诉人李＊强携带毒品乘坐摩托车途经孟连县勐啊镇陇海组附近公路时，被公安人员抓获，当场从其身上查获毒品海洛因1390克。

上述事实，有下列证据予以证实：

1.抓获经过材料，证实公安人员抓获被告人李＊强并查获毒品海洛因的经过。

2.毒品指认笔录及照片，证实从被告人李＊强携带的塑料袋中查获的海洛因可疑物四块，经被告人李＊强指认，系其随身携带。

3.毒品称量笔录、提取毒品可疑物检材笔录、物证检验报告、扣押物品清单，证实从被告人李＊强携带的塑料袋中查获的海洛因可疑物，经鉴定系毒品海洛因，净重1390克。

4.被告人李＊强在公安机关供认了其运输毒品的犯罪事实。

本案事实清楚，证据确实、充分，足以认定。

本院认为，上诉人李＊强无视国法，明知是毒品而非法运输，其行为已构成运输毒品罪。其所运输的毒品数量大，应依法惩处。上诉人李＊强所提不明知是毒品的上诉理由，经查，与其在公安机关的供述及查明的事实不符，本院不予采纳。李＊强及辩护人所提李＊强是为他人运输毒品，系从犯的上诉理由及辩护意见，经查，李＊强单独实施了运输毒品的行为，其应对所实施运输毒品的犯罪行为承担刑事责任，对此上诉理由及辩护意见，本院不予采纳。辩护人所提李＊强归案后认罪态度好的辩护意见与查明的事实相符，结合李＊强犯罪的具体情节，本院认为李＊强论罪应判处死刑，但不是必须立即执行死刑的犯罪分子，故李＊强及其辩护人所提原判量刑过重，要求从轻处罚的上诉理由、辩护意见，本院予以采纳。检察员出庭发表的原判定罪准确，审判程序合法的出庭意见成立，本院予以采纳。原判认定事实清楚，定罪准确，审判程序合法，但对李＊强量刑失重，应予改判。据此，依照《中华人民共和国刑事诉讼法》第一百八十九条第（一）、（二）项及《中华人民共和国刑法》第三百四十七条第二款（一）项、第四十八条第一款、第五十七条第一款、第六十四条的规定，判决如下：

一、维持云南省普洱市中级人民法院（2008）普中刑三初字第106号刑事判决第二项及该判决第一项中对被告人李＊强的定罪部分；撤销该判决第一项中对被告人李＊强的量刑部分。

二、上诉人（原审被告人）李＊强犯运输毒品罪，判处死刑，缓期二年执行，剥夺政治权利终身，并处没收个人全部财产。

本判决为终审判决。

审　判　长　　李云霞

代理审判员　　陈　欣

代理审判员　　何丽萍

二〇〇九年三月十七日

书　记　员　　杨　燕

云南省高级人民法院
刑事裁定书

（2008）云高刑终字第 1746 号

原公诉机关云南省丽江市人民检察院。

上诉人（原审被告人）罗*青（又名罗*且），男，因本案于2007年12月28日被刑事拘留，2008年1月10日被逮捕，现羁押于永胜县看守所。

指定辩护人李**，云南**律师事务所律师。

上诉人（原审被告人）李*体，男，因本案于2007年12月22日被刑事拘留，2008年1月10日被逮捕，现羁押于永胜县看守所。

指定辩护人范晓媛，云南**律师事务所律师。

上诉人（原审被告人）沙*补（又名沙*力），男，因本案于2007年12月4日被刑事拘留，2008年1月10日被逮捕，现羁押于永胜县看守所。

云南省丽江市中级人民法院审理云南省丽江市人民检察院指控原审被告人罗*青、李*体、沙*补犯抢劫罪、附带民事诉讼原告人自*英提起附带民事诉讼一案，于二〇〇八年十月十五日作出（2008）丽中刑初字第41号刑事附带民事判决，认定被告人罗*青犯抢劫罪，判处死刑，剥夺政治权利终身，并处没收个人全部财产；被告人李*体犯抢劫罪，判处死刑，缓期二年执行，剥夺政治权利终身，并处没收个人全部财产；被告人沙*补犯抢劫罪，判处有期徒刑十四年，并处罚金人民币二千元；附带民事诉讼原告人自*英的经济损失，由被告人罗*青赔偿人民币三万五千元，被告人李*体赔偿人民币二万五千元，被告人沙*补赔偿人民币一万元。三被告人之间承担连带责任。被告人罗*青、李*体、沙*补均不服，罗*青以在案中地位作用小，未起组织、指挥作用，属从犯，量刑过重为由，提出上诉；李*体、沙*补口头提出上诉。附带民事诉讼原告人自*英服判未上诉。本院依法组成合议庭审理了本案。现已审理终结。

本院认为，原判认定上诉人罗*青、李*体、沙*补犯抢劫罪的部分事实不清，依照《中华人民共和国刑事诉讼法》第一百八十九条第（三）项之规定，裁定如下：

一、撤销云南省丽江市中级人民法院（2008）丽中刑初字第41号刑事附带民事判决；

二、发回云南省丽江市中级人民法院重新审理。

本裁定为终审裁定。

审　判　长　林　　丽

审　判　员　柏　崇　良

审　判　员　杨　志　刚

二〇〇九年三月二十三日

书　记　员　陈　丽　娟

云南省高级人民法院
刑事裁定书

（2008）云高刑终字第1054号

原公诉机关云南省丽江市人民检察院。

上诉人（原审被告人）谢*，男，因本案于2007年12月26日被刑事拘留，2008年1月5日被逮捕。现押于丽江市看守所。

辩护人杨*宝，云南**律师事务所律师。

指定辩护人覃*蛟，云南**律师事务所律师。

上诉人（原审被告人）张*，又名杨*，女，因本案于2007年12月24日被刑事拘留，2008年1月5日被逮捕。现押于丽江市看守所。

辩护人邓*生，云南**律师事务所律师。

指定辩护人范晓媛，云南**律师事务所律师。

上诉人（原审被告人）陈*吕，男，因本案于2007年12月26日被刑事拘留，2008年1月5日被逮捕。现押于丽江市看守所。

辩护人林*柏，云南***律师事务所律师。

指定辩护人王*，云南**律师事务所律师。

云南省丽江市中级人民法院审理云南省丽江市人民检察院指控原审被告人谢*、张*、陈*吕犯抢劫罪一案，于二〇〇八年六月四日作出（2008）丽中刑初字第21号刑事判决。原审被告人谢*、张*、陈*吕不服，提出上诉。本院依法组成合议庭，公开开庭审理了本案。云南省人民检察院指派检察员可文、韩本福出庭履行职务。上诉人谢*、张*、陈*吕及辩护人杨*宝、邓*生、林*柏、指定辩护人覃*蛟、范晓媛、王*到庭参加诉讼。现已审理终结。

原判认定，被告人张*是在校大学生，于2007年5月与被告人谢*相识后恋爱，并在外租房同居。同年6月，被害人木*章到"天上人间"夜总会玩耍时，与在此兼职做服务工作并化名为"杨乐"的被告人张*认识，后被害人木*章常邀张*见面、吃饭、会友，还先后送给张*价值2万多元的钱物。被告人谢*从张*口中得知被害人木*章的情况后，即生歹念。于2007年12月上旬，谢*与张*到昆明约见谢*的好友陈*吕时，谢*谎称丽江有人欠他钱，提出要陈*吕帮忙的请求，被告人陈*吕当即答应。同年12月16日，陈*吕接到谢*的电话后即请假乘当晚的夜班车，于17日凌晨到达丽江，谢*将陈*吕接到其与张*租住的丽江市古城区祥和街道义*号房。18、19两日，被告人谢*带陈*吕按计划分别在古城区金甲市场、忠义市场购买了尼龙绳、橡胶手套、黑色塑料垃圾袋、编织袋、棉线手套以及衣服、毛线帽、鞋子、太阳镜等作案工具，还购买了两张无记名"神州行大众卡"。19日14时许张*用谢*交给的一张号码为"159****9022"的卡与被害人木*章频繁联系，邀木*章相会。当日20时许，被害人木*章如约驾车来到三被告人所在的出租房附近，被告人张*下楼将其接到房间，被躲在门后的谢*用刀逼住，陈*吕用绳子将木的手脚捆住并用毛巾堵嘴，从木身上搜出人民币2000余元及农业银行卡一张、身份证、驾驶证及车钥匙等，并将木的手机关机。经谢*持刀逼木说出密码及卡内金额后，谢*继续看守木*章；张*、陈*吕换上事先准备好的衣物，同骑一辆自行车到事先踩好点的丽江市医院大门旁的农行柜员机上蒙面取出银行最高取款限额人民币2万元回到出租房。后张*按谢*与其策划的步骤，以怕被害人木*章报案为由，出面动员陈*吕杀害木*章。随后谢*、陈*吕用尼龙绳将木*章勒死，抬进卫生间。为抛尸方便，三被告人分别用菜刀、匕首及水果刀等工具将木*章的尸体肢解成260多份，装入事先准备的黑色塑料袋和编织袋中，搬运到木*章开来的越野车上，并在部分塑料袋中加入石块，由谢*驾车，共同将尸块抛入玉龙新县城护城河内。三被告人返回途经三家村转台时，已是次日凌晨三时许，张*、陈*吕在此下车，乔装打扮后仍由张*操作在附近的农行柜员机上再次提取现金人民币2万元；被告人谢*将车开到黑龙潭公园附近丢弃。因找不到出租房钥匙，三被告人会合后便入住康宏酒店。20日一早，谢*叫房东开了出租房门后，三被告人对出租房进行清扫并分赃（除陈*吕分得的13000元外，其余29000元归谢*、张*）。当天被告人陈*吕将被害人木*章的衣服、电脑等物品装包携带至昆明抛弃，被告人谢*将部分作案工具毁弃，于22日再次清扫出租房后，带着张*的物品及两人分得的赃款前往昆明。2007年12月23日，被告人张*在丽江被带走调查。25日被告人谢*、陈*吕在昆明被抓获。原判根据认定的上述事实和相关证据，并依照相关法律规定，认定被告人谢*犯抢劫罪，判处死刑，剥夺政治权利终身，并处没收个人全部财产；被告人张*犯抢劫罪，判处死刑，剥夺政治权利终身，并处没收个人全部财产；被告人陈*吕犯抢劫罪，判处死刑，缓期二年执行，剥夺政治权利终身，并处没收个人全部财产。

宣判后，原审被告人谢*上诉称本案应认定为非法拘禁罪、故意杀人罪，而不是抢劫罪；被害人木*章在本案中有过错，对其应从轻处罚；他在本案中相对于张*处于次要作用，应在量刑时区别对待，请求二审法院依法从轻改判。辩护人杨*宝提出本案应当以非法拘禁罪、故意杀人罪定罪处罚，而非起诉书指控的抢劫罪、故意杀人罪定罪处罚；被害人木*章在本案中有过错，在对上诉人谢*量刑时应予以从轻处罚；本案的犯罪行为中，上诉人谢*相对于上诉人张*处于次要的作用，对上诉人谢*量刑时应当区别对待。指定辩护人覃*蛟提出上诉人谢*因为其女友张*遭受过被害人的侵害，在张*的请求下才开始的犯罪，因此谢*的犯罪行为具有被动性和从属性；不良的社会风气是引起谢*走上犯罪的外在原因；上诉人谢*在归案后能如实供述自己的犯罪行为，请求二审法院从轻改判。

原审被告人张*上诉称丽江市中级人民法院的一审判决认定事实不清，上诉人张*12月19日找木*章只想索要被强奸后的赔偿款4万元，至于木*章被勒死及购买碎尸的塑料袋及尼龙绳均不知情；一审指控上诉人张*参与杀人抢劫的证据不足，上诉人张*参与到柜员机上取钱，但未邀约及参与杀人的行为，为转移尸体参与过抛尸；上诉人张*没有参与过杀人、抢劫的行为，判处死刑属适用法律不当，请求二审法院从轻判处。

辩护人邓*生提出，一审判决定性为抢劫罪不准确，上诉人张*等3人为帮张*要回4万元被木*章强奸的赔偿款而非法拘禁了木*章，应认定为非法拘禁罪；被害人木*章强奸了上诉人张*，上诉人实施非法拘禁行为系木*章不履行补偿款而致，在对张*量刑时应酌情予以考虑；上诉人张*未提起犯意及参与杀害木*章，请求二审法院予以充分考虑；上诉人张*涉世未深，由于学校管理不善才发生此案，应作为减轻处罚的条件。指定辩护人范晓媛提出，一审判决认定上诉人张*所犯罪行部分，存在事实不清的问题。抢劫并杀人灭口的犯意是谁提出来的，是认定主犯的关键。但根据现有的证据不能表明杀人的犯意是张*提出来的。只要有确切证据表明张*没有参与杀人的行为，仅此两点，张*不能认定为主犯，一审判决量刑过重；其次被害人木*章有过错，社会和学校有过错，请求二审法院从轻判处。

原审被告人陈*吕上诉称他只应构成非法拘禁罪而非抢劫罪；上诉人陈*吕不是杀人的首倡犯意者，也不是主张杀人的积极行为者，其主观恶性和社会危害性相对较小；上诉人陈*吕具有酌定从轻处罚的情节。

辩护人林*柏提出，一审判决认定上诉人陈*吕构成抢劫罪属于定性错误；上诉人陈*吕在整个犯罪过程中起辅助作用，系从犯，应比照主犯从轻或减轻处罚；上诉人陈*吕归案后能如实供述，认罪态度好，有悔罪表现，可依法从轻处罚。指定辩护人王*提出，上诉人陈*吕应构成非法拘禁罪、故意杀人罪；上诉人陈*吕系本案从犯；上诉人陈*吕归案后，在多次的讯问中，对犯罪事实供认不讳，有认罪悔改表现，应酌情从轻处罚；上诉人陈*吕一贯表现较好，没有犯罪前科，系偶犯、初犯，可酌情从轻处罚。请求二审法院改判有期徒刑。

云南省人民检察院检察意见：一审判决事实清楚、证据确凿，形成证据锁链，审判程序合法；一审判决认定抢劫罪定性准确；本案为了抢劫财物而杀人灭口，谢*起主导作用，张*起关键作用，陈*吕积极参与起到了重要的作用，均为本案主犯，且本案作案手段残忍，建议二审法院驳回上诉，维持原判。

经审理查明，上诉人张*于2007年6月与被害人木*章在丽江市"天上人间"夜总会相识后，被害人木*章经常邀约张*陪同吃饭、会友，并先后赠送给张*价值2万多元的财物。上诉人张*将与木*章交往的情况告知其男友上诉人谢*，张*、谢*即商议采用暴力胁迫劫取木*章的财物。2007年12月上旬谢*与张*到昆明约见谢*的好友上诉人陈*吕，称丽江人木*章欠他钱，准备暴力索要欠款，上诉人陈*吕当即答应帮忙。12月16日陈*吕接到谢*的电话后，乘夜班车于17日凌晨到达丽江，谢*将陈*吕安排住宿于与张*租住的丽江市古城区祥和街道*号房。12月18、19日，上诉人谢*、陈*吕分别在古城区金甲市场、忠义市场购买了尼龙绳、橡胶手套、黑色塑料垃圾袋、编织袋、棉线手套以及衣服、毛线帽、鞋子、太阳镜等作案工具，还购买了无记名"神州行大众卡"。12月19日14时许张*用谢*交给其的号码为"159****9022"神州行卡发送短信邀约被害人木*章到古城区祥和街道*号房约会。当日20时许被害人木*章如约驾车来到张*与谢*的出租房附近，上诉人张*下楼将木*章接到房间后，就被躲在门后的谢*、陈*吕用刀胁迫并用绳子将木*章的手脚捆住，从木*章身上搜出身份证、驾驶证及现金人民币2000余元、中国农业银行借记卡1张、车钥匙等物，张*将木*章的手机关闭。上诉人谢*持刀威逼木*章套取农行借记卡密码及卡内金额后，由谢*看守木*章，上诉人张*、陈*吕穿上事先准备的衣服、口罩伪装后，骑自行车到丽江市福慧路的农行取款机取出2万元返回到出租房。按照张*、谢*策划的步骤，谢*、陈*吕用尼龙绳将木*章勒死后，将尸体抬进卫生间，3人用菜刀、匕首及水果刀等工具将木*章的尸体肢解为260多份，用事先准备的黑色塑料袋和编织袋包装后，搬运到木*章的越野车上，并在部分塑料袋中加入石块，由谢*驾车共同将尸块抛入玉龙新县城护城河内。12月20日凌晨3时许，3人到返回途中的三家村转台时，张*戴上口罩伪装后再次从农行柜员机上提取现金人民币2万元，上诉人谢*将车开到黑龙潭公园附近丢弃。因找不到出租房钥匙，3人会合后便入住康宏酒店。谢*、张*、陈*吕于12月20日上午让房东开了出租房门后，对出租房进行清扫并对赃款进行分配，除陈*吕分得的13000元外，谢*、张*分得29000元。上诉人陈*吕将被害人木*章的衣服、电脑等物品装包携带至昆明抛弃，上诉人谢*将部分作案工具毁弃，于22日再次清扫出租房后，携带张*的物品及2人分得的赃款前往昆明。2007年12月23日上诉人张*在丽江市被公安机关抓获，12月25日上诉人谢*、陈*吕在昆明被公安机关抓获。

上述事实，有公安机关出具抓获经过材料及侦破报告、中国移动通信客户短信详单、中国农业银行账户明细清单、住宿证明、串供纸条、被害人尸体碎块、越野车、"大众卡"残片、藏匿串供纸条的牙膏、证人证言、现场勘查笔录、尸体检验报告、生物物证／遗传关系鉴定书、价格鉴定书、被告人谢*、张*、陈*吕供述等经一审庭审质证的证据证实。上述证据取证程序合法，予以采信。

本院认为，上诉人谢*、张*、陈*吕以非法占有为目的，采用暴力胁迫及杀害被害人木*章的手段，劫取被害人木*章的银行存款4万元、随身携带的现金人民币2千多元及价值2万多元的物品，构成抢劫罪。且将被害人木*章勒死后肢解尸体，丢弃于玉龙县护城河内，手段极其残忍，后果极其严重，抢劫数额巨大，应依法从严惩处。在本案共同犯罪中，上诉人谢*为参与犯意策划，购买作案工具，实施捆绑、杀害、肢解被害人木*章的行为并驾驶车辆抛尸体、清理现场；上诉人张*提起犯意，发短信诱骗木*章到其出租房，肢解木*章尸体，伪装后2次到柜员机提取木*章存款，清理犯罪现场；上诉人陈*吕参与购买作案工具、杀害木*章、肢解尸体，抛尸块，伙同张*伪装提取木*章存款，销毁作案时的衣服及被害人木*章衣物，

3人分工协作，共同实施本案抢劫行为，均应对全案犯罪事实承担刑事责任。一审判决鉴于上诉人陈*吕受谢*、张*邀约积极参与作案，已认定其属于判处死刑，不须立即执行的犯罪分子。上诉人谢*、张*、陈*吕及其辩护人所提本案定性不准的上诉理由及辩护意见，与本案证据证明上诉人谢*、张*、陈*吕合谋后购买作案工具，劫取被害人木*章财物后肢解抛尸的事实不符，本院均不予支持。上诉人谢*、张*所提被害人木*章对张*实施性侵害后，未按承诺履行经济赔偿，被害人木*章存在过错的上诉理由，与查明上诉人谢*、张*在侦查阶段供述及串供书证证明事实不符，显系推卸罪责之托词，本院不予支持。另上诉人谢*、张*、陈*吕及各辩护人所提从轻处罚意见，与本案事实不符，且于法无据，本院均不予支持。云南省人民检察院检察意见本院予以支持。综上所述一审判决认定事实清楚，证据确实充分，定罪及适用法律正确，量刑适当，审判程序合法。

本院鉴于上诉人谢*、张*、陈*吕所实施手段特别凶残，后果极其严重，社会影响极其恶劣，为惩治犯罪，确保公民生命健康权不受侵犯，维护社会秩序，根据上诉人谢*、张*、陈*吕的犯罪事实、性质、情节在本案中的地位和作用及社会危害程度，依照《中华人民共和国刑事诉讼法》第一百八十九条（一）项及《中华人民共和国刑法》第二百六十三条第（四）项、第（五）项、第二十五条第一款、第二十六条第一款、第四十八条、第五十七条第一款之规定，裁定如下：

驳回上诉，维持原判。

根据《中华人民共和国刑法》第二百零一条的规定，本裁定即为核准以抢劫罪判处被告人陈*吕死刑，缓期二年执行，剥夺政治权利终身，并处没收个人全部财产的刑事裁定。

本裁定依法报请最高人民法院核准。

审　判　长　　邓　广　民
审　判　员　　杨　志　刚
审　判　员　　柏　崇　良
二〇〇八年十月十九日
书　记　员　　陈　丽　娟

中华人民共和国最高人民法院
死刑复核判决书

（2009）刑五复50023380号

被告人谢*，男，汉族，2008年1月5日被逮捕。现在押。

被告人张*，化名杨*，女，汉族，2008年1月5日被逮捕。现在押。

云南省丽江市中级人民法院审理丽江市人民检察院指控被告人谢*、张*犯抢劫罪、故意杀人罪一案，于2008年6月4日以（2008）丽中刑初字第21号刑事判决，认定被告人谢*、张*犯抢劫罪，判处死刑，剥夺政治权利终身，并处没收个人全部财产。宣判后，谢*、张*提出上诉。云南省高级人民法院经依法开庭审理，于2008年12月29日以（2008）云高刑终字第1054号刑事裁定，驳回上诉，维持原判，并依法报请本院核准。本院依法组成合议庭，对本案进行了复核。现已复核终结。

经复核确认：2007年6月，被告人张*在云南省丽江市"天上人间"夜总会做服务员期间与被害人木某某（男，殁年39岁）相识，木某某先后赠送给张*价值2万余元的财物。被告人谢*（张*的男友）从张*处得知木某某的情况后，产生抢劫之念。同年12月上旬，谢*和张*到云南省昆明市游玩时，谢*约见好友陈某某（同案被告人，已判刑），谎称丽江有人欠其钱，请陈帮忙索要，陈答应。同月17日，陈某某接到谢*的电话后赶到丽江，谢*安排陈某某住宿在其与张*租住的房内。同月18、19日，谢*出资，带陈某某购买了水果刀、尼龙绳、手套、黑色塑料袋、塑料编织袋、衣服、毛线帽、太阳镜、神州行大众卡等作案工具，并查看了城区的自动取款机地点。19日14时许，谢*将购买的神州行卡交给张*，让张*与木某某频繁联系，邀木某某到租住房相见。当日20时许，木某某驾车来到张*与谢*的租住房附近，张*下楼将木某某接到租住房后，谢*持刀威胁木某某，陈某某用尼龙绳将木某某手脚捆住，从木某某身上搜出现金2千余元及银行卡等物，并将其手机关闭。谢*逼迫木某某说出银行卡密码后，自己留下看守木。张*、陈某某换上事先准备的衣物，来到丽江市人民医院，持木某某的银行卡，蒙面从农业银行取款机中取出2万元。在张*、陈某某返回租住房后，谢*、陈某某用尼龙绳将木某某勒死，将尸体抬进卫生间。谢*、张*、陈某某分别使用菜刀、匕首、水果刀将木某某的尸体肢解，用黑色塑料袋和编织袋包装，搬运到木某某的汽车上。之后，由谢*驾车，三人共同将尸块抛入丽江市玉龙新县城护城河中。三人返回途中，经过丽江市古城区三家村时，张*、陈某某再次持木某某的银行卡蒙面从丽江友好医院旁的农行取款机上取款2万元。谢*将木某某的汽车开到丽江市黑龙潭公园附近丢弃。20日上午，谢*、张*、陈某某回到租住房，清扫了租住房并分赃，谢*、张*分得2.9万元，陈某某分得1.3万元。之后，陈某某将木某某的衣物及作案工具尼龙绳、神州行卡等带回昆明市抛弃，谢*将部分作案工具和赃物毁弃。22日，谢*再次清扫租住房后，携带2.9万元赃款潜逃至昆明市，并将赃款2.49万元藏匿于其三姐家中。

上述事实，有第一审、第二审开庭审理中经质证确认的被害人的尸块、有燃烧痕迹的"神州行大众卡"字样纸片、赃款2.49万元、被害人的汽车等物证的照片，手机短信详单、账户明细查询清单、房租收据、房屋出租登记复印件、记账单、串供纸条，证人和*成、唐*群、谢*等人的证言，尸块检验鉴定结论、DNA鉴定结论、价格鉴定结论，现场勘验、检查笔录，银行取款机监控录像和同案被告人陈某某的供述等证据证实。被告人谢*、张*亦供认。足以认定。

本院认为，被告人谢*、张*伙同他人以非法占有为目的，采取胁迫及杀死被害人的暴力手段，劫取被害人财物，其行为均已构成抢劫罪。谢*、张*伙同他人在抢劫过程中杀死被害人，抢劫财物数额巨大，杀人后分尸、抛尸，犯罪情节特别恶劣，手段特别残忍，社会危害极大，后果和罪行极其严重。在共同犯罪中，谢*预谋抢劫，邀约他人参与，购买作案工具，具体实施胁迫、杀死被害人、肢解被害人尸体的行为，并驾车运抛尸块，毁灭罪证，占有大部分赃款，起主要作用，系主犯，应当按照其所参与的全部犯罪处罚；且其在犯罪中的作用明显大于其他同案被告人，是共同犯罪中罪行最为严重者。谢*在押期间还企图指使张*翻供，说明其主观恶性深、人身危险性大，应依法惩处。张*虽参与犯罪，但未直接实施杀死被害人的行为，其作用小于谢*，且归案后认罪态度较好。综合考虑全案的犯罪事实和情节，对张*判处死刑，可不立即执行。第一审判决、第二审裁定认定的事实清楚，证据确实、充分，定罪准确。审判程序合法。对谢＊量刑适当。依照《中华人民共和国刑事诉讼法》第一百九十九条、《最高人民法院关于复核死刑案件若干问题的规定》第七条和《中华人民共和国刑法》第二百六十三条第（四）、（五）项，第二十六条第一、四款，第四十八条第一款，第五十七条第一款，第五十九条的规定，判决如下：

一、核准云南省高级人民法院（2008）云高刑终字第1054号刑事裁定中维持第一审以抢劫罪判处被告人谢＊死刑，剥夺政治权利终身，并处没收个人全部财产的部分。

二、撤销云南省高级人民法院（2008）云高刑终字第1054号刑事裁定和丽江市中级人民法院（2008）丽中刑初字第21号刑事判决中以抢劫罪判处被告人张＊死刑，剥夺政治权利终身，并处没收个人全部财产的部分。

三、被告人张＊犯抢劫罪，判处死刑，缓期二年执行，剥夺政治权利终身，并处没收个人全部财产。

本判决自宣告之日起发生法律效力。

审　判　长　　舒　明　生

代理审判员　　王　秋　玲

代理审判员　　揭　　萍

二〇〇九年三月二十六日

书　记　员　　孙　　璞

云南省高级人民法院
刑事裁定书

（2009）云高刑终字第1016号

原公诉机关云南省普洱市人民检察院。

上诉人（原审被告人）阿＊，又名若＊泰，男，2008年4月28日因本案被刑事拘留，同年6月3日被逮捕。现羁押于普洱市看守所。

指定辩护人范晓媛，云南＊＊律师事务所律师。

云南省普洱市中级人民法院审理云南省普洱市人民检察院指控原审被告人阿＊犯运输毒品罪一案，于2008年10月31日作出（2008）普中刑一初字第150号刑事判决，认定被告人阿＊犯运输毒品罪，判处死刑，缓期二年执行，并处没收个人全部财产；查获的毒品海洛因2793.6克，依法予以没收。被告人阿＊不服，向本院提出上诉。本院于2008年12月23日作出（2008）云高刑终字第1721号刑事裁定，以原判认定部分事实不清，证据不足为由，撤销原判，发回普洱市中级人民法院重新审判。普洱市中级人民法院于2009年5月21日作出（2009）普中刑初字第130号刑事判决。原审被告人阿＊不服，提出上诉。本院依法组成合议庭，经阅卷审查，提审被告人阿＊，听取辩护人的辩护意见，决定不开庭审理。现已审理终结。

原判认定：2008年4月28日，被告人阿＊在云南省景洪市接到藏有毒品的行李箱，乘坐客车前往玉溪市，途经国道213线刀官寨收费站前200米处，被公开查缉的公安民警查获。

原判根据上述事实，依照刑法的相关规定，认定被告人阿＊犯运输毒品罪，判处无期徒刑，并处没收个人全部财产；查获的毒品海洛因2793.6克依法予以没收。

宣判后，上诉人阿＊上诉称：其未满18周岁，请求二审法院重新鉴定；其不知行李箱内有毒品，其无罪，请求二审法院给予合理、公正的判处。

辩护人的辩护意见认为：一审判决推定被告人阿＊主观上明知箱内有毒

品，不符合最高院推定主观明知的规定；建议二审法院坚持疑罪从无的推定原则，宣告被告人阿*无罪。

本院认为，原判认定上诉人阿*犯运输毒品罪的部分事实不清、证据不足。据此，依照《中华人民共和国刑事诉讼法》第一百八十九条第（三）项之规定，裁定如下：

一、撤销云南省普洱市中级人民法院（2009）普中刑初字第130号刑事判决；

二、发回云南省普洱市中级人民法院重新审判。

本裁定为终审裁定。

审　判　长　李云霞
代理审判员　杨丽娟
代理审判员　税海波
二〇〇九年九月三十日
书　记　员　彭　蕊

云南省高级人民法院
刑事判决书

（2009）云高刑终第 1385 号

　　原公诉机关云南省普洱市人民检察院。

　　上诉人（原审被告人）欧*板，女，2009年2月21日因本案被刑事拘留，同年3月26日被逮捕。现羁押于普洱市孟连县看守所。

　　辩护人范晓媛，云南**律师事务所律师。

　　佤族语翻译岩*，孟连县政府公务员。

　　云南省普洱市中级人民法院审理云南省普洱市人民检察院指控原审被告人欧*板犯运输毒品罪一案，于二〇〇九年七月三十一日作出（2009）普中刑初字第302号刑事判决。原审被告人欧*板不服，提出上诉。本院受理后，依法组成合议庭，公开开庭审理了本案。云南省人民检察院指派检察员那文婷、黄爱娟出庭履行职务。上诉人欧*板及其辩护人范晓媛到庭参加诉讼。现已审理终结。

　　原判认定，2009年2月21日9时30分许，被告人欧*板携带毒品乘坐云K2435*客车前往景洪市，行至孟连县客运站门口时被民警查获，民警当场从被告人欧*板腰部内衣里查获毒品海洛因六块，净重1075克。

　　原审法院根据上述事实，依照《中华人民共和国刑法》第三百四十七条第二款第（一）项、第四十八条第一款、第五十七条第一款、第六十四条之规定，以运输毒品罪判处被告人欧*板死刑，剥夺政治权利终身，并处没收个人全部财产；查获的毒品海洛因1075克、人民币900元、手机一部依法予以没收。

　　宣判后，原审被告人欧*板上诉称其帮他人带东西到景洪市，不知所带的是毒品，请求从轻处罚。其辩护人提出欧*板系受人雇佣、指使运输毒品，是从犯，请求从轻处罚的辩护意见。出庭履行职务的检察员提出建议改判欧*板死刑，缓期二年执行，剥夺政治权利终身，并处没收个人全部财产的意见。

经审理查明，2009年2月21日9时30分许，上诉人欧*板携带毒品从孟连县乘坐云K2435*客车前往景洪市，途经孟连县客运站门口时被民警查获，民警当场从欧*板腰部内衣里查获毒品海洛因六块，净重1075克。

上述事实有下列证据予以证实：

1.查获经过说明材料证实，2009年2月21日9时30分许，孟连县公安局民警在孟连县客运站门口对云K2435*客车进行检查时，从乘客欧*板腰部内衣里查获用黄色胶带包装的毒品可疑物六块。

2.物证检验报告、毒品称量记录、毒品照片、提取检材笔录、扣押物品清单证实，从欧*板腰部内衣里查获的六块毒品可疑物经鉴定系海洛因，净重1075克。

3.汽车票，证实欧*板欲从孟连县乘车前往景洪市的事实。

4.上诉人欧*板供述，其对于2009年2月21日，为2000元报酬而帮他人运输毒品到景洪市，在孟连县客运站门口被民警从其腰部查获毒品海洛因六块的犯罪事实供认不讳。

5.户籍证明，证实上诉人欧*板的年龄等身份情况。

上列证经一审庭审质证、认证，取证程序合法，内容客观、真实，且能相互印证，本院予以确认。

本院认为，上诉人欧*板无视国家法律，为牟取非法利益，运输毒品海洛因的行为构成运输毒品罪，依法应予惩处。上诉人欧*板所提不知所带的是毒品的理由与其在侦查阶段的有罪供述不符，与本院查明的事实相悖，不能成立；其辩护人所提欧*板系受人雇佣指使运输毒品，是从犯的意见无相关证据予以证实，亦不能成立，本院均不予采纳。根据欧*板的犯罪情节及其行为的社会危害程度，对其可判处死刑，无须立即执行。对检察员的出庭意见予以采纳。原判定罪准确，审判程序合法，但对欧*板量刑失重、据此，依照《中华人民共和国刑事诉讼法》第一百八十九条第（一）项、第（二）项之规定，判决如下：

一、维持云南省普洱市中级人民法院（2009）普中刑初字第302号刑事判决第一项对被告人欧*板的定罪部分及第二项，即被告人欧*板犯运输毒品罪；查获的毒品海洛因1075克、人民币900元、手机一部依法予以没收。

二、撤销云南省普洱市中级人民法院（2009）普中刑初字第302号刑事判决第一项对欧*板的量刑部分。

三、上诉人欧＊板犯运输毒品罪，判处死刑，缓期二年执行，剥夺政治权利终身，并处没收个人全部财产。

本判决为终审判决。

审　判　长　　李　云　霞
代理审判员　　李　文　华
代理审判员　　税　海　波
二〇〇九年十二月十四日
书　记　员　　刘　津　嘉

云南省高级人民法院
刑事判决书

（2009）云高刑终重字第122-1号

原公诉机关云南省红河哈尼族彝族自治州人民检察院。

上诉人（原审被告人）骆*清，男，因本案于2008年4月23日被刑事拘留，同年5月9日被逮捕。现羁押于云南省开远市看守所。

辩护人凌**，云南***律师事务所律师。

指定辩护人范晓媛，云南**律师事务所律师。

云南省红河哈尼族彝族自治州中级人民法院审理红河哈尼族彝族自治州人民检察院指控原审被告人骆*清犯故意杀人罪，原审附带民事诉讼原告人李*昌、张*凤提起附带民事诉讼一案，于二〇〇八年十一月二十五日作出（2008）红中刑初字第210号刑事附带民事判决。原审被告人骆*清不服，提出上诉。本院于二〇〇九年四月十日作出（2009）云高刑终字第122号刑事裁定，驳回上诉，维持原判，对上诉人骆*清的死刑裁定依法报请最高人民法院核准。最高人民法院于二〇〇九年十月二十二日作出（2009）刑五复59491111号刑事裁定，不核准被告人骆*清死刑，撤销本院裁定，发回本院重新审判。本院依法另行组成合议庭，经过阅卷审查、审阅辩护人的意见，对本案进行了审理。现已审理终结。

原判认定，2008年4月6日20时许，被告人骆*清与被害人李*芬在骆*清租住的云南省开远市灵泉西路豪迈冶炼厂出租房内，因感情纠纷发生争吵。骆*清持随身携带的单刃匕首朝李*芬的颈、胸、腹、背等部位猛刺，致李*芬当场死亡。骆*清作案后潜逃。同月23日20时许，公安人员在浙江省诸暨市将骆*清抓获。

原判根据上述事实，依照刑法、民法通则的相关规定，以故意杀人罪判处被告人骆*清死刑，剥夺政治权利终身；判令被告人骆*清赔偿附带民事诉讼原告人李*昌、张*凤各项经济损失人民币64122元。

宣判后，上诉人骆*清辩称，被害人存在过错，其没有杀死被害人的故意；归案后认罪态度好，原判量刑过重，请求从轻处罚。

辩护人发表辩护意见认为，被害人存在过错，骆*清杀死被害人是临时起意，主观恶性小，归案后认罪态度好；原判对骆*清量刑过重，请求从轻处罚。

经审理查明，原判认定被告人骆*清因感情纠纷与被害人李*芬发生争吵，即持匕首将李*芬杀死的事实清楚。有下列证据予以证实：1.接处警登记表、受理刑事案件登记表、抓获经过说明材料，证实2008年4月11日19时40分，公安机关接公民张*超电话报案称，云南省开远市灵泉西路气象局旁出租房内有人的尸体。经侦查，同月23日20时许，公安人员在浙江省诸暨市王家井镇潮坑村277号将骆*清抓获。

2.现场勘查笔录及照片、现场指认笔录及照片、生物物证／遗传关系鉴定书，证实中心现场位于云南省开远市灵泉西路豪迈冶炼厂*房内，床上有一具被棉被覆盖的高度腐败的女尸。在尸体右膝下方提取一个"七匹狼"纸质手提袋，袋内装有女式衣物。在手提袋下方提取一个女式手提包，包内装有梳子、簪子和一张2008年4月5日从云南省弥勒县到开远市的汽车客票。在床边垃圾篓内提取沾有可疑血迹的卫生纸。经鉴定，确认被害人是李*昌、张*凤的亲生女儿李*芬；现场垃圾篓内卫生纸上的可疑血迹是被告人骆*清的血。骆*清归案后对现场进行了指认。

3.尸体检验报告及照片、死亡时间推断说明，证实被害人李*芬颈部、腰部、腹部有27处单刃锐器创口；系被他人用单刃锐器刺伤右肺、肝脏、左肾，致失血性休克死亡。死亡时间为2008年4月6日左右。与被告人骆*清供述的案发时间和作案手段相互印证。

4.证人李*萍的证言及辨认笔录，证实经李*萍辨认，确认从现场提取的纸袋内的黑色裤子、灰色手提包及包内的簪子、梳子、钥匙是被害人李*芬平常随身携带和使用的物品。

5.证人张*超、林*珍、国*珍的证言，证实2008年4月11日下午，张*超、林*珍、国*珍闻见案发房间里有臭味。三人随即上楼察看，从该房间窗户看见房内床上有人的身体被棉被覆盖后，张*超立即拨打110报警。租户是一名叫"骆飞"（骆*清）的贵州籍男子，"骆飞"的女朋友是开远人。林*珍最后一次看见"骆飞"及其女友是案发前5天的早上。

6.证人李*昌、李*亮、普*萍的证言，证实2008年4月6日16时许，被害人李*芬曾到过普*萍家。李*芬在普*萍家与被告人骆*清通电话后，李说男友约其吃晚饭。之后，李*芬就离开普*萍家。后李*芬的电话就一直处于关机状态。李*昌、李*亮、普*萍的证言还证实案发前1个月左右，李*芬因感情问题与骆*清吵过架。案发当日，李*芬在普*萍家中对普*萍说，其已与贵州籍男友分手，正在与一名石屏籍男子（腊*）交往。

7.证人腊*的证言，证实腊*与被害人李*芬从2007年8月开始谈恋爱。2008年4月6日20时21分，腊*在广州打电话给李*芬，才说了两句话，对方就换成了一个外地男子（骆*清）的声音，该男子说是李*芬的男朋友，后电话就断了。五分钟后，腊*接到该男子用李*芬的手机打来的电话，因信号不好就断了。次日，李*芬的电话已处于关机状态。

8.证人田*飞、欧*江的证言，证实2008年4月6日上午，田*飞在开远市灵泉西路豪迈冶炼厂出租房找被告人骆*清玩。当晚，田*飞、欧*江与骆*清及其女友在开远市体育馆旁的"越南小吃"饭馆吃完晚饭分手后就一直都没有联系过。

9.证人杨*的证言，证实杨*欠被告人骆*清人民币1000元。2008年4月6日至4月12日，骆*清曾打过3次电话给杨*，要求杨还钱。杨*还证实骆*清的女朋友叫李*芬，是开远市清塘子村人。

10.证人骆*军、骆*胜的证言，证实2008年4月6日22时许，被告人骆*清到个旧市大屯铝厂骆*军、骆*胜的住处说，其用刀把人捅伤了。骆*清向骆*军讨要到骆*军欠其的人民币1600元现金后就跑了。后骆*军的妹夫陈*明打电话给骆*军说，骆*清到浙江绍兴去了。

11.被告人骆*清的供述，2008年4月5日下午，被害人李*芬从弥勒县回到开远市，住在被告人骆*清租住的出租房内。次日晚上，李*芬接到一名男子（腊*）的电话。骆*清与李*芬因此发生争吵，骆*清将李*芬按在床上坐着，掏出随身携带的弹簧刀朝李*芬的身上刺了一刀，后又将李*芬按倒在床上，用刀朝李*芬的身上乱刺。李*芬不会动后，骆*清用棉被将李*芬盖住，将弹簧刀丢到出租房外的水沟里，洗干净手上的血迹，并将作案时所穿的衣物丢弃后，坐出租车到个旧市大屯镇找到骆*军、骆*胜。骆*清告诉骆*军、骆*胜其刺死了人。后骆*清向骆*军讨要回人民币1000多元的欠款，连夜赶到蒙自县。次日，骆*清坐车经文山县、广州市到佛山市。在姐姐家住了一天后，又坐车到浙江省诸暨市。

本案证据来源合法，内容客观、真实，本院予以确认。

本院认为，上诉人骆*清故意非法剥夺被害人李*芬的生命，其行为已构成故意杀人罪。上诉人骆*清持匕首刺杀被害人身体的要害部位达二十余刀，致被害人死亡，犯罪手段残忍，罪行严重，应依法惩处。骆*清所提没有杀死被害人的故意的上诉理由不能成立。其余上诉理由和辩护人的辩护意见部分成立，本院予以采纳。鉴于本案系因感情纠纷引发，事出有因，且骆*清归案后认罪态度好，综合本案的犯罪事实、性质、情节和社会危害程度，对骆*清判处死刑，可不立即执行。原判定罪准确，审判程序合法，但量刑失重。据此，依照《中华人民共和国刑事诉讼法》第一百八十九条（二）项，《中华人民共和国刑法》第二百三十二条、第四十八条第一款、第五十七条第一款之规定，判决如下：

一、维持红河哈尼族彝族自治州中级人民法院（2008）红中刑初字第210号刑事附带民事判决的第一项中对骆*清的定罪部分及第二项，即被告人骆*清赔偿附带民事诉讼原告人李*昌、张*凤各项经济损失人民币64122元。

二、撤销红河哈尼族彝族自治州中级人民法院（2008）红中刑初字第210号刑事附带民事判决第一项中对被告人骆*清的量刑部分。

三、上诉人（原审被告人）骆*清犯故意杀人罪，判处死刑，缓期二年执行，剥夺政治权利终身。

本判决为终审判决。

审　判　长　　赵　　林

代理审判员　　张　赵　琳

代理审判员　　朱　　川

二〇一〇年四月二十八日

书　记　员　　唐　　浩

云南省高级人民法院
刑事判决书

（2009）云高刑终重字第00127-1号

原公诉机关云南省红河哈尼族彝族自治州人民检察院。

上诉人（原审被告人）刘*光，男，2000年10月26日因犯诈骗罪被泸西县人民法院判处有期徒刑二年，2002年7月29日刑满释放。因本案于2008年3月1日被刑事拘留，同年4月3日被逮捕。现押于泸西县看守所。

指定辩护人范晓媛，云南**律师事务所律师。

云南省红河哈尼族彝族自治州中级人民法院审理红河哈尼族彝族自治州人民检察院指控原审被告人刘*光犯抢劫罪、盗窃罪、诈骗罪及附带民事诉讼原告人冯*兴、唐*仙、冯*绕、冯*林提起附带民事诉讼一案，于二〇〇八年十二月五日作出（2008）红中刑初字第213号刑事附带民事判决。宣判后，原审被告人刘*光不服，提出上诉。本院于二〇〇九年四月十日作出（2009）云高刑终字第127号刑事裁定，驳回上诉，维持原判；对上诉人刘*光的死刑裁定依法报请最高人民法院核准。最高人民法院于二〇〇九年十月二十八日作出（2009）刑五复44292412号刑事裁定，不核准本院维持第一审法院对刘*光判处死刑的刑事裁定；撤销本院作出的二审裁定；发回本院重审。本院依法另行组成合议庭审理了本案。现已审理终结。原判认定，2008年1月20日中午，被告人刘*光在云南省泸西县永宁乡大永宁村中路松棵（地名）马*云家田地旁的树林内用桉树棒将冯*祥打死后将冯放牧的一条黄牛劫走。此外，原判还认定了刘*光盗窃、诈骗他人财物的相关犯罪事实。

原判根据上述事实，依照我国刑法和民法通则的相关规定，以抢劫罪判处被告人刘*光死刑，剥夺政治权利终身，并处没收个人全部财产；以盗窃罪判处有期徒刑六年，并处罚金人民币10000元；以诈骗罪判处有期徒刑二年，并处罚金人民币5000元；决定执行死刑，剥夺政治权利终身，并处没收个人全部财产。判令被告人刘*光赔偿附带民事诉讼原告人冯*兴、唐*

仙、冯*绕、冯*林经济损失人民币85219.6元。

宣判后，上诉人刘*光上诉称，其没有杀死被害人冯*祥的故意；原判认定其诈骗的部分事实不属实；涉案的三头黄牛的鉴定价格过高；原判量刑过重，请求改判。

辩护人发表辩护意见认为，刘*光犯罪主要是因为贫穷；归案后认罪态度好；原判对刘*光量刑过重，建议对刘*光从轻处罚。

经审理查明：

（一）抢劫事实

2008年1月20日中午，被告人刘*光在泸西县永宁乡大永宁村中路松棵马*云家田地旁的树林内，为劫取被害人冯*祥放牧的黄牛，持桉树棒朝冯*祥头部猛击，致冯当场死亡。后刘*光将冯*祥价值人民币8800元的一条黄牛劫走，并以人民币3060元的价格卖给泸西县中枢镇大兴堡村村民谭*。同年2月29日13时许，公安人员在中枢镇逸圃街将刘*光抓获。刘*光归案后，主动供述了其盗窃和诈骗的相关事实。

上述事实，有抓获经过材料、现场勘查笔录及照片、现场指认笔录及照片、尸体检验报告及照片、证人证言、辨认笔录、扣押、发还物品清单及照片、价格鉴定结论书、刑事判决书、释放证明等证据证实；被告人刘*光对其打死被害人冯*祥后，劫走冯*祥黄牛的事实供认不讳，且能与其他证据相印证。

（二）盗窃事实

1.2005年10月的一天中午，被告人刘*光在泸西县中枢镇羊格黑村村民罗*所家，趁其独自在卧室内换衣服之机，从罗*所放于卧室中的衣服内盗走现金人民币3000元。

2.2006年9月的一天上午，被告人刘*光在泸西县舞街铺镇达左村村民付*华家，趁付*华家人外出时，从付*华放于家中的衣服内盗走现金人民币400元。

3.2007年12月24日22时许，被告人刘*光在泸西县旧城镇瓦舍村村民纪*方家，盗走纪*方儿子纪*新的一头价值人民币7600元的黄牛。后刘*光以人民币3160元的价格卖给泸西县中枢镇大兴堡村村民张*兴。

4.2008年1月3日11时许，被告人刘*光在弥勒县卫泸乡小当甸村村民周*东家，盗走周*东一头价值人民币6600元的黄牛。后刘*光以人民币3460元的价格卖给泸西县中枢镇阿勒村的车*林。

上述事实，有失主罗*所、付*华、纪*新、周*东的陈述、证人证言、指认笔录及照片、价格鉴定结论书、扣押、发还物品清单及照片等证据证实；被告人刘*光对盗窃的事实供认不讳，且能与其他证据相印证。

（三）诈骗事实

1.2004年4月，被告人刘*光在泸西县永宁乡大沙地村，以借摩托车回家喝水为名骗走殷*兴的一辆摩托车。

2.2004年5月，被告人刘*光在泸西县三塘乡阿永吉村，以借钱为名骗走金*明的现金人民币250元。

3.2004年年底，被告人刘*光在泸西县三塘乡小阿鹏村，以帮马*光的儿子招工为名，骗走马*光的现金人民币600元。

4.2005年的一天，被告人刘*光在泸西县舞街铺镇泉上村，以帮祖*升家要账为名，骗走祖*升家的现金人民币500元。

5.2005年5月，被告人刘*光在泸西县向阳乡小沙马村，以借钱为名骗走金*生的现金人民币200元。

6.2006年的一天，被告人刘*光在泸西县旧城镇鲁白村，以借钱为名骗走左*明的现金人民币400元。

7.2007年4月，被告人刘*光在石林县圭山镇普拉河村，以帮李*林招工为名，骗走李*林的现金人民币1100元和一辆摩托车。

8.2007年11月，被告人刘*光在师宗县午龙幼儿园，以帮忙买药材为名，骗走梅*林的现金人民币300元。

9.2007年12月9日，被告人刘*光在弥勒县弥阳镇半坡村，以借摩托接朋友为名，骗走钟*洪一辆价值人民币3700元的大江牌摩托车。

上述事实，有受害人殷*兴、金*明、马*光、祖*升、金*生、左*明、李*林、梅*林、钟*洪的陈述、价格鉴定结论书、发还物品清单等证据证实，被告人刘*光对诈骗的相关事实供认不讳，且能与其他证据相互印证。

上列证据来源合法，内容客观、真实，本院予以确认。

本院认为，上诉人刘*光以非法占有为目的，采用暴力手段当场劫取他人财物，并致人死亡，其行为已构成抢劫罪，应依法惩处。刘*光以非法占有为目的，秘密窃取他人数额巨大的财物，并采用虚构事实或隐瞒真相的方法，骗取他人数额较大的财物，其行为还构成盗窃罪和诈骗罪，依法应当数罪并罚。刘*光归案后主动供述公安机关尚未掌握的盗窃和诈骗事实，属自首，依法可对其所犯盗窃罪和诈骗罪从轻处罚。刘*光曾因故意犯罪被判处有期徒刑，刑满释放五年内又犯新罪，是累犯，依法应从重处罚。上诉人刘＊光所提原判认定其诈骗的部分事实不属实及涉案的三头黄牛的鉴定价格过高的上诉理由，与在卷证据证实的事实不符，本院不予采纳。鉴于上诉人刘＊光归案后如实供述犯罪，对其判处死刑，可不立即执行。刘＊光的辩护人所提合理辩护意见，本院部分予以采纳。原审判决认定事实清楚，定罪准确，审判程序合法，但对刘＊光量刑失重。据此，依照《中华人民共和国刑事诉讼法》第一百八十九条（一）、（二）项，《中华人民共和国刑法》第二百六十三条（五）项、第二百六十四条、第二百六十六条、第六十五条第一款、第六十七条、第六十九条、第四十八条第一款、第五十七条第一款之规定，判决如下：

一、维持云南省红河哈尼族彝族自治州中级人民法院（2008）红中刑初字第213号刑事附带民事判决第一项中对被告人刘＊光犯盗窃罪、诈骗罪的定罪量刑及犯抢劫罪的定罪部分；撤销该项中对被告人犯抢劫罪的量刑部分。

二、上诉人（原审被告人）刘＊光犯抢劫罪，判处死刑，缓期二年执行，剥夺政治权利终身，并处没收个人全部财产；犯盗窃罪，判处有期徒刑六年，并处罚金人民币10000元；犯诈骗罪，判处有期徒刑二年，并处罚金人民币5000元；数罪并罚，决定执行死刑，缓期二年执行，剥夺政治权利终身，并处没收个人全部财产。

本判决为终审判决。

审　判　长　赵　　伟
代理审判员　王　开　武
代理审判员　何　丽　萍
二〇一〇年十二月三日
书　记　员　杨　　燕

云南省高级人民法院
刑事判决书

（2009）云高刑终重字第 756-1 号

原公诉机关云南省普洱市人民检察院。

上诉人（原审被告人）许*洪，男，因犯抢劫罪于 2004 年 3 月 31 日被重庆市万盛区人民法院判处有期徒刑二年，2005 年 11 月 20 日刑满释放。2008 年 1 月 26 日因本案被刑事拘留，同年 2 月 1 日被逮捕。现羁押于江城县看守所。

指定辩护人范晓媛，云南**律师事务所律师。

云南省普洱市中级人民法院审理普洱市人民检察院指控被告人许*洪犯运输毒品罪一案，于 2008 年 7 月 25 日以（2008）普中刑二初字第 68 号刑事判决，认定被告人许*洪犯运输毒品罪，判处死刑，剥夺政治权利终身，并处没收个人全部财产。宣判后，许*洪提出上诉。云南省高级人民法院审理后，认为原审判决认定的部分事实不清，于 2008 年 12 月 16 日以（2008）云高刑终字第 1292 号刑事裁定，撤销原判，发回重审。普洱市中级人民法院依法另行组成合议庭审理了本案，于 2009 年 3 月 19 日以（2009）普中刑初字第 105 号刑事判决，认定许*洪犯运输毒品罪，判处死刑，剥夺政治权利终身；并处没收个人全部财产。宣判后，许*洪提出上诉。云南省高级人民法院经依法开庭审理，于 2009 年 9 月 22 日以（2009）云高刑终字第 756 号刑事裁定，驳回上诉，维持原判，并依法报送最高人民法院复核。最高人民法院于 2010 年 3 月 19 日作出（2009）刑五复 58946237 号刑事裁定撤销二审裁定，发回我院重新审理。本院依法另行组成合议庭，经过阅卷，调取相关证据，认为本案事实清楚，证据确实、充分，决定不开庭审理，现已审理终结。

原判认定，2008 年 1 月 26 日，江城县公安局禁毒大队民警在楚勐线 492KM+50M 处的江城县康平乡大过岭限超载检测点进行设卡查缉，15 时

25分许，民警对一辆车牌号云KG-60**摩托车进行检查时，坐在该摩托车后面座位上的被告人许*洪突然逃离现场，后被民警抓获，并当场从许*洪携带的黑色皮包内查获毒品甲基苯丙胺4000克、2支军用手枪、8发子弹。原判依据上述事实，依照《中华人民共和国刑法》第三百四十七条第二款第（一）项、第四十八条第一款、第五十七条第一款、第六十五条第一款、第六十四条之规定，以运输毒品罪判处被告人许*洪死刑，剥夺政治权利终身，并处没收个人全部财产；查获的毒品甲基苯胺4000克、手枪2支、8发子弹依法予以没收。

经审理查明，2008年1月26日，江城县公安局禁毒大队民警根据群众举报的线索，会同在外执勤的交警大队民警前往楚勐线492KM+50M处的江城县康平乡大过岭限超载检测点进行设卡查缉。15时25分许，民警对一辆车牌号云KG-60**摩托车进行检查时，坐在摩托车后面座位上的上诉人许*洪突然逃离现场，后被民警抓获，并从许*洪丢弃在路边的黑色皮包内查获用白色塑料袋包装的7包毒品甲基苯丙胺，重4000克，用黄色塑料袋包装的2支军用手枪、8发子弹；同时抓获驾驶摩托车的赵兴其和在此之前驾驶摩托车被检查的霍*亮、张*，后三人因证据不足被释放。该事实有下列证据予以证实：

1.抓获经过、物证及指认、称重照片、指认笔录、提取证据记录、称量笔录、普洱市公安局物证鉴定中心出具公（普）鉴（化）字[2008]046号及附1号物证检验报告、公（普）鉴（痕）字[2008]03号枪弹鉴定书、鉴定结论通知书证实，江城县公安局禁毒大队民警依据群众举报设卡查缉，并当场从许*洪携带的一个黑色皮包内查获毒品甲基苯丙胺4000克、外用黄色胶带包裹的美制科尔特、贝雷塔军用手枪各1支、8发子弹的事实。

2.被告人许*洪对自己运输毒品的犯罪事实供认不讳，但辩称是受同乡霍*亮邀约、安排运输毒品的，由于害怕被报复没有在被抓获时交代同案人员。

3.常住人口登记表证实许*洪的身份情况。重庆市万盛区人民法院（2004）万刑初字第104号刑事判决书、释放证明证实，许*洪因犯抢劫罪于2004年3月31日被重庆市万盛区人民法院判处有期徒刑二年，2005年11月20日刑满释放。

4.扣押物品清单证实查获的毒品和枪支已经扣押在案。

上列证据经一审庭审质证、认证，取证程序合法、证据内容属实，且能互相印证，本院予以确认。

本院认为，上诉人许＊洪无视国法，为获取非法利益携带毒品甲基苯胺进行运输的行为，已触犯刑法，构成运输毒品罪，应依法予以惩处。上诉人许＊洪在前罪刑满释放后五年内又犯应当判处有期徒刑以上刑罚之罪，是累犯，依法应从重处罚。对辩护人所提许＊洪主观不明知所运输的是毒品的辩护意见，经查，许＊洪对自己为获取一定报酬而运输毒品在侦查及开庭阶段均作了供述，结合其所运输毒品的方式和被公安人员检查时有逃避检查的行为，可以认定其主观明知，对该辩护意见不予采纳。对上诉人许＊洪及其辩护人所提其是从犯，应从轻判处的上诉理由和辩护意见，经查，现有证据不能证实许＊洪是受人指使、雇佣运输毒品，许＊洪是毒品运输的具体实施人；许＊洪运输毒品数量大，社会危害大，且是累犯，前罪系暴力性犯罪，足见其主观恶性深，人身危险性大。其要求从轻判处的上诉理由和辩护人的辩护意见，本院不予采纳。原判定罪准确，审判程序合法。但根据本案的事实、证据和许＊洪的犯罪情节，对许＊洪可判处死刑，无须立即执行。据此，依照《中华人民共和国刑事诉讼法》第一百八十九条第（一）、（二）项的规定，判决如下：

一、维持云南省普洱市中级人民法院（2009）普中刑初字第105号刑事判决的第一项中对被告人许＊洪的定罪部分、第二项对查获毒品和物品的处理部分；

二、撤销云南省普洱市中级人民法院（2009）普中刑初字第105号刑事判决的第一项中对被告人许＊洪的量刑部分；

三、上诉人（原审被告人）许＊洪犯运输毒品罪，判处死刑，缓期二年执行，剥夺政治权利终身，并处没收个人全部财产。

本判决为终审判决。

审　判　长　　周红敏
审　判　员　　刘晋云
代理审判员　　杨丽娟
二〇一〇年十月二十九日
书　记　员　　杨　婕

云南省高级人民法院
刑事判决书

（2009）云高刑终字第 111 号

原公诉机关云南省红河哈尼族彝族自治州人民检察院。

上诉人（原审被告人）熊＊保，男，因本案于2008年4月1日被刑事拘留，同月16日被逮捕。现羁押于蒙自县看守所。

指定辩护人范晓媛，云南＊＊律师事务所律师。

云南省红河哈尼族彝族自治州中级人民法院审理红河哈尼族彝族自治州人民检察院指控原审被告人熊＊保犯故意杀人罪，原审附带民事诉讼原告人杨＊明、陶＊英提起附带民事诉讼一案，于二〇〇八年十二月四日作出（2008）红中刑初字第209号刑事附带民事判决。原审被告人熊＊保不服，提出上诉。本院受理后，依法组成合议庭，公开庭审理了本案。云南省人民检察院检察员汤涛、杨泗泽出庭履行职务，原审被告人熊＊保及其辩护人范晓媛到庭参加诉讼。本案现已审理终结。

原判认定，2008年3月25日，被告人熊＊保因不能正确处理家庭矛盾，在云南省蒙自县芷村镇新寨村丫口处，持刀砍杀被害人杨＊琼、陶＊英，致杨＊琼死亡，陶＊英重伤。

原判根据上述事实，依照《中华人民共和国刑法》第二百三十二条、第五十七条第一款、第四十八条、第三十六条，《中华人民共和国民法通则》第一百一十九条及《最高人民法院关于审理人身损害赔偿案件适用法律若干问题的解释》第十七条之规定，以故意杀人罪判处被告人熊＊保死刑，剥夺政治权利终身；判令被告人熊＊保赔偿附带民事诉讼原告人杨＊明、陶＊英各项经济损失人民币57726.40元。

二审庭审中，上诉人熊＊保辩称，被害人存在过错；其与被害人杨＊琼所生的二名子女无人抚养；原判量刑过重，请求从轻处罚。

其辩护人发表辩护意见认为，熊＊保是初犯，认罪态度好；熊＊保子女无人抚养；原判量刑过重，请求从轻处罚。

检察员发表出庭意见认为，原判定罪准确，量刑适当。审判程序合法。建议本院驳回上诉，维持原判。

经审理查明，上诉人熊*保与被害人杨*琼系同居关系。熊*保因不能正确处理与杨*琼的感情纠纷，遂产生杀害杨*琼之念。2008年3月25日，熊*保携带菜刀窜至云南省蒙自县芷村镇新寨村，发现马*文与被害人杨*琼、陶*英到地里干活，随即潜伏在新寨村丫口杨*村家土地旁的草丛中。当日19时许，当杨*琼、陶*英途经该处时，熊*保持菜刀朝杨*琼头上乱砍，后熊*保又持刀朝陶*英面部及双手乱砍。陶*英、杨*琼被砍倒后，熊*保逃离现场。杨*琼经送医院抢救无效，于同月28日死亡。陶*英伤情鉴定为重伤。同月31日19时25分，公安人员在芷村镇狮子山村将熊*保抓获。

上述事实，有下列证据予以证实：

1.接处警登记表、接受刑事案件登记表、抓获经过说明材料，证实2008年3月25日19时25分，公民刘*海向公安机关报案称，云南省蒙自县芷村镇岩峰窝村委会新寨村有母女二人被人砍伤。接报后，公安人员立即赶赴案发现场，将被害人陶*英、杨*琼送往医院抢救。杨*琼经抢救无效，于同月28日死亡。经侦查，公安机关确认被告人熊*保有重大作案嫌疑，同月31日19时25分，在芷村镇狮子山村将熊*保抓获。

2.现场勘查笔录及照片、情况说明及照片、现场指认笔录及照片、辨认笔录及照片，证实中心现场位于云南省蒙自县芷村镇岩峰窝村委会新寨村南面250米杨*林家和杨*村家承包的土地交界处。中心现场玉米秆堆上、地面上有暗红色斑迹、毛发、人体软组织碎片、带毛发的头皮组织。现场提取一段沾有暗红色斑迹的木质刀柄。在陶*英家提取杨*明从现场带回家的沾有红色斑迹的锄头、镰刀及二条头巾。所提取的锄头、镰刀及其中一块头巾上有砍切痕。

经熊*保辨认，确认现场提取的木质刀柄是其作案时使用的菜刀刀柄。熊*保归案后对现场进行了指认。

3.生物物证/遗传关系鉴定书及情况说明、尸体检验报告及照片、人体损伤程度鉴定书，证实中心现场玉米秆堆上、地面上沾有的暗红色斑迹是被害人杨*琼的血；木质刀柄上、锄头把上、镰刀上、二条头巾上沾有的暗红色斑迹是被害人陶*英的血；陶*英和杨*琼具有亲生关系；杨*琼系被他人用砍切类刀具砍击，致严重颅脑损伤死亡；陶*英的损伤程度为重伤。

与被告人熊*保供述用菜砍杀二被害人的作案手段相互印证。

4.被害人陶*英的陈述，证实2008年3月25日19时许，被害人陶*英、杨*琼从地里干农活返回，走到杨*村家田地边时，被告人熊*保拿着一把刀从草丛里跑出来，什么话也不说，就朝杨*琼的头上砍了数刀。陶*英见状去拉杨*琼，熊*保又持刀朝陶*英的脸和双手乱砍。熊*保将陶*英和杨*琼砍倒在地后就跑了。杨*琼倒地后已不会讲话，后经医院抢救无效死亡。

5.证人杨开*、杨*林、杨*明、刘*海、杨发*的证言、调解笔录，证实被害人杨*琼生孩子时患病，不能干农活。被告人熊*保不但不送杨*琼去就医，反而责怪杨*琼偷懒，双方为此发生矛盾。2007年4月，熊*保将杨*琼及二个小孩送回杨*琼父母家。2008年春节前，熊*保欲接杨*琼回家，遭到杨*琼拒绝。同年3月21日，双方到蒙自县芷村镇岩峰窝村委会进行调解，因熊*保不愿意赔偿杨*琼父母杨*明、陶*英为杨*琼治病所支付医药费，双方调解未果。同月25日19时许，陶*英、杨*琼外出干农活未归，杨*林拿着电筒去地里找，走到新寨村丫口斜坡处时，看见被害人陶*英、杨*琼倒在地上，杨*琼压在陶*英的身上。杨*琼当时已不会讲话。陶*英说，砍杀其二人的是熊*保。杨*林立即跑回村里向村长杨开*报案。杨开*、杨正*到现场后，打电话给岩峰窝村委会的刘*海。刘*海就向芷村派出所报案。公安人员到达现场后，联系120将陶*英、杨*琼送到医院抢救，后杨*琼经抢救无效死亡。

6.证人尹*祥、杨*英的证言，证实2008年3月25日17时许，尹*祥、杨*英看到被告人熊*保从蒙自县芷村镇岩峰窝村委会新寨村出来，往戈巴冲（地名）方向走。尹*祥的证言还证实案发前，被害人杨*琼因治病的事与熊*保产生矛盾。

7.证人李*引、马*文的证言，证实2008年3月24日，李*引带着马*文到被害人杨*琼父母家住了一夜。次日中午，李*引先离开杨*琼父母家。马*文帮杨*琼、陶*英到地里干农活至当日16时许离开，杨*琼、陶*英继续在地里干农活。

8.被告人熊*保的供述，证实被告人熊*保与被害人杨*琼因感情纠纷，经蒙自县芷村镇岩峰窝村委会调解未果。熊*保因此怀疑杨*琼有外遇，遂产生杀死杨*琼之念。2008年3月25日8时许，熊*保从家里拿着菜刀到新寨村窥视杨*琼父母家，看见一名男子在杨*琼父母家。当日中午，该男子与陶*英、杨*琼去新寨村丫口的地里干农活。熊*保就在丫口的山坡上潜伏起来。当日傍晚，杨*琼、陶*英干完农活，途经熊*保潜伏处时，熊便持菜刀朝杨*琼的头上猛砍数刀，后又朝陶*英的面部及双手砍了数刀。熊*保将二被害人砍倒后，逃离现场。

本案证据来源合法，内容客观、真实，本院予以确认。

本院认为，上诉人熊*保无视国法，持刀砍杀被害人杨*琼、陶*英，致杨*琼死亡，陶*英重伤。其行为已构成故意杀人罪，应依法惩处。熊*保所提被害人存在过错的上诉理由与本院审理查明的事实不符，本院不予采纳；熊*保及其辩护人所提熊*保与杨*琼所生子女无人抚养的上诉理由和辩护意见不是对熊*保从轻处罚的法定情节，本院亦不予采纳。鉴于熊*保归案后认罪态度较好，对其判处死刑，无须立即执行。熊*保及其辩护人所提原判量刑过重，请求从轻处罚的上诉理由和辩护意见成立，本院予以采纳。检察员提出维持原判的出庭意见，本院部分采纳。原判定罪准确。审判程序合法，但对熊*保量刑失当。据此，依照《中华人民共和国刑事诉讼法》第一百八十九条（二）项之规定，判决如下：

一、维持云南省红河哈尼族彝族自治州中级人民法院（2008）红中刑初字第209号刑事附带民事判决第一项中对被告人熊*保的定罪部分；撤销量刑部分。

二、上诉人（原审被告人）熊*保犯故意杀人罪，判处死刑，缓期二年执行，剥夺政治权利终身。

本判决为终审判决。

审 判 长　彭 淑 芳
代理审判员　姚　　永
代理审判员　陈　　欣
二〇〇九年五月二十七日
书 记 员　李 志 君

云南省高级人民法院
刑事判决书

(2009)云高刑终字第 134 号

原公诉机关云南省红河哈尼族彝族自治州人民检察院。

上诉人(原审被告人)杨*书,男,2008年5月15日因本案被刑事拘留,同年5月30日被逮捕。现羁押于屏边县看守所。

指定辩护人范晓媛,云南**律师事务所律师。

云南省红河哈尼族彝族自治州中级人民法院审理红河哈尼族彝族自治州人民检察院指控原审被告人杨*书犯故意杀人罪一案,于二〇〇八年十二月十一日作出(2008)红中刑初字第204号刑事判决。原审被告人杨*书不服,提出上诉。本院依法组成合议庭,公开开庭审理了本案。云南省人民检察院指派检察员李世清、万玮出庭履行职务。上诉人杨*书及其辩护人范晓媛到庭参加诉讼。现已审理终结。

原判认定,2008年5月11日凌晨1时许,被告人杨*书在其家门前竹子树下,用铁锤、锄头将其前妻李*琼打死。

原审法院依据上述事实,依照刑法的相关规定,以故意杀人罪判处被告人杨*书死刑,剥夺政治权利终身。

二审庭审中,上诉人杨*书辩称,不是有预谋的犯罪,李*琼生活作风不好,导致其自尊心受损;没有用石头打着李*琼的头。辩护人辩护认为,被害人李*琼在与杨*书离婚前就与他人有不正当的男女关系;李*琼有过错;一审量刑畸重。

检察机关认为:一审认定事实清楚,证据确实充分,定性准确,审判程序合法,但量刑失当。经审理查明,2008年5月11日凌晨1时许,上诉人杨*书在自家门前见前妻李*琼在门前竹子树下,怀疑李*琼与别人偷情。即上前质问李*琼,并用随身携带的铁锤朝李*琼头部猛击数下,李*琼倒地后,杨*书从家里拿了一把锄头和一个编织袋,用编织袋套住李*琼的头，将李＊琼扛到本村后山老鹰岩，用锄头朝李＊琼的头部猛击数下，将李＊琼掩埋后逃离现场。

认定上述事实，有下列证据：

1.报案记录、抓获经过，证实2008年5月11日22时47分，李＊云电话向屏边县和平乡派出所报称，其妹李＊琼昨天与前夫吵架后失踪，门前发现血迹。经民警调查后发现杨＊书有重大作案嫌疑，2008年5月14日将被告人杨＊书抓获。

2.现场勘查笔录，证实中心现场位于屏边县和平乡坡背村委会小狮子山村5号杨＊书家房屋西北侧下方9米处的小路上。在该现场靠北路面上数片竹叶上粘有血痕；在该竹叶向西有滴落状血痕，路面上的竹叶上粘有血迹，竹叶下方的土壤有渗透状血痕。

3.现场指认笔录、尸体检验鉴定书及照片，证实2008年5月14日13时许，在杨＊书的指认下，民警在小狮子山村老鹰岩侯＊品家荒地内找到被掩埋的李＊琼尸体，李＊琼尸体头部套有一白色塑料袋；被害人李＊琼系颅脑损伤出血死亡。

4.提取笔录、生物物证／遗传关系鉴定书，证实现场、现场竹叶上的暗红色斑迹，在杨＊书指认下提取的杨＊书作案时所穿衣服、裤子、鞋子、作案工具锄头上的暗红色斑迹是李＊琼的血。

5.证人杨＊凤、陈＊书、李＊学、李＊云证言，证实2008年5月11日凌晨1时30分许，杨＊凤听见姨妈李＊琼的叫声即从家里出来，没找到李＊琼，被姨爹杨＊书拖回家。杨＊书从家里拿了一个白色编织袋，将杨＊凤锁在家里后出去。后杨＊凤听见李＊琼说，求求杨＊书。杨＊凤从家里跑出去到陈＊书家，让陈＊书打电话给其舅李＊学。次日6时，杨＊凤见家后面小路有血，又打电话给其舅李＊云，告诉李＊云李＊琼不见了。陈＊书同时证实陈＊书与李＊琼有男女关系有4、5年时间。

6.被告人杨＊书供述、现场指认笔录，证实2007年3月与李＊琼离婚。但李＊琼白天依然在杨＊书家，与杨＊书共同劳动、生活。2008年5月11日凌晨1时许，杨＊书从工厂带着一把锤、电筒等物回家，在家门前见前妻李＊琼在竹子树脚，怀疑李＊琼与别人偷情，即质问李＊琼在外面做什么，并用铁锤朝李＊琼的头部打了两下，用电筒看见李＊琼脸、头淌血。杨＊书回家将站在门口的侄女杨＊凤拖进家中，拿了一把锄头和一个装尿素的编织袋返回。用编织袋套住李＊琼的头，把李＊琼扛到老鹰岩侯＊品家荒地内，挖了一个坑将李＊琼尸体放进去，因坑小，李＊琼的头落不下，杨＊书又用锄头把将李＊琼的头敲下去，用土将李＊琼尸体盖起又拉些草盖着。

杨＊书归案后，对杀人、埋尸，丢弃作案时所穿衣、裤、鞋子，锄头等地点指认无误。

本案事实清楚，证据确实、充分，足以认定。

本院认为：上诉人杨＊书无视国法，不能正确处理感情纠纷，故意非法剥夺他人生命，其行为构成故意杀人罪。犯罪手段残忍，造成的后果严重。鉴于该案事出有因，对杨＊书判处死刑，可不立即执行。杨＊书及其辩护人辩护意见部分有理，本院部分采纳。原审定罪准确，审判程序合法。但量刑失当。据此，依照《中华人民共和国刑事诉讼法》第一百八十九条第（二）项，《中华人民共和国刑法》第二百三十二条、第四十八条第一款、第五十七条第一款之规定，判决如下：

一、维持红河哈尼族彝族自治州中级人民法院（2008）红中刑初字第204号刑事判决中对被告人杨＊书的定罪部分；撤销该判决对杨＊书的量刑部分。

二、上诉人杨＊书犯故意杀人罪，判处死刑，缓期二年执行，剥夺政治权利终身。

本判决为终审判决。

审　判　长　　彭　淑　芳

代理审判员　　陈　　欣

代理审判员　　姚　　永

二〇〇九年四月一日

书　记　员　　李　志　君

云南省高级人民法院
刑事裁定书

（2009）云高刑终字第269号

原公诉机关云南省西双版纳傣族自治州人民检察院。

上诉人（原审被告人）孙*涛，男，2007年11月26日因本案被刑事拘留，同年12月29日被逮捕。现羁押于云南省景洪市看守所。

辩护人李某某，云南**律师事务所律师。

指定辩护人范晓媛，云南**律师事务所律师。

上诉人（原审被告人）岩*混，男，2007年11月28日因本案被刑事拘留，同年12月29日被逮捕。现羁押于云南省景洪市看守所。

辩护人阮某某，云南**律师事务所律师。

辩护人刘某某，云南**律师事务所律师。

上诉人（原审被告人）岩嫩*，男，2007年11月28日因本案被刑事拘留，同年12月29日被逮捕。现羁押于云南省景洪市看守所。

原审被告人孙*，男，2007年11月26日因本案被刑事拘留，同年12月29日被逮捕。现羁押于云南省景洪市看守所。

云南省西双版纳傣族自治州中级人民法院审理云南省西双版纳傣族自治州人民检察院指控的原审被告人孙*涛、岩*混、岩嫩*、孙*犯贩卖毒品罪一案，于二〇〇八年十二月十四日作出（2008）西刑初字第226号刑事判决，以贩卖毒品罪，分别判处被告人孙*涛、岩*混死刑，剥夺政治权利终身，并处没收个人全部财产；判处被告人岩嫩*无期徒刑，剥夺政治权利终身，并处没收个人全部财产；判处被告人孙*有期徒刑十五年，并处没收个人财产人民币十万元；查获的毒品甲基苯丙胺17632克、毒品海洛因142克，依法予以没收。宣判后，原审被告人孙*涛、岩*混、岩嫩*、孙*不服，分别提出上诉。

孙*涛上诉称：他没有参与本案贩卖、运输毒品，原判认定其犯贩卖毒品罪的事实不清，证据不足，量刑过重。

岩＊混上诉称：1.一审判决认定贩卖毒品甲基苯丙胺96条、净重17632克与事实不符，其只贩卖50条，且其只收到120万元的购毒款，其以每条2.2万元购买的毒品，只能购买50条，而且其未参与孙＊涛等人包装和托运毒品，查获的毒品有可能在这两个环节中还有其他人的毒品放入，查获的毒品中无其指纹，因此，认定查获的毒品全部是其贩卖的证据不足；公安机关将其妻的合法收入人民币10万元作为毒资没收不合法；2.一审认定其为主犯与事实不符，其在本案中只属于从犯；3.其被抓后如实供述了毒品卖主岩＊，民警虽未抓获岩＊，应认定其有立功表现；4.从其家查获的海洛因是准备帮岩＊贩卖的，但尚未贩卖，不构成犯罪，原判量刑过重，请求二审从轻处罚。

岩嫩＊上诉称：其只是为朋友孙＊涛去接货，不知道货里有毒品，其也只得到1000元的劳务费，原判量刑过重，请求二审从轻处罚。

孙＊上诉称：其只是帮助孙＊涛运输毒品，不构成贩卖毒品罪，且其有重大立功表现，原判量刑过重，请求二审减轻处罚。

本院依法组成合议庭，公开开庭审理了本案，云南省人民检察院指派检察员赵明、张立明出庭履行职务。上诉人孙＊涛、岩＊混、岩嫩＊、原审被告人孙＊及孙＊涛的辩护人李某某、范晓媛、岩＊混的辩护人阮某某、刘某某到庭参与诉讼。现已审理终结。

本院认为，一审判决认定被告人孙＊涛、岩＊混岩嫩＊、孙＊共同贩卖毒品甲基苯丙胺17632克的部分犯罪事实不清，证据不足。依照《中华人民共和国刑事诉讼法》第一百八十九条（三）项的规定，裁定如下：

一、撤销云南省西双版纳傣族自治州中级人民法院（2008）西刑初字第226号刑事判决；

二、发回云南省西双版纳傣族自治州中级人民法院重新审判。

本裁定为终审裁定。

审　判　长　　刘晋云
代理审判员　　杨丽娟
代理审判员　　税海波
二〇〇九年七月二十三日
书　记　员　　杨　婕

云南省高级人民法院
刑事判决书

（2009）云高刑终字第270号

原公诉机关云南省西双版纳傣族自治州人民检察院。

上诉人（原审被告人）康*，男，因本案于2008年5月29日被刑事拘留，同年7月2日被逮捕。现羁押于西双版纳州看守所。

指定辩护人范晓媛，云南**律师事务所律师。

云南省西双版纳傣族自治州中级人民法院审理云南省西双版纳傣族自治州人民检察院指控原审被告人康*犯运输毒品罪一案，于二〇〇八年十二月十四日作出（2008）西刑初字第299号刑事判决。原审被告人康*不服，提出上诉。本院依法组成合议庭，公开开庭审理了本案，云南省人民检察院指派检察员李富强、赵明出庭履行职务。上诉人康*及其辩护人范晓媛到庭参加诉讼。现已审理终结。

原判认定，2008年5月29日，被告人康*驾驶摩托车从打洛镇前往景洪市。16时40分途经景洪市农场五分场岔路口时被公安民警抓获，当场从其驾驶的摩托车后架上的油桶内查获毒品可疑物3284克，经鉴定系毒品甲基苯丙胺。

原判根据上述事实及相关法律规定，以运输毒品罪判处被告人康*死刑，剥夺政治权利终身，并处没收个人全部财产；查获的毒品甲基苯丙胺3284克依法予以没收。

宣判后，康*上诉称不知道所运送的"麻黄素"是毒品，其系被人利用；被抓获后主动打电话联系"阿明"，虽未成功，仍有立功情节；系初犯、偶犯，认罪态度好，原判量刑过重，请求二审法院公正判处。

辩护人提出，康*并非毒品所有者，其是受指使而运输毒品，属从犯；毒品含量低；康*无犯罪前科，实施本次犯罪时年龄小，且认罪态度好，请求二审法院对康*减轻处罚。

出庭履行职务的检察员提出，原判认定的事实清楚，证据确实、充分，定性准确，量刑适当，审判程序合法，上诉人的上诉理由和辩护人的辩护意见均不能成立，建议二审法院驳回上诉，维持原判。

经审理查明，2008年5月29日16时40分，上诉人康*携带毒品驾驶摩托车从打洛镇前往墨江县，途经景洪市农场五分场岔路口时被公安民警抓获，民警当场从康*驾驶的摩托车后架上捆绑的一个油桶内查获毒品甲基苯丙胺3284克。

上述事实有下列证据予以证实：

1.公安机关出具的抓获经过说明材料，证实2008年5月29日，民警根据线索抓获正在运输毒品的康*，并从其所驾摩托车上捆绑的一个油桶内查获毒品可疑物的事实；

2.指认笔录、毒品可疑物取样笔录、物证检验报告及鉴定结论通知书、毒品称量记录、物证照片、扣押物品清单、收缴记录，证实本案查获的毒品可疑物经鉴定确系毒品甲基苯丙胺，净重3284克；康*随身携带的现金1200元、手机1部和摩托车已被扣押在案；

3.从康*手机上提取的手机通话记录，证实犯罪期间康*曾与其手机内储存的一个叫阿明的人通话，与康*供述其被抓获前后与指使其运输毒品的阿明都有过通话的情况相印证；

4.被告人康*供述，其为获取1万元报酬，答应为一个缅甸男子阿明运输毒品到墨江县。5月29日中午12时30分许，其根据阿明的安排接取了藏匿着毒品的蓝色油桶，后驾驶摩托车运输途中被抓获；

5.情况说明材料，证实民警未能将阿明抓获归案；

6.户籍证明，证实康*的身份情况，与其自报身份一致。

以上证据均经一、二审庭审质证、认证，来源合法，内容客观、真实，且能相互印证，本院依法予以确认。

本院认为，上诉人康*携带毒品甲基苯丙胺进行运输的行为，已构成运输毒品罪，且运输品数量大，社会危害性严重，应依法惩处。康*上诉称不知道所运送的"麻黄素"是毒品的理由与其客观行为不相符，上诉称有立功情节的理由没有法律依据。鉴于康*系受人指使、雇佣而参与运输毒品犯罪，且系初犯、偶犯，根据其犯罪事实、犯罪性质和犯罪情节，对其判处死刑，无须立即执行。上诉人康*和辩护人要求从轻处罚的意见予以采纳。原判定罪准确，审判程序合法，但量刑失重，且未对公安机关依法扣押的上诉人的财物进行处理，本院依法予以纠正。据此，依照《中华人民共和国刑事诉讼法》第一百八十九条第（一）、（二）项和《中华人民共和国刑法》第三百四十七条第二款（一）项、第四十八条第一款、第五十七条第一款、第六十四条之规定，判决如下：

一、维持云南省西双版纳傣族自治州中级人民法院（2008）西刑初字第299号刑事判决的第一项中对被告人康*的定罪部分和第二项对查获毒品的处理部分；

二、撤销云南省西双版纳傣族自治州中级人民法院（2008）西刑初字第299号刑事判决的第一项中对被告人康*的量刑部分；

三、上诉人（原审被告人）康*犯运输毒品罪，判处死刑，缓期二年执行，剥夺政治权利终身，并处没收个人全部财产；

四、查获的毒品甲基苯丙胺3284克、扣押的现金1200元、手机1部和运输毒品工具摩托车一辆，依法予以没收。

本判决为终审判决。

审　判　长　　刘晋云
代理审判员　　杨丽娟
代理审判员　　税海波
二〇〇九年六月一日
书　记　员　　杨　婕

云南省高级人民法院
刑事裁定书

（2009）云高刑终字第397号

原公诉机关云南省普洱市人民检察院。

上诉人（原审被告人）木尔日*，男，2008年7月11日因本案被刑事拘留，同年8月14日被逮捕。现押于孟连县看守所。

辩护人王扎舍*，四川省布拖县畜牧局干部。

上诉人（原审被告人）夏*军，男，2008年7月11日因本案被刑事拘留，同年8月14日被逮捕。现押于孟连县看守所。

辩护人罗某某，云南**律师事务所律师。

原审被告人木色*土，男，2008年7月11日因本案被刑事拘留，同年8月14日被逮捕。现押于孟连县看守所。

指定辩护人范晓媛，云南**律师事务所律师。

翻译沙*才，普洱市师范专科学校学生。

云南省普洱市中级人民法院审理普洱市人民检察院指控原审被告人木色*土、夏*军、木尔日*犯贩卖、运输毒品罪一案，于二〇〇八年十二月八日作出（2009）普中刑三初字第178号刑事判决，认定三被告人构成走私、贩卖毒品罪，判处被告人木尔日*死刑，剥夺政治权利终身，并处没收个人全部财产；判处被告人木色*土死刑，缓期二年执行，剥夺政治权利终身，并处没收个人全部财产；判处被告人夏*军死刑，缓期二年执行，剥夺政治权利终身，并处没收个人全部财产；查获的毒品海洛因2799克、甲基苯丙胺4克依法予以没收。宣判后，木尔日*上诉称其受木色*土和夏*军的指使安排帮助购买毒品，属从犯；一审改变指控的被告人排列顺序和指控罪名不当，请求二审法院公正裁判。夏*军上诉称其受木色*土和木尔日*的指挥安排携带运输毒品，系从犯；被抓后主动供述同案犯，有立功表现，请求二审法院改判为无期徒刑。本院依法组成合议庭审理了本案。现已审理终结。

本院认为，原判认定本案的部分事实不清，证据不足。依照《中华人民共和国刑事诉讼法》第一百八十九条第（三）项之规定，裁定如下：

一、撤销普洱市中级人民法院（2009）普中刑三初字第178号刑事判决；

二、发回普洱市中级人民法院重新审判。

本裁定为终审裁定。

审　判　长　　周红敏
代理审判员　　杨丽娟
代理审判员　　税海波
二〇〇九年九月二日
书　记　员　　杨　婕

云南省高级人民法院
刑事判决书

（2009）云高刑终字第399号

原公诉机关云南省普洱市人民检察院。

上诉人（原审被告人）高*平，男，2008年7月30日因本案被刑事拘留，同年8月7日被逮捕。现羁押于普洱市孟连县看守所。

辩护人范晓媛，云南**律师事务所律师。

云南省普洱市中级人民法院审理云南省普洱市人民检察院指控原审被告人高*平犯故意杀人罪一案，于二○○八年十二月二十日作出（2008）普中刑三初字第185号刑事判决。原审被告人高*平不服，提出上诉。本院受理后，依法组成合议庭，公开开庭审理了本案。云南省人民检察院指派检察员赵明、那文婷出庭履行职务。上诉人高*平及其辩护人范晓媛到庭参加诉讼。现已审理终结。

原判认定，被告人高*平因怀疑其妻子邱*华与他人有不正当男女关系而对邱*华怀恨在心。2008年7月30日14时许，高*平与邱*华在孟连县人和酒家旁工地工棚内因琐事发生争执，高*平将邱*华按倒在地，用菜刀向邱*华头部、颈部、手部猛砍数刀，致邱*华当场死亡。

原审法院根据上述事实和相关法律规定，以故意杀人罪判处被告人高*平死刑，剥夺政治权利终身。

宣判后，原审被告人高*平上诉称其因妻子邱*华在外与他人有不正当男女关系，失去理智才将其杀害；在犯罪后未逃离现场，具有自首情节，请求从轻处罚。其辩护人提出被害人邱*华在本案中有一定过错，高*平具有自首情节，原判量刑过重的辩护意见。

出庭履行职务的检察员认为本案事实清楚，证据确实、充分，建议驳回上诉，维持原判。

经审理查明，上诉人高*平因怀疑其妻子邱*华与他人有不正当男女关系而与邱*华多次发生争吵。2008年7月30日14时许，高*平与邱*华在二人暂住的孟连县人和酒家旁工地工棚内因琐事发生争执，高*平就拿起挂在墙上的菜刀，用左手将邱*华按倒在地，用菜刀朝邱*华头部、颈部、手臂等处猛砍数十刀，致邱*华当场死亡。约十分钟后，高*平被赶到现场的民警抓获。

上述事实有下列证据予以证实：

1.报案笔录、接受刑事案件登记表、抓获经过说明材料证实，2008年7月30日14时10分，孟连县公安局110指挥中心接到罗*荣电话报案后，民警迅速赶到案发现场孟连县人和酒家旁工地，发现被害人邱*华已死亡，并在现场将高*平抓获。

2.现场勘查笔录、指认现场笔录、现场示意图、现场照片证实，现场位于孟连县人和酒家旁工地一工棚内，工棚内地面上有一具女尸，尸体旁有一把带血菜刀，现场地面、墙上有多处血迹。

3.尸体检验报告及照片证实，死者邱*华头面部、颈部、手臂、手掌处共有50余处创口，其中右颈部总动脉、静脉、气管、食管断裂。邱*华系被单刃利器砍击而失血性休克死亡。

4.物证检验报告证实，从高*平面部及高*平作案时所穿上衣、裤子、现场提取菜刀上的血为被害人邱*华的血。

5.证人杨*普的证言证实，2008年7月30日14时许，其在工地上劳动时听到高*平的吼叫声，他与其他几名工友推开高*平的工棚房门时，看见高*平骑在其妻子邱*华身上，高*平左手按着邱*华的头，右手拿着菜刀砍邱*华头部，邱*华脸上到处是血，颈部被砍开一大口子。

6.证人游*英的证言证实，2008年7月30日14时许，她在工地上听到高*平家有响声，接着听见邱*华在呼喊她，她就马上呼叫工地上的工友过去查看。

7.证人何*明的证言证实，2008年7月30日14时许，其在工地上劳动时听到游*英的呼喊声后，其与几名工友赶到工棚处，杨*普推开房门后，他就看见高*平右手拿着菜刀不停地往邱*华头上砍。

8.上诉人高*平供述，其对因怀疑妻子邱*华在外与他人有不正当男女关系，而于2008年7月30日14时在孟连县人和酒家旁工地工棚内用菜刀将邱*华砍死的犯罪事实供认不讳。

9.户籍证明材料，证实上诉人高*平、被害人邱*华的身份情况及二人系夫妻的事实。

上列证据经一审庭审质证、认证，取证程序合法，内容客观、真实，且能相互印证，本院予以确认。

本院认为，上诉人高*平无视国家法律，因家庭矛盾故意非法剥夺他人生命，持刀杀害妻子邱*华的行为已构成故意杀人罪，依法应予惩处。高*平持刀砍杀被害人邱*华数十刀，作案手段残忍、情节较为恶劣。高*平所提其因邱*华与他人有不正当男女关系，失去理智才将邱*华杀害的理由无证据予以证实，不能成立，本院不予采纳。高*平及其辩护人所提高*平具有自首情节的理由及辩护意见，经查，高*平在案发后并未打电话报警，也无主动向公安机关投案的行为，故该上诉理由及辩护意见不能成立，本院亦不予采纳。鉴于本案系因婚姻家庭矛盾引发，高*平亲属对被害人家属给予一定的经济补偿，并取得被害人家属一定的谅解。根据高*平的犯罪情节及其行为的社会危害程度，对其可判处死刑，无须立即执行。原判定罪准确，审判程序合法，但对高*平量刑失重。据此，依照《中华人民共和国刑事诉讼法》第一百八十九条第（一）项、第（二）项及《中华人民共和国刑法》第二百三十二条、第四十八条第一款、第五十七条第一款之规定，判决如下：

一、维持云南省普洱市中级人民法院（2008）普中刑三初字第185号刑事判决对被告人高*平的定罪部分，即被告人高*平犯故意杀人罪。

二、撤销云南省普洱市中级人民法院（2008）普中刑三初字第185号刑事判决对被告人高*平的量刑部分。

三、上诉人高*平犯故意杀人罪，判处死刑，缓期二年执行，剥夺政治权利终身。

本判决为终审判决。

审　判　长　　周　红　敏
代理审判员　　杨　丽　娟
代理审判员　　税　海　波
二〇〇九年八月十二日
书　记　员　　杨　　婕

云南省高级人民法院
刑事判决书

（2009）云高刑终字第 482 号

原公诉机关云南省普洱市人民检察院。

上诉人（原审被告人）阿色＊伙，男，2008 年 9 月 2 日因本案被刑事拘留，同年 9 月 29 日被逮捕。现羁押于云南省孟连县看守所。

指定辩护人范晓媛，云南＊＊律师事务所律师。

翻译沙＊才，普洱市师范专科学校学生。

云南省普洱市中级人民法院审理云南省普洱市人民检察院指控的原审被告人阿色＊伙犯运输毒品罪一案，于二〇〇九年二月十六日作出（2009）普中刑初字第 52 号刑事判决书。宣判后，原审被告人阿色＊伙不服，提出上诉。本院受理后，依法组成合议庭，公开开庭审理了本案。云南省人民检察院指派代理检察员赵明、那文婷出庭履行职务。原审被告人阿色＊伙及本院指定的辩护人范晓媛、翻译沙＊才到庭参加诉讼。本案现已审理终结。

原判认定，被告人阿色＊伙携带毒品行至孟连县城东路满香韵饭店岔路处时，被孟连县公安民警抓获，当场从其携带的民族包内查获毒品可疑物海洛因净重 1755 克。

原审法院根据上述事实及相关证据，依照《中华人民共和国刑法》第三百四十七条第二款第（一）项、第四十八条第一款、第五十七条第一款、第六十四条之规定，以运输毒品罪判处被告人阿色＊伙死刑，剥夺政治权利终身，并处没收个人全部财产；查获的毒品海洛因 1755 克，依法予以没收。

宣判后，阿色＊伙上诉及在二审庭审中称：其在西昌市遇到同乡阿色＊日让其跟随到云南孟连县城，案发当晚，他去到阿色＊日指定的地点接到一汉族男子交给的包后被民警抓获，从包里查获毒品，事先他不知道是去接毒品。原判量刑过重，请求二审法院从轻处罚。

其辩护人称：本案不能排除阿色＊伙是为他人运输毒品，应认定其在本案系从犯，加之其系初犯、偶犯，请求二审法院对其从轻处罚。

检察员的出庭意见：原判事实清楚、证据确实充分，定罪准确，量刑适当。审判程序合法。建议二审法院驳回上诉、维持原判。

经审理查明：2008年9月1日22时许，被告人阿色*伙携带毒品行至孟连县城东路满香韵饭店岔路处时，被公安民警抓获，当场从其丢弃的一民族包内查获毒品海洛因，净重1755克。

上述事实，有下列证据证实：

1. 孟连县公安局禁毒大队出具的抓获经过说明材料证实：2008年9月1日20时许，该队民警接匿名群众电话报称，"有个四川彝族男子晚上10时左右要到孟连县城东路上允角满香韵饭店岔路购买毒品"。该队接报后即派侦查人员前往香园饭店岔路口布控。22时10分，发现一骑摩托车的男子将一个民族挎包交给路边的阿色*伙后迅速逃离，形迹可疑，民警即前去抓捕，阿色*伙边跑边将接到的包丢弃于路边的房顶上后被抓获，民警当场从其丢弃的民族挎包内查获毒品可疑物5块和一小包。后经搜捕未能将骑摩托车的男子抓获。

2. 毒品鉴定书及鉴定结论通知书、称量笔录、毒品照片、提取毒品检材笔录证实，本案查获的毒品可疑物经鉴定是毒品海洛因，经当着被告人的面称量，净重1755克。并将鉴定结论告知被告人阿色*伙。

3. 证人秦*成证实，2008年9月1日晚上10点多钟，他在暂住的孟连县城东路上允角满香园饭店岔路对面的简易房子里睡觉，突然听到外面有人讲话，又听到有人从房顶上掉下来的声音，接着又爬出去了，然后有人来敲门，他开门后进来一人说他是公安局的，并说他刚才把你家房顶上的瓦弄坏了，还赔了100元钱。开门后他看见外面路上有一个人被公安局的抓住，但没看清模样。听公安局的人说被抓住的那个人将什么东西丢到他的房顶上。

4. 扣押物品清单，抓获被告人阿色*伙时，从其身上查获2008年8月26日西昌至昆明的火车票、次日昆明至孟连的汽车票各一张，证实阿色*伙从西昌市到孟连县的事实及时间。

5. 被告人阿色*伙供述，2008年8月，他在西昌市街上，认识一汉族男子问他，如果想赚钱到云南孟连县帮接一点毒品带到昆明火车站交给该男子，他同意。8月26日，他跟随该男子坐火车到昆明，该汉族男子带着他于28日到达孟连县城一出租房住下，白天该男子都出去，31日，该男子带他去看了接毒品的地点，9月1日晚上，他一人去到接毒品的地点后，一会有一骑摩托车的汉族男子交给他一个民族包后就离去了，这时，民警来抓他，他边跑边将该包丢弃在旁边的房顶上就被民警抓获，民警当场从他丢弃的包内查获毒品海洛因。

6.公安机关的情况说明材料说明，阿色*伙交待的汉族男子无法查实。关于被告人阿色*伙的身份证明，经发函到四川省金阳县公安局调取阿色*伙的户籍证明，对方一直不回函。二审期间，本院经让孟连县公安局再次发函请金阳县禁毒大队协查，对方回函，经该队到户籍室和当地派出所查询，均无阿色*伙、阿色*日的户籍资料。

以上证据均经一、二审庭审质证、认证，来源合法，内容客观真实，且相互印证，予以确认。本院认为，上诉人阿色*伙为牟取非法利益，明知是毒品还非法进行运输的行为已触犯国家刑律，构成运输毒品罪，且毒品数量大，依法应予处罚。但鉴于本案的社会危害性，上诉人阿色*伙在刚接到毒品就被抓获，交毒品的人尚未被抓获等具体情节，阿色*伙属于判处死刑，无须立即执行的犯罪分子。原判定罪准确，审判程序合法，但量刑失重。据此，依照《中华人民共和国刑事诉讼法》第一百八十九条（一）、（二）项之规定，判决如下：

一、维持普洱市中级人民法院（2009）普中刑初字第52号刑事判决第一项中的定罪部分及第二项；

二、撤销普洱市中级人民法院（2009）普中刑初字第52号刑事判决第一项中的量刑部分；

三、上诉人阿色*伙犯运输毒品罪，判处死刑，缓期二年执行，剥夺政治权利终身，并处没收个人全部财产。

本判决为终审判决。

审　判　长　　刘晋云
代理审判员　　杨丽娟
代理审判员　　税海波
二〇〇九年九月九日
书　记　员　　杨　婕

云南省高级人民法院
刑事裁定书

（2009）云高刑终字第627号

原公诉机关云南省普洱市人民检察院。

上诉人（原审被告人）卢*黑，别名吉目*黑，男，1981年8月17日出生，彝族，四川省金阳县人，文盲，农民，住金阳县对坪镇脚窝村上脚窝组*号。2008年8月30日因本案被刑事拘留，同年9月29日被逮捕。现羁押于孟连县看守所。

辩护人王某，云南**律师事务所律师。

上诉人（原审被告人）陈*兵，男，1970年11月15日出生，傣族，云南省孟连县人，初中文化，出租车司机，住孟连县城东路*号。2008年8月30日因本案被刑事拘留，同年9月29日被逮捕。现羁押于孟连县看守所。

指定辩护人范晓媛，云南**律师事务所律师。

上诉人（原审被告人）李子**外，别名三韦，女，1980年2月14日出生，彝族，四川省布托县人，文盲，农民，住布托县乐安乡收古村。2008年8月30日因本案被刑事拘留，同年9月29日被逮捕。现羁押于孟连县看守所。

指定辩护人吕某某，云南**律师事务所律师。

指定辩护人邹某某，云南**律师事务所律师。

彝族翻译沙*才，普洱市师范专科学校学生。

云南省普洱市中级人民法院审理云南省普洱市人民检察院指控原审被告人卢*黑、陈*兵、李子**外犯贩卖、运输毒品罪一案，于二〇〇九年三月九日作出（2009）普中刑初字第53号刑事判决。认定被告人卢*黑犯贩卖、运输毒品罪，判处死刑，剥夺政治权利终身，并处没收个人全部财产；判处被告人陈*兵死刑，缓期二年执行，剥夺政治权利终身，并处没收个人全部财产。被告人李子**外犯运输毒品罪，判处死刑，缓期二年执行，剥夺政治权利终身，并处没收个人全部财产。查获的毒品海洛因6835克、甲基苯丙胺0.8克依法予以没收。被告人卢＊黑、陈＊兵、李子＊＊外均不服，分别提出上诉。本院依法组成合议庭，于二〇〇九年七月十二日公开开庭审理了本案。云南省人民检察院指派检察员赵明、那文婷出庭执行职务。上诉人卢＊黑、陈＊兵、李子＊＊外及辩护人王某、范晓媛、吕某某、邹某某、翻译沙＊才到庭参加诉讼。现已审理终结。

本院认为，本案部分事实不清，证据不足。依照《中华人民共和国刑事诉讼法》第一百八十九条第（三）项规定，裁定如下：

一、撤销云南省普洱市中级人民法院（2009）普中刑初字第53号刑事判决。

二、发回云南省普洱市中级人民法院重新审判。

本裁定为终审裁定。

审　判　长　　周　红　敏

代理审判员　　杨　丽　娟

代理审判员　　税　海　波

二〇〇九年九月十四日

书　记　员　　杨　　　婕

云南省高级人民法院
刑事判决书

（2009）云高刑终字第630号

原公诉机关云南省普洱市人民检察院。

上诉人（原审被告人）赤黑*名，男，1949年12月生，因本案于2008年9月7日被刑事拘留，同年10月10日被逮捕。现押于云南省孟连县看守所。

指定辩护人范晓媛，云南**律师事务所律师。

上诉人（原审被告人）阿尔*，别名阿*尔日，男，1950年生，因本案于2008年9月7日被刑事拘留，同年10月10日被逮捕。现押于云南省孟连县看守所。

指定辩护人李某某，云南**律师事务所律师。

翻译杨*庆，思茅师范高等专科学校学生。

云南省普洱市中级人民法院审理云南省普洱市人民检察院指控原审被告人赤黑*名、阿尔*犯运输毒品罪一案，于二〇〇九年三月九日作出（2009）普中刑初字第81号刑事判决。原审被告人赤黑*名、阿尔*不服，提出上诉。本院依法组成合议庭，公开开庭审理了本案。云南省人民检察院指派检察员那文婷、尹玥俏出庭履行职务。原审被告人赤黑*名及其辩护人范晓媛、原审被告人阿尔*及其辩护人李某某、翻译杨*庆到庭参加诉讼。现已审理终结。原判认定，2008年9月6日，孟连县公安局根据群众举报，组织民警在孟连县允角宾馆进行布控。22时许，被告人阿尔*从孟连县乘车前往澜沧县方向探路，23时许，被告人赤黑*名携带毒品尾随其后。23时25分，当被告人赤黑*名行至澜孟公路中勒水库路段时，被在此设卡查缉的孟连县公安局禁毒民警抓获，当场从其携带的行李包内查获毒品海洛因净重3811克；23时35分，被告人阿尔*在澜孟公路朗勒路段被抓获。

原判根据上述事实及相关法律规定，以运输毒品罪判处被告人赤黑*名死刑，剥夺政治权利终身，并处没收个人全部财产；判处被告人阿尔*死刑，缓期二年执行，剥夺政治权利终身，并处没收个人全部财产。查获的毒品海洛因3811.克、手机2部、人民币17300元，依法予以没收。

宣判后，赤黑*名上诉称：毒品老板期沙*日与阿尔*共同安排其运输毒品，其本人系从犯，一审对其量刑过重；其归案后能自愿认罪，是初犯，且毒品已被追回，请求二审法院从轻处罚。

二审庭审中，赤黑*名辩称毒品老板是同案被告人阿尔*，原判量刑不公平。

辩护人提出本案确有主犯在逃，赤黑*名属从犯，且赤黑*名的犯罪情节较阿尔*轻，一审适用法律不当，请求二审法院对赤黑*名从轻处罚。

阿尔*上诉称：原判认定事实不清，其未与赤黑*名通话、未接触过毒品、未实施探路行为，请求二审法院依法宣告无罪。

二审庭审中，阿尔*请求二审法院从轻处罚。

辩护人提出阿尔*实施了为运输毒品探路的犯罪行为，在犯罪中起辅助作用，请求二审法院从轻处罚。

出庭履行职务的检察员提出：原判认定的事实清楚，证据确实、充分，定性准确，量刑适当，审判程序合法，上诉人的上诉理由和辩护人的辩护意见均不能成立，建议二审法院驳回上诉，维持原判。

经审理查明，原审被告人赤黑*名和阿尔*共谋实施运输毒品犯罪。2008年9月6日22时05分，阿尔*乘车前往澜沧县方向探路，23时05分，赤黑*名携带毒品乘车进行运输。23时25分，民警在澜孟公路中勒水库路段抓获赤黑*名，当场从其携带的行李包内查获毒品海洛因11块，净重3811克；23时35分，民警在澜孟公路朗勒路段抓获阿尔*。

上述事实有下列证据予以证实：

1. 报案记录、抓获经过说明材料，证实公安机关根据群众举报，经侦查布控后，于2008年9月6日晚先后抓获携带毒品乘车运输的赤黑*名和乘车在前探路的阿尔*，当场查获赤黑*名携带的毒品可疑物11块的事实；

2. 提取证据笔录、提取毒品可疑物检材笔录、物证检验报告及鉴定结论通知书、毒品称量记录、物证照片，证实民警从赤黑*名携带的旅行包内查获的毒品可疑物经鉴定，确系毒品海洛因，净重3811克；

3. 扣押物品清单，证实赤黑*名随身携带的手机1部和阿尔*随身携带的手机1部、现金300元人民币、司机李*收到的包租车辆费用17000元人民币已被依法扣押；

4.出租车司机李＊的证言，证实2008年9月6日15时许，其接到一个四川口音的男子的电话说要包两辆车去玉溪，其便邀约司机王＊一起去。当日19时许，其根据该男子的电话到孟连县客运站向一个四川口音、体态偏瘦的男子拿到了包车费17000元。当晚22时许，其根据支付车费的男子的安排，约王＊到孟连县城东路允角宾馆接人。其先到允角宾馆载运了一个男子往澜沧县方向行驶。途中，乘车男子打电话告知电话对方称路上没有公安民警堵卡。后该男子被公安民警抓获。

5.出租车司机王＊的证言，证实9月6日其接受李＊的邀约答应去玉溪。当晚根据李＊的电话安排到允角宾馆接了一个五十多岁、提着一个蓝白色相间的手提包的男子乘车。后民警从乘车男子摆放在车辆后排座位上的手提包内查获了毒品。

6.提取笔录、手机通话清单，证实赤黑＊名所持手机号码150****1801、阿尔＊所持手机号码159****0264在犯罪期间有多次通话；

7.被告人的供述与辩解：赤黑＊名供称其为一个四川彝族男子运输毒品海洛因到玉溪市后再乘客车到昭通市巧家县，阿尔＊负责在前探路；阿尔＊供称其为一个四川彝族男子运输毒品到玉溪市，其具体负责探路，赤黑＊名负责携带毒品。

8.情况说明材料，证实二被告人分别供述的彝族男子因具体情况不清，无法查证。

以上证据经一、二审庭审质证、认证，来源合法，内容客观、真实，且能相互印证，本院依法予以确认。

本院认为，上诉人赤黑＊名、阿尔＊为牟取非法利益，携带毒品海洛因进行非法运输的行为，已构成运输毒品罪，且所运输的毒品数量大，社会危害性严重，应依法惩处。在共同犯罪中，赤黑＊名负责接取毒品、携带毒品进行运输，阿尔＊负责在前探路，二人均起主要作用，仅各自分工不同。对赤黑＊名在上诉状中称其是从犯的上诉理由和辩护人提出的相同辩护意见，经查，赤黑＊名直接实施了携带毒品进行运输的犯罪行为，其为从犯的意见不能成立。对阿尔＊上诉称原判认定事实不清、其未实施探路行为的理由，经查，该理由与证人证言、手机通话记录、赤黑＊名的供述不一致，也与其在侦查阶段所作的供述相悖，该理由不能成立；阿尔＊无法定从轻、减轻处罚情节，请求从轻处罚无法律依据。根据赤黑＊名的犯罪事实、犯罪性质和犯罪情节，对其可判处死刑，无需立即执行。上诉人赤黑＊

名和辩护人请求对赤黑＊名从轻处罚的意见予以采纳。原判定罪准确，审判程序合法，但对赤黑＊名的量刑失重。据此，依照《中华人民共和国刑事诉讼法》第一百八十九条第（一）项、第（二）项和《中华人民共和国刑法》第三百四十七条第二款第（一）项、第二十五条第一款、第二十六条第一款、第四款、第四十八条第一款、第五十七条第一款、第六十四条之规定，判决如下：

一、维持云南省普洱市中级人民法院（2009）普中刑初字第81号刑事判决第一项对被告人赤黑＊名的定罪部分、第二项对被告人阿尔＊的定罪量刑部分和第三项对毒品及查获物品的处理部分；

二、撤销云南省普洱市中级人民法院（2009）普中刑初字第81号刑事判决第一项对被告人赤黑＊名的量刑部分；

三、上诉人（原审被告人）赤黑＊名犯运输毒品罪，判处死刑，缓期二年执行，剥夺政治权利终身，并处没收个人全部财产。

本判决为终审判决。

根据《中华人民共和国刑事诉讼法》第二百零一条的规定，本判决即为核准以运输毒品罪判处被告人阿尔＊死刑，缓期二年执行，剥夺政治权利终身，并处没收个人全部财产的刑事判决。

审　判　长　　李　文　华
代理审判员　　杨　丽　娟
代理审判员　　税　海　波
二〇〇九年十月十九日
书　记　员　　杨　　　婕

云南省高级人民法院
刑事裁定书

（2009）云高刑终字第632号

原公诉机关云南省普洱市人民检察院。

上诉人（原审被告人）赤黑*洛，男，35岁，2008年10月25日因本案被刑事拘留，同年11月24日被逮捕。现羁押于普洱市孟连县看守所。

指定辩护人范晓媛，云南**律师事务所律师。

上诉人（原审被告人）日次*，男，34岁，2008年10月25日因本案被刑事拘留，同年11月24日被逮捕。现羁押于普洱市孟连县看守所。

委托辩护人李*立，云南**律师事务所律师。

上诉人（原审被告人）阿达*贵，男，2008年10月25日因本案被刑事拘留，同年11月24日被逮捕。现羁押于普洱市孟连县看守所。

指定辩护人吕**，云南**律师事务所律师。

彝族语翻译沙*才，普洱市师范高等专科学校。

云南省普洱市中级人民法院审理云南省普洱市人民检察院指控原审被告人赤黑*洛、日次*、阿达*贵犯运输毒品罪一案，于二〇〇九年三月六日作出（2009）普中刑初字第73号刑事判决。原审被告人赤黑*洛、日次*、阿达*贵不服，均提出上诉。本院受理后，依法组成合议庭，公开开庭审理了本案。云南省人民检察院指派检察员赵明、李富强出庭履行职务。上诉人赤黑*洛及其辩护人范晓媛、上诉人日次*及其辩护人李*立、上诉人阿达*贵及其辩护人吕**到庭参加诉讼。现已审理终结。本院认为，原判认定被告人赤黑*洛、日次日、阿达*贵运输毒品的事实不清，证据不足。依照《中华人民共和国刑事诉讼法》第一百八十九条第（三）项的规定，裁定如下：

一、撤销云南省普洱市中级人民法院（2009）普中刑初字第73号刑事判决。

二、发回云南省普洱市中级人民法院重新审判。

本裁定为终审裁定。

审　判　长　　周　红　敏

代理审判员　　杨　丽　娟

代理审判员　　税　海　波

二〇〇九年九月十二日

书　记　员　　杨　　　婕

云南省高级人民法院
刑事判决书

（2009）云高刑终字第726号

原公诉机关云南省普洱市人民检察院。

上诉人（原审被告人）杨*，男，1986年2月9日出生，2008年7月14日因本案被刑事拘留，同年7月22日被逮捕。现羁押于镇沅县看守所。

指定辩护人范晓媛，云南**律师事务所律师。

云南省普洱市中级人民法院合并审理云南省普洱市人民检察院指控原审被告人杨*犯故意杀人罪，附带民事诉讼原告人罗**、杨**、罗*提起的附带民事诉讼一案，于二〇〇九年二月二十日作出（2009）普中刑初字第57号刑事附带民事判决。宣判后，附带民事诉讼原告人服判，原审被告人杨*对刑事判决部分不服，提出上诉，附带民事判决已经发生法律效力。本院受理后，依法组成合议庭，于二〇〇九年八月二十日公开开庭审理了本案，上诉人杨*及其指定辩护人范晓媛到庭参加诉讼。现已审理终结。

原判认定，2008年7月13日20时许，被告人杨*在与罗*福饮酒过程中，因口角纠纷便产生将罗*福杀死后投案自首的念头。当晚23时许，杨*持一把菜刀潜入罗*福住处，至次日凌晨3时许，待罗*福熟睡后，持刀砍击罗*福左侧颈部一刀，并在确认罗*福死亡后，电话向110报警。法医鉴定，罗*福左侧颈部受锐器砍创致失血性休克死亡。

根据上述事实，原判依法以故意杀人罪判处被告人杨*死刑，剥夺政治权利终身；被告人杨*赔偿附带民事诉讼原告人经济损失81263.8元：其中死亡补偿金52680元、丧葬费11442元、被抚养人生活费17141.8元。

被告人杨*上诉称，其有自首情节，在看守所关押期间阻止患有艾滋病的关押人员自杀，有良好的表现；案发后委托家属积极赔付了被害人家属丧葬费用，一审量刑时均没有考虑到以上法定或酌定的情节，故请求二审予以从轻改判。其指定辩护人提出相同理由的辩护意见。出庭执行职务的检察员提出，鉴于杨*有自首情节，并在关押期间积极协助民警成功制止同监室被关押的艾滋病人员自杀，确有悔罪表现，建议二审从轻改判的意见。

经审理查明，案发前上诉人杨*与被害人罗*福及普*贵、朱*荣等人均在镇沅县按板镇二道河烟草收购站旁帮杨*姐夫孙*武建盖房屋，平时住宿在二道河烟草收购站宿舍。2008年7月13日20时许，收工吃饭后，杨*在与罗*福、普*贵、杨*、朱*荣饮酒过程中，与罗*福发生口角，后被劝开，杨*怀恨在心，随后产生将罗*福杀死后投案自首的念头。当晚23时许，杨*到厨房拿到菜刀进入罗*福、朱*荣、普*贵所住房间，准备将单独睡一张床的罗*福砍死，因罗*福没有睡熟，杨*便坐在床边的地面并靠墙随后入睡，至次日凌晨3时许，杨*睡醒后，便持刀猛力砍击罗*福左侧颈部一刀，致其因左侧颈部受锐器砍创而当场失血性休克死亡，随后打电话向110报警。3时27分许，按板镇派出所民警接到110指挥中心指令后，前往案发现场，在二道河烟草收购站将在现场等候的杨*抓获并从其手中提取到作案用的菜刀。

上述事实有下列证据证实：

1.镇沅县公安局110指挥中心接处警记录表、按板派出所报案记录、处警经过、犯罪嫌疑人投案自首的情况说明证实，公安民警接到杨*投案电话后到案发现场抓获杨*的情况。

2.现场勘验检查笔录、提取痕迹物证表、现场刑事照片、现场方位图平面图证实，案发现场位于镇沅县按板镇杏城村二道河烟草收购站内有住宿平房的第四间，靠东墙有一张床，床头接北墙，床上有棉絮，床上有一具头北脚南男尸，右侧卧；移开尸体后床头西部有100cm×55cm的血迹，床西侧地面有一81cm×86cm的血泊。现场勘查过程中对现场尸体血迹、现场血迹及杨*所穿皮鞋上的血迹进行提取。

3.镇沅县公安局镇公（2008）尸检字第25号罗*福尸体检验鉴定书、尸体检验照片证实，死者左颈部耳垂下处有13cm×4.5cm横行梭形创口，创内见左侧胸锁乳突肌横断，左侧颈外动静脉断离、颈内动静脉断离，甲状软骨左侧上有0.5cm横形创口、在第四颈椎上有2cm长的创口。其他无异常。根据死者创口形态，认为是受一定质量、易于挥动、刃叶较长的锐器一次砍伤。被害人罗*福系左则颈部受锐器砍创致失血性休亡。

4.提取物证笔录、辨认笔录、指认笔录证实，公安民警抓获杨*时对其所持的菜刀进行了提取，并由杨*进行混合指认、辨认，确认是作案用的凶器。

5.在案物证杨*被抓时所穿皮鞋、所持菜刀及照片、普洱市公安局普公（物）鉴字[2008]84号物证检验报告书证实，经DNA技术鉴定：现场提取的血，杨*被抓时所穿皮鞋、所持菜刀上所提取的血均是被害人罗*福的血。

6.被告人杨*对自己与罗*福在喝酒过程中发生过口角，并因此产生杀死罗*福的念头，后持菜刀进入罗*福所住宿房间，伺机等待，用菜刀砍击罗*福左颈部一刀，致其死亡后打电话报警投案的犯罪事实供认不讳。其供述作案砍杀罗*福的部位、砍杀的刀数、罗*福被砍杀时的睡姿与现场勘验、尸体检验情况一致。

现场辨认笔录及照片证实，杨*指认了在作案前到厨房拿菜刀及用菜刀杀死被害人罗*福情况。

7.证人证言，证人朱*荣、普*贵、杨勇（系杨*哥哥）均能证实4、5天前杨*才与罗*福认识，案发前几人在一起喝酒时，杨*与罗*福发生过口角争执；朱*荣证实，平时做工时，杨*因爱讲大话，罗*福听不惯，两人喜欢戗（言语争执）起来；朱*荣、普*贵还证实被民警叫醒后即看到同房间住宿的罗*福被杀死在床上的事实。

8.扣押物品清单证实，杨*作案时所使用的CECT616手机已经扣押在案。

9.户口证明两份，分别证实被告人杨*及被害人罗*福的身份情况。

上列证据经一审庭审质证、认证，取证程序合法，内容客观、真实，且能互相印证，本院予以确认。

本院认为，上诉人杨*无视国法，故意非法剥夺他人生命，其行为已构成故意杀人罪。依法应予严惩。对上诉人杨*及其辩护人所提出其有投案自首情节，请求从轻判处的上诉理由和辩护意见，经查，在案证据证实杨*作案后打电话报警投案并在现场等待民警，归案后如实交代了犯罪事实，其自首成立，原判亦予以了认定。原判认定事实清楚，定罪准确，但对杨*量刑失重；综合本案事实、法定情节，对杨*可判处死刑，无须立即执行。杨*及其辩护人所提要求从轻判处的上诉理由和辩护意见，本院予以采纳。对检察员提出从轻改判的意见本院予以采纳。原判定罪准确，审判程序合法，但量刑失重。依照《中华人民共和国刑事诉讼法》第一百八十九条第（一）、（二）项，《中华人民共和国刑法》第二百三十二条、第四十八条第一款、第五十七条第一款、第六十七条第一款、第六十四条之规定，判决如下：

一、维持云南省普洱市中级人民法院（2009）普中刑初字第59号刑事附

带民事判决第一项中对被告人杨*的定罪部分及第四项即没收作案工具;

二、撤销云南省普洱市中级人民法院(2009)普中刑初字第59号刑事附带民事判决第一项中对被告人杨*的量刑部分;

三、被告人杨*犯故意杀人罪,判处死刑,缓期二年执行,剥夺政治权利终身。

本裁定为终审判决。

审 判 长　李云霞
代理审判员　李江鹏
代理审判员　李文华
二〇〇九年九月二十三日
书 记 员　彭　蕊

云南省高级人民法院
刑事判决书

（2009）云高刑终字第755号

原公诉机关云南省普洱市人民检察院。

上诉人（原审被告人）曾*福，男，1983年10月1日生，汉族，2008年9月10日因本案被刑事拘留，同月22日被逮捕。现羁押于普洱市江城县看守所。

辩护人范晓媛，云南**律师事务所律师。

云南省普洱市中级人民法院审理云南省普洱市人民检察院指控原审被告人曾*福犯运输毒品罪一案，于二〇〇九年三月二十九日作出（2009）普中刑初字第59号刑事判决。原审被告人曾*福不服，提出上诉。本院受理后，依法组成合议庭，公开开庭审理了本案。云南省人民检察院指派检察员那文婷、王珏出庭履行职务。上诉人曾*福及其辩护人范晓媛到庭参加诉讼。现已审理终结。

原判认定，2008年9月10日17时30分许，普洱市公安边防支队执勤人员在普洱市思小公路刀官寨收费站对由景洪市开往昆明市的云J1102*客车进行检查时，当场从被告人曾*福携带的纸箱里的音箱中查获毒品甲基苯丙胺十一袋，净重3641克。

原审法院根据上述事实和相关法律规定，以运输毒品罪判处被告人曾*福死刑，剥夺政治权利终身，并处没收个人全部财产；查获的毒品甲基苯丙胺3641克，人民币3000元、多媒体音箱一台、手机一部依法予以没收。

宣判后，原审被告人曾*福上诉称其仅是帮他人携带物品，不知音箱内藏有毒品，请求从轻处罚。其辩护人提出曾*福系受人指使运输毒品，是从犯，请求从轻处罚。

出庭履行职务的检察员认为本案事实清楚，证据确实充分，建议驳回上诉，维持原判。

经审理查明，2008年9月10日17时30分许，普洱市公安边防支队执勤人员在普洱市思小公路刀官寨收费站对一辆由景洪市开往昆明市的客车（牌号：云J1102*）进行检查时，当场从该车乘客曾*福所携带纸箱里的音箱内查获毒品甲基苯丙胺十一袋，净重3641克。

上述事实有下列证据予以证实：

1.查获经过说明材料、提取毒品可疑物笔录证实，2008年9月10日17时30分许，普洱市公安边防支队执勤人员在普洱市思小公路刀官寨收费站对一辆由景洪市开往昆明市的客车（牌号：云J1102*）进行检查时，从乘客曾*福所携带纸箱里的音箱内查获用白色塑料袋包装的毒品可疑物十一袋。

2.物证检验报告、毒品称量记录、毒品照片、提取检材笔录、扣押物品清单证实，本案查获的毒品可疑物经鉴定系甲基苯丙胺，净重3641克。

3.汽车票、行李提取凭证证实曾*福乘车从打洛镇到景洪市，后从景洪市前往昆明市的事实。

4.上诉人曾*福供述，其承诺帮他人从广东省到云南带"麻古"，能得到5000元的报酬。2008年9月10日，他从景洪市打洛镇携带一纸箱到达景洪市，后又乘车前往昆明，途经普洱市思小公路刀官寨收费站时，执勤人员从其携带纸箱里的音箱内查获了毒品。曾*福还称让其带麻古的人还教他手机里不要存短信及通话记录，遇到检查不要紧张。

5.人口信息登记表、身份证复印件，证实上诉人曾*福的身份情况。

上列证据经一审庭审质证、认证，取证程序合法，内容客观、真实，且能相互印证，本院予以确认。

本院认为，上诉人曾*福无视国家法律，为牟取非法利益，运输毒品甲基苯丙胺的行为已构成运输毒品罪，依法应予惩处。上诉人曾*福所提其主观不明知是毒品的理由，经审查与其在侦查阶段称明知是毒品"麻古"而予以运输的有罪供述不符，结合其能获取高额报酬，删除手机内通信记录而逃避公安检查等情节，能够认定其主观明知是毒品而予以运输的，故该上诉理由不能成立。曾*福及其辩护人所提曾*福系受人雇佣而运输毒品，是从犯的理由及辩护意见无相关证据予以证实，亦不能成立，本院均不予采纳。根据曾*福的犯罪情节及其行为的社会危害程度，对其可判处死刑，无须立即执行。原判定罪准确，审判程序合法，但对曾*福量刑失重。据此，依照《中华人民共和国刑事诉讼法》第一百八十九条第（一）项、第（二）项及《中华人民共和国刑法》第三百四十七条第二款（一）项、第四十八条第一款、第五十七条第一款、第六十四条之规定，判决如下：

一、维持云南省普洱市中级人民法院（2009）普中刑初字第59号刑事判决第一项对被告人曾*福的定罪部分及第二项，即被告人曾*福犯运输毒品罪；查获的毒品甲基苯丙胺3641克，人民币3000元、多媒体音箱一台、手机一部依法予以没收。

二、撤销云南省普洱市中级人民法院（2009）普中刑初字第59号刑事判决第一项对被告人曾*福的量刑部分。

三、上诉人曾*福犯运输毒品罪，判处死刑，缓期二年执行，剥夺政治权利终身，并处没收个人全部财产。

本判决为终审判决。

审 判 长　　李 云 霞

代理审判员　　李 文 华

代理审判员　　税 海 波

二〇〇九年十一月十日

书 记 员　　杨　婕

云南省高级人民法院
刑事判决书

（2009）云高刑终字第769号

原公诉机关云南省普洱市人民检察院。

上诉人（原审被告人）汤＊龙，男，1986年11月5日出生，2008年10月8日因本案被刑事拘留，同年11月5日被逮捕。现羁押于镇沅县看守所。

指定辩护人范晓媛，云南＊＊律师事务所律师。

云南省普洱市中级人民法院审理云南省普洱市人民检察院指控原审被告人汤＊龙犯运输毒品罪一案，于二○○九年四月八日作出（2009）普中刑初字第110号刑事判决。原审被告人汤＊龙不服，提出上诉。本院受理后，依法组成合议庭，于二○○九年九月十五日公开开庭审理了本案，云南省人民检察院检察员赵红卫、章勇凡出庭执行职务，上诉人汤＊龙及其辩护人范晓媛到庭参加诉讼。现已审理终结。

原判认定，2008年10月8日21时许，被告人汤＊龙乘坐云FY010＊号客车从景洪市前往昆明市，途经思小高速公路刀官寨收费站时，被在此设卡查缉公安民警查获，当场从其携带的音箱查获毒品甲基苯胺2783克。

原判根据上述事实，依法以运输毒品罪判处被告人汤＊龙死刑，剥夺政治权利终身，并处没收个人全部财产；查获的毒品甲基苯胺2783克、人民币1500元，手机一部依法予以没收。被告人汤＊龙上诉称，他是受人指使运输毒品的，归案后认罪态度好，有悔罪表现，请求二审予以从轻改判。其辩护人提出，汤＊龙是受人胁迫运输毒品的，是从犯，归案后认罪态度好，建议二审从轻改判的辩护意见。

出庭履行职务的检察员提出，原判认定事实清楚，证据确实、充分，定罪准确，量刑适当，建议二审维持原判的意见。

经审理查明，上诉人汤＊龙于2008年10月8日乘坐客车从景洪市前往昆明市，在思小高速公路刀官寨收费站被设卡查缉公安边防民警人赃俱获，当场从其携带的音箱播放器内查获毒品甲基苯胺2783克。

上述事实有下列证据予以证实：

1.查获经过、说明材料、提取毒品可疑物笔录、物证及指认、称重照片、称量笔录、提取毒品可疑物检材笔录、普洱市公安局物证鉴定中心出具公（普）鉴（化）字[2008]708号物证检验报告、鉴定结论通知书证实，上诉人汤*龙运输毒品甲基苯胺被现场查获的时间、地点及查获的毒品重2783克的事实。

2.汤*龙对其为获取5000元报酬而专程从重庆市到云南为他人运输毒品的犯罪事实供认不讳。

3.客车驾驶员关*生证实，被查获藏匿毒品的音响是汤*龙装放在客车上的。

4.在案从汤*龙身上查获的车票证实，汤*龙当天从景洪市乘坐卧铺客车欲到昆明市。

5.扣押物品清单证实，抓获汤*龙时其随身携带现金1500元和一部诺基亚1200手机的情况。汤*龙所持有手机保留的通话记录证实，其案发前后与毒贩进行通话的事实。

6.合川市公安局大石派出所出具证明、身份证复印件证实汤*龙的身份情况。合川市人民法院（2005）合刑初字第27号刑事判决书、重庆市永川监狱释放证明存根证实，2005年1月27日汤*龙因犯抢劫罪被合川市人民法院判处有期徒刑四年，2007年9月23日刑满释放。

上列证据经一二审庭审质证、认证，取证程序合法、证据内容客观、真实，互相印证，本院予以确认。

本院认为，上诉人汤*龙无视国法，为获取非法利益携带运输毒品甲基苯胺的行为，已经触犯我国刑法，构成运输毒品罪，应依法予以惩处。汤*龙在因抢劫犯罪被判刑入狱刑满释放后，在五年内又犯应当判处有期徒刑以上刑罚之罪，是累犯，依法从重处罚。上诉人汤*龙原犯抢劫罪被判处刑罚，刑满释放后不思悔改，运输毒品甲基苯胺2783克，本应依法严惩，汤*龙归案后的认罪态度较好，综合本案具体犯罪事实、情节，对其依法可判处死刑，无需立即执行；对上诉人汤*龙及其辩护人所提请求从轻判处的上诉理由和辩护意见本院予以采纳；所提其他上诉理由和辩护意见，经查与在案证据不符，本院不予采纳。原判认定犯罪事实清楚，证据确实、充分，定罪准确，审判程序合法，但量刑失重。对检察员提出维持原判的意见本院不予采纳。据此，依照《中华人民共和国刑事诉讼法》第一百八十九条第（二）项，《中华人民共和国刑法》第三百四十七条第二款第（一）项、第四十八条第一款、第五十七条第一款、第六十四条之规定，判决如下：

一、撤销普洱市中级人民法院（2009）普中刑初字第110号刑事判决第一项对被告人汤＊龙的量刑部分；

二、被告人汤＊龙犯运输毒品罪，判处死刑，缓期二年执行，剥夺政治权利终身，并处没收个人全部财产；

本判决为终审判决。

审　判　长　　李云霞
代理审判员　　李文华
代理审判员　　税海波
二〇〇九年十月十九日
书　记　员　　刘津嘉

云南省高级人民法院
刑事判决书

(2009)云高刑终字第773号

原公诉机关云南省普洱市人民检察院。

上诉人(原审被告人)鲍*保,男,1982年1月10日生,2008年9月28日因本案被刑事拘留,同年11月5日被逮捕。现羁押于普洱市镇沅县看守所。

指定辩护人范晓媛,云南**律师事务所律师。

上诉人(原审被告人)鲍*生,男,1973年6月15日生,2008年9月28日因本案被刑事拘留,同年11月5日被逮捕。现羁押于普洱市镇沅县看守所。

云南省普洱市中级人民法院审理云南省普洱市人民检察院指控原审被告人鲍*保、鲍*生犯运输毒品罪一案,于二○○九年三月二十四日作出(2009)普中刑初字第100号刑事判决。原审被告人鲍*保、鲍*生不服,均提出上诉。本院受理后,依法组成合议庭,公开开庭审理了本案。云南省人民检察院指派检察员章勇凡、赵红卫出庭履行职务。上诉人鲍*保及其辩护人范晓媛、上诉人鲍*生到庭参加诉讼。现已审理终结。

原判认定,2008年10月28日,被告人鲍*保、鲍*生在澜沧县城客运站旁接到广东人"老高"交给的两个挎包,并按其安排步行绕过澜沧公安边防检查站。此后,等候在路边的"老高"从草丛中拿出毒品分别放入二被告人携带的包内。当日21时20分许,鲍*保、鲍*生二人携带毒品乘坐云J1467*客车途经普洱市思小公路刀官寨收费站时被公安干警抓获。公安干警当场从鲍*保携带的包内查获毒品海洛因两块,从鲍*生携带的包内查获毒品海洛因一块,三块海洛因共计净重1053克。

原审法院根据上述事实和相关法律规定,以运输毒品罪判处被告人鲍*保死刑,剥夺政治权利终身,并处没收个人全部财产;以运输毒品罪判处被告人鲍*生无期徒刑,剥夺政治权利终身,并处没收个人全部财产;查获的毒品海洛因1053克、手机二部、人民币1000元依法予以没收。

宣判后，原审被告人鲍*保上诉称其受鲍*生安排带包前往普洱市，其不知包内有毒品。其辩护人提出本案认定鲍*保犯运输毒品罪的证据不足，请求宣告无罪。原审被告人鲍*生上诉称原判量刑过重，请求从轻处罚。

出庭履行职务的检察员提出原判定罪准确，审判程序合法，鉴于鲍*保、鲍*生系受人指使运输毒品，建议对鲍*保改判死刑，缓期二年执行，剥夺政治权利终身，并处没收个人全部财产；建议对鲍*生驳回上诉，维持原判。

经审理查明，上诉人鲍*保、鲍*生二人承诺为一叫"老高"的毒品老板从云南省澜沧县运输毒品到普洱市。2008年9月28日上午，经鲍*保与"老高"联系后，鲍*保、鲍*生二人在澜沧县客运站旁接到"老高"交给的两个挎包。二人根据"老高"安排步行经过澜沧公安边防检查站。此后，等候在路边的"老高"从草丛中拿出毒品藏入二人携带的挎包内。后鲍*保、鲍*生携带毒品乘坐云J1467*客车前往普洱市。当日21时20分许，鲍*保、鲍*生二人携带毒品途经普洱市思小公路刀官寨收费站时被公安干警抓获，公安干警当场从鲍*保携带的包内查获毒品海洛因两块，从鲍*生携带的包内查获毒品海洛因一块，三块海洛因共净重1053克。

上述事实有下列证据予以证实：

1.查获经过说明材料、提取毒品可疑物笔录证实，2008年9月28日21时20分许，普洱市公安边防干警在普洱市思小公路刀官寨收费站对一辆从澜沧县开往普洱市的客车（牌号云J1467*）进行公开查缉时，从该车行李架上两个无人认领的挎包内查获毒品可疑物。后经进一步审查，确认上述两个挎包系乘客鲍*保、鲍*生所携带，其中鲍*保携带的棕色挎包内藏有毒品可疑物两块，鲍*生携带的黑色挎包内藏有毒品可疑物一块。

2.物证检验报告、毒品称量记录、毒品照片、提取检材笔录、扣押物品清单证实，本案查获的三块毒品可疑物经鉴定系海洛因，净重1053克。

3.上诉人鲍*保供述，2008年9月27日，他以前认识的一朋友"老高"在澜沧县城让他与鲍*生帮带毒品到普洱市，给二人每人一千元的报酬。次日，"老高"在澜沧县客运站旁给了他与鲍*生每人一个包，并让二人步行绕过澜沧公安边防检查站后再乘车前往普洱市。他与鲍*生步行经过澜沧公安检查站后，等候在路边的"老高"从草丛里拿出毒品藏到二人的包里。后二人乘坐客车途经普洱市思小公路刀官寨收费站时被查获，公安干警从其携带的包内查获毒品两块，从鲍*生携带的包内查获毒品一块。鲍*保还供述其曾于2007年左右在广东省务工一年多，会讲一些广东话。

4.上诉人鲍*生供述，2008年9月27日，鲍*保在澜沧县城一旅社内打电话叫来一讲广东话的老板，二人用广东话商量事情。后鲍*保告诉他帮该老板带东西到普洱市，能得1000元的报酬。当日晚上，鲍*保还多次与老板电话联系。次日，老板在澜沧客运站给他与鲍*保两个挎包，并安排二人步行经过澜沧公安检查站后再乘车到普洱市。二人背着包步行经过澜沧公安检查站一段路后，就看见老板在路边等着他们，老板从路边的草丛里拿出东西装入二人包内。后他与鲍*保携带挎包乘车前往普洱市，途经思小公路刀官寨收费站时被公安干警查获。

5.手机通话清单证实，2008年9月27日4时46分至28日13时35分，鲍*保的手机（158****9743）与广东省湛江市的一手机号码（130****0997）有12次通话。该证据与鲍*生供述鲍*保在此期间多次与毒品老板联系的情节相吻合。

6.户籍证明，证明上诉人鲍*保、鲍*生二人的身份情况。

上列证据经一审庭审质证、认证，取证程序合法，内容客观、真实，且能相互印证，本院予以确认。

本院认为，上诉人鲍*保、鲍*生无视国家法律，为牟取非法利益，运输毒品海洛因的行为均已构成运输毒品罪，依法应予惩处。在共同犯罪中，鲍*保、鲍*生二人受他人指使、雇佣运输毒品，系从犯。鲍*保负责与毒品老板联系且直接实施运输毒品行为，所起作用较大；鲍*生受邀约参与犯罪，所起作用较小。鲍*保所提其受鲍*生安排带包前往普洱市的理由与本院查明的事实不符，不能成立；鲍*保所提其不知携带的包内有毒品的理由，与鲍*保在侦查阶段的有罪供述不符，结合鲍*保、鲍*生二人步行经过澜沧公安检查站及在被公安干警检查初期不认领藏有毒品的挎包等反常行为，能够认定鲍*保明知是毒品而予以运输，故该上诉理由亦不能成立。鲍*保的辩护人所提出本案认定鲍*保系犯运输毒品罪的证据不足，请求宣告无罪的意见与本院查明的事实不符，不能成立，本院均不予采纳。鲍*生所提原判量刑过重，请求从轻处罚的理由，原判根据其犯罪情节及其行为的社会危害程度，已对其从轻处罚，所处刑罚适当，该上诉理由不能成立，本院不予采纳。对检察员所提的意见予以采纳。原判定罪准确，审判程序合法，但对鲍*保量刑失重。据此，依照《中华人民共和国刑事诉讼法》第一百八十九条第（一）项、第（二）项及《中华人民共和国刑法》第三百四十七条第二款（一）项、第二十五条第一款、第二十六条第一款、第四款、第二十七条、第四十八条第一款、第五十七条第一款、第六十四条之规定，判决如下：

一、维持云南省普洱市中级人民法院（2009）普中刑初字第100号刑事判决第一项对被告人鲍*保的定罪部分及第二项、第三项，即被告人鲍*保犯运输毒品罪；鲍*生犯运输毒品罪，判处无期徒刑，剥夺政治权利终身，并处没收个人全部财产；查获的毒品海洛因1053克、手机二部、人民币1000元，依法予以没收。

二、撤销云南省普洱市中级人民法院（2009）普中刑初字第100号刑事判决第一项对被告人鲍*保的量刑部分。

三、上诉人鲍*保犯运输毒品罪，判处死刑，缓期二年执行，剥夺政治权利终身，并处没收个人全部财产。

本判决为终审判决。

审 判 长　　李云霞
代理审判员　　李文华
代理审判员　　税海波
二○○九年十月十九日
书 记 员　　杨　婕

云南省高级人民法院
刑事判决书

（2009）云高刑终字第786号

原公诉机关云南省普洱市人民检察院。

上诉人（原审被告人）柳*连，男，1978年12月29日出生，2009年1月21日因本案被刑事拘留，同年1月29日被逮捕。现羁押于澜沧县看守所。

指定辩护人范晓媛，云南**律师事务所律师。

云南省普洱市中级人民法院审理云南省普洱市人民检察院指控原审被告人柳*连犯运输毒品罪一案，于二○○九年四月十日作出（2009）普中刑初字第132号刑事判决。原审被告人柳*连不服，提出上诉。本院受理后，依法组成合议庭，于二○○九年九月十九日公开开庭审理了本案，云南省人民检察院检察员黄爱娟、尹玥佾出庭执行职务，上诉人柳*连及其辩护人范晓媛到庭参加诉讼。现已审理终结。

原判认定，2009年1月21日，被告人柳*连携带毒品乘澜沧县开往昆明市的云J0759*号客车前往昆明市，当日16时30分，途经思澜公路169公里澜沧公安边防检查站时，被公开查缉的执勤人员查获，当场从其乘坐的18号铺位的被子下查获海洛因两块，后又查获其捆绑在大腿内侧的海洛因两块，共计重1400克。

原判根据上述事实，依法以运输毒品罪判处被告人柳*连死刑，剥夺政治权利终身，并处没收个人全部财产；查获的毒品海洛因1400克、CECT手机一部依法予以没收。

被告人柳*连上诉称，他因经济贫困而受毒贩引诱指使，为了2000元报酬运输毒品，请求二审予以从轻改判死缓。其指定辩护人提出，柳*连在打工受伤致残后，为了少量报酬而运输毒品，请求二审从轻判处的辩护。

出庭履行检察员提出，原判认定事实清楚，定罪准确，量刑适当，建议二审维持原判的出庭意见。经审理查明，原判认定上诉人柳*连携带毒品海洛因1400克于2009年1月21日乘澜沧县开往昆明市客车，在澜沧公安边防检查站被公开查缉的执勤人员现场人赃俱获的事实清楚。有下列证据予以证实：

1.查获经过说明材料、物证检验报告，证实柳 * 连携带毒品海洛因1400克被澜沧县公安边防检查站执勤人员现场人赃俱获的时间、地点的事实。

2.被告人柳 * 连对其为获取2000元报酬而为他人运输毒品的犯罪事实供认不讳。

3.客车驾驶员罗 * 瑞及在案从柳 * 连身上查获的车票，证实柳 * 连乘坐卧铺客车床位情况及被从其床位查获可疑物的情况。

上列证据经一二审庭审质证、认证，取证程序合法、证据内容客观、真实，且能互相印证，本院予以确认。

本院认为，上诉人柳 * 连无视国法，为牟取非法利益，运输毒品海洛因，其行为已经触犯刑法，构成运输毒品罪，应依法惩处。鉴于上诉人柳 * 连归案认罪态度好，结合其犯罪的具体情节，对其可依法判处死刑，无需立即执行；故对上诉人柳 * 连及其辩护人所提请求从轻判处的上诉理由和辩护意见，本院予以采纳。原判定罪准确，审判程序合法，但量刑失重。对检察员提出维持原判的意见本院不予采纳。据此，依照《中华人民共和国刑事诉讼法》第一百八十九条第（二）项，《中华人民共和国刑法》第三百四十七条第二款第（一）项、第四十八条第一款、第五十七条第一款、第六十四条之规定，判决如下：

一、、维持普洱市中级人民法院（2009）普中刑初字第132号刑事判决第二项，即对查获毒品及手机予以没收的部分；

二、撤销普洱市中级人民法院（2009）普中刑初字第132号刑事判决第一项，即对被告人柳 * 连的量刑部分；

三、被告人柳 * 连犯运输毒品罪，判处死刑，缓期二年执行，剥夺政治权利终身，并处没收个人全部财产；

本判决为终审判决。

审 判 长　　李 文 华

代理审判员　　杨 丽 娟

代理审判员　　税 海 波

二〇〇九年十月二十八日

书 记 员　　刘 津 嘉

云南省高级人民法院
刑事判决书

（2009）云高刑终字第878号

原公诉机关保山市人民检察院。

上诉人（原审被告人）李＊茂，男，1965年生，汉族，因本案于2008年9月29日被刑事拘留，同年11月3日被逮捕。现押于保山市隆阳区看守所。

指定辩护人范晓媛，云南＊＊律师事务所律师。

原审被告人彭＊所，男，1956年生，因本案于2008年9月29日被刑事拘留，同年11月3日被逮捕。现押于保山市隆阳区看守所。

保山市中级人民法院审理保山市人民检察院指控李＊茂、彭＊所犯走私毒品罪一案，于二〇〇九年四月二十二日作出（2009）保中刑初字第129号刑事判决。李＊茂不服，提出上诉。本院依法组成合议庭，于二〇〇九年八月十二日在保山市中级人民法院法庭公开开庭审理了本案，云南省人民检察院检察员张黎明、朱燕出庭执行职务。李＊茂、彭＊所及辩护人范晓媛到庭参加诉讼。本案现已审理终结。

原判认定，李＊茂因受毒贩"张弟"的指使从缅甸国勐古走私毒品海洛因到保山，遂邀约彭＊所参与。当李＊茂、彭＊所将毒品走私到保山，因交接毒品未果，二人乘出租车前往辛街藏匿毒品途中被民警抓获，当场查获毒品海洛因1715克。原判依照《中华人民共和国刑法》第六条、第三百四十七条第二款第（一）项、第二十五条、第二十六条、第二十七条、第四十八条、第六十四条之规定，以走私毒品罪分别判处李＊茂死刑，并处没收个人全部财产；判处彭＊所无期徒刑，并处没收个人全部财产；查获的毒品海洛因1715克、手机2部等物依法没收。二审庭审中，控辩双方对原判认定的事实及证据均无异议。李＊茂辩称系从犯，归案后认罪态度好，量刑过重，请求从轻判处。辩护人提出相同的辩护意见。检察员认为李＊茂受人雇佣犯罪，建议改判。

经审理查明，2008年9月初，毒贩"张弟"指使李＊茂走私毒品到保山，李＊茂又邀约彭＊所参与。同月9日，李＊茂在家中接到毒品后与彭＊所携带毒品从缅甸国勐古进入我省边境后，于同月29日步行到达保山。经李＊茂联系，在保山市第二人民医院交接毒品未果，二人遂乘出租车前往辛街藏匿毒品。当日12时许，当该车行至汉庄大沙河时，二人被公安民警抓获，当场从乘坐该车后排的彭＊所携带的牛仔包内查获海洛因1715克。上述事实，有公安机关出具的抓获经过材料、刑事科学技术鉴定结论、称量记录材料、证人证言在卷证实；李＊茂、彭＊所对受他人指使从缅甸国勐古走私毒品海洛因1715克到保山的事实供认不讳，与在卷证据能相互印证。本案证据确实、充分，足以认定。

本院认为，上诉人李＊茂和原审被告人彭＊所无视我国法律，为牟取非法利益，走私毒品海洛因1715克，其行为已构成走私毒品罪，应依法予以惩处。在共同犯罪中，李＊茂邀约彭＊所走私毒品，并负责交接毒品，起主要作用，系主犯；彭＊所起次要作用，系从犯。鉴于李＊茂归案后认罪态度好及本案的具体情节，对李＊茂可判处死刑，但不立即执行。原判定罪准确，审判程序合法，但对李＊茂量刑失重。检察机关建议改判的意见予以采纳。据此，依照《中华人民共和国刑事诉讼法》第一百八十九条（一）、（二）项之规定，判决如下：

一、维持保山市中级人民法院（2009）保中刑初字第129号刑事判决的第二、三项，即对彭＊所的定罪量刑及查获的海洛因、手机等物予以没收部分；

二、撤销保山市中级人民法院（2009）保中刑初字第129号刑事判决中对李＊茂的量刑部分；

三、上诉人李＊茂犯走私毒品罪，判处死刑，缓期二年执行，并处没收个人全部财产。

本判决为终审判决。

审　判　长　张　　华

审　判　员　谭　丽　芬

代理审判员　戴　　勇

二〇〇九年九月七日

书　记　员　冷　　敏

云南省高级人民法院
刑事判决书

（2009）云高刑终字第902号

原公诉机关云南省德宏傣族景颇族自治州人民检察院。

上诉人（原审被告人）唐＊林，男，1983年9月15日生，汉族，因本案于2008年8月27日被刑事拘留，同年9月28日被逮捕。现押于潞西市看守所。

指定辩护人范晓媛，云南＊＊律师事务所律师。

云南省德宏傣族景颇族自治州中级人民法院审理云南省德宏傣族景颇族自治州人民检察院指控原审被告人唐＊林犯运输毒品罪一案，于二〇〇九年四月十日作出（2009）德中刑初字第99号刑事判决。原审被告人唐＊林不服，提出上诉。本院依法组成合议庭，公开开庭审理了本案。云南省人民检察院指派检察员刘震乾、罗俊出庭履行职务，上诉人唐＊林及指定辩护人范晓媛等到庭参加诉讼。本案现已审理终结。

原判认定，2008年8月27日，被告人唐＊林携带毒品到芒市机场，欲乘机前往昆明，被公安民警人赃俱获，从其携带的食品袋内查获甲基苯丙胺2342克。根据上述事实及相关证据，原审以运输毒品罪判处被告人唐＊林死刑，剥夺政治权利终身，并处没收个人全部财产；查获的毒品依法没收。宣判后，被告人唐＊林以"不知道帮'阿七'带的食品里有毒品，800元钱及买机票的钱是向'阿七'借的，不是报酬"为由，提出上诉，请求从轻处罚；其辩护人提出"无证据证明唐＊林主观明知是毒品，不构成运输毒品罪，应宣告无罪"的辩护意见。

检察机关认为，原审判决认定事实清楚，证据确实，定性准确，审判程序合法。但不能排除上诉人唐＊林是受人雇佣而运输毒品的可能，建议改判为死刑，缓期二年执行。

经审理查明，2008年8月27日11时55分，上诉人唐＊林携带毒品欲乘飞机从芒市前往昆明，安检时被公安民警人赃俱获，当场从其携带的食品袋内查获甲基苯丙胺2342克。上述事实，有当场盘问检查笔录、查获经过、物证照片、称量记录、物证检验报告、登机牌、扣押物品清单、居民身份证、湖南省祁阳县人民法院（1999）祁刑初字第129号刑事判决书、湖南省未成年犯管教所狱政科《释放证明书》、被告人唐＊林的供述及辩解等证据证实。以上证据经二审庭审举证、质证和认证，予以采信。

本院认为，上诉人唐＊林无视国法，明知是毒品而运输的行为，已构成运输毒品罪。但鉴于本案实际，上诉人唐＊林尚不属判处死刑必须立即执行的犯罪分子。关于被告人唐＊林所提"不知道帮'阿七'带的食品里有毒品，800元钱及买机票的钱是向'阿七'借的，不是报酬"的上诉理由及其辩护人所提"无证据证明唐＊林主观明知是毒品，不构成运输毒品罪，应宣告无罪"的辩护意见，缺乏事实和法律依据，与查明的事实和证据不符，本院不予采纳。关于检察机关所提"原审判决认定事实清楚，证据确凿，定性准确，审判程序合法。但不能排除上诉人唐＊林是受人雇佣而运输毒品的可能，建议改判为死刑，缓期二年执行"的意见，与查明的事实和证据相符，予以采纳。原判认定事实清楚，定罪准确，审判程序合法，但上诉人唐＊林尚不属判处死刑必须立即执行的犯罪分子。据此，依照《中华人民共和国刑事诉讼法》第一百八十九条第（一）项、第（二）项和《中华人民共和国刑法》第三百四十七条第二款第（一）项、第四十八条、第五十七条第一款、第六十四条之规定，判决如下：

一、维持云南省德宏傣族景颇族自治州中级人民法院（2009）德中刑初字第99号刑事判决第二项，即对查获毒品的没收部分。

二、撤销云南省德宏傣族景颇族自治州中级人民法院（2009）德中刑初字第99号刑事判决第一项，即对被告人唐＊林的量刑部分。

三、上诉人（原审被告人）唐＊林犯运输毒品罪，判处死刑，缓期二年执行，剥夺政治权利终身，并处没收个人全部财产。

本判决为终审判决。

审　判　长　　李忠良

代理审判员　　张　导

代理审判员　　阮　鸿

二○○九年十月二十日

书　记　员　　董　秘

云南省高级人民法院
刑事判决书

（2009）云高刑终字第904号

上诉人原公诉机关德宏州人民检察院。

上诉人（原审被告人）赵＊祥，男，1958年2月2日生，因本案于2008年9月26日被刑事拘留，同年10月30日被逮捕。现押于瑞丽市看守所。

指定辩护人范晓媛，云南＊＊律师事务所律师。

云南省德宏傣族景颇族自治州中级人民法院审理云南省德宏州人民检察院指控原审被告人赵＊祥犯运输毒品罪一案，于2009年4月10日作出（2009）德中刑初字第110号刑事判决。原审被告人赵＊祥不服，向本院提出上诉。本院依法组成合议庭，公开开庭审理了本案。云南省人民检察院指派检察员刘震乾出庭履行职务，上诉人赵＊祥及其辩护人范晓媛到庭参加诉讼。本案现已审理终结。

原判认定，2008年9月26日11时，被告人赵＊祥到瑞丽市姐告国门边境接到毒品后返回其租住的房屋将毒品藏匿于其所驾驶的摩托车后备箱内，于11时37分被公安民警抓获，公安民警从其摩托车后备箱内查获毒品海洛因2740克。原判认定被告人赵＊祥的行为已构成走私毒品罪，判处被告人赵＊祥死刑，剥夺政治权利终身，并处没收个人全部财产；查获的毒品海洛因及扣押的云NH075＊摩托车依法予以没收。

宣判后，原审被告人赵＊祥提出是在"广西男子"的教唆下参与犯罪，未牟取到任何非法利益，属从犯及量刑过重的上诉理由；其辩护人提出本案主犯在逃，上诉人赵＊祥属从犯、初犯、偶犯，且认罪态度较好及量刑过重的辩护意见。

检察机关认为本案事实清楚，证据确实、充分，定性准确，量刑适当，审判程序合法，建议驳回上诉，维持原判。

经审理查明，2008年9月26日11时许，上诉人赵＊祥驾驶云NH075＊

号摩托车到瑞丽市姐告国门边境接到境外毒贩递过来的毒品后返回其租住的房屋，并将毒品藏匿于其所驾驶的摩托车后备箱内准备运往保山，于当日11时37分，公安民警在租房内将赵＊祥抓获，并从其驾驶的摩托车后备箱内查获用黄色胶带包装的块状海洛因六块及条状海洛因一包，净重共计2740克。上述事实，有第一、二审开庭审理中经质证确认的查获经过、称量记录、物证照片、取样提取笔录、刑事科学技术鉴定书、物证检验报告、情况说明、邮政储蓄卡及取款凭条、相关明细账户、搜查笔录及扣押物品清单、机动车驾驶证、行驶证、租房登记表、证人郭＊庆的证言及上诉人赵＊祥的供述与辩解等证据予以证实。

本院认为，上诉人赵＊祥无视国法，为牟取高额报酬而从境外将毒品海洛因走私至境内的行为已触犯刑律，构成走私毒品罪，且走私毒品数量大，应依法予以严惩。上诉人赵＊祥及辩护人所提属从犯及量刑过重的上诉理由和辩护意见，本院认为，本案现有证据虽然能证实有其他涉案人员存在，但上诉人赵＊祥为获取高额报酬而提供账号、支取购毒款、转交毒资，将毒品从境外走私至境内，在走私毒品犯罪中起主要作用，属从犯的上诉理由和辩护意见不成立；赵＊祥提出未得到任何非法利益，请求从轻处罚的上诉理由，非法利益是否实现并不影响对赵＊祥的量刑，其从轻处罚的上诉理由无法律依据，不能成立；辩护人所提初犯、偶犯及认罪态度较好的辩护意见属实，予以采纳。检察机关所提本案事实清楚，证据确实、充分，审判程序合法的意见与查明的事实和证据相符，予以支持。鉴于上诉人赵＊祥有受他人指使而走私毒品的可能存在，尚不属于判处死刑必须立即执行的犯罪分子。原判认定事实清楚，证据确实、充分，定罪准确。审判程序合法，但量刑不当，依照《中华人民共和国刑事诉讼法》第一百八十九条第（一）、（二）项和《中华人民共和国刑法》第三百四十七条第二款第（一）项、第四十八条、第五十七条第一款、第六十四条之规定，判决如下：

一、维持云南省德宏傣族景颇族自治州中级人民法院（2009）德中刑初字第110号刑事判决的第二项，即对查获的毒品及扣押的云NH0757摩托车依法予以没收。

二、撤销云南省德宏傣族景颇族自治州中级人民法院（2009）德中刑初字第110号刑事判决的第一项，即对上诉人（原审被告人）赵＊祥的定罪量刑部分。

三、上诉人（原审被告人）赵＊祥犯走私毒品罪，判处死刑，缓期二年执行，剥夺政治权利终身，并处没收个人全部财产。

本判决为终审判决。

审　判　长　　李忠良
代理审判员　　张　导
代理审判员　　阮　鸿
二〇〇九年十一月四日
书　记　员　　董　秘

云南省高级人民法院
刑事判决书

（2009）云高刑终字第928号

原公诉机关云南省昆明市人民检察院。

上诉人（原审被告人）陈*亚，女，1974年7月13日出生，2008年6月28日因本案被刑事拘留，同年7月10日被逮捕。现羁押于宜良县看守所。

指定辩护人范晓媛，云南**律师事务所律师。

云南省昆明市中级人民法院审理云南省昆明市人民检察院指控原审被告人陈*亚犯故意杀人罪，原审附带民事诉讼原告人朱*英、朱*芬、朱*华提起附带民事诉讼一案，于二○○九年四月十六日作出（2009）昆刑一初字第18号刑事附带民事判决。原审附带民事诉讼原告人朱*英、朱*芬、朱*华服判不上诉，附带民事诉讼部分的判决已发生法律效力。原审被告人陈*亚不服，对刑事部分提出上诉。本院依法组成合议庭，于二○○九年八月五日公开开庭审理本案。云南省人民检察院检察员万玮、王敏出庭履行职务；原审被告人陈*亚及其辩护人范晓媛到庭参加诉讼。现已审理终结。

原判认定：2008年6月26日凌晨1时许，被告人陈*亚在宜良县狗街镇化鱼村委会化鱼村家中，因家庭矛盾与丈夫朱*昆发生激烈争执，陈*亚先后用菜刀、尖刀朝朱*昆身上连续砍、刺，致朱*昆颈内静脉及肺脏破裂，急性失血性休克当场死亡。朱*昆之母朱*仙闻声赶来，见状后与陈*亚发生撕扯，陈*亚用双手掐扼其颈部，致朱*仙机械性休克当场死亡。原判根据上述事实，依照刑法和民法通则的相关规定，认定被告人陈*亚犯故意杀人罪，判处死刑，剥夺政治权利终身；由被告人陈*亚赔偿附带民事诉讼原告人经济损失人民币22884元。

二审庭审中，上诉人陈*亚上诉称，朱*昆生性残暴，盗、抢、赌、砍无恶不作，对其长期进行非人道的折磨；案发当时因朱*昆毒打、砍杀其，致使其精神受到严重刺激失去自控而犯罪；作案后等待警察，是自首；已经赔偿原告人经济损失；认罪服法，请求从轻判处。辩护人提出陈*亚有自首情节；本案由家庭矛盾引发；陈*亚系临时起意、激愤杀人；朱*昆有过错，对朱*仙是防卫过当；请对陈*亚从轻处罚的辩护意见。

检察员的出庭意见认为，一审判决认定事实清楚，证据确实充分，定罪准确，量刑适当。上诉人及其辩护人的上诉理由和辩护意见均不成立，建议二审法院驳回上诉，维持原判。

经审理查明：上诉人陈*亚与被害人朱*昆系夫妻，两人生育儿子朱*（六岁）。2008年6月26日凌晨1时许，在宜良县狗街镇家中，陈*亚与朱*昆因家庭事务发生矛盾、争吵后，陈*亚持家中一把菜刀朝已进入卧室睡在床上的朱*昆身上乱砍数刀，朱*昆与陈*亚厮打至客厅，陈*亚又持家中一把尖刀朝朱*昆身上刺击数刀，致朱*昆颈内静脉及肺脏破裂，急性失血性休克当场死亡。睡在隔壁的朱*昆之母朱*仙闻声赶来，见状与陈*亚发生撕扯，陈*亚用膝盖跪压住朱*仙胸腹部，双手掐扼朱*仙颈部，致朱*仙机械性休克当场死亡。

上述事实，有下列证据证实：

1.接受刑事案件登记表、抓获经过说明材料，证实公安民警接到报案后展开侦查，抓获被告人陈*亚的经过。

2.现场勘查笔录及照片、尸体检验报告及照片、法医物证鉴定书、死亡证明、检验笔录及照片，证实案发现场位于宜良县狗街镇朱*昆住宅。朱*昆夫妇卧室木床下地面平行放置一男一女二具仰卧状尸体，经DNA检验，男性死者是朱*昆，女性死者是朱*仙。尸体均分别用两个塑料编织袋由两端套装，朱*昆尸体内层用塑料膜、蚊帐包裹、用绳索捆扎，朱*仙尸体内层用黄色染血，带破口的床单包裹，在颈部束有一红色塑料袋。床上毯子上有三处锐性破口，其中一处对应下的席梦思上也见一条锐性破口；卧室、客厅墙面上、地面上有喷溅状血迹，且有细条状刮擦痕迹，对应地上有浅蓝色灰尘及钢丝清洗球碎屑；卧室、客厅的大量床上用品上、家具上均有大量血迹。经尸体检验，被害人朱*昆头面部、颈部、胸部、背腰部及四肢等全身多处有砍切创、刺切创、切划伤、挫裂伤、擦挫伤共54处；致伤工具分析为单刃锐器。死因为颈胸部多处锐器刺切导致颈内静脉及肺脏破裂，引起急性失血性休克死亡。被害人朱*仙下颌部、颈前部有新月形表皮脱落，舌骨、甲状软骨骨折，胸部多根肋骨骨折，死因为机械性窒息死亡；损伤特征分析符合徒手形成。分析两人的死亡时间均距2008年6月28日2

天左右（6月26日）。经身体检查，被告人陈*亚颈部、胸部、双手、右腿有皮肤擦、挫伤；腰部、背部有皮下出血。

3.提取痕迹、物证登记表、提取笔录及照片、法医物证鉴定书、指印检验鉴定书及照片、辨认笔录及照片，证实公安民警在现场勘查过程中，提取到现场血迹12份、菜刀两把、尖刀一把、折叠刀一把、血指印一枚、胸罩一件等物证、痕迹。经被告人陈*亚混同辨认，其确认木柄带孔菜刀、月牙形尖刀各一把均系其作案时所用的工具；指认胸罩系其作案时所穿，作案后清洗晾晒在家中的。经DNA检验，月牙形尖刀上、包裹朱*昆尸体的蚊帐上、包裹朱*仙尸体的床单上、朱*昆夫妇卧室门槛上、客厅电视柜南侧地上、客厅门暗锁内侧、被告人陈*亚胸罩上均检见被害人朱*昆血迹；经指印检验，摆放在陈*亚夫妇卧室内木床下的白色塑料桶外侧桶壁上的血指印，为被告人陈*亚右手食指所留。

4.证人证言（1）陈*全（陈*亚父亲）、陈*红（陈*亚妹妹）证实，2008年6月27日下午，陈*亚带着儿子朱杰回家，陈*亚说已将朱*昆砍死，陈*全便让陈*红报警。

（2）普*文（村治保主任）证实，2008年6月27日，派出所民警说朱*昆家出事了，其喊着朱*华（朱*昆哥哥）等三人到朱*昆家，陈*亚说朱*昆到昆明了，我们以为案报错了。一会，派出所电话要求控制住人，其答复可能报错案了。后派出所民警来村里到朱*昆家，民警进去十多分钟出来说：陈*亚杀死了朱*昆，同时让其找朱*昆母亲，其去找但没找到，后民警说朱*昆母亲也被杀死了。不清楚朱*昆与陈*亚的关系，但平时两人没有因为吵打的事闹到村委会。

（3）王*祥、王*林、蒋*兵、余*明、范*忠、骆*、李*斌，证实2008年6月25日16时许，朱*昆和王*林、范*忠、余*明、骆*一起在蒋*兵家吃晚饭，20时许，他们去朱*昆家闲玩，陈*亚一个人在客厅看电视，见到他们后就到卧室去了，22时许，他们又一起去吃烧烤、喝酒至次日凌晨1时许才回家。

（4）朱*华证实，27日18时30分许，村治保主任普*文跟其说朱*昆出事了，我们到朱*昆家喊叫朱*昆，陈*亚说朱*昆到昆明去了。

5.被告人陈*亚供述，2008年6月26日凌晨1时许，朱*昆酒后回到家中，二人发生吵打，之后朱*昆进卧室睡觉，其越想越想不通，持菜刀冲进卧室，朝只穿着裤衩躺在床上的朱*昆头、颈部砍杀，受伤的朱*昆从床上窜起与其厮打，二人从卧室厮打到客厅，其从客厅电视柜抽屉里抓出一把尖刀，又朝朱*昆颈、背、腿部乱捅数刀，致朱*昆倒地。闻声赶来的婆婆朱*仙见状与其厮打，其骑跪在朱*仙腹部，用双手掐扼朱*仙颈部，直至朱*仙不会动了才松开手。之后，其分别将朱*昆和朱*仙的尸体包裹好藏进卧室床下，清洗、擦拭了现场血迹、菜刀，没有清洗尖刀，将贴身所穿的胸衣等清洗晾晒在家中，外衣、牛仔裤粘有很多血迹，被其丢到村子的河中。第二天，其带儿子朱*回娘家，向家人讲了砍杀朱*昆的情况，又返回家中，准备请人将尸体搬抬出去丢弃。后公安民警到家中将其抓获。

被告人陈*亚供述的作案时间、地点、起因、手段、使用工具、致害部位、藏匿尸体、清理现场等情节均能与其他证据相互印证吻合，并对作案现场指认无误。

以上证据来源合法，内容客观、真实，本院予以确认。

本院认为，上诉人陈*亚无视国法，不能正确处理家庭矛盾，故意持刀砍杀丈夫朱*昆和用手掐压婆婆朱*仙，致二人死亡，其行为已触犯刑律，构成故意杀人罪。上诉人陈*亚关于其长期遭受家庭暴力、朱*昆先砍杀其的上诉理由，经审理认为，本案证人证实被告人夫妇有争吵但没有看到过厮打，没有因为家庭纠纷找过村社干部。陈*亚身上有擦、抓伤，但没有刀伤，故无证据证实该上诉理由；陈*亚及其辩护人关于应认定陈*亚自首的辩护意见，经审查，公安机关接到报案到陈*亚家调查情况，陈*亚未主动交代其杀死朱*昆和朱*仙的事实，直至民警发现了尸体，陈*亚才承认了其犯罪事实。依法不能认定陈*亚有自首情节；陈*亚及其辩护人关于本案因家庭矛盾引发、系临时起意的上诉理由和辩护意见，经审理认为，陈*亚犯罪手段极其残忍，罪行极其严重，论罪当处死刑，鉴于本案因家庭矛盾引发，陈*亚亲属积极向公安机关报案，使案件得以及时侦破；陈*亚归案后，能如实供述犯罪事实，认罪态度较好。对陈*亚可酌情从宽处罚，对其可以判处死刑，无需立即执行。陈*亚及其辩护人的上诉理由和辩护意见，本院部分采纳。原审判决定罪准确，审判程序合法，但对陈*亚量刑失重。据此，依据《中华人民共和国刑事诉讼法》第一百八十九条第（一）项、第（二）项及《中华人民共和国刑法》第二百三十二条、第四十八条第一款、第五十七条第一款之规定，判决如下：

一、维持云南省昆明市中级人民法院（2009）昆刑一初字第18号刑事附带民事判决对被告人陈*亚的定罪部分。

二、撤销云南省昆明市中级人民法院（2009）昆刑一初字第18号刑事附带民事判决对被告人陈*亚的量刑部分。

三、上诉人（原审被告人）陈*亚犯故意杀人罪，判处死刑，缓期二年执行，剥夺政治权利终身。

本判决为终审判决。

审　判　长　　李云霞

代理审判员　　李江鹏

代理审判员　　税海波

二〇〇九年十月十三日

书　记　员　　彭　蕊

云南省高级人民法院
刑事判决书

（2009）云高刑终字第980号

原公诉机关德宏州人民检察院。

上诉人（原审被告人）唐*万（自报），男，汉族，2008年9月4日被刑事拘留，同年10月10日被逮捕。现羁押于瑞丽市看守所。

指定辩护人范晓媛，云南**律师事务所律师。

中华人民共和国云南省德宏傣族景颇族自治州中级人民法院审理德宏州人民检察院指控原审被告人唐*万犯运输毒品罪一案，于二〇〇九年四月十日作出（2009）德中刑初字第72号刑事判决书。被告人唐*万不服，提出上诉。本院依法组成合议庭，公开开庭审理了本案。云南省人民检察院指派检察员张丽萍、刘政权出庭履行职务、上诉人（原审被告人）唐*万及其辩护人范晓媛到庭参加诉讼。现已审理终结。

原判认定，2008年9月4日21时30分许，被告人唐*万乘坐一辆云N1408*摩托车途经畹町黑山门税务查验点时被公安民警拦下检查，检查过程中，驾驶摩托车的伦*（在逃）跳下摩托向山沟逃窜，被告人唐*万被民警抓获，当场从唐*万腰部查获用黑色塑料袋包裹的毒品海洛因净重698克。原审法院根据上述事实和庭审质证、认证的相关证据，依照《中华人民共和国刑法》第六条、第三百四十七条第二款（一）项、第四十八条、第六十一条、第六十四条之规定，以运输毒品罪判处被告人唐*万死刑，并处没收个人全部财产。查获的毒品海洛因依法予以没收。宣判后，被告人唐*万上诉称，毒品不是他的，是帮伦*运输，在本案中不是主犯，系初犯，请求从轻判处。辩护人提出，上诉人唐*万不是本案的主犯，是从犯，是为了赚取少量运费而运输毒品，请求对被告人唐*万从轻判处。出庭履行职务的检察人员提出，本案事实清楚，证据确实充分，定性准确、但对被告人唐*万量刑过重，建议对被告人唐*万改判死刑，缓期二年执行。

　　经审理查明，原判认定2008年9月4日21时30分许，被告人唐*万运输毒品海洛因698克被抓获的事实属实。上述事实有抓获经过及检查笔录；毒品称量记录；物证检验报告及鉴定结论；扣押物品清单及毒品收缴收据等证据在案予以证实。被告人唐*万对犯罪事实供认不讳，本案事实清楚，证据确实充分，足以认定。

　　本院认为，上诉人唐*万无视我国法律，明知是毒品海洛因而予以运输的行为已触犯我国刑律，构成运输毒品罪。上诉人唐*万系运输毒品的直接实施者，本应依法从严惩处。但鉴于上诉人唐*万被抓后能如实供述犯罪事实，认罪态度好，本案同案犯伦*在逃。上诉人唐*万尚不属于判处死刑，立即执行的犯罪分子，可依法对其酌情从宽处罚。上诉人唐*万的部分上诉理由及辩护人的部分辩护意见本院应予采纳。原判定罪准确，审判程序合法，但对被告人唐*万量刑失当。依照《中华人民共和国刑事诉讼法》第一百八十九条第（一）项、（二）项的规定，判决如下：

　　一、维持中华人民共和国云南省德宏傣族景颇族自治州中级人民法院（2009）德中刑初字第72号刑事判决的第二项，即查获的毒品海洛因依法予以没收。

　　二、撤销中华人民共和国云南省德宏傣族景颇族自治州中级人民法院（2009）德中刑初字第72号刑事判决的第一项，即被告人唐*万犯运输毒品罪，判处死刑，并处没收个人全部财产。

　　三、上诉人（原审被告人）唐*万犯运输毒品罪，判处死刑，缓期二年执行，并处没收个人全部财产。

　　本判决为终审判决。

审　判　长　　李　忠　良

审　判　员　　黎　昌　荣

代理审判员　　阮　　　鸿

二〇〇九年九月二十九日

书　记　员　　董　　　秘

云南省高级人民法院
刑事判决书

（2009）云高刑终字第1250号

云南省普洱市人民检察院。

上诉人（原审被告人）胡*贵，男，1988年7月14日出生，2009年1月4日因本案被刑事拘留，同年2月4日被逮捕。现羁押于云南省孟连县看守所。

指定辩护人范晓媛，云南**律师事务所律师。

云南省普洱市中级人民法院审理云南省普洱市人民检察院指控原审被告人胡*贵犯运输毒品罪一案，于二〇〇九年六月二十二日作出（2009）普中刑初字第224号刑事判决。宣判后，原审被告人胡*贵不服，提出上诉。本院依法组成合议庭、公开开庭审理了本案。云南省人民检察院指派检察员李富强、那文婷出庭履行职务，上诉人胡*贵及其辩护人到庭参与诉讼。现已审理终结。

原判认定，2009年1月4日13时30分，被告人胡*贵携带毒品乘坐云J1061*客车从孟连县勐啊镇前往孟连县城，途经孟连至勐阿公路3公里处时被查获，公安民警当场从被告人胡*贵腹部和腰部查获毒品海洛因4块，净重1399克。

原审法院根据上述事实和相关证据，依照《中华人民共和国刑法》第三百四十七条第二款第一项，第四十八条第一款、第五十七条第一款、第六十四条之规定，以运输毒品罪，判处被告人胡*贵死刑，剥夺政治权利终身，并处没收个人全部财产；查获的毒品海洛因1399克，手机一部依法予以没收。

宣判后，原审被告人胡*贵上诉称：其是受广东老板的指使而运输毒品的，虽已构成犯罪，但在本案中只属于从犯、初犯；归案后认罪态度较好，原判量刑过重，请求二审法院给予从轻处罚。

其指定辩护人以相同意见为胡*贵作罪轻辩护。

出庭履行职务的检察员提出，本案事实清楚、证据确实、充分，定罪准确，量刑适当，审判程序合法，建议二审法院维持原判。

经审理查明，2009年1月4日13时30分，当被告人胡*贵携带毒品从孟连县勐啊镇乘坐云J1061*客车前往孟连县城，当车行至距孟连县城3公里处被公安民警检查时，当场从其上衣内腹部和腰部外查获毒品海洛因4块，净重1399克，并将其抓获。

上述事实有以下证据证实：

1. 抓获经过说明材料、搜查笔录、毒品物证照片证实、2009年1月4日13时30分，孟连公安边防大队执勤人员在孟连至勐阿公路3公里处公开查缉毒品，当对一辆由勐阿开往孟连县城的云J1061*客车进行检查时，发现该车最后一排座右边靠窗子的27号座位上的乘客胡*贵形迹可疑，即对胡*贵进行重点检查时，当场查获其藏于腹部和腰部的毒品可疑物4块，并将其抓获。

2. 毒品取样笔录、毒品鉴定书及鉴定通知书，毒品称量笔录及照片分别证实，本案查获的毒品可疑物经鉴定系毒品海洛因，毒品净重1399克，并已将该鉴定结论告知被告人胡*贵的事实。

3. 驾驶员柴*进证言证实，从被告人胡*贵身上查获的客车票证实，2009年1月4日被告人胡*贵从勐阿乘坐柴文进驾驶的客车27号座位前往孟连县城，途中被民警检查时，听说胡*贵带有毒品被民警抓走的事实。

4. 被告人胡*贵供述，2008年12月，其在广州打工被老板辞退后，上网认识一个叫小飞的人帮他找工作，小飞给了他一个老板的手机号码，他拨通该老板的手机，老板让他到云南孟连县帮带"东西"到广州，许诺给他4500元报酬，他同意后老板向他的银行卡里打了1400元路费，并通过小飞给了他一张手机卡。他就坐火车到昆明，又坐客车于2009年1月2日到了孟连县勐阿口岸，当天偷渡到缅甸，住在一宾馆里，打手机将房间号告诉老板。1月4日上午，一男人到他房间里，交给他了四块"东西"就走了，他估计是毒品，他将四块毒品插在腹部和腰部的裤腰带里各两块，偷渡回勐啊，坐上客车运往孟连县城，途中被公安民警查获。

5. 公安机关的办案说明材料，证实胡*贵供述的"老板"、"小飞"等人因具体情况不清，无法查证。

6. 户籍证明、身份证一致证实被告人胡*贵的身份情况。

本院认为，上诉人胡*贵无视国家法律，为牟取非法利益，非法运输毒品的行为已构成运输毒品罪，毒品数量大，依法应予惩处。鉴于本案具体情节，对上诉人胡*贵判处死刑，可不立即执行。原判定罪准确，审判程序合法。但对胡*贵量刑失重。对检察员出庭建议维持原判的意见，不予采纳。据此，依照《中华人民共和国刑事诉讼法》第一百八十九条第（一）、（二）项之规定，判决如下：

一、维持云南省普洱市中级人民法院（2009）普中刑初字第224号刑事判决第一项对被告人胡*贵的定罪及第二项。

二、撤销云南省普洱市中级人民法院（2009）普中刑初字第224号刑事判决第一项对被告人胡*贵的量刑部分。

三、上诉人（原审被告人）胡*贵犯运输毒品罪，判处死刑，缓期二年执行，剥夺政治权利终身，并处没收个人全部财产。

本判决为终审判决。

审　判　长　　周　红　敏
审　判　员　　刘　晋　云
代理审判员　　杨　丽　娟
二〇〇九年十二月二十二日
书　记　员　　杨　　婕

云南省高级人民法院
刑事判决书

（2009）云高刑终字第1263号

公诉机关云南省普洱市人民检察院。

上诉人（原审被告人）张＊兴，男，2008年11月21日因本案被刑事拘留，同年12月5日被逮捕。现羁押于宁洱县看守所。

指定辩护人范晓媛，云南＊＊律师事务所律师。

云南省普洱市中级人民法院审理云南省普洱市人民检察院指控原审被告人张＊兴犯故意杀人罪一案，于二〇〇九年六月二十五日作出（2009）普中刑初字第198号刑事附带民事判决。宣判后，原审附带民事诉讼原告人李＊燕服判不上诉，原审被告人张＊兴对刑事判决部分不服，提出上诉。本院依法组成合议庭，公开开庭审理了本案。云南省人民检察院指派代理检察员黄爱娟、那文婷出庭履行职务，上诉人张＊兴及其辩护人到庭参与诉讼。现已审理终结。原判认定，2008年11月21日凌晨4时许，被告人张＊兴携带一支火药枪在本村村民杨＊文家守地窝棚内，与杨＊文、李＊、张＊华三人喝酒过程中，因琐事与杨＊文发生口角纠纷，后趁杨＊文等三人睡着后，张＊兴用其携带的火药枪向杨＊文的左颈部开了一枪，造成杨＊文颅脑严重损伤，当场死亡。

原审法院根据上述事实和相关证据，依照《中华人民共和国刑法》第二百三十二条、第一百二十八条第一款、第六十九条第一款、第四十八条、第五十七条第一款、第三十六条及《中华人民共和国民法通则》第一百一十九条之规定，认定被告人张＊兴犯故意杀人罪，判处死刑，剥夺政治权利终身；犯非法持有枪支罪，判处有期徒刑五年，数罪并罚，决定执行死刑，剥夺政治权利终身；由被告人张＊兴赔偿刑事附带民事诉讼原告人李华＊经济损失共计人民币74825元（限判决生效后三个月内付清）。

宣判后，原审被告人张＊兴上诉及在二审庭审中辩称：其不是故意杀人，而是枪走火误伤了被害人杨*文。对刑事附带民事诉讼原告人的诉讼请求表示愿意承担赔偿责任，但其无力赔偿。

其辩护人提出，被告人张*兴因枪走火误伤他人的行为只构成过失致人死亡罪，原判定故意杀人罪不当；张*兴犯罪后有投案自首行为，一审未予认定，请二审法院依法予以认定并对其从轻处罚。

出庭履行职务的检察员提出，本案事实清楚、证据确实、充分，定罪准确，量刑适当，审判程序合法，张*兴动辄持枪行凶杀人，罪行极其严重，建议二审法院维持原判。

经审理查明，2008年11月20日20时许，被告人张*兴携带火药枪一支及其在山上打到的一只"白鹇"（野生飞禽）回家，途经芹菜塘山坡同村村民杨*文（男、殁年50岁）守地的窝棚时，进去与杨*文、李*、张*华一起喝酒，期间张*兴提出将"白鹇"煮了吃，并将"白鹇"丢到地上时将杨*文的一碗酒弄翻，杨*文见状表示不吃，将"白鹇"扔出窝棚外，张*兴认为损伤了其自尊心，非常生气，与杨*文发生争吵，经李*、张*华劝阻平息。次日凌晨4时许，杨*文、李*、张*华三人同睡于窝棚的地铺上，杨*文睡最外边。张*兴离开窝棚后，仍对杨*文耿耿于怀，并朝天开了一枪以警告杨*文，见杨未理睬，遂生枪杀杨*文的歹念。张*兴即返回窝棚内，用其头上戴着的矿灯照明，用其携带的火药枪对着杨*文左颈部开了一枪。李*、张*华被枪声惊醒，见张*兴站在杨*文身边，将火药枪丢在地上，杨*文已死亡。张*兴称杨*文是他打死的。当天8时许，公安机关在张*兴家中将其抓获。经法医鉴定，杨*文系被他人用霰弹枪射击头部致颅脑严重损伤当场死亡。

上述事实有下列证据证实：

1.报案记录及抓获经过说明材料证实，2008年11月21日8时许，宁洱县磨黑镇村民张*华、李*到宁洱县公安局磨黑派出所报案称：今天凌晨5时许，该村村民杨*文在其家山上的芋头地里的窝棚内，被同村的张*兴用火药枪打死。张*兴现已回到家里。派出所民警在张*华、李*的带领下，于当日8时52分赶到张*兴家中，将犯罪嫌疑人张*兴抓获。

2.现场勘验笔录及照片证实，案发现场系宁洱县磨黑镇杨*文家芹菜塘箐山坡的窝棚内，进门第一间内地上有一只死白鹇及一些杂物；第二间房内靠里边墙边有一地铺，距地铺外沿9厘米处地上有一支火药枪（提取备检），地铺外沿上有一具衣着完整、右侧卧状的男性尸体（杨*文），已死亡，尸体头、颈部下有58×5.2厘米的血泊。

3.法医尸体检验报告书及照片证实，被害人杨*文左颈部耳垂下有一直径为1.1的圆形创口（射入口），创口中心部位皮肤缺损，创口周围有0.7厘米的挫伤轮，挫伤轮周围的左颊部、左颈部、左耳垂处有10厘米×7厘米的烟晕，该烟晕范围内有3.8×3.5厘米的皮肤碳化。该创口贯通于右颞部耳廓上4厘米处的1.6×1厘米的不规则挫裂伤创口（射出口），并有皮瓣形成，该创口周围头发被血迹浸染并黏附右脑组织及8颗0.1—0.4大小不等的铁砂。结论：被害人杨*文头颈部的贯通伤为霰弹枪近距离射击形成，系被他人用霰弹枪射击左颈部贯通右颞部造成颅脑严重损伤死亡。

4.枪支鉴定书、枪支辨认笔录及照片分别证实，民警从犯罪现场提取张*兴作案使用的火药枪一支，经鉴定为以火药为动力发射枪弹的非军用枪支，具有杀伤力。案发后被告人张*兴对民警放在地上的7只火药枪辨认后，确认该民警从现场提取的火药枪确系其作案凶器。

5.证人李*、张*华的证言证实，2008年11月20日晚8时许，他俩在芹菜塘箐被害人杨*文家窝棚内与杨*文一起喝酒聊天时，同村的张*兴提着一支火药枪、身背放有一只死白鹇的一个包进来参与喝酒。张*兴提出将白鹇煮了吃。他们表示不吃，让张*兴拿去卖。张*兴将白鹇丢到地上时将杨*文的一碗酒弄翻，杨*文将白鹇扔出窝棚外，张、杨二人为此发生争吵，后经他们劝阻平息。凌晨4时许，张*兴提着火药枪离开窝棚后朝天开了一枪。后他们三人并排睡于窝棚内地铺上，杨*文睡外边。当他们刚睡着，突然被一声近距离的枪声惊醒，见张*兴头戴亮着的头灯站在杨*文身旁，将火药枪丢在地上，杨*文头上淌着血，已死亡。张*兴说是他打死杨*文，大不了他去投案。他俩与张*兴一路返回，凌晨6点多途经杨*旺的茶园，张*兴还对杨*旺说：他杀人了，要去派出所自首。随后路过张*兴家时，张*兴说他回去交代一下家事。他俩就直接到派出所报了案。

6.证人杨*旺证言证实，案发当天凌晨5时许，同村的张*兴到他茶园称，用火药枪将杨*文打死了，因为杨*文将他打到的白鹇丢了。接着李*、张*华也来到，张*兴还说他要去自首。张*兴将其头灯、装有火药的白色塑料瓶和一个包放在他住处（后被民警提取），凌晨6时许他们三人先后走了。证人张*兴的儿媳李*梅证言证实，案发当天早上8时许，她公公张*兴回到家对她说，做点饭给他吃，吃了他要去派出所自首。后警察就来把张＊兴带走了。

7.证人张＊兴的儿子张＊伟证言证实，他父亲的那只火药枪是好多年前就有了，不知道他父亲是从哪里弄来的。

8.上诉人张＊兴在公安机关审讯中多次对其因为被害人杨＊文丢其的白鹇与杨＊文发生争吵后，故意用火药枪将杨＊文打死的犯罪事实予以供认。张＊兴还供述，他作案用的枪是10多年前自己去买零件来组装的，一直非法持有。其供述与以上证据相印证。

上列证据经一、二审庭审质证，取证合法，内容客观、真实，且能够相互印证。

本院认为，上诉人张＊兴为琐事与他人发生口角纠纷后，竟持枪非法故意剥夺他人生命，其行为已构成故意杀人罪，后果严重，应依法惩处。上诉人张＊兴违反国家对枪支的管理规定，长期非法持有火药枪一支，其行为还构成非法持有枪支罪，依法应数罪并罚。关于上诉人张＊兴及其辩护人提出，张＊兴是因为枪走火而误伤被害人杨＊文，对张＊兴应定过失致人死亡罪；张＊兴作案后有自首情节的上诉理由及辩护意见。经查证，法医尸检报告已证明，被害人杨＊文系被他人用霰弹枪近距离射击左颈部造成颅脑损伤死亡，且张＊兴在公安机关的审讯中多次供述他是故意向杨＊文开枪的。故该上诉理由及其辩护人的意见与本案事实不符，也无相关证据证实，不能成立。上诉人张＊兴作案后虽表示准备去投案，但其在一、二审庭审中均翻供，否认故意杀死被害人杨＊文的事实，该行为不符合刑法关于自首的规定，不构成自首，故对张＊兴关于其具有自首情节的上诉理由及其辩护人的辩护意见，本院均不予采纳。但鉴于本案属于农村民间纠纷引发，对张＊兴可判处死刑，无须立即执行。据此，依照《中华人民共和国刑事诉讼法》第一百八十九条第（一）、（二）项之规定，判决如下：

一、维持云南省普洱市中级人民法院（2009）普中刑初字第198号刑事附带民事判决第一项对被告人张＊兴的定罪、对其非法持有枪支罪的量刑及第二项附带民事赔偿部分。

二、撤销云南省普洱市中级人民法院（2009）普中刑初字第198号刑事附带民事判决第一项对被告人张＊兴故意杀人罪的量刑部分。

三、上诉人（原审被告人）张＊兴犯故意杀人罪，判处死刑，缓期二年执行，剥夺政治权利终身；犯非法持有枪支罪，判处有期徒刑五年，数罪并罚，决定执行死刑，缓期二年执行，剥夺政治权利终身。

本判决为终审判决。

审　判　长　　周红敏

审　判　员　　刘晋云

代理审判员　　杨丽娟

二〇一〇年三月一日

书　记　员　　杨　婕

云南省高级人民法院
刑事判决书

（2009）云高刑终字第1266号

原公诉机关云南省普洱市人民检察院。

上诉人（原审被告人）刘*雄，男，2008年12月30日因本案被刑事拘留，2009年1月12日被逮捕。现羁押于宁洱县看守所。

指定辩护人范晓媛，云南**律师事务所律师。

云南省普洱市中级人民法院审理云南省普洱市人民检察院指控原审被告人刘*雄犯故意杀人罪一案，于二〇〇九年六月二十六日作出（2009）普中刑初字第200号刑事附带民事判决。宣判后，原审附带民事诉讼原告人沈*荣、田*二服判不上诉。原审被告人刘*雄对刑事判决部分不服，提出上诉。本院依法组成合议庭，公开开庭审理了本案。云南省人民检察院指派代理检察员黄爱娟、那文婷出庭履行职务，上诉人刘*雄及其辩护人范晓媛到庭参与诉讼。现已审理终结。

原判认定，2008年12月30日凌晨2时许，被告人刘*雄酒后到宁洱县宁洱镇南大街的"阿萍发屋"，向该店小工沈*芳提出外出嫖娼遭到拒绝，刘*雄即抽出随身携带的小铁锤向沈*芳头部打击数下，致其倒地当场死亡。经法医鉴定，沈*芳系被他人用圆形类钝器打击头右颞部造成颅脑严重损伤死亡。后被告人刘*雄在逃离途中向公安民警投案。刘*雄的犯罪行为造成附带民事诉讼原告人经济损失为：死亡补偿费62060元、丧葬费12015元、被抚养人沈*荣的生活费10169.4元，共计84244.4元。

原审法院根据上述事实和相关证据，依照《中华人民共和国刑法》第二百三十二条、第四十八条第一款、第五十七条第一款、第六十四条、第三十六条及《中华人民共和国民法通则》第一百一十九条及《最高人民法院关于审理人身损害赔偿案件适用法律若干问题的解释》的相关规定，以故意杀人罪，判处被告人刘*雄死刑，剥夺政治权利终身；由刘*雄一次性赔偿附带民事诉讼原告人沈*荣、田*二的经济损失共计人民币84244.4元；作案工具小铁锤一把予以没收。

宣判后，原审被告人刘*雄上诉称：一审判决虽认定他作案后有投案自首的情节，但仍判处他死刑，原判量刑过重，请求二审从轻处罚。

其指定辩护人以相同意见为刘*雄作罪轻辩护。

出庭履行职务的检察员提出，原判认定事实清楚、证据确实、充分，定罪准确，量刑适当，审判程序合法，建议二审法院维持原判。

经审理查明，2008年12月30日凌晨2时许，被告人刘*雄酗酒后到宁洱县城南大街"阿萍发屋"内寻衅滋事，遭到小工沈*芳（女、殁年20岁）制止，刘*雄即用随身携带的小铁锤朝沈*芳头部连击数下，将沈打倒在地，刘*雄即逃离现场。凌晨2时50分许，刘*雄在逃离途中被追去的公民王*昌及公安民警抓获。经法医鉴定，被害人沈*芳系被他人用圆形类钝器打击头部造成颅脑严重损伤死亡。

上述事实有以下证据证实：

1. 现场勘查笔录、现场照片及现场平面图、提取笔录、指认现场笔录及照片证实，现场位于宁洱县城南大街天晟新世纪商业广场"阿萍发屋"，门口仰卧着一具女尸，女尸头部下地面上有大量血迹，距女尸西侧26厘米处有一18×16厘米的滴状血迹；女尸往东7.4米处的"阿萍美容院"门口西墙1米处地上有一把长39厘米、锤头面为圆形、直径3.6厘米，锤柄为圆形钢管的小铁锤（已提取备检）。案发后，被告人刘*雄带领民警指认他作案现场的情况与该现场情况能相印证。

2. 法医尸检报告及照片证实，被害人沈*芳尸体头部共有7处钝器打击创口，其中右颞枕部有一6×5厘米的凹陷性粉碎性骨折、硬脑膜破裂、脑组织溢出（致命伤），其余部位无损伤。结论为：沈*芳系被他人用圆形类钝器打击头右颞枕部造成颅脑损伤死亡。

3. 物证检验报告书、辨认笔录及照片分别证实，民警从沈*芳尸体及现场遗留的小铁锤上提取了血迹，经DNA检验，小铁锤上的血迹系被害人沈*芳的血。案发后，被告人刘*雄对民警出示的有5把小铁锤的照片辨认，确认其中4号小铁锤（现场提取）就是他打死被害人沈*芳的凶器。

4. 现场目击证人罗*兵、普*芳、李*花证实，案发当天凌晨2时许，他们三人在"阿萍美容院"里，突然听到隔壁"阿萍发屋"一姑娘（沈*芳）的哭声及物品倒地的响声，普*芳还听到沈*芳打电话说有个醉酒的人来闹事。接着她们见沈*芳倒在"阿萍发屋"门口，一男子（刘*雄）手持一把小铁锤朝沈*芳头部猛击了几下。该男子又冲到她们美容院里将手中的小铁锤扔过去打在李*花手上，后朝"天生祥超市"方向逃走了。沈*芳死了。

5.辨认笔录及照片证实，案发后证人罗*兵、李*花分别对民警出示的一张有9个不同男子的照片辨认，确认其中被告人刘*雄就是用小铁锤打死沈*芳的凶手。

6.证人刘*春（"阿萍发屋"老板娘）、王*昌分别证实，案发当天凌晨2点时许，刘*春接到其小工沈*芳的电话哭诉，一醉酒的小伙子到店里闹事。二人即赶回"阿萍发屋"，见沈*芳躺在门外地上，头上全是血，不会说话，刘*春即打电话报警。并听说沈*芳是被一醉酒的小伙子用小铁锤打倒在地及凶手逃跑方向。王*昌等人即追到"天生祥超市"门口将凶手（刘*雄）控制住。接着交给赶到的民警。

7.抓获经过说明材料证实，2008年12月30日2时13分，宁洱县公安局"110"接到群众电话报案，指令民警赶到现场，见"阿萍发屋"门前地上躺着一女子，头部有几处创口，已死亡。经对现场附近群众访问得知，凶手是一年轻男子、外貌特征及逃跑的方向。民警即追到"天生祥超市"门口，见该男子（刘*雄）被几名群众围住，民警将刘*雄抓获，其才称他准备去投案。

8.被告人刘*雄对2008年12月30日凌晨1时许，他喝醉酒后从宁洱县城他打工的住处，携带一把小铁锤走到街上一家发廊闹事，遭到沈*芳的制止，他拿出身带的小铁锤朝沈*芳头部打了几下，将她打倒在地不会动了，他将小铁锤丢弃在现场，即逃离现场至30多米处，被群众和民警抓获，他才向民警表示准备去投案的事实供认不讳。

9.户籍证明2份，分别证明被告人刘*雄、被害人沈*芳的身份情况。

上列证据均经一、二审庭审质证，来源合法，内容客观真实，且相互印证，本院予以确认。本院认为，上诉人刘*雄无视国法，非法剥夺被害人沈*芳生命的行为已构成故意杀人罪，依法应予惩处。关于上诉人刘*雄及其辩护人提出刘*雄有投案自首情节，原判未予从轻处罚的上诉理由及辩护意见。经查证，刘*雄作案逃离后直至民警抓获后才表示准备去投案，该情节与相关法律规定的视为自动投案的情节不符，其自首情节不能成立。刘*雄的该上诉理由及其辩护人的意见，本院不予采纳。但鉴于上诉人刘*雄表示愿意赔偿被害人家属的经济损失，因其无赔偿能力，已由其父母（均系农民）代为赔偿了部分附带民事经济损失，被害方也表示谅解等实际情况，对刘＊雄可判处死刑，无须立即执行。原判定罪准确，审判程序合法。但量刑失重。据此，本院依照《中华人民共和国刑事诉讼法》第一百八十九条第（一）、（二）项之规定，判决如下：

一、维持云南省普洱市中级人民法院（2009）普中刑初字第200号刑事附带民事判决第一项中对被告人刘＊雄的定罪、第二项对附带民事赔偿判决部分及第三项驳回附带民事诉讼原告人的其他请求部分。

二、撤销云南省普洱市中级人民法院（2009）普中刑初字第200号刑事附带民事判决第一项对被告人刘＊雄的量刑部分。

三、上诉人（原审被告人）刘＊雄犯故意杀人罪，判处死刑，缓期二年执行，剥夺政治权利终身。

本判决为终审判决。

审　判　长　　周红敏
审　判　员　　刘晋云
代理审判员　　杨丽娟
二○一○年三月一日
书　记　员　　杨　　婕

云南省高级人民法院
刑事判决书

（2009）云高刑终字第1352号

原公诉机关云南省普洱市人民检察院。

上诉人（原审被告人）包*和，男，捕前住*农场七队。

辩护人甘**，云南**律师事务所律师。

上诉人（原审被告人）马*平，男，1970年1月1日出生，捕前暂住昆明市。

辩护人马**，云南**律师事务所律师。

上诉人（原审被告）相*友，男，1974年11月8日生，家住四川省*村3组。

上诉人（原审被告人）包*友，男，1983年2月11日出生，捕前住勐海县*村。

上诉人（原审被告人）阿*，男，1990年8月19日出生，住勐海县*村。

指定辩护人范晓媛，云南**律师事务所律师。

上列五被告人均因本案，于2008年11月8日被刑事拘留，同年12月12日被逮捕。现羁押于墨江县看守所。

云南省普洱市中级人民法院审理普洱市人民检察院指控原审被告人包*和、马*平、相*友、包*友、阿*犯贩卖、运输毒品罪一案，于二〇〇九年六月三十日作出（2009）普中刑初字第176号刑事判决。原审被告人包*和、马*平、相*友、包*友、阿*不服，分别提出上诉。本院依法组成合议庭，于二〇一〇年一月十三日公开开庭审理了本案。云南省人民检察院指派检察员赵明、李富强出庭履行职务。上诉人包*和及其辩护人甘**、上诉人马*平及其辩护人马**、上诉人包*友、相*友、上诉人阿*及其辩护人范晓媛到庭参加诉讼。现已审理终结。

原判认定：2008年10月29日，被告人马*平、相*友与被告人包*和联系购买毒品海洛因，马*平支付定金人民币三万元给包*和，包*和又与名叫阿二（在逃）的男子联系购买毒品。11月6日13时许，包*和安排被告人包*友与阿*到澜沧江边取到毒品并乘摩托车运输前往普洱市，包*和驾驶自己的哈弗牌越野车载马*平、相*友、阿*在后跟随包*友的摩托车。7日11时50分，在墨江县通关镇小河道班设卡查缉的公安局民警将包*友抓获，查获毒品海洛因四块，净重1414克。根据包*友交待，公安民警又将被告人包*和、马*平、相*友、阿*抓获，查获毒品甲基苯丙胺净重2.23克。

原判根据上述事实，依照刑法的规定，作出如下判决：被告人包*和犯贩卖、运输毒品罪，判处死刑，剥夺政治权利终身，并处没收个人全部财产；被告人马*平犯贩卖、运输毒品罪，判处死刑，剥夺政治权利终身，并处没收个人全部财产；被告人相*友犯贩卖、运输毒品罪，判处无期徒刑，剥夺政治权利终身，并处没收个人全部财产；被告人包*友犯贩卖、运输毒品罪，判处无期徒刑，剥夺政治权利终身，并处没收个人全部财产；被告人阿*犯贩卖、运输毒品罪，判处有期徒刑十二年，并处罚金人民币20000元；查获的毒品海洛因1414克、长城哈弗越野车一辆、人民币236800元、手机五部，依法予以没收。

二审庭审中，上诉人包*和上诉称：本案中是马*平主动提出购买毒品，毒品所有者是"阿二"，本人只起到中间介绍作用；原判量刑过重。辩护人提出辩护意见认为：毒品是"阿二"提供，包*和不是毒品所有者，只起中间作用；毒品买主是"老川"；鉴于"阿二""老川"均未归案，请求二审法院对包*和从轻判处。

上诉人马*平上诉称：本人没有运输毒品；贩卖毒品是受"老川"安排，本人根本不了解海洛因；卡内存款是"老川"打款16万元，系从犯；请求二审法院从轻判处。辩护人提出辩护意见认为：马*平伙同相*友向包*和购买毒品，他们之间没有贩卖、运输毒品的共谋和分工合作，应当各对其行为负责；马*平没有参与运输毒品，不应当承担此罪责；本案交易毒品地在呈贡，尚未交付给马*平便被抓获，属犯罪未遂；马*平是为"老川"代买毒品；请对马*平从轻判处。

上诉人相*友上诉称：马*平让其一同到景洪谈工程，不知道马与谁联系毒品，其没有与包*和联系过毒品，请求公正判处。

上诉人包*友上诉称：原判认定事实错误，包*和让其与"阿二"联系，"阿二"让其与阿*到江边，阿*支付毒资，从江边到勐遮是阿*带毒品，后"阿二"让其带毒品，让阿*到呈贡提款，并不是包*和让其带毒品；被抓获后配合民警抓获其他同案犯，属重大立功；请求从轻判处。

被告人阿*口头上诉称：原判量刑过重，请求从轻判处。辩护人提出辩护意见认为：阿*犯罪时未满18岁；阿*系从犯，建议对其从轻判处。

检察员发表检察意见认为，一审判决认定事实清楚，证据确实充分，定罪准确，量刑适当；上诉人及其辩护人的意见均不成立，建议二审法院驳回上诉，维持原判。

经审理查明：2008年9月间，上诉人马*平让上诉人相*友帮助联系购买毒品海洛因，承诺给每克10元的报酬。通过他人介绍，马、相二人从昆明到勐海找到上诉人包*和商谈购买毒品海洛因事宜。同年10月下旬，马*平、相*友到达景洪市与包*和商定，马*平以每块7.5万元向包*和购买海洛因4块，价值30万元，并当场支付定金3万元，确定货到昆明市呈贡县后支付货款23万元，余款另行支付。随后包*和与名叫"阿二"（在逃）的男子联系购买毒品。11月6日13时许，包*和许诺给上诉人包*友报酬5000元，安排包*友与"阿二"联系取货，"阿二"安排其弟阿*携带毒资与包*友到边境取到毒品，由包*友携带毒品乘坐摩托车运输。

7日凌晨2时许，包*和驾驶黑色哈弗牌越野车带着阿*到达景洪市接到马*平、相*友，行至勐养镇的公路边，马*平查验毒品质量后，包*友携带毒品乘摩托车前往普洱市，马*平、相*友、阿*与包*和共同乘坐哈弗车探路。当日11时许，受包*和安排，包*林（另处理）驾驶摩托车到宁洱县把边乡接包*友先行，其余人员乘车跟随。途中，哈弗车超越摩托车。当日11时50分许，当行至墨江县通关镇小河道班时，在此公开查缉的公安民警对哈弗车进行检查，包*友和包*林随后来到卡点不远处，包*友跳下车往路边逃跑，将装有毒品的挎包丢弃在路边。民警将包*友抓获，并从其丢弃的挎包内查获毒品海洛因四块，净重1414克。根据包*友交待，民警又将包*和、马*平、相*友、阿*抓获，分别从相*友携带的旅行箱内和哈弗车离合器旁隔板内查获毒品甲基苯丙胺2.23克。

以上事实，有下列证据证实：

1.公安机关出具的查获经过说明材料，证实2008年11月7日11时50分，墨江县公安局民警在国道213线通关小河道班进行公开查缉，抓获被告人包*友，从其丢弃的挎包内查获白色粉末状毒品可疑物四块，根据包*友现场指认，民警又将被告人包*和、马*平、相*友、阿*抓获，查获相*友旅行箱内和包*和哈弗越野车离合器旁隔板内的颗粒状毒品可疑物46颗。

2.刑事科学技术鉴定书、毒品称量记录及照片，证实查获的白色粉末状毒品可疑物四块系海洛因，净重1414克；查获的颗粒状毒品可疑物46颗系甲基苯丙胺，净重2.23克。

3.扣押物品清单、手机通话清单，证实自2008年10月初至案发前，包*和（号码是139****5689、130****0928）与相*友（号码是137****4156）、马*平（号码是132****0610、132****7730）、包*友（号码是139****4058、158****3778）之间均有频繁通话。

4.扣押物品清单、中国建设银行取款凭条，证实公安民警查获被告人马*平携带的建设银行卡一张，该卡户名为马*平，卡内有存款余额人民币23.3万余元，已被公安机关提取。

5.证人包玉林证实，包*和打电话让其到墨江县通关吊桥接包*友。2008年11月7日12时许，其到达通关吊桥驾驶摩托车带着包*友往通关方向走，包*友背着一个包。走了一段路程，包*和他们的那辆车超过摩托车往前走了，后那辆车被公安机关例行检查，包*友看到后就从摩托车上下来往公路边跑，后被公安民警抓获。其不知道包*友携带毒品。

6.五被告人分别对各自参与犯罪的事实均供认不讳，且供述相互吻合，能与其他证据相互印证。

以上证据来源合法，内容客观、真实，本院予以确认。

本院认为，上诉人包*和、马*平、相*友、包*友、阿*无视国家法律，为牟取非法利益贩卖、运输毒品海洛因，其行为均已构成贩卖、运输毒品罪，依法应予惩处。上诉人包*友被抓获当时即指认其他同案犯，使公安民警得以及时将其余被告人抓获，可认定其有重大立功表现，依法可以从轻处罚。鉴于上诉人阿*犯罪时的年龄问题，依法可以从轻处罚。在共同犯罪中，马*平首起犯意并出资购毒，包*和安排、指挥贩卖、运输毒品，二人起主要作用，均系主犯，依法应当对所参与或者组织、指挥的犯罪承担罪责。包*友、阿*、相*友受安排、指使参与犯罪，起次要作用，系从犯。上诉人马*平的辩护人所提马*平、相*友一方与包*和等人不是共同犯罪的辩护意见，经本院审查，与查明的事实不相符合，不能成立。该辩护意见，本院不予采纳。上诉人马*平及其辩护人所提为他人代买毒品的上诉理由及辩护意见，经审查，无证据证实，本院不予采纳。上诉人包*和及其辩护人所提不是毒品所有者、只是中间介绍人的上诉理由及辩护意见，经审查，包*和在本案中安排、指挥他人贩卖、运输毒品，系本案主犯。但鉴于其在本案中的实际地位和作用小于马*平，对其可判处死刑，无需立即执行。上诉人包*友、相*友、阿*及其辩护人分别所提原判量刑过重的上诉理由，经审查，三人均系从犯，其中包*友的作用较大。鉴于包*友有立功情节，原判对包*友已从轻判处。对相*友量刑适当；鉴于阿*犯罪时的年龄问题，对其可再予减轻处罚。

综上，原判定罪准确，审判程序合法，对马*平、包*友、相*友量刑适当，但对包*和、阿*量刑失重。对查获的毒品甲基苯丙胺2.23克没有依法予以没收，应依法予以纠正。据此，依照《中华人民共和国刑事诉讼法》第一百八十九条第（一）项、（二）项及《中华人民共和国刑法》第三百四十七条第二款第（一）项、第十七条、第二十五条、第二十六条第一、四款、第二十七条、第六十八条、第四十八条第一款、第五十七条第一款、第六十四条之规定，判决如下：

一、维持云南省普洱市中级人民法院（2009）普中刑初字第176号刑事判决第一、五项对被告人包*和、阿*的定罪，第二、三、四项对被告人马*平、相*友、包*友的定罪量刑。

二、撤销云南省普洱市中级人民法院（2009）普中刑初字第176号刑事判决第六项及第一、五项对被告人包*和、阿*的量刑部分。

三、上诉人（原审被告人）包*和犯贩卖、运输毒品罪，判处死刑，缓期二年执行，剥夺政治权利终身，并处没收个人全部财产。

四、上诉人（原审被告人）阿*犯贩卖、运输毒品罪，判处有期徒刑七年，并处罚金人民币20000元。（刑期从判决执行之日起计算；判决执行以前先行羁押的，羁押一日折抵刑期一日，即自2008年11月8日起至2015年11月7日止）。

五、查获的毒品海洛因1414克、毒品甲基苯丙胺2.23克、长城哈弗越野车一辆、人民币236800元、手机五部，依法予以没收。

本判决为终审判决。

根据《中华人民共和国刑事诉讼法》第一百九十九条的规定，对被告人马*平的死刑判决依法报请最高人民法院核准。

审　判　长　　李　云　霞
代理审判员　　李　文　华
代理审判员　　税　海　波
二〇一〇年三月一日
书　记　员　　彭　蕊

云南省高级人民法院
刑事判决书

（2009）云高刑终字第1371号

原公诉机关云南省普洱市人民检察院。

上诉人（原审被告人）王*兵，男，2009年1月13日因本案被刑事拘留，同年2月19日被逮捕。现羁押于云南省宁洱县看守所。

指定辩护人范晓媛，云南**律师事务所律师。

云南省普洱市中级人民法院审理普洱市人民检察院指控原审被告人王*兵犯运输毒品罪一案，于二〇〇九年七月十七日作出（2009）普中刑初字第283号刑事判决。原审被告人王*兵不服，提出上诉。本院依法组成合议庭，于二〇一〇年一月十四日公开开庭审理了本案，云南省人民检察院指派检察员赵明、李富强出庭履行职务，上诉人王*兵及其辩护人范晓媛到庭参加诉讼。现已审理终结。

原判认定：2009年1月13日，被告人王*兵携带毒品从景洪市乘坐云K0507*号卧铺车前往昆明市，凌晨1时许，途经国道213线宁洱收费站时，被在此公开查缉的公安民警抓获，当场查获其绑在腰部及手臂上的毒品甲基苯丙胺六包，净重1744克。

原判根据上述事实，依照刑法的规定，以运输毒品罪，判处被告人王*兵死刑，剥夺政治权利终身，并处没收个人全部财产；查获的毒品甲基苯丙胺1744克依法予以没收。

二审庭审中，上诉人王*兵上诉称，主动交待捆绑在双手臂上的2包毒品，属自首；主动交待负责监视的证人郭*，有立功表现，且郭*的证言出于报复有虚假之处，请求从轻判处。辩护人提出相同的辩护意见。

检察员的出庭意见认为，一审判决认定事实清楚，证据确实充分，定罪准确，量刑适当；上诉人及其辩护人的意见均不成立，建议二审法院驳回上诉，维持原判。

经审理查明，原判认定2009年1月13日凌晨1时许，上诉人王*兵运输毒品甲基苯丙胺1744克被人赃俱获的事实清楚，有下列证据证实：

1.公安机关出具的抓获经过材料，证实2009年1月13日凌晨1时许，公安民警在国道213线宁洱收费站旁进行公开查缉，抓获王*兵，查获其捆绑在腰腹部和双手臂上的用白色塑料袋包裹的毒品可疑物六包。

2.提取笔录、毒品称量记录、刑事科学技术鉴定书，证实查获的颗粒状毒品可疑物系甲基苯丙胺，净重1744克。

3.证人郭*证言、辨认笔录及照片证实，经郭*混同辨认，其确认：2009年1月13日，在缅甸小勐拉，其受一个叫"强子"的男子指使，到东方酒店二楼网吧认准了事先不知姓名、只知道是湖北人的男子即被告人王*兵，"强子"让其跟踪监视王*兵到武汉，中途有情况随时与"强子"保持联系。从打洛车站出发其就一直跟踪着王*兵，途经宁洱收费站时被公安民警抓获。其手机上的号码159****3094就是"强子"更换号码后与其联系的。

4.宁洱县禁毒大队、看守所及看守所所长出具的情况说明、讯问被告人王*兵、在押人员吉尔*子的笔录、吉尔*子的辨认笔录、禁毒大队出具的扣押物品清单、称量笔录、物证检验报告，证实2010年1月29日，被告人王*兵向宁洱县看守所所长李*飞揭发同监室人犯吉尔*子从体内排出5坨毒品可疑物，经检验，该5坨毒品可疑物系海洛因，净重22.5克。

5.王*兵供述，2009年1月2日，"华华"邀约其乘坐火车到昆明玩。到达之后，"华华"说有事，让其到打洛拿点药材，给路费500元，并告诉其一个他表弟的号码159****3094。1月3日，其乘客车到达打洛，拨打了"华华"告诉的号码，见到"华华"表弟。1月12日，"华华"表弟拿出几袋红色颗粒状物绑在其腰上和手臂上，让其交给"华华"，并给2000元车费。与其一同乘车也被公安民警抓获的男子（郭*）好像是负责监视的人。

6.宁洱县公安局禁毒大队出具的情况说明，证实被告人王*兵未能提供"华华"的姓名、住址，经多方查找调查，无法查证。

以上证据来源合法，内容客观、真实，本院予以确认。本院认为，上诉人王*兵无视国家法律，为牟取非法利益，运输毒品甲基苯丙胺，其行为已构成运输毒品罪，依法应予惩处。上诉人王*兵及其辩护人所提王*兵受人安排、指使运毒，系从犯，原判量刑过重的上诉主张，经审查，王*兵运输毒品数量大，且王*兵曾因犯罪被判处有期徒刑，刑满释放五年内又犯新罪，系累犯，应从重处罚，鉴于其在羁押期间，主动揭发同监室人犯体内排出毒品，有立功表现，依法可从轻处罚；其被抓获后主动交代捆绑在双手臂上的两包毒品，属如实供述公安机关尚未掌握的同种罪行，可酌情从轻处罚；本案不能排除王*兵为他人运输毒品的可能，对其可判处死刑，无须立即执行。王*兵及其辩护人的上诉主张，本院部分予以采纳。原判定罪准确，审判程序合法，但对上诉人王*兵量刑失重。据此，依据《中华人民共和国刑事诉讼法》第一百八十九条第（一）项、第（二）项及《中华人民共和国刑法》第三百四十七条第二款第（一）项、第四十八条第一款、第五十七条第一款、第六十四条之规定，判决如下：

一、维持云南省普洱市中级人民法院（2009）普中刑初字第283号刑事判决第一项中对被告人王*兵的定罪部分、第二项对查获的毒品甲基苯丙胺1744克依法予以没收。

二、撤销云南省普洱市中级人民法院（2009）普中刑初字第283号第一项中对被告人王*兵的量刑部分。

三、上诉人（原审被告人）王*兵犯运输毒品罪，判处死刑，缓期二年执行，剥夺政治权利终身，并处没收个人全部财产。

本判决为终审判决。

审　判　长　　李　云　霞

代理审判员　　李　文　华

代理审判员　　税　海　波

二〇一〇年七月一日

书　记　员　　彭　蕊

云南省高级人民法院
刑事判决书

(2009)云高刑终字第 1402 号

原公诉机关云南省西双版纳傣族自治州人民检察院。

上诉人(原审被告人)黄*,男,2009年1月4日因本案被刑事拘留,同年2月10日被逮捕。现羁押于景洪市看守所。

指定辩护人范晓媛,云南**律师事务所律师。

云南省西双版纳傣族自治州中级人民法院审理云南省西双版纳傣族自治州人民检察院指控原审被告人黄*犯运输毒品罪一案,于二〇〇九年七月九日作出(2009)西刑初字第252号刑事判决。原审被告人黄*不服,提出上诉。本院受理后,依法组成合议庭,于二〇一〇年一月十六日公开开庭审理了本案,云南省人民检察院检察员李富强、蒋跃金出庭执行职务,上诉人黄*及其指定辩护人范晓媛到庭参加诉讼。现已审理终结。

原判认定,2009年1月4日,被告人黄*携带毒品到景洪机场,准备乘坐飞往上海的MU581*次航班。13时55分许,黄*在安检时被公安机关抓获,并从其携带的手提包的夹层内查获毒品甲基苯丙胺1463.1克。

原判根据上述事实,依法以运输毒品罪判处被告人黄*死刑,剥夺政治权利终身,并处没收个人全部财产;查获的甲基苯丙胺1463.1克依法予以没收。

宣判后,被告人黄*上诉称,其不是毒品的所有者,归案后认罪态度好,请求二审从轻改判。其辩护人提出无证据证实黄*有运输毒品的主观故意,建议二审依法宣告黄*无罪的辩护意见。

出庭执行职务的检察员提出,原判认定事实清楚,定罪准确,量刑适当,建议二审维持原判。经审理查明,原判认定2009年1月4日,上诉人黄*携带一只藏有毒品甲基苯丙胺1463.1克的挎包准备乘坐从景洪市飞往上海市的航班,在景洪机场安检时被人赃俱获的事实清楚。有下列证据予以证实：

1.查获经过及查获情况说明、现场盘问笔录、毒品指认收缴笔录、现场称量笔录、取样笔录、指认物证、称量毒品照片、云南省公安厅出具的公（云）（刑）字[2009]19号物证检验报告、鉴定结论通知书、登机牌，证实2009年1月4日，被告人黄＊携带一只藏有毒品的挎包准备乘坐从景洪市飞往上海市的班机，在景洪机场安检时被人赃俱获的事实；同时证实黄＊在安检前未主动申报所携带的挎包是替人携带的。经检验，查获的是毒品甲基苯丙胺，净重1463.1克。

2.被告人黄＊供认了其受人邀约从武汉市到景洪市，为他人携带藏有毒品的挎包欲乘飞机前往上海市的犯罪事实。

3.身份证复印件证实黄＊的身份情况。

4.扣押物品清单、侦查部门案件移送表、领条证实，抓获黄＊时其随身携带诺基亚1200手机一部、随身携带465.5元的现金。

上列证据经一、二审庭审质证、认证，取证程序合法、证据内容属实，且能互相印证，足以认定。

本院认为，上诉人黄＊无视国法，携带运输毒品甲基苯丙胺的行为已触犯刑法，构成运输毒品罪，应依法予以惩处。对辩护人所提黄＊主观不明知是毒品的辩护意见，经查与在案证据不符，对该辩护意见不予采纳。鉴于黄＊的具体犯罪情节、性质，对其可判处死刑，无须立即执行，对其所提从轻判处的上诉理由予以采纳。原判定罪准确，审判程序合法，但量刑失重。对检察员提出维持原判的意见不予采纳。据此，依照《中华人民共和国刑事诉讼法》第一百八十九条第（一）、（二）项，《中华人民共和国刑法》第三百四十七条第二款第（一）项、第四十八条第一款、第五十七条第一款、第六十四条之规定，判决如下：

一、维持云南省西双版纳傣族自治州中级人民法院（2009）西刑初字第252号刑事判决第一项中对上诉人黄＊的定罪部分，第二项对查获毒品予以没收；

二、撤销云南省西双版纳傣族自治州中级人民法院（2009）西刑初字第252号刑事判决第一项中对上诉人黄＊的量刑部分；

三、上诉人（原审被告人）黄＊犯运输毒品罪，判处死刑，缓期二年执行，剥夺政治权利终身，并处没收个人全部财产；

本判决为终审判决。

审　判　长　　李　云　霞

代 理 审 判 员　　李　文　华

代 理 审 判 员　　税　海　波

二〇一〇年七月十五日

书　记　员　　刘　津　嘉

云南省高级人民法院
刑事判决书

（2009）云高刑终字第1403号

原公诉机关云南省普洱市人民检察院。

上诉人（原审被告人）阿勒子*，男，2009年1月25日因本案被刑事拘留，同年3月2日被逮捕。现羁押于普洱市澜沧县看守所。

辩护人范晓媛，云南**律师事务所律师。

辩护人张*勤，云南**律师事务所律师。

彝族语翻译沙*才，普洱市师范高等专科学校学生。

云南省普洱市中级人民法院审理云南省普洱市人民检察院指控原审被告人阿勒子*犯运输毒品、非法运输枪支罪一案，于二○○九年七月二十七日作出（2009）普中刑初字第276号刑事判决。原审被告人阿勒子*不服，提出上诉。本院受理后，依法组成合议庭，公开开庭审理了本案。云南省人民检察院指派检察员李富强、黄爱娟出庭履行职务。上诉人阿勒子*及其辩护人范晓媛到庭参加诉讼。现已审理终结。

原判认定，2009年1月25日9时10分许，被告人阿勒子*乘坐云J1109*号客车途经思澜公路169公里处时，被澜沧公安边防检查站执勤人员查获，执勤人员当场从其携带的迷彩包内查获毒品海洛因净重3850克及仿五四式军用手枪一支。

原审法院根据上述事实，依照《中华人民共和国刑法》第三百四十七条第二款第（一）项、第一百二十五条第一款、第六十九条、第四十八条第一款、第五十七条第一款、第六十四条之规定，认定被告人阿勒子*犯运输毒品罪，判处死刑，剥夺政治权利终身，并处没收个人全部财产；犯非法运输枪支罪，判处有期徒刑四年；数罪并罚，决定执行死刑，剥夺政治权利终身，并处没收个人全部财产；查获的毒品海洛因3850克、仿五四式军用手枪一支、手机一部依法予以没收。

宣判后，原审被告人阿勒子＊及其辩护人提出阿勒子＊系帮一不知名男子带包到昆明，不知携带的包内藏有毒品和枪支；另一辩护人提出阿勒子＊系受人雇佣、指使运输毒品、枪支，是从犯，请求从轻处罚的辩护意见。

出庭履行职务的检察员提出建议驳回上诉，维持原判的意见。

经审理查明，2009年1月25日9时10分许，阿勒子＊乘坐孟连县至普洱市的云J1109＊号客车途经思澜公路169公里处时，被澜沧公安边防检查站执勤人员查获，执勤人员当场从其携带的迷彩包内查获毒品海洛因11块，净重3850克，军用手枪一支。上述事实有下列证据予以证实：

1. 查获经过说明材料证实，2009年1月25日9时10分许，澜沧公安检查站执勤人员在思澜公路169公里处对一辆从孟连县开往普洱市的云J1109＊号客车检查时，从14号座位乘客阿勒子＊携带的迷彩包内查获毒品可疑物11块及手枪一支。

2. 物证检验报告、毒品称量记录、毒品照片、提取检材笔录、扣押物品清单证实，从阿勒子＊携带的迷彩包内查获的毒品可疑物经鉴定系海洛因，净重3850克。

3. 枪支鉴定书证实，从阿勒子＊携带的迷彩包内查获的手枪经鉴定具有杀伤力，系军用枪支。

4. 孟连县至普洱市汽车票，证实阿勒子＊运输毒品、枪支的路线。

5. 上诉人阿勒子＊供述，其对于2009年1月25日乘坐孟连县至普洱市客车途经澜沧公安检查站时，执勤人员从其携带的包内查获毒品海洛因及枪支一支的事实予以供认。

6. 身份证复印件、人口信息登记表，证实上诉人阿勒子＊的年龄等身份情况。

上列证据经一审庭审质证、认证，取证程序合法，内容客观、真实，且能相互印证，本院予以确认。

本院认为，上诉人阿勒子＊无视国家法律，为牟取非法利益，运输毒品海洛因的行为已构成运输毒品罪；且阿勒子＊非法运输军用枪支一支的行为又构成非法运输枪支罪，应对其数罪并罚。阿勒子＊及其辩护人所提阿勒子＊不知所带包内藏有毒品、枪支的理由及辩护意见与本院查明的事实不符，不能成立；其辩护人所提阿勒子＊系受人雇佣、指使运输毒品、枪支，是从犯的意见无相关证据予以证实，亦不能成立，本院均不予采纳。根据阿勒子＊的运输毒品犯罪情节及其行为的社会危害程度，对其可判处死刑，无须立即执行。原判定罪准确，审判程序合法，但对阿勒子＊运输毒品犯罪量刑失重。据此，依照《中华人民共和国刑事诉讼法》第一百八十九条第（一）项、第（二）项之规定，判决如下：

一、维持云南省普洱市中级人民法院（2009）普中刑初字第276号刑事判决第一项对被告人阿勒子＊运输毒品的定罪部分、非法运输枪支罪的定罪及量刑部分及第二项，即被告人阿勒子＊犯运输毒品罪；犯非法运输枪支罪，判处有期徒刑四年；查获的毒品海洛因3850克、军用手枪一支、手机一部依法予以没收。

二、撤销云南省普洱市中级人民法院（2009）普中刑初字第276号刑事判决第一项对阿勒子＊运输毒品犯罪的量刑部分。

三、上诉人阿勒子＊犯运输毒品罪，判处死刑，缓期二年执行，剥夺政治权利终身，并处没收个人全部财产；犯非法运输枪支罪，判处有期徒刑四年；决定执行死刑，缓期二年执行，剥夺政治权利终身，并处没收个人全部财产。

本判决为终审判决。

审 判 长　李云霞
代理审判员　李文华
代理审判员　税海波
二〇〇九年十二月十六日
书 记 员　刘津嘉

云南省高级人民法院
刑事判决书

（2009）云高刑终字第1481号

原公诉机关云南省红河哈尼族彝族自治州人民检察院。

上诉人（原审被告人）满＊林，男，2008年8月11日因本案被刑事拘留，同年9月18日被逮捕。现羁押于云南省泸西县看守所。

指定辩护人范晓媛，云南＊＊律师事务所律师。

云南省红河哈尼族彝族自治州中级人民法院审理红河哈尼族彝族自治州人民检察院指控原审被告人满＊林犯故意伤害罪，原审附带民事诉讼原告人王＊琼、张＊康、张＊、张＊其、袁＊香提起刑事附带民事诉讼一案，于二○○九年八月十三日作出（2009）红中刑初字第102号刑事附带民事判决。原审被告人满＊林不服，提出上诉。本院依法组成合议庭，公开开庭审理了本案。云南省人民检察院指派检察员杨泗泽、蒋跃金出庭履行职务。上诉人满＊林及其辩护人范晓媛到庭参加诉讼。现已审理终结。

原判认定，2008年7月24日凌晨4时许，被告人满＊林与张＊林行至泸西县圭山煤矿李＊学茶室门口时，满＊林朝蹲在茶室门口墙角的张＊林头部踢去，致张＊林死亡。

原审法院依据上述事实，依照刑法及民法通则的相关规定，以故意伤害罪判处被告人满＊林死刑，剥夺政治权利终身；判令满＊林赔偿附带民事诉讼原告人王＊琼、张＊康、张＊、张＊其、袁＊香经济损失人民币10万元。

二审庭审中，满＊林辩解，只踢着张＊林下巴一脚，是将张＊林扶到路边不是拖到巷道里。辩护人辩护认为，一审判决量刑过重；满＊林的加害行为与被害人死亡后果没有直接的因果关系。

检察机关认为：一审认定事实清楚，证据确实充分，定性准确，审判程序合法，但量刑过重。该案与其他直接用工具打击致死被害人的案件有所区别，建议二审法院对满＊林改判死刑，缓期二年执行。同时向法庭提交二份辨认笔录，证实经张＊其辨认，确定死者是其儿子张＊林；经李＊英辨认，证实2008年7月24日凌晨在其开的烧烤摊与一穿桔色衣服的人吃烧烤的"岳林"就是被告人满＊林。

经审理查明，2008年7月24日凌晨4时许，上诉人满＊林与张＊林行至圭山煤矿李＊学茶室门口后，因琐事满＊林用脚朝蹲在茶室墙角的张＊林头部踢去，致张＊林头部撞墙后倒地，满＊林又用脚踩张＊林背部，随后与茶室值班员耿＊明将躺在地上的张＊林拖到圭山煤矿医院片113幢西侧巷道内丢弃。被害人张＊林因外伤性闭合性颅脑损伤死亡。

认定上述事实，有下列证据：

1.接受刑事案件登记表、抓获经过，马＊换证言，证实2008年7月24日8时许，泸西县公安局接泸西县圭山煤矿保卫科报称，退休职工马＊换在圭山煤矿黑大楼背后阴沟内发现一具男性尸体。经查，死者叫张＊林，其尸体衣着上和皮肤上有较明显拖移擦痕，尸体周围地面上有明显拖动痕迹，尸体所在位置为移尸现场，系他杀。2008年8月10日，民警在屏边县城将被告人满＊林抓获。

2.现场勘验检查笔录及照片，证实现场位于泸西县圭山煤矿片113幢西侧巷道内，巷道内地面上有一具男性尸体。尸体上穿一件桔黄色短T恤衬，T恤衬左背部有一残缺鞋印；尸体裤子裤管、皮带、皮鞋、现场周围有拖、划、擦痕。

3.张＊其辨认笔录及法医学尸体检验鉴定书及照片，证实死者系张＊其的儿子张＊林。张＊林系外伤性闭合性颅脑损伤死亡。致伤工具为钝器，属他杀。

4.鞋印检验分析意见书及照片，证实被害人张＊林所穿T恤左背上留有的残缺鞋印，与满＊林的右脚运动鞋捺印样本为同一种类鞋子所形成。

5.证人耿＊明的证言、现场指认笔录，证实2008年7月24日凌晨4时左右，耿＊明在李＊学茶室守茶室，听见有人敲卷帘门，出来见一个穿红衣服的人蹲在茶室墙角，满＊林朝那个人头部踢了一脚，那人头向后撞在墙上身体即向右侧倒下去，接着满＊林又朝那人的背部踩了二脚，那人没反应，满＊林就拖着那人的后衣领往黑大楼那边拖，耿＊明也过去拖着那人的衣服帮满＊林将那人拖到黑大楼背后那条阴沟里。

6.证人徐＊翠证言，证实2008年7月24日5时40分，徐＊翠在住宿楼后边打扫卫生时发现阴沟边有一个男人睡在地上，脸是扑在地上，上身穿一件黄红色短袖衬衣或T恤，衣服被拖了堆到肩部，皮鞋翻朝上，脚处有拖痕，旁边小卖部的马*换就打电话报案了。

7.证人李*英的证言及辨认笔录，证实2008年7月24日凌晨1时许，满*林、李*还有一个穿橙色衬衣的旧城人等在李*英开的烧烤摊吃烧烤，满*林与穿橙色衣服的人还相互记了电话号码。凌晨4点36分，满*林、李*还有那个穿橙色衬衣的旧城人离开烧烤摊。

8.被告人满*林的供述，2008年7月24日凌晨4时许，满*林和张*林酒后从烧烤摊出来，张*林叫满*林送他，当走到李*学茶室门口时，张*林蹲在茶室的墙角边，满*林问张*林，是否认得茶室是干什么的，张*林说不知道，满*林认为张*林骗他，很生气，就朝张*林的下巴上踢了一脚，张*林头部撞到茶室的墙上，随即侧倒在地上。此时，耿*明从茶室出来，让满*林将张*林扶远点，满*林即与耿*明将张*林拖到黑大楼背后的阴沟里。

9.云南省泸西县人民法院刑事判决书、释放证明书，证实被告人满*林于2003年11月7日因犯抢劫罪，判处有期徒刑七年。2008年3月13日被减刑释放。

本案事实清楚，证据确实、充分，足以认定。

本院认为：上诉人满*林无视国法，用脚踢因醉酒蹲在路边的张*林，致张*林的头部撞在墙上死亡，其行为构成故意伤害罪。应依法惩处。认定满*林将被害人拖到巷道里丢弃，有满*林自己的供述、证人耿*明的证言、公安机关的现场勘查笔录，证据确凿。满*林认为一审认定事实部分不符，其是将被害人扶到路边，不是拖到巷道里的辩解不能成立，不予采纳。被害人张*林的死亡系满*林的犯罪行为所致，其加害行为与被害人的死亡有直接的因果关系。辩护人认为满*林的加害行为与被害人死亡后果没有直接的因果关系的辩护意见不能成立，不予以采纳。满*林尚所犯罪行极其严重，综合考虑被告人满*林的犯罪事实、性质情节和对社会的危害程度，对其判处死刑，可不立即执行。检察机关、辩护人认为一审量刑过重的出庭意见及辩护意见予以采纳。原审定罪准确，审判程序合法，但量刑不当。据此，依照《中华人民共和国刑事诉讼法》第一百八十九条第（二）项，《中华人民共和国刑法》第二百三十四条第二款、第六十五条第一款、第四十八条第一款、第五十七条第一款之规定，判决如下：

一、维持云南省红河哈尼族彝族自治州中级人民法院（2009）红中刑初字第102号刑事附带民事判决第一项中对被告人满*林的定罪；撤销该判决第一项中对被告人满＊林的量刑部分。

二、上诉人满＊林犯故意伤害罪，判处死刑，缓期二年执行，剥夺政治权利终身。

本判决为终审判决。

审　判　长　　彭　淑　芳
审　判　员　　姚　　　永
代理审判员　　陈　　　欣
二〇一〇年二月二十六日
书　记　员　　李　志　君

云南省高级人民法院
刑事判决书

（2009）云高刑终字第 1532 号

原公诉机关云南省红河哈尼族彝族自治州人民检察院。

上诉人（原审被告人）吴*全，男，因本案于 2009 年 3 月 11 日被刑事拘留，同年 3 月 26 日被逮捕。现押于云南省蒙自县看守所。

指定辩护人范晓媛，云南**律师事务所律师。

云南省红河哈尼族彝族自治州中级人民法院审理红河哈尼族彝族自治州人民检察院指控原审被告人吴*全犯放火罪，原审附带民事诉讼原告人刘*华、刘*顺、刘*付、罗*英、姜*亮、姜*兴提起附带民事诉讼一案，于二〇〇九年九月三日作出（2009）红中刑初字第 125 号刑事附带民事判决。原审被告人吴*全不服，提出上诉。本院受理后，依法组成合议庭，公开开庭审理了本案。云南省人民检察院检察员汤涛、蒋跃军出庭履行职务，原审被告人吴*全及其辩护人范晓媛到庭参加诉讼。本案现已审理终结。

原判认定，被告人吴*全与被害人姜*亮、姜*兴共同居住在蒙自县新安所镇菜市街 31 号老房子内，双方因公共堂屋的使用权问题发生纠纷，吴*全遂生报复姜*亮、姜*兴之念。2009 年 3 月 11 日 4 时许，吴*全携带汽油、打火机、手电筒窜至新安所镇菜市街 31 号，将汽油泼洒在其屋内的木柴上，并用打火机点燃木柴，引燃房屋后逃离现场。火势迅速从吴*全的房屋蔓延至姜*亮、姜*兴的房屋，致租住在姜*兴房屋内的被害人胡*顺被活活烧死。经鉴定，被烧毁的房屋价值人民币 20384 元。

原判根据上述事实，依照《中华人民共和国刑法》第一百一十五条第一款、第五十七条第一款、第三十六条，《中华人民共和国民法通则》第一百一十九条之规定，以放火罪判处被告人吴*全死刑，剥夺政治权利终身；判令被告人吴*全赔偿附带民事诉讼原告人刘*华、刘*顺、刘*付、罗*英经济损失人民币80000元，赔偿附带民事诉讼原告人姜*亮、姜*兴经济损失人民币17109元。

二审庭审中，上诉人吴*全辩称，本案系邻里纠纷所引发，被害人姜*兴、姜*亮有过错；其身体严重残疾；其不明知被害人胡*顺住在现场；原判量刑过重，请求从轻处罚。

其辩护人发表辩护意见认为，本案系邻里纠纷所引发；吴*全系残疾人；原判对其量刑过重，请求从轻处罚。

检察员发表出庭意见认为，原判定罪准确，量刑适当。审判程序合法。建议本院驳回上诉，维持原判。

经审理查明，原判认定被告人吴*全因不能正确处理邻里纠纷，放火烧毁蒙自县新安所镇菜市街31号内的房屋，致被害人胡*顺死亡的事实清楚。该事实有下列证据予以证实：

1.接处警登记表、接受刑事案件登记表、报案笔录、抓获经过说明材料，证实2009年3月11日4时39分，公安机关接报后派员赶赴现场，发现新安所镇菜市街31号内的房屋被烧毁，房屋内有一男子被烧死。经调查，确认死者系被害人胡*顺，被告人吴*全系放火焚毁房屋的犯罪嫌疑人，并于当日将吴*全抓获。

2.火灾情况报告、现场勘查笔录及照片、现场指认笔录及照片、提取笔录及照片、扣押物品清单，证实现场位于蒙自县新安所镇菜市街31号。现场被烧毁的房屋为土木结构，周边毗邻大量居民住宅。现场有一具外表碳化、四肢残缺的男性尸体。公安人员在现场提取三个塑料瓶残骸，并在该处地面上提取残留的液体样本。在被告人吴*全的指认下，公安人员在其所穿外衣口袋内提取作案时使用的黄色一次性打火机一个；在其租住的蒙自县新安所镇扎下街55号提取其作案时所使用的一只充电手电筒。吴*全对案发前购买汽油的地点及放火现场进行了指认。其指认的放火现场与现场勘查笔录一致。

3.生物物证／遗传关系鉴定书、刑事科学技术鉴定书、房地产价格评估报告，证实被害人胡*顺与原审附带民事诉讼原告人刘*付、刘*华具有亲生关系；在现场提取的三个塑料瓶残骸内及现场地面上提取的液体样本均检出汽油成分；现场被烧毁的房屋的市场价值人民币20348元。

4.尸体检验鉴定书及照片，证实被害人胡*顺气管内、食道上有大量炭末，心脏血检出一氧化碳成分。胡*顺系一氧化碳中毒死亡。

5.证人欧阳*艳的证言及辨认笔录，证实案发前，被告人吴*全曾向欧阳*艳购买过1.5升汽油。

6.民事调解书，证实案发前，被告人吴*全与被害人姜*兴、姜*亮因堂屋使用权问题产生纠纷。在蒙自县法院的主持下，双方于2008年8月4日达成调解协议，由吴*全于同月20日前自行拆除其在蒙自县新安所镇菜市街31号公共区域内建造的围墙。

7.被害人姜*兴、姜*亮的陈述，证实2009年3月11日5时许，姜*兴闻见屋外有异味，就出门查看，发现被告人吴*全在其所住的房屋内，用打火机引燃屋内柴草，火势瞬间蔓延开，姜*兴大叫："着火了"，随后听见租住在其房屋的四川人（胡*顺）答应了一声，姜*兴急忙跑出巷子，附近的住户也陆续跑了出来，但未看到四川人跑出来。

8.残疾人证，证实被告人吴*全系肢体三级残疾。

9.被告人吴*全对因放火烧毁姜*兴、姜*亮家房屋，致被害人胡*顺死亡的事实供认不讳。其供述与上列证据相互印证。

本案证据来源合法，内容客观、真实，本院予以确认。

本院认为，上诉人吴*全因不能正确处理邻里纠纷，故意放火烧毁他人房屋，严重危害公共安全，并致一人死亡，其行为已构成放火罪，应依法惩处。吴*全罪行极其严重，论罪当处死刑，鉴于本案系邻里纠纷所引发，其归案后如实供述自己的罪行，认罪态度较好，故对吴*全判处死刑，可不立即执行。吴*全及其辩护人所提本案系邻里纠纷所引发，吴*全归案后认罪态度较好，原判对吴*全量刑过重的上诉理由及辩护意见本院予以采纳。吴*全所提被害人有过错，其不明知被害人胡*顺住在现场的上诉理由与本院审理查明的事实不符，本院不予采纳。对检察员所提的出庭意见，本院部分采纳。原判定罪准确。审判程序合法，但对吴*全量刑失当。据此，依照《中华人民共和国刑事诉讼法》第一百八十九条（二）项之规定，判决如下：

一、维持云南省红河哈尼族彝族自治州中级人民法院（2009）红中刑初字第125号刑事附带民事判决第一项中对被告人吴*全的定罪部分；撤销量刑部分。

二、上诉人（原审被告人）吴*全犯放火罪，判处死刑，缓期二年执行，剥夺政治权利终身。

本判决为终审判决。

审　判　长　　彭　淑　芳
审　判　员　　姚　　　永
代理审判员　　陈　　　欣
二〇一〇年二月二十三日
书　记　员　　李　志　君

云南省高级人民法院
刑事裁定书

（2009）云高刑终字第1707号

原公诉机关云南省西双版纳傣族自治州人民检察院。

上诉人（原审被告人）杨*珍，又名杨*，女，1985年8月26日出生，2008年10月6日因本案被刑事拘留，同月21日被执行逮捕。现羁押于勐腊县看守所。

指定辩护人范晓媛，云南**律师事务所律师

云南省西双版纳傣族自治州中级人民法院审理云南省西双版纳傣族自治州人民检察院指控原审被告人杨*珍犯故意杀人罪，附带民事诉讼原告人张*书提起附带民事诉讼一案，于二〇〇九年八月十三日作出（2009）西刑初字第213号刑事附带民事判决。宣判后，原审被告人杨*珍不服，提出上诉。本院依法组成合议庭，于二〇一〇年三月九日公开开庭审理了本案。云南省人民检察院指派代理检察员赵明、那文婷出庭履行职务，原审被告人杨*珍及辩护人范晓媛到庭参加诉讼。现已审理终结。

本院认为，本案部分事实不清，证据不足。依照《中华人民共和国刑事诉讼法》第一百八十九条第（三）项规定，裁定如下：

一、撤销云南省西双版纳傣族自治州中级人民法院（2009）西刑初字第213号刑事判决。

二、发回云南省西双版纳傣族自治州中级人民法院重新审判。

本裁定为终审裁定。

审　判　长　　周红敏
审　判　员　　刘晋云
代理审判员　　杨丽娟
二〇一〇年五月二十日
书　记　员　　杨　婕

云南省高级人民法院
刑事判决书

（2009）云高刑终字第1737号

原公诉机关云南省西双版纳傣族自治州人民检察院。

上诉人（原审被告人）阙*尧，男，1963年4月14日出生，2009年2月21日因本案被刑事拘留，同年3月26日被逮捕。现羁押于西双版纳州看守所。

指定辩护人范晓媛，云南**律师事务所律师。

云南省西双版纳傣族自治州中级人民法院审理云南省西双版纳傣族自治州人民检察院指控原审被告人阙*尧犯运输毒品罪一案，于二〇〇九年九月七日作出（2009）西刑初字第273号刑事判决。宣判后，被告人阙*尧不服，提出上诉。本院依法组成合议庭，于二〇一〇年三月七日公开开庭审理了本案。云南省人民检察院指派检察员李富强出庭履行职务。上诉人阙*尧及辩护人范晓媛到庭参加了诉讼。现已审理终结。

原判认定，2009年2月19日，被告人阙*尧携带装有毒品的编织手提袋，从勐海县打洛镇乘坐云K3278*客车前往景洪市。13时35分，当行至打洛镇勐景莱路口时，被在此设卡缉查的打洛边境检查站执勤人员抓获，当场从其携带的手提袋里的纸箱内包装按摩垫用的海绵中查获毒品甲基苯丙胺2381.8克。

原判根据上述事实和相关法律规定，以运输毒品罪，判处被告人阙*尧死刑，剥夺政治权利终身，并处没收个人全部财产。查获的毒品甲基苯丙胺2381.8克依法予以没收。

宣判后，阙*尧上诉称其近乎文盲，喜欢游山玩水，因贪图便利购买了一个按摩垫，不知道按摩垫里有毒品，其不构成犯罪。

二审庭审中，上诉人阙*尧表示不认罪，请求二审法院宣告其无罪。

其辩护人提出，阙*尧犯运输毒品罪的事实不清，证据不足，应宣告阙*尧无罪。

出庭履行职务的检察员提出，本案事实清楚，证据确实、充分，上诉理由及辩护意见不能成立，建议二审法院驳回上诉，维持原判。

经审理查明，原判认定2009年2月19日13时35分，被告人阙*尧随身携带毒品甲基苯丙胺2381.8克进行运输过程中被抓获的事实清楚，并有以下证据予以证实：

1.接受刑事案件登记表、查获经过、情况说明，证实2009年2月19日，打洛边境检查站执勤人员在例行检查时，抓获持6号车票的阙*尧，查获其藏匿于包装按摩垫用的海绵中的毒品甲基苯丙胺2381.8克。

2.西双版纳傣族自治州公安局出具的公（西）鉴（刑）字［2009］第51、168号物证检验报告、西双版纳傣族自治州公安边防支队案件侦查队出具的毒品称量记录、鉴定结论通知书，证实查获的毒品可疑物是甲基苯丙胺，含量10.92%，净重2381.8克。称量记录、鉴定结论已告知被告人。

3.中国移动公司出具的通话清单、手工调取手机短信记录照片，证实阙*尧的手机150****1357与姓"杜"的男子手机（159****7305）从2月19日11时18分—13时21分，阙*尧被叫6次，主叫3次；信息2条，阙*尧发给杜信息1条；接收杜的信息1条。

4.西双版纳傣族自治州公安边防支队案件侦查队出具的扣押物品清单，证实阙*尧携带毒品2381.8克、人民币1400元、其使用的两张（阙*建、张*业）中国邮政储蓄银行卡上的余额人民币4100元、2月13日两张中国邮政储蓄银行取款4000元凭单和手机一部已被依法扣押。

5.证人（客车云K3278*的驾驶员）王*证言，证实在其车上公安人员抓获持6号车票的阙*尧，查获其携带的一个按摩垫纸箱内藏匿的毒品。

6.被告人阙*尧供述，2008年12月底，他一人从老家湖南桑植县坐火车到昆明，又坐汽车到景洪打洛镇，再坐摩托车到缅甸小勐拉赌场赌牌，没有住所。2009年2月19日其侄子阙*建约他去浙江永嘉扣子厂打工准备回湖南老家，在打洛镇的一小商店门口以1100元的价格向一姓"杜"男子购买按摩器，没有打开试用就乘客车前往景洪，途中被查获，从包装按摩垫用的海绵中查出毒品2381.8克。

7.西双版纳傣族自治州公安边防支队案件侦查队出具的情况说明材料，证实从查获的按摩器纸箱内没有发现按摩器，阙*尧利用按摩器的包装物进行伪装运输毒品。本案中被告人供述提到的涉案人姓"杜"的男子，因被告人无法提供详细情况，侦查机关无法实施抓捕。

8.户籍证明、身份证复印件，证实被告人的身份情况。

以上证据经一、二审庭审质证、认证，来源合法，内容客观、真实，且能相互印证，本院依法予以确认。

本院认为，上诉人阙*尧无视国家法律规定，运输毒品甲基苯丙胺的行为已构成运输毒品罪，且所运输的毒品数量大，应依法惩处。

针对阙*尧及其辩护人提出阙*尧不构成犯罪的意见，经查，被告人阙*尧采用高度隐蔽的方式携带、运输毒品，直接实施了携带毒品进行运输的行为，其辩解不明知是毒品的理由，与客观事实不相符合，其所提无罪的上诉理由及其辩护人的辩护意见不能成立，本院不予采纳。原判定罪准确，审判程序合法，根据其犯罪事实、犯罪性质和犯罪情节，对其可判处死刑，无须立即执行，据此，依照《中华人民共和国刑事诉讼法》第一百八十九条第（一）、（二）项和《中华人民共和国刑法》第三百四十七条第二款第（一）项、第四十八条第一款、第五十七条第一款、第六十四条之规定，判决如下：

一、维持云南省西双版纳傣族自治州中级人民法院（2009）西刑初字第273号刑事判决第二项，即扣押物品依法予以没收。

二、撤销云南省西双版纳傣族自治州中级人民法院（2009）西刑初字第273号刑事判决第一项，即对被告人阙*尧的定罪、量刑。

三、上诉人（原审被告人）阙*尧犯运输毒品罪，判处死刑，缓期二年执行，剥夺政治权利终身，并处没收个人全部财产。

本判决为终审判决。

审　判　长　　周红敏
审　判　员　　刘晋云
代理审判员　　杨丽娟
二〇一〇年五月二十五日
书　记　员　　杨　婕

云南省高级人民法院
刑事判决书

（2009）云高刑终字第1764号

原公诉机关云南省西双版纳傣族自治州人民检察院

上诉人（原审被告人）比火色*，男，1975年2月22日出生，彝族，四川省凉山彝族自治州布拖县人，初中文化，农民，住布拖县托觉镇菲土鲁路。2009年3月21日因本案被刑事拘留，同年4月22日被逮捕。现羁押于西双版纳州看守所。

指定辩护人范晓嫒，云南**律师事务所律师。

云南省西双版纳傣族自治州中级人民法院审理云南省西双版纳傣族自治州人民检察院指控原审被告人比火色*犯运输毒品罪一案，于二○○九年十月十六日作出（2009）西刑初字第308号刑事判决。宣判后，原审被告人比火色*不服，提出上诉。本院依法组成合议庭，公开开庭审理了本案。云南省人民检察院指派检察员李富强、赵明出庭履行职务，上诉人比火色*及其辩护人范晓嫒到庭参与诉讼。现已审理终结。

原判认定，2009年3月21日8时55分，公安人员根据群众举报，在云南省勐海县打洛镇汽车站抓获被告人比火色*，从其随身携带的挎包内查获毒品海洛因三块，净重1116.6克。原审法院根据上述事实及相关证据，依照《中华人民共和国刑法》第二百四十七条第二款第一项、第四十八条第一款、第五十七条第一款、第六十四条之规定，以运输毒品罪，判处被告人比火色*死刑，剥夺政治权利终身，并处没收个人全部财产；查获的毒品海洛因1116.6克，依法予以没收。

宣判后，原审被告人比火色*上诉称：其为一不知名的彝族男人携带一个包，但不明知包内有毒品，原判量刑过重，请求从轻处罚。二审庭审中其以相同理由为自己辩护。

其辩护人提出：被告人比火色*是为他人运输毒品，虽然让他运毒品人未被抓获，但不能否认比火色*系本案从犯。原判量刑过重，请求对比火色*从轻处罚。

出庭履行职务的检察员提出，原判定罪准确，审判程序合法。鉴于本案的具体情况，建议二审法院对上诉人比火色*判处死刑，可不立即执行。

经审理查明，2009年3月21日8时55分，上诉人比火色*携带毒品到勐海县打洛镇汽车站欲乘车前往景洪市，被公安民警抓获，当场从其随身携带的挎包内查获毒品海洛因，净重1116.6克。

上述事实有以下证据证实：

1.查获经过说明材料、毒品物证照片证实，2009年3月21日8时55分，公安民警在勐海县打洛镇汽车站将比火色*抓获，当场从其身背的挎包内查获毒品海洛因可疑物三块的事实。

2.毒品取样笔录、毒品称量笔录、毒品鉴定书及通知书分别证实，本案查获的毒品可疑物经鉴定、称量，系毒品海洛因，净重1116.6克。

3.汽车票证实，民警抓获被告人比火色*时，从其身背的挎包内查获2009年3月20日景洪至打洛的同一时间、同一车次、座号相连的汽车票2张，证实比火色*到打洛镇的事实。

4.上诉人比火色*在公安机关预审及一审庭审中对其为获取2000元人民币的报酬，携带毒品海洛因到勐海县打洛镇汽车站，准备乘客车运往内地，被民警查获的事实供认不讳。

5.尿液检测鉴定书证实，被告人比火色*的尿液中检出吗啡成分。证实比火色*系吸毒人员。

6.户籍证明、劳动教养决定书、解除劳动教养决定书，分别证实被告人比火色*的身份情况及其于1999年至2007年10月因吸毒曾三次被劳动教养的情况。

7.公安机关的情况说明材料说明，由于比火色*供述他不知道指使他运毒品的彝族男子的姓名和住址，公安机关无法进行抓捕。

以上证据经一、二审庭审质证，来源合法，内容客观真实，且相互印证，予以确认。

本院认为，上诉人比火色*无视国家法律，为牟取非法利益，明知是毒品而非法运输的行为已构成运输毒品罪，依法应予处罚。上诉人比火色*提出其事先不明知毒品的上诉理由及其辩护人提出比火色*系从犯的辩护意见。经查，与本案查明的事实及比火色*在二审前的供述不符，且无相应的证据证实，不予采纳。但鉴于本案的实际情况，对上诉人比火色＊判处死刑，无须立即执行。对出庭检察员所提建议，本院予以采纳。原判定罪准确，审判程序合法，但对上诉人比火色＊量刑失重。据此，依照《中华人民共和国刑事诉讼法》第一百八十九条第（一）、（二）项之规定，判决如下：

一、维持云南省西双版纳傣族自治州中级人民法院（2009）西刑初字第308号刑事判决第一项对被告人比火色＊的定罪及第二项对查获的毒品海洛因1116.6克，依法予以没收的部分。

二、撤销云南省西双版纳傣族自治州中级人民法院（2009）西刑初字第308号刑事判决第一项对被告人比火色＊的量刑部分。

三、上诉人（原审被告人）比火色＊犯运输毒品罪，判处死刑，缓期二年执行，剥夺政治权利终身，并处没收个人全部财产。

本判决为终审判决。

审　判　长　周红敏
审　判　员　刘晋云
代理审判员　杨丽娟
二〇一〇年四月十三日
书　记　员　杨　婕

云南省高级人民法院
刑事判决书

（2009）云高刑终字第1766号

原公诉机关云南省西双版纳傣族自治州人民检察院。

上诉人（原审被告人）李*明，男，2008年11月8日因本案被刑事拘留，同年12月16日被逮捕。现押于云南省勐腊县看守所。

指定辩护人范晓媛，云南**律师事务所律师。

云南省西双版纳傣族自治州中级人民法院审理云南省西双版纳傣族自治州人民检察院指控原审被告人李*明犯运输毒品罪一案，于二〇〇九年九月二十九日作出（2009）西刑初字第306号刑事判决。原审被告人李*明不服，提出上诉。本院依法组成合议庭，公开开庭审理了本案。云南省人民检察院指派检察员李富强、那文婷出庭履行职务。原审被告人李*明及其辩护人范晓媛到庭参加诉讼。现已审理终结。

原判认定，2008年11月8日，被告人李*明携带毒品到西双版纳机场，准备乘坐飞往昆明的MU590*次航班。19时10分许，其在托运行李时，被公安人员抓获，从其托运的行李箱的后侧夹层内查获毒品可疑物1335克。经刑事科学技术鉴定，被查获的可疑物系毒品甲基苯丙胺。

原判根据上述事实，依照《中华人民共和国刑法》第三百四十七条第二款第一项、第四十八条第一款、第五十七条第一款、第六十五条第一款、第六十九条第二款、第七十一条、第六十四条之规定，以运输毒品罪，判处被告人李*明死刑，剥夺政治权利终身，并处没收个人全部财产；合并原判附加刑即剥夺政治权利余刑，决定执行死刑，剥夺政治权利终身，并处没收个人全部财产；查获的毒品甲基苯丙胺1335克，依法予以没收。

宣判后，李*明上诉称，其被人陷害，其是在不知情的情况下成为犯罪分子运输毒品的工具；原判适用法律不当，量刑畸重，请求二审法院从轻处罚。

二审庭审中，李＊明辩称其被人利用运输毒品，请求二审法院对其从轻处罚。

其辩护人提出，李＊明虽然实施了运输毒品的行为，但其主观不明知所捡到的行李箱中藏有毒品，其没有犯罪故意，应对其宣告无罪或从轻处罚。

出庭履行职务的检察员提出：原判认定的事实清楚，证据确实、充分，定性准确，量刑适当，审判程序合法，上诉人的上诉理由和辩护人的辩护意见均不能成立，建议二审法院驳回上诉，维持原判。

经审理查明，原判认定2008年11月8日19时许，原审被告人李＊明携带毒品甲基苯丙胺1335克到西双版纳机场欲乘飞机运输时被查获的事实清楚，并有以下证据予以证实：

1. 接受刑事案件登记表、抓获经过说明材料，证实2008年11月8日，李＊明准备乘坐飞往昆明的MU590＊次航班。19时许，公安民警从其所托运的凭证号为0013306的行李箱夹层内查获藏匿的毒品可疑物。

2. 毒品取样笔录、物证检验报告及鉴定结论通知书、称量记录、物证照片、毒品指认收缴笔录，证实本案查获的毒品可疑物经鉴定，确系毒品甲基苯丙胺，净重1335克。

3. 扣押物品清单，证实李＊明持有的手机2部、人民币1500元已被公安机关扣押。

4. 登机牌、行李托运凭证，证实李＊明持MU590＊次航班的机票准备前往昆明市，其托运的行李箱凭证号为0013306。

5. 被告人李＊明供称其在缅甸小勐拉期间捡到藏匿有毒品的行李箱，后携带行李箱乘机时被查获。

6. 户籍证明、身份证复印件，证实李＊明的身份情况。

7. 武汉市洪山区人民法院（2001）洪刑初字第55号刑事判决书、湖北省未成年犯管教所罪犯释放证明材料，证实李＊明因犯盗窃罪于2001年2月6日被判刑、2008年2月4日刑满释放的事实。

以上证据经一、二审庭审质证、认证，来源合法，内容客观、真实，且能相互印证，本院依法予以确认。

本院认为，上诉人李＊明无视国法，运输毒品甲基苯丙胺的行为，已构成运输毒品罪，且所运输的毒品数量大，社会危害性严重，应依法惩处。李＊明曾因犯盗窃罪被判刑，在刑罚执行完毕五年内又犯运输毒品罪，属累犯，依法应从重处罚。且系在执行原判附加刑剥夺政治权利期间又犯新罪，所犯新罪也应剥夺政治权利，依照法律规定应实行并罚。李＊明上诉称其被人陷害捡了藏匿毒品的行李箱、成为犯罪分子运输毒品的工具的供述不符合常理，其辩解与其年龄、阅历、经历所反映出的自身应该具有的社会经验和应该具备的普通生活常识不相符，该上诉理由本院不予采纳，辩护人关于李＊明没有犯罪故意的辩护意见不能成立。根据李＊明的犯罪事实、犯罪性质和犯罪情节，对其可判处死刑，无须立即执行。据此，依照《中华人民共和国刑事诉讼法》第一百八十九条第（一）、（二）项和《中华人民共和国刑法》第三百四十七条第二款第（一）项、第六十五条第一款、第四十八条第一款、第五十七条第一款、第五十八条第一款、第七十一条、第六十四条以及《最高人民法院〈关于在执行附加刑剥夺政治权利期间犯新罪应如何处理的批复〉》之规定，判决如下：

一、维持云南省西双版纳傣族自治州中级人民法院（2009）西刑初字第306号刑事判决第一项中对被告人李＊明的定罪部分、第二项对查获毒品的处理部分；

二、撤销云南省西双版纳傣族自治州中级人民法院（2009）西刑初字第306号刑事判决第一项中对被告人李＊明的量刑部分；

三、上诉人（原审被告人）李＊明犯运输毒品罪，判处死刑，缓期二年执行，剥夺政治权利终身，并处没收个人全部财产。合并原判剥夺政治权利余刑，决定执行死刑，缓期二年执行，剥夺政治权利终身，并处没收个人全部财产。

本判决为终审判决。

审　判　长　　周　红　敏

审　判　员　　刘　晋　云

代理审判员　　杨　丽　娟

二〇一〇年八月二十四日

书　记　员　　杨　　　婕

云南省高级人民法院
刑事判决书

（2009）云高刑终字第 1786 号

原公诉机关保山市人民检察院。

上诉人（原审被告人）朱＊林，男，2009年2月23日因本案被刑事拘留，同年3月28日被逮捕。现押于保山市隆阳区看守所。

指定辩护人范晓媛，云南＊＊律师事务所律师。

上诉人（原审被告人）卢＊泽，男，2009年2月18日因本案被刑事拘留，同年3月28日被逮捕。现押于保山市隆阳区看守所。

上诉人（原审被告人）杨＊猛，男，2009年2月23日因本案被刑事拘留，同年3月28日被逮捕。现押于保山市隆阳区看守所。

上诉人（原审被告人）蒙＊文，男，2009年2月18日因本案被刑事拘留，同年3月28日被逮捕。现押于保山市隆阳区看守所。

上诉人（原审被告人）赵＊毕，男，2009年2月23日因本案被刑事拘留，同年3月28日被逮捕。现押于保山市隆阳区看守所。

保山市中级人民法院审理保山市人民检察院指控朱＊林、卢＊泽、杨＊猛、蒙＊文、赵＊毕犯运输毒品罪一案，于二〇〇九年十月三十日作出（2009）保中刑初字第332号刑事判决。朱＊林、卢＊泽、杨＊猛、蒙＊文、赵＊毕不服，分别提出上诉。本院依法组成合议庭，于二〇一〇年三月三日在保山市中级人民法院公开开庭审理了本案。云南省人民检察院检察员韩本福、杨燕萍出庭履行职务。朱＊林、卢＊泽、杨＊猛、蒙＊文、赵＊毕及朱＊林的辩护人范晓媛到庭参加诉讼。现已审理终结。

原判认定，2008年12月至2009年1月间，朱＊林邀约杨＊猛和赵＊毕两次运输毒品共计海洛因12条。2009年2月间，朱＊林指使杨＊猛到施姚公路接得10条海洛因，后两人于2月17日将其中的6条运输至保山大沙河交付给卢＊泽、蒙＊文。次日，卢＊泽、蒙＊文被抓获，公安人员在两人的租房内查获海洛因6条，重2046克。同月23日，朱＊林、杨＊猛、赵＊毕在施甸县被抓获，朱＊林配合公安人员查获其藏匿的4条海洛因，重1374克。原判以运输毒品罪，分别判处朱＊林死刑，剥夺政治权利终身，并处没收个人全部财产；判处卢＊泽死刑，缓期二年执行，剥夺政治权利终身，并处没收个人全部财产；判处杨＊猛、蒙＊文无期徒刑，剥夺政治权利终身，均并处没收个人全部财产；判处赵＊毕有期徒刑十五年，并处没收个人全部财产。查获的毒品海洛因3420克和手机6部、人民币1500元、摩托车3辆依法没收。二审庭审中，控辩双方对原判认定的事实及证据无异议。朱＊林辩称归案后主动交待了前两起犯罪事实，有悔罪表现。辩护人提出朱＊林不是主犯且有自首情节的辩护意见。卢＊泽、杨＊猛、蒙＊文、赵＊毕均以原判量刑过重为由提出上诉。检察院提出对朱＊林予以改判，对其余四名上诉人维持原判的出庭意见。

经审理查明，2008年12月间，朱＊林邀约赵＊毕到施姚公路13公里界桩处接得2条海洛因，后朱＊林邀约杨＊猛将接得的海洛因运输到保山大官市岔路口交付。2009年1月间，朱＊林指使杨＊猛、赵＊毕到施姚公路12、14公里界桩处接得10条海洛因，后三人将接得的海洛因运输到保山大沙河交付。

上述事实有以下证据证实：

1.现场指认笔录，证实朱＊林、杨＊猛、赵＊毕归案后指认了接毒品的地点，指认的地点一致。

2.朱＊林、杨＊猛、赵＊毕供述了由朱＊林带头，三人共同运输毒品的犯罪事实，所供述接毒品的地点、毒品的数量及送毒品的经过情况均一致。

2009年2月初，朱＊林指使杨＊猛到施姚公路14公里界桩处接得10条海洛因。17日下午，两人将其中的6条海洛因运至保山大沙河交付给卢＊泽、蒙＊文。次日上午，卢＊泽、蒙＊文乘出租车探路，行至320国道白庙水库路段时被抓获。公安人员在两人租住的隆阳区马里街农业局宿舍502房内查获海洛因6条，重2046克。23日，公安人员在施甸县将朱＊林、杨＊猛、赵＊毕抓获，朱＊林带公安人员到施甸县甸阳镇团树村一菜地旁的石堆内查获其藏匿的4条海洛因，重1374克。

上述事实有以下证据证实：

1.公安机关出具的抓获经过材料，证实公安人员抓获各被告人的时间、地点及经过。

2.毒品检验鉴定结论、称量记录，证实公安人员在卢*泽租房内查获的毒品系海洛因，净重2046克；在朱*林的带领下查获的毒品系海洛因，净重1374克。

3.现场指认笔录，证实朱*林、杨*猛、卢*泽、蒙*文指认了双方交接毒品的地点，所指认的地点一致。

4.朱*林、卢*泽、杨*猛、蒙*文对其犯罪事实均供认不讳，且能相互印证。

本案证据确实、充分，足以认定。

本院认为，上诉人朱*林、卢*泽、杨*猛、蒙*文、赵*毕无视国家法律，为牟取非法利益，明知是毒品海洛因而运输的行为已构成运输毒品罪，应依法惩处。在共同犯罪中，朱*林、卢*泽起组织、策划作用，系主犯；杨*猛、赵*毕受朱*林指使，蒙*文受卢*泽指使，均系从犯。鉴于五被告人系为他人运输毒品和各被告人在本案中的地位、作用，对朱*林、卢*泽、杨*猛、蒙*文可从轻判处，对赵*毕可减轻处罚。朱*林、卢*泽、杨*猛、蒙*文、赵*毕提出原判量刑过重的上诉理由，本院予以支持。辩护人提出朱*林不是主犯且有自首情节的辩护意见与查明的事实不符，本院不予采纳。原判定罪准确，审判程序合法，但对五被告人量刑过重。据此，依照《中华人民共和国刑事诉讼法》第一百八十九条（一）、（二）项和《中华人民共和国刑法》第三百四十七条第二款（一）项、第二十五条、第二十六条、第二十七条、第四十八条、第五十七条第一款、第六十四条之规定，判决如下：

一、维持保山市中级人民法院（2009）保中刑初字第332号刑事判决第六项，即查获的毒品海洛因3420克和手机6部、人民币1500元、摩托车3辆依法没收；

二、撤销保山市中级人民法院（2009）保中刑初字第332号刑事判决中对五被告人的量刑部分；

三、上诉人朱*林犯运输毒品罪，判处死刑，缓期二年执行，剥夺政治权利终身，并处没收个人全部财产；

四、上诉人卢*泽犯运输毒品罪，判处无期徒刑，剥夺政治权利终身，并处没收个人全部财产；

五、上诉人杨*猛犯运输毒品罪，判处有期徒刑十五年，并处没收个人财产人民币五万元（刑期自2009年2月23日起至2024年2月22日止）；

六、上诉人蒙＊文犯运输毒品罪，判处有期徒刑十五年，并处没收个人财产人民币五万元（刑期自2009年2月18日起至2024年2月17日止）；

七、上诉人赵＊毕犯运输毒品罪，判处有期徒刑十年，并处罚金人民币三万元（刑期自2009年2月23日起至2019年2月22日止）。

本判决为终审判决。

审 判 长　张　　华
代理审判员　戴　　勇
代理审判员　何　　玲
二〇一〇年三月十八日
书 记 员　彭　　蕊

云南省高级人民法院
刑事判决书

（2009）云高刑终字第1884号

原公诉机关保山市人民检察院。

上诉人（原审被告人）毛*明，男，2009年6月2日因本案被刑事拘留，同年7月7日被逮捕。现羁押于云南省龙陵县看守所。

指定辩护人范晓媛，云南**律师事务所律师。

保山市中级人民法院审理保山市人民检察院指控毛*明犯运输毒品罪一案，于二〇〇九年十一月三日作出（2009）保中刑初字第337号刑事判决。宣判后，毛*明不服，提出上诉。本院依法组成合议庭，于二〇一〇年三月二日在龙陵县人民法院公开开庭对本案进行了审理。云南省人民检察院检察员韩本福、陆萌萌出庭执行职务。毛*明及辩护人范晓媛到庭参加诉讼。现已审理终结。

原判认定，被告人毛*明携带毒品及枪弹，于2009年6月2日12时许步行至云南省龙陵县木城乡老厂渡口附近。侦查人员对其实施抓捕。毛*明向侦查人员开枪射击一枪，后在逃跑过程中被抓获。当场从其所背竹篓内查获甲基苯丙胺10938克，鸦片70克；缴获五四式军用手枪1支、子弹6发。原判依照《中华人民共和国刑法》第六条第一、三款，第三百四十七条第二款第（一）、（三）项，第四十八条，第六十四条之规定，以运输毒品罪判处毛*明死刑，并处没收个人全部财产；查获的甲基苯丙胺10938克、鸦片70克、五四式手枪1支、子弹6发、弹壳1枚、竹篓1个、手机1部予以没收。二审庭审中，控辩双方对原判认定的事实和证据没有异议，毛*明辩称为他人运输毒品，原判量刑过重。其辩护人提出本案有嫌疑人在逃，毛*明为牟取少量运费替他人运输毒品，系从犯，请求对其从轻处罚。检察员建议依法公正判处。

经审理查明，原判认定毛*明武装运输毒品甲基苯丙胺10938克、鸦片

70克被现场查获的事实清楚。有公安机关出具的《抓获经过》、《现场物品提取笔录》、《扣押物品清单》，证实龙陵公安边防大队接群众举报后立案侦查，于2009年6月2日12时30分在木城乡距老厂渡口2公里处设伏，抓获携带毒品途经该地的毛＊明，毛＊明持枪拒捕，向抓捕人员开了一枪，后被制服，现场查获毒品可疑物及缴获手枪1支、子弹6发，并提取弹壳1枚。《毒品称重记录》及《毒品检验鉴定书》，证实查获的毒品可疑物系甲基苯丙胺和鸦片，其中甲基苯丙胺净重10938克，鸦片净重70克。《枪支性能鉴定书》，证实毛＊明开枪拒捕使用的枪支系制式7.62mm五四式手枪，能正常击发；子弹系国产五一式手枪弹。《枪弹痕迹鉴定书》，证实现场提取的弹壳系缴获的五四式手枪所发射。毛＊明对其携带枪支运输毒品被现场查获且开枪拒捕的犯罪事实供认不讳。本案证据确实、充分，足以认定。

本院认为，上诉人毛＊明无视我国法律，为牟取非法利益，武装掩护运输毒品甲基苯丙胺和鸦片，其行为已触犯刑律，构成运输毒品罪。毛＊明武装运输毒品数量巨大，且开枪拒捕，情节严重，本应依法严惩，但鉴于本案的具体情节及毛＊明归案后认罪态度较好，依法可对其从轻处罚。辩护人关于毛＊明系从犯的辩护意见没有相应的事实依据，本院不予采纳，但建议对毛＊明从轻处罚的意见，予以采纳。原判定罪准确，审判程序合法，但量刑失重。据此，依照《中华人民共和国刑事诉讼法》第一百八十九条第（一）、（二）项之规定，判决如下：

一、维持保山市中级人民法院（2009）保中刑初字第337号刑事判决的第一项对毛＊明的定罪及第二项查获的甲基苯丙胺10938克、鸦片70克、五四式手枪1支、子弹6发、弹壳1枚、竹篓1个、手机1部予以没收。

二、撤销保山市中级人民法院（2009）保中刑初字第337号刑事判决的第一项对毛＊明的量刑部分。

三、上诉人毛＊明犯运输毒品罪，判处死刑，缓期二年执行，并处没收个人全部财产。

本判决为终审判决。

审　判　长　蒋玉池

审　判　员　张　华

代理审判员　何　玲

二〇一〇年三月三十一日

书　记　员　冷　敏

云南省高级人民法院
刑事裁定书

（2009）云高刑终字第 1888 号

原公诉机关云南省西双版纳傣族自治州人民检察院。

上诉人（原审被告人）白*硅，女，1957年8月18日出生，汉族，湖北省武汉市人，高中文化，退休工人，住武汉市青山区新沟桥33街坊。2009年1月27日因本案被刑事拘留，同年3月3日被逮捕。现羁押于云南省景洪市看守所。

指定辩护人范晓媛，云南**律师事务所律师。

云南省西双版纳傣族自治州中级人民法院审理云南省西双版纳傣族自治州人民检察院指控原审被告人白*硅犯运输毒品罪一案，于二〇〇九年九月七日作出（2009）西刑初字第265号刑事判决。原审被告人白*硅不服，以不明知是毒品为由提出上诉。本院依法组成合议庭，公开开庭审理了本案，云南省人民检察院指派检察员李富强、赵明出庭履行职务。上诉人白*硅及指定辩护人范晓媛到庭参与诉讼。

本院认为，原判认定被告人白*硅运输毒品的事实不清，证据不足。依照《中华人民共和国刑事诉讼法》第一百八十九条第（三）项之规定，裁定如下：

一、撤销西双版纳傣族自治州中级人民法院（2009）西刑初字第265号刑事判决。

二、发回西双版纳傣族自治州中级人民法院重新审判。

本裁定为终审裁定。

审　判　长　　周红敏
审　判　员　　刘晋云
代理审判员　　杨丽娟
二〇一〇年八月十七日
书　记　员　　杨　婕

云南省高级人民法院
刑事裁定书

（2009）云高刑终字第1892号

原公诉机关云南省西双版纳傣族自治州人民检察院。

上诉人（原审被告人）马*参，男，2008年11月5日因本案被刑事拘留，同年12月10日被逮捕。现押于西双版纳州看守所。

辩护人万*波，云南**律师事务所律师。

指定辩护人范晓媛，云南**律师事务所律师。

原审被告人岩*，男，2008年11月5日因本案被刑事拘留，同年12月10日被逮捕。现押于西双版纳州看守所。

云南省西双版纳傣族自治州中级人民法院审理云南省西双版纳傣族自治州人民检察院指控原审被告人马*参、岩*犯贩卖毒品罪一案，于二〇〇九年十月十六日作出（2009）西刑初字第315号刑事判决。宣判后，被告人马*参不服提出上诉。本院依法组成合议庭，于二〇一〇年五月三十一日公开开庭审理了本案。云南省人民检察院指派检察员赵明、那文婷出庭履行职务。上诉人马*参及辩护人万*波、范晓媛，原审被告人岩*到庭参加诉讼。现已审理终结。

本院认为，本案部分事实不清，证据不足。依照《中华人民共和国刑事诉讼法》第一百八十九条第（三）项规定，裁定如下：

一、撤销云南省西双版纳傣族自治州中级人民法院（2009）西刑初字第315号刑事判决。

二、发回云南省西双版纳傣族自治州中级人民法院重新审判。

本裁定为终审裁定。

审　判　长　　周红敏
审　判　员　　刘晋云
代理审判员　　杨丽娟
二〇一〇年七月五日
书　记　员　　杨　婕

云南省高级人民法院
刑事判决书

（2010）云高刑复字第 236 号

被告人汪*锁，男，因本案于2009年10月22日被刑事拘留，同年11月5日被逮捕，现羁押于云南省腾冲县看守所。

指定辩护人范晓媛，云南**律师事务所律师。

保山市中级人民法院审理保山市人民检察院指控被告人汪*锁犯故意杀人罪，原审附带民事诉讼原告人黄*成、杨*兰、朱*丽、杨*兰、张*心提起附带民事诉讼一案，于二〇一〇年五月十九日作出（2010）保中刑初字第95号刑事附带民事判决，认定被告人汪*锁犯故意杀人罪，判处死刑，剥夺政治权利终身。由被告人汪*锁赔偿附带民事诉讼原告人黄*成、杨*兰经济损失人民币20000元；赔偿附带民事诉讼原告人朱*丽、张*心经济损失人民币13601.81元；查获的砍刀一把予以没收。本案在法定期限内没有上诉、抗诉。保山市中级人民法院依法报送本院复核。本院依法组成合议庭对本案进行了复核，在复核期间，本院决定提审，本案现已审理终结。

经审理查明，2009年4月，被告人汪*锁在腾冲打工期间与朱*丽有感情纠纷。同年10月19日，汪*锁到腾冲县马站乡朝云村朱*丽家中找朱*丽，看到朱*丽与黄*伦在一起，汪*锁便一直在朱*丽家中纠缠。21日上午，汪*锁因要求朱*丽赔偿其一万元钱而发生争执，朱*丽报警后民警到朱*丽家调处，并将汪*锁带离朱*丽家。当日下午，汪*锁酒后再次到朱*丽家，当大家围坐在堂屋火塘边时，汪*锁拿起火塘边的一把砍刀砍击黄*伦头部，在朱*丽母亲杨*兰阻拦的情况下，汪*锁又持刀砍击朱*丽及朱*丽怀中的女儿张*心的头部，将朱*丽、张*心砍伤，杨*兰在阻止的过程中也被砍伤。朱*丽抱着女儿逃离堂屋后，汪*锁又继续砍击倒地的黄*伦，致黄*伦当场死亡。随后，汪*锁在现场被民警抓获。上述事实清楚。有公安机关出具的抓获经过材料，现场勘查笔录及照片，提取痕迹、物品笔录，检查笔录，物证鉴定书，辨认笔录，指认笔录，尸体检验鉴定书及照片，活体损伤检验鉴定书；手机数据勘验检查记录，关于朱＊丽报警后接处警的情况说明；证人朱＊政、朱＊富、朱＊茂、邵＊能、邵＊艳、杨＊双、段＊芳、朱＊章的证言，被害人朱＊丽、杨＊兰的陈述在卷证实；被告人汪＊锁对因感情纠纷，持刀将朱＊丽及朱的母亲杨＊兰、朱的女儿张＊心砍伤，将黄＊伦砍死的事实供认不讳，与上列证据能相互印证。本案证据确实、充分，足以认定。

本院认为，被告人汪＊锁无视国家法律，因不能正确处理与朱＊丽之间的感情纠纷，持刀将黄＊伦砍死，将张＊心、朱＊丽、杨＊兰砍伤，其行为已构成故意杀人罪，应依法惩处。辩护人提出汪＊锁有自首情节，与本院查明的事实和证据不符，不予采纳。鉴于汪＊锁有悔罪表现，对其判处死刑，可不立即执行。原判定罪准确，审判程序合法。但对汪＊锁量刑不当。据此，依照《中华人民共和国刑事诉讼法》第二百条及《中华人民共和国刑法》第二百三十二条、第四十八条、第五十七条第一款之规定，判决如下：

一、撤销保山市中级人民法院（2010）保中刑初字第95号刑事附带民事判决中对汪＊锁的量刑部分；

二、被告人汪＊锁犯故意杀人罪，判处死刑，缓期二年执行，剥夺政治权利终身。

本判决送达后即发生法律效力。

审　判　长　张　　华
审　判　员　谭　丽　芬
代理审判员　何　　玲
二〇一〇年八月二日
书　记　员　冷　　敏

云南省高级人民法院
刑事判决书

（2010）云高刑终字第2号

原公诉机关保山市人民检察院。

上诉人（原审被告人）张＊通，男，因本案于2009年5月18日被刑事拘留，同年6月24日被逮捕，现押于保山市隆阳区看守所。

指定辩护人范晓媛，云南＊＊律师事务所律师。

保山市中级人民法院审理保山市人民检察院指控张＊通犯走私毒品罪一案，于二〇〇九年十一月二十四日作出（2009）保中刑初字第373号刑事判决。张＊通不服，提出上诉。本院依法组成合议庭于2010年3月3日在保山市中级人民法院法庭公开开庭审理了本案。云南省人民检察院指派检察员陆萌萌、杨燕萍出庭履行职务。张＊通及辩护人范晓媛到庭参加诉讼。现已审理终结。

原判认定，张＊通与另一男子受境外毒贩安排分别携带一旅行包毒品于2009年5月18日21时许，从缅甸进入中国南伞，行至南伞口岸广场旁时，被公安机关当场人赃俱获；公安人员从二人所提的旅行包内查获甲基苯丙胺7包，重31410克；另一男子当场逃脱。原判以走私毒品罪，判处张＊通死刑，剥夺政治权利终身，并处没收个人全部财产；查获的甲基苯丙胺31410克、手机一部依法予以没收。

二审庭审中，控辩双方对原判认定的事实和证据无异议。张＊通上诉称是受人指使，量刑过重，请求从轻处罚。其辩护人提出了张＊通不是主犯，认罪态度好，应从轻判处的辩护意见。检察员认为原判定性正确，鉴于张＊通系受他人指使运送毒品，且有同案犯没有归案等情节，建议对其从轻判处。

经审理查明，原判认定张＊通于2009年5月18日21时在缅甸受毒贩安排从缅甸境内走小路入境进入中国南伞，后被公安人员当场查获，从其所提的旅行包内查获甲基苯丙胺31410克的事实清楚。有公安机关出具的查获经过材料，证实公安机关根据情报组成专案组在南伞口岸附近小路实施布控，于2009年5月18日21时在南伞口岸广场旁将张＊通人赃俱获的情况。《毒品检验鉴定书》、《现场提取记录》、《现场称量记录》及照片，证实张＊通携带的毒品系甲基苯丙胺，净重31410克。张＊通对为境外毒贩走私毒品以牟利的事实供认不讳。本案证据确实、充分，足以认定。

本院认为，上诉人张＊通无视国家法律，逃避海关监管，为牟取非法利益，走私毒品甲基苯丙胺入境的行为已构成走私毒品罪。且所走私毒品数量大，本应从严惩处。鉴于张＊通系受他人雇佣走私毒品，归案后认罪态度较好，且同案犯在逃，对张＊通可判处死刑，但不立即执行。张＊通上诉请求从轻处罚及辩护人提出原判量刑过重的辩护意见，予以采纳。原判决定罪准确，审判程序合法。但对张＊通量刑过重。据此，依照《中华人民共和国刑事诉讼法》第一百八十九条（一）、（二）项及《中华人民共和国刑法》第三百四十七条第二款第（一）项、第四十八条、第五十七条第一款、第六十四条的规定，判决如下：

一、维持保山市中级人民法院（2009）保中刑初字第329号刑事判决第二项，即查获的甲基苯丙胺31410克、手机一部依法予以没收。

二、撤销保山市中级人民法院（2009）保中刑初字第329号刑事判决第一项对张＊通的量刑部分。

三、上诉人张＊通犯走私毒品罪，判处死刑，缓期二年执行，剥夺政治权利终身，并处没收个人全部财产。

本判决为终审判决。

审　判　长　张　　华
代理审判员　何　　玲
代理审判员　戴　　勇
二〇一〇年三月十八日
书　记　员　冷　　敏

云南省高级人民法院
刑事判决书

（2010）云高刑终字第67号

原公诉机关云南省西双版纳傣族自治州人民检察院。

上诉人（原审被告人）王 * 永，男，2009年3月24日因本案被刑事拘留，同年4月25日被逮捕。现羁押于云南省勐海县看守所。

指定辩护人范晓媛，云南 ** 律师事务所律师。

云南省西双版纳傣族自治州中级人民法院审理云南省西双版纳傣族自治州人民检察院指控原审被告人王 * 永犯走私毒品罪一案，于二〇〇九年十月二十日作出（2009）西刑初字第324号刑事判决。原审被告人王 * 永不服，提出上诉。本院受理后，依法组成合议庭，公开开庭审理了本案。云南省人民检察院指派检察员赵明、樊建东出庭履行职务。上诉人王 * 永及其辩护人范晓媛到庭参加诉讼。现已审理终结。

原判认定：2009年3月24日7时许，被告人王 * 永携带毒品租乘他人摩托车从中缅边境220号界桩附近小路进入我国境内后被边防检查站执勤人员抓获，执勤人员当场从其携带的四个输送带滚筒内查获毒品甲基苯丙胺5880克。

原审法院根据上述事实，依照《中华人民共和国刑法》第三百四十七条第二款（一）项、第四十八条第一款、第五十七条第一款，第六十四条之规定，以走私毒品罪判处被告人王 * 永死刑，剥夺政治权利终身，并处没收个人全部财产；查获的毒品甲基苯丙胺5880克依法予以没收。

宣判后，原审被告人王 * 永上诉称系受人胁迫运输毒品，是从犯，请求从轻处罚；其辩护人亦提出相同的辩护意见。

出庭履行职务的检察员认为本案事实清楚，证据确实充分，建议驳回上诉，维持原判。

经审理查明，原判认定2009年3月24日7时许，被告人王 * 永携带毒品甲基苯丙胺5880克租乘他人摩托车从中缅边境220号界桩附近小路入境后被边防检查站执勤人员查获的事实清楚。

上述事实有下列证据予以证实：

1.抓获经过说明材料证实，2009年3月24日7时许，王*永携带毒品租乘他人摩托车从中缅边境220号界桩附近小路偷渡入境时被边防检查站执勤人员抓获，执勤人员当场从其携带的四个输送带滚筒内查获毒品可疑物。

2.物证检验报告、毒品称量记录、毒品取样笔录、扣押物品清单，证实本案查获的毒品可疑物经鉴定系甲基苯丙胺，净重5880克。

3.银行卡交易记录、扣押清单证实，侦查机关从王*水身上查获现金2000余元，并从王*永的两张银行卡内共查获存款余额8000余元；共计人民币11000元。

4.上诉人王*永供述，其因在缅甸联邦小勐拉赌场输完钱后向一叫"表哥"的人借了13000元高利贷，由于无法偿还，而被"表哥"胁迫为其运输毒品到勐腊县。2009年3月24日7时许，其携带藏有毒品的四根输送带滚筒租乘摩托车从中缅边境220号界桩附近小路入境时被边防执勤人员查获。

5.侦查机关出具的情况说明证实，王*永供述的"表哥"因具体情况不详，无法查证。

6.户籍证明，证实上诉人王*永的年龄等身份情况。

上列证据经一审庭审质证、认证，取证程序合法，内容客观、真实，且能相互印证，本院予以确认。

本院认为，上诉人王*永无视国家法律，为牟取非法利益，将毒品甲基苯丙胺非法运输入境的行为已构成走私毒品罪，依法应予惩处。上诉人王*永及其辩护人所提王*永系受人胁迫运输毒品，是从犯的理由无相关证据予以证实，且与侦查机关从王*永处查获万余元资金等情节相矛盾，故该上诉理由及辩护意见不能成立，本院不予采纳。原判定罪准确，审判程序合法。但根据王*永的犯罪情节及其行为的社会危害程度，对其可判处死刑，无须立即执行。故对王*永及其辩护人所提请求从轻处罚的理由及辩护意见予以采纳。据此，依照《中华人民共和国刑事诉讼法》第一百八十九条第（一）项、第（二）项之规定，判决如下：

一、维持西双版纳傣族自治州中级人民法院（2009）西刑初字第324号刑事判决第一项对被告人王*永的定罪部分及第二项，即被告人王*永犯走私毒品罪；查获的毒品甲基苯丙胺5880克依法予以没收。

二、撤销西双版纳傣族自治州中级人民法院（2009）西刑初字第324号刑事判决第一项对被告人王*永的量刑部分。

三、上诉人（原审被告人）王*永犯走私毒品罪，判处死刑，缓期二年执行，剥夺政治权利终身，并处没收个人全部财产。

本判决为终审判决。

审　判　长　　李云霞
代理审判员　　李文华
代理审判员　　税海波
二〇一〇年五月二十七日
书　记　员　　彭　蕊

云南省高级人民法院
刑事判决书

（2010）云高刑终字第98号

原公诉机关云南省西双版纳傣族自治州人民检察院。

上诉人（原审被告人）雷*炳，男，2009年5月8日因本案被刑事拘留，同年6月10日被逮捕。现羁押于景洪市看守所。

指定辩护人范晓媛，云南**律师事务所律师。

云南省西双版纳傣族自治州中级人民法院审理云南省西双版纳傣族自治州人民检察院指控原审被告人雷*炳犯运输毒品罪一案，于二○○九年十二月一日作出（2009）西刑初字第389号刑事判决。原审被告人雷*炳不服，提出上诉。本院受理后，依法组成合议庭，公开开庭审理了本案。云南省人民检察院指派检察员那文婷、樊建东出庭履行职务。上诉人雷*炳及其辩护人范晓媛到庭参加诉讼。现已审理终结。

原判认定，2009年5月8日10时30分许，被告人雷*炳携带毒品乘坐云J5631*微型车从普文镇前往普洱市，途经大开河公安检查站时被执勤人员查获，执勤人员当场从其携带的黑色皮包内查获毒品甲基苯丙胺5包，净重2735.8克。

原审法院根据上述事实，依照《中华人民共和国刑法》第三百四十七条第二款（一）项、第四十八条第一款、第五十七条第一款、第六十四条之规定，以运输毒品罪判处被告人雷*炳死刑，剥夺政治权利终身，并处没收个人全部财产；查获的毒品依法予以没收。

宣判后，原审被告人雷*炳上诉称其系受人雇佣、指使运输毒品，是本案从犯，请求从轻处罚。其辩护人提出相同的辩护意见。

出庭履行职务的检察员认为本案事实清楚，证据确实充分，建议驳回上诉，维持原判。

经审理查明，原判认定2009年5月8日10时30分许，上诉人雷*炳运输毒品甲基苯丙胺2735.8克被人赃俱获的事实清楚。

上述事实有下列证据予以证实：

1.抓获经过说明材料证实，2009年5月8日10时30分许，景洪市公安边防大队大开河公安检查站执勤人员对一辆由景洪市普文镇开往普洱市方向的微型车（车牌号：云J5631*）进行检查时，当场从该车乘客雷*炳携带的黑色皮包内查获塑料薄膜包装的毒品可疑物5包。

2.物证检验报告、毒品称量记录、毒品取样笔录、扣押物品清单证实，本案查获的颗粒状毒品可疑物经鉴定系甲基苯丙胺，净重2735.8克。

3.证人黄*义（驾驶员）的证言证实，2009年5月8日，雷*炳在景洪市普文镇租乘其微型车前往普洱市，后途经大开河公安检查站时，执勤人员从雷*炳携带的黑色皮包内查出毒品。

4.手机通话记录、侦查机关出具的情况说明证实，上诉人雷*炳所持手机卡（158****5405）系2009年5月5日从缅甸联邦小勐拉亿达通讯店售出。2009年5月7日15时53分至5月8日11时10分，雷*炳的手机与其所称雇佣、指使者的手机（158****5459、139****4762、159****6239）有40余次通话。其中，雷*炳被抓获后，号码为158****5459的手机还呼叫雷*炳的手机，侦查人员让其配合延伸抓捕，但雷*炳拒绝配合。

5.上诉人雷*炳的供述，其受一叫"许俊峰"的人雇佣、指使到云南运输毒品。2009年5月4日，其从湖北省武汉市经昆明到达景洪后偷渡出境至缅甸联邦小勐拉。同月7日，他在小勐拉鑫鑫宾馆内接到"许俊峰"派人送来的毒品、现金5000元钱及手机一部。次日，他携带毒品租乘他人汽车途经景洪市大开河公安检查站时被执勤人员查获。

6.侦查机关出具的情况说明证实，雷*炳供述的"许俊峰"因具体情况不清，未能查获。

7.户籍证明、监狱档案资料，证实上诉人雷*炳于1995年12月10日因犯抢劫罪被湖北省房县人民法院判处有期徒刑八年，2000年12月15日减刑释放。

上列证据经一审庭审质证、认证，取证程序合法，内容客观、真实，且能相互印证，本院予以确认。

本院认为，上诉人雷*炳无视国家法律，为牟取非法利益，运输毒品甲基苯丙胺的行为已构成运输毒品罪，依法应予惩处。雷*炳及其辩护人所提雷*炳系受人指使运输毒品的上诉理由及辩护意见无相关证据予以证实，不

能成立，本院不予采纳。原判定罪准确，审判程序合法，但根据雷＊炳的犯罪情节及其行为的社会危害程度，对其可判处死刑，无须立即执行。故对雷＊炳及其辩护人所提请求从轻处罚的上诉理由及辩护意见，本院予以采纳。据此，依照《中华人民共和国刑事诉讼法》第一百八十九条第（一）项、第（二）项之规定，判决如下：

一、维持西双版纳傣族自治州中级人民法院（2009）西刑初字第389号刑事判决第一项对被告人雷＊炳的定罪部分及第二项，即被告人雷＊炳犯运输毒品罪；查获的毒品依法予以没收。

二、撤销西双版纳傣族自治州中级人民法院（2009）西刑初字第389号刑事判决第一项对被告人雷＊炳的量刑部分。

三、上诉人（原审被告人）雷＊炳犯运输毒品罪，判处死刑，缓期二年执行，剥夺政治权利终身，并处没收个人全部财产。

本判决为终审判决。

审　判　长　　李云霞
代理审判员　　李文华
代理审判员　　税海波
二〇一〇年五月二十七日
书　记　员　　彭　蕊

云南省高级人民法院
刑事判决书

（2010）云高刑终字第122号

原公诉机关云南省西双版纳傣族自治州人民检察院。

上诉人（原审被告人）江*顺，男，2009年2月4日因本案被刑事拘留，同年3月11日被逮捕。现羁押于云南省勐海县看守所。

辩护人刘*平，云南**律师事务所律师。

辩护人范晓媛，云南**律师事务所律师。

云南省西双版纳傣族自治州中级人民法院审理云南省西双版纳傣族自治州人民检察院指控原审被告人江*顺犯运输毒品罪一案，于二〇〇九年十一月三日作出（2009）西刑初字第336号刑事判决。原审被告人江*顺不服，提出上诉。本院受理后，依法组成合议庭，公开开庭审理了本案。云南省人民检察院指派检察员武广轶、黄爱娟出庭履行职务。上诉人江*顺及其辩护人刘*平、范晓媛到庭参加诉讼。现已审理终结。

原判认定：2009年2月4日17时40分许，被告人江*顺乘坐云K5099*汽车由打洛镇前往勐海县城方向，途经勐海县勐混收费站时被民警查获。民警当场从其携带的黑色背包内查获毒品甲基苯丙胺7块，净重5950克。

原审法院根据上述事实，依照《中华人民共和国刑法》第三百四十七条第二款（一）项、第四十八条第一款、第五十七条第一款、第六十四条之规定，以运输毒品罪判处被告人江*顺死刑，剥夺政治权利终身，并处没收个人全部财产；查获的毒品依法予以没收。

宣判后，原审被告人江*顺上诉称其系受人雇佣、指使运输毒品，是从犯，请求从轻处罚。其辩护人提出相同的辩护意见。

出庭履行职务的检察员认为本案事实清楚，证据确实充分，建议驳回上诉，维持原判。

经审理查明：2009年2月4日，上诉人江*顺租乘他人的汽车，欲将毒品从勐海县打洛镇运往普洱市。同日17时40分许,江*顺乘坐云K5099*汽车途经勐海县勐混收费站时被公安机关查获,执勤人员当场从江*顺携带的黑色背包内查获毒品甲基苯丙胺7块,净重5950克。

上述事实有下列证据予以证实:

1. 抓获经过说明材料证实,2009年2月4日17时40分,勐海县公安边防大队干警在勐海县勐混收费站对云K5099*号汽车进行检查时,当场从该车乘客江*顺携带的黑色背包内查获毒品可疑物7块。

2. 物证检验报告、毒品称量记录、毒品取样笔录、扣押物品清单证实,本案查获的毒品可疑物经鉴定系甲基苯丙胺,净重5950克。

3. 证人张*兵(云K5099*轿车驾驶员)的证言、辨认笔录及照片证实,2009年2月2日,有两名女子乘坐其驾驶的汽车到勐海县打洛镇,其中一女子让其帮载一个人到普洱市,给他1000元报酬。同月4日15时50分许,该女子打电话让其到打洛镇中缅街219界碑处接一男子。约10分钟后,其驾车到219界碑处接到一身背黑色背包的男子后便前往普洱市,途经勐混收费站时,民警从该男子携带的黑色背包内查出毒品。经张*兵辨认,确认江*顺就是被民警查出毒品的男子。

4. 手机通话记录证实,江*顺所持有的两部手机(158****8305、158****0771)与"大姐"的手机(137****5859)在案发前十天左右有几十次频繁通话。同时,江*顺持有的158****8305手机通信被访问地显示:2009年2月23日至25日(案发前十天左右),该手机用户从西双版纳经普洱市、红河州到达广西南宁、桂林。

5. 上诉人江*顺供述,一叫"大姐"的女子让其从缅甸联邦小勐拉帮运毒品经昆明到广西南宁,给他一万元的报酬。2009年2月4日15时许,其按"大姐"电话指挥来到"门楼"(地名),一男子交给其一黑色背包并让其坐上路边的一辆小轿车前往普洱市。后其乘车行至勐混收费站时被抓获,民警从背包内查出了毒品。

6. 侦查机关出具的情况说明,证实江*顺供述的"大姐"因具体情况不清,无法查证。

7. 身份证复印件、人口信息登记表,证实上诉人江*顺的年龄等身份情况。

上列证据经一审庭审质证、认证,取证程序合法,内容客观、真实,且能相互印证,本院予以确认。

本院认为，上诉人江＊顺无视国家法律，为牟取非法利益，运输毒品甲基苯丙胺的行为已构成运输毒品罪，依法应予惩处。上诉人江＊顺及其辩护人所提其系受人雇佣、指使运输毒品，是从犯的理由及辩护意见，经查，证人张＊兵证实确有他人为江＊顺安排运毒车辆，且江＊顺与"大姐"的手机间有不寻常的通话记录。故能够证实尚有其他人员参与犯罪。根据江＊顺的犯罪情节及其行为的社会危害程度，对其可判处死刑，无须立即执行。故对江＊顺及其辩护人所提请求从轻处罚的理由及辩护意见，本院予以采纳。原判定罪准确，审判程序合法，但对江＊顺量刑失重。据此，依照《中华人民共和国刑事诉讼法》第一百八十九条第（一）项、第（二）项之规定，判决如下：

一、维持西双版纳傣族自治州中级人民法院（2009）西刑初字第336号刑事判决第一项对被告人江＊顺的定罪部分及第二项，即被告人江＊顺犯运输毒品罪；查获的毒品依法予以没收。

二、撤销西双版纳傣族自治州中级人民法院（2009）西刑初字第336号刑事判决第一项对被告人江＊顺的量刑部分。

三、上诉人（原审被告人）江＊顺犯运输毒品罪，判处死刑，缓期二年执行，剥夺政治权利终身，并处没收个人全部财产。

本判决为终审判决。

审　判　长　　李　云　霞

代理审判员　　李　文　华

代理审判员　　税　海　波

二〇一〇年五月二十八日

书　记　员　　彭　　蕊

云南省高级人民法院
刑事附带民事判决书

（2010）云高刑终字第227号

原公诉机关云南省红河哈尼族彝族自治州人民检察院。

上诉人（原审附带民事诉讼原告人）白*金，男，系本案被害人白*保之父。

上诉人（原审附带民事诉讼原告人）李*远，女，系本案被害人白*保之母。

上诉人（原审附带民事诉讼原告人）李*念，女，系本案被害人白*保之妻。

上诉人（原审附带民事诉讼原告人）白*福，男，系本案被害人白*保之子。

法定代理人李*念，系白*福之母。

上诉人（原审附带民事诉讼原告人）白*勇，男，系本案被害人白*保之子。

委托代理人杨*安，云南**法律服务所工作人员。

上诉人（原审被告人）白*紧，男，因本案于2009年7月3日被刑事拘留，同年7月14日被逮捕。现押于绿春县看守所。

指定辩护人范晓媛，云南**律师事务所律师。

云南省红河哈尼族彝族自治州中级人民法院审理红河哈尼族彝族自治州人民检察院指控原审被告人白*紧犯故意杀人罪、非法持有枪支罪，原审附带民事诉讼原告人白*金、李*远、白*福、白*勇、李*念提起附带民事诉讼一案，于二〇〇九年十二月十一日作出（2009）红中刑初字第271号刑事附带民事判决。原审附带民事诉讼原告人白*金、李*远、白*福、白*勇、李*念及原审被告人白*紧均不服，提出上诉。本院受理后，依法组成合议庭，公开开庭审理了本案。云南省人民检察院检察员汤涛、张传勇出庭履行职务，原审附带民事诉讼原告人白*金、李*远、白*福、李*念的委托代理人杨*安，原审被告人白*紧及其辩护人范晓媛到庭参加诉讼。本案现已审理终结。

原判认定，2009年6月29日19时许，被告人白*紧与被害人黄*波、白*保等人在绿春县坪河乡折东村委会折东村村民白丁*家喝酒过程中，因琐事发生吵打，后被人劝开。白*紧回到家中后，听到黄*波在门外大声叫骂，即持一把单刃尖刀从家中冲出，朝黄*波胸、右腹、腰等部位连刺数刀。后白*紧又持刀冲进白丁*家中，朝白*保胸、腹等部位连刺数刀。黄*波、白*保被刺后当场死亡。同年7月1日，公安人员从白*紧家中搜出一支火药枪。次日，白*紧向公安机关投案。

原判根据上述事实，依照《中华人民共和国刑法》第二百三十二条、第一百二十八条第一款、第六十九条、第五十七条第一款、第四十八条第一款、第三十六条第一款及《中华人民共和国民法通则》第一百一十九条之规定，以故意杀人罪判处被告人白*紧死刑，剥夺政治权利终身；以非法持有枪支罪判处有期徒刑一年。决定执行死刑，剥夺政治权利终身。判令被告人白*紧赔偿附带民事诉讼原告人白*金、李*远、白*福、白*勇、李*念经济损失人民币60000元；公安机关查获的火药枪一支，依法予以没收。

二审庭审中，上诉人白*金、李*远、白*福、白*勇、李*念的委托代理人发表代理意见认为，原判附带民事判决赔偿数额过少，要求判令被告人白*紧赔偿经济损失人民币133549.17元。

上诉人白*紧辩称，其有自首情节；原判量刑过重，请求从轻处罚。其辩护人提出相同辩护意见。

检察员发表出庭意见认为，原判定罪准确，量刑适当。审判程序合法。建议本院驳回上诉，维持原判。

经审理查明，原判认定2009年6月29日19时许，被告人白*紧在绿春县坪河乡折东村委会折东村持刀杀死被害人黄*波、白*保后向公安机关投案的事实及白*紧非法持有一支火药枪的事实清楚。有下列证据予以证实：

1.接处警登记表、接受刑事案件登记表、投案经过说明材料，证实2009年6月29日20时许，公安人员接报后赶赴现场。同年7月2日17时许，白*紧在该县坪河乡新寨村委会保布村公路上向公安机关投案。

2.现场勘查笔录及照片、现场指认笔录及照片、搜查笔录、扣押物品清单、辨认笔录及照片，证实现场位于绿春县折东村委会折东村白丁*家中和普秋*家的滴水巷内。被害人白*保、黄*波的尸体分别位于白丁*家堂屋地面上和普秋*家南侧的滴水巷内。公安人员在现场提取4份可疑暗红色斑迹样本，在被告人白*紧家北侧土坎上提取沾有暗红色斑迹的铁质单刃尖刀一把。2009年7月1日，公安人员在白*紧家卧室内的床板下搜出一支民用火药枪。经白*紧辨认，确认所提取的单刃尖刀系其用于刺杀被害人白*

保、黄*波的作案工具；火药枪系其私藏于家中的枪支。白*紧对持刀刺杀二被害人的现场及其在家中藏匿火药枪的位置进行了指认。指认地点与现场勘查笔录和搜查笔录相吻合。

3.生物物证／遗传关系鉴定书、枪支鉴定书及照片，证实公安机关从被告人白*紧家中所提取的单刀尖刀上沾有的暗红色斑迹是被害人白*保、黄*波的血。公安机关从白*紧家中提取的火药枪系非制式枪支，具有杀伤力。

4.尸体检验鉴定书及照片，证实被害人黄*波、白*保均系他人用锐器刺伤胸腹部，致肺、肠破裂，失血性休克死亡。与被告人白*紧供述用尖刀刺杀二被害人的作案手段与作案工具相吻合。

5.证人白丁*、李*努、普*光、李*成的证言，证实2009年6月29日19时许，被告人白*紧与被害人黄*波、白*保、白*嘎、陈*保到白丁*家喝酒，白*紧说："菜不好，喝什么酒。"黄*波认为白*紧说这种话是侮辱白丁*，就与白*紧发生争吵。后白*紧走出白丁*家，黄*波、白*保就追出去，与白*紧发生扭打，被白丁*、普*光、李*成劝开，白*紧回到自己家中，黄*波、白*保返回白丁*家。后黄*波不服气，又冲出去找白*紧。过了一会，白丁*、普*光就听到东西撞击地面的声音。后普*光在白丁*家看见黄*波用手捂着腹部，腹部的伤口还露出了肠子。白丁*见白*紧手持一把尖刀冲进来，把白*保按在墙上，朝白*保胸腹部连刺数刀后逃离现场。白丁*、李*成还证实二被害人案发前就喝过酒，案发时已是醉酒状态。

6.陈*牛、陈*斗的证言，证实2009年6月29日晚，陈*牛听到丈夫白*紧在白丁*家与被害人黄*波、白*保争吵，就去白丁*家看，发现白*紧已离开。后陈*牛看到黄*波站在普秋*家旁与白*紧对骂，白*紧边骂边拿着一把杀猪刀在门口磨。后白*紧提着磨好的刀冲向黄*波，持刀朝黄*波腹部刺了一刀，陈*牛见状就晕了。后白*紧对陈*牛说，要到公安机关投案。白*紧于次日6时许离开家中。同年7月2日下午，陈*牛、陈*斗在保布村公路的地里找到白*紧，陈*斗即用手机拨打公安局吴副局长的电话。当日18时许，白*紧在该处向公安机关投案。

7.被告人白*紧对持刀杀死被害人黄*波、白*保的事实供认不讳。其供述与上列证据相互印证。

本案证据来源合法，内容客观、真实，本院予以确认。

本院认为，上诉人白*紧无视国法，持刀杀死被害人黄*波、白*保，其行为已构成故意杀人罪，应依法惩处。白*紧罪行极其严重，论罪当处死刑。鉴于白*紧犯罪后自动投案，如实供述自己的犯罪事实，是自首，依法可从轻处罚。此外，白*紧与黄*波、白*保之间的吵打平息后，黄*波仍然跑到白*紧家门外辱骂白*紧，其对引发本案负有一定的责任。综上，对白*紧可不立即执行死刑。白*紧及其辩护人所提原判对白*紧量刑过重，请求对其从轻处罚的上诉理由和辩护意见成立，本院予以采纳。检察员的出庭意见部分采纳。上诉人白*紧的犯罪行为造成上诉人白*金、李*远、白*福、白*勇、李*念的经济损失，依法应予赔偿。经本院审查，原审附带民事判决并无不当，故委托代理人所提原判附带民事部分赔偿数额过少，要求判令白*紧赔偿经济损失人民币133549.17元的代理意见不能成立，本院不予采纳。原判定罪准确，附带民事判决适当。审判程序合法，但对白*紧量刑失重。据此，依照《中华人民共和国刑事诉讼法》第一百八十九条（一）、（二）项，《中华人民共和国民事诉讼法》第一百五十三条第一款（一）项之规定，判决如下：

一、维持云南省红河哈尼族彝族自治州中级人民法院（2009）红中刑初字第271号刑事附带民事判决的第二、三项，即被告人白*紧赔偿附带民事诉讼原告人白*金、李*远、白*福、白*勇、李*念经济损失人民币60000元；公安机关查获的火药枪一支，依法予以没收。

二、撤销云南省红河哈尼族彝族自治州中级人民法院（2009）红中刑初字第271号刑事附带民事判决的第一项，即被告人白*紧犯故意杀人罪，判处死刑，剥夺政治权利终身；犯非法持有枪支罪，判处有期徒刑一年。决定执行死刑，剥夺政治权利终身。

三、上诉人（原审被告人）白*紧犯故意杀人罪，判处死刑，缓期二年执行，剥夺政治权利终身；犯非法持有枪支罪，判处有期徒刑一年。决定执行死刑，缓期二年执行，剥夺政治权利终身。

本判决为终审判决。

审 判 长　　彭淑芳
代理审判员　　陈　欣
代理审判员　　郑发旺
二〇一〇年六月三十日
书 记 员　　李志君

云南省高级人民法院
刑事判决书

（2010）云高刑终字第335号

原公诉机关云南省红河哈尼族彝族自治州人民检察院。

上诉人（原审被告人）赵＊斌，男，因本案于2009年1月10日被刑事拘留，同年2月17日被逮捕。现押于泸西县看守所。

辩护人李＊，云南＊＊律师事务所律师。

指定辩护人范晓媛，云南＊＊律师事务所律师。

上诉人（原审被告人）赵＊刚，男，因本案于2009年1月10日被刑事拘留，同年2月9日被释放，同年10月5日被逮捕。现押于泸西县看守所。

云南省红河哈尼族彝族自治州中级人民法院审理红河哈尼族彝族自治州人民检察院指控原审被告人赵＊斌、赵＊刚犯故意杀人罪，原审附带民事诉讼原告人高＊巧、高＊荐、张＊芬、赵＊芝、高＊能提起附带民事诉讼一案，于二〇〇九年十二月十一日作出（2009）红中刑初字第213号刑事附带民事判决。原审被告人赵＊斌、赵＊刚不服，提出上诉。本院受理后，依法组成合议庭，公开开庭审理了本案。云南省人民检察院检察员汤涛、张传勇出庭履行职务，原审被告人赵＊斌、赵＊刚及赵＊斌的辩护人李＊、范晓媛到庭参加诉讼。本案现已审理终结。

原判认定，2009年1月10日14时许，泸西县舞街铺镇自足村村民赵＊拉电线从邻居高＊能家门前上方经过，被害人高＊能以影响其车辆进出为由进行阻止，双方为此发生争执。随后，赵＊及被告人赵＊斌、赵＊刚父子三人与高＊能发生吵打，高＊能被打跑。高＊能的三弟高＊荆闻讯后，提着砖刀来到现场。赵＊斌、赵＊刚见状分别持西瓜刀和铡刀追砍高＊荆，赵＊刚在自家烤棚处追上高＊荆，即持铡刀朝高＊荆砍了一刀，高＊荆当即倒地并滚落至烤棚沟中，后赵＊刚被高＊荆妻子张＊芬抱住。赵＊斌随即跳进沟内，持西瓜刀朝高＊荆头、手等部位猛砍十余刀。赵＊斌、赵＊刚作案后提刀返回家中。高＊荆经送医院抢救无效死亡。公安人员于当日在赵＊斌、赵＊刚家中将二人抓获。

原判根据上述事实，依照《中华人民共和国刑法》第二百三十二条、第五十七条第一款、第四十八条第一款、第三十六条第一款之规定，以故意杀人罪判处被告人赵＊斌死刑，剥夺政治权利终身；判处被告人赵＊刚有期徒刑十二年。判令被告人赵＊斌、赵＊刚连带赔偿附带民事诉讼原告人高＊巧、高＊荐、张＊芬、赵＊芝经济损失人民币113863.58元；判令被告人赵＊斌、赵＊刚连带赔偿附带民事诉讼原告人高＊能经济损失人民币1725.02元。

二审庭审中，上诉人赵＊斌辩称，被害人有过错；其有自首情节；原判量刑过重，请求从轻处罚。其辩护人提出相同辩护意见。

上诉人赵＊刚辩称，无证据证实其殴打、砍杀过二被害人；原判量刑过重，请求从轻处罚。

检察员发表出庭意见认为，原判定罪准确，量刑适当。审判程序合法。建议本院驳回上诉，维持原判。

经审理查明，原判认定被告人赵＊斌、赵＊刚因邻里纠纷，打伤被害人高＊能，后又持刀追砍被害人高＊荆，致高死亡的事实清楚。有下列证据予以证实：

1. 接处警登记表、接受刑事案件登记表、抓获经过说明材料，证实2009年1月10日15时44分，公安人员接报后赶赴现场，在自足村51号被告人赵＊斌、赵＊刚家中将二人抓获。

2. 现场勘查笔录及照片、现场指认笔录及照片、辨认笔录及照片，证实现场位于泸西县午街铺镇喷泉村委会自足村高＊荆家住宅及赵＊家住宅南侧水泥路及赵＊家烤棚北侧地面上。公安人员在现场提取三份血样。在被告人赵＊斌家提取一把沾有暗红色斑迹的西瓜刀。经被告人赵＊斌、赵＊刚辨认，确认该刀系赵＊斌作案时用于砍杀被害人高＊荆的作案工具。被告人赵＊斌、赵＊刚对现场进行了指认，指认地点与现场勘查笔录一致。

3. 生物物证／遗传关系鉴定书，证实公安机关所提取的西瓜刀上粘有的暗红色斑迹和现场提取的血样均是被害人高＊荆的血。

4. 尸体检验鉴定书及照片、人体损伤程度鉴定书，证实被害人高＊荆系被他人用锐器（砍刀类）砍击，致外伤性开放性颅脑损伤死亡。被害人高＊能的伤情为轻微伤。与被告人赵＊斌、赵＊刚供述二被告人分别持刀砍杀被害人高＊荆的作案手段和作案工具相吻合。

5.被害人高*能的陈述、证人赵*、孙*娣、刘*江、赵*建、高*华、刘*龙、张*芬、赵*燕的证言，证实案发前，赵*家与高*能家因宅基地地界问题多次发生纠纷。后双方经村司法所调解达成协议，确认要把双方共用道路上的椿树和电杆移走。赵*即准备把电杆移掉，直接将电线拉进家中。2009年1月10日下午，被告人赵*斌请刘*江帮忙接电线。在接线过程中，高*能以电线会影响其车辆通过为由进行阻止。双方为此发生吵打，高*能被赵*、赵*斌、赵*刚三父子打倒在地，后双方被劝开。后孙*娣在村子里看见高*能从身边跑过去，孙即跑回家中对赵*、赵*斌、赵*刚说："他家可能去叫人了。"赵*听后说："他们来了就干。"后赵*持一把斧头，赵*斌持一把西瓜刀，赵*刚持一把铡刀站在院坝内。过了约20来分钟，高*能的三弟高*荆拿着一把砖刀跑过来，嘴里喊着："把他一家人都砍掉。"赵*刚说："要干就来干嘛。"赵*斌、赵*刚随即持刀冲过去。高*荆见状转身便跑，赵*刚先追上高*荆，持刀朝高*荆砍了一刀，高*荆即摔倒在沙堆上，滚到烤棚沟里，后高*华和张*芬将赵*刚拉住。赵*斌就提着西瓜刀跳下去，在沟里砍高*荆。约三分钟后，赵*斌、赵*刚提着刀返回家中。众人见高*荆满脸是血，蹲在沟内。刘*龙等人便打120和110报警。

6.被告人赵*斌、赵*刚对因邻里纠纷打伤被害人高*能，后又持刀砍杀被害人高*荆，致高*荆死亡的事实清楚。二人的供述与上列证据相互印证。

本案证据来源合法，内容客观、真实，本院予以确认。

本院认为，上诉人赵*斌、赵*刚不能正确处理邻里纠纷，打伤被害人高*能，后又持刀砍杀被害人高*荆，致高*荆死亡，二人的行为均已构成故意杀人罪，应依法惩处。在共同犯罪中，赵*斌对高*能积极实施殴打行为，后又持西瓜刀对高*荆积极实施砍杀行为，是致高*荆死亡的主凶，系主犯，应对全部犯罪承担罪责。赵*刚积极参与殴打高*能，并持刀追砍高*荆，起次要作用，系从犯，依法应当从轻处罚。赵*斌罪行极其严重，论罪当处死刑。鉴于本案系邻里纠纷所引发，被害人高*能对引发本案有一定过错，故对赵*斌可不立即执行死刑。赵*斌及其辩护人所提被害人有过错；原判对赵*斌量刑过重，请求对其从轻处罚的上诉理由和辩护意见成立，本院予以采纳。赵*斌及其辩护人所提赵*斌有自首情节；赵*刚所提无证据证实其殴打、砍杀过二被害人的上诉理由和辩护意见与本院审理查明的事实不符，本院均不予采纳。原判根据赵*刚犯罪的性质、事实、情节及社会危害程度，已依法对其从轻处罚，故赵*刚所提原判量刑过重，请求再予从轻处罚的上诉理由不能成立，本院亦不予采纳。检察员的出庭意见部分采纳。原判定罪准确。审判程序合法，但对赵*斌量刑失重。据此，依照《中华人民共和国刑事诉讼法》第一百八十九条（二）项之规定，判决如下：

一、维持云南省红河哈尼族彝族自治州中级人民法院（2009）红中刑初字第213号刑事附带民事判决第一项中对被告人赵*斌的定罪部分及第二项中对被告人赵*刚的定罪和量刑；撤销第一项中对被告人赵*斌的量刑部分。

二、上诉人（原审被告人）赵*斌犯故意杀人罪，判处死刑，缓期二年执行，剥夺政治权利终身。

本判决为终审判决。

审 判 长　　彭淑芳
代理审判员　　陈　欣
代理审判员　　郑发旺
二〇一〇年六月三十日
书 记 员　　李志君

云南省高级人民法院
刑事裁定书

（2010）云高刑终字第743号

原公诉机关云南省西双版纳傣族自治州人民检察院。

上诉人（原审被告人）杨*荣，男，2009年4月18日因本案被刑事拘留，同年5月22日被逮捕。现押于景洪市看守所。

指定辩护人吕*华，云南**律师事务所律师。

上诉人（原审被告人）刘*文，男，2008年11月4日因本案被刑事拘留，同年12月11日被逮捕。现押于景洪市看守所。

指定辩护人刘*华，北京**（昆明）律师事务所律师。

上诉人（原审被告人）岩*香，男，2008年11月4日因本案被刑事拘留，同年12月11日被逮捕。现押于景洪市看守所。

指定辩护人范晓媛，云南**律师事务所律师。

上诉人（原审被告人）杨*伯，男，2008年11月4日因本案被刑事拘留，同年12月11日被逮捕。现押于景洪市看守所。

云南省西双版纳傣族自治州中级人民法院审理云南省西双版纳傣族自治州人民检察院指控原审被告人杨*荣、刘*文、岩*香、杨*伯运输毒品一案，于二〇一〇年四月六日作出（2010）西刑初字第61号刑事判决，认定被告人杨*荣犯运输毒品罪，判处死刑，剥夺政治权利终身，并处没收个人全部财产；被告人刘*文犯运输毒品罪，判处死刑，缓期二年执行，剥夺政治权利终身，并处没收个人全部财产；被告人岩*香犯运输毒品罪，判处死刑，缓期二年执行，剥夺政治权利终身，并处没收个人全部财产；被告人杨*伯犯运输毒品罪，判处无期徒刑，剥夺政治权利终身，并处没收个人全部财产；查获的毒品甲基苯丙胺6184克，依法没收。宣判后，四原审被告人不服，均提出上诉。本院依法组成合议庭审理了本案。现已审理终结。

本院认为，原判认定的部分事实不清，证据不足。依照《中华人民共和国刑事诉讼法》第一百八十九条第（三）之规定，裁定如下：

一、撤销西双版纳傣族自治州中级人民法院（2010）西刑初字第61号刑事判决；

二、发回西双版纳傣族自治州中级人民法院重新审判。

本裁定为终审裁定。

审　判　长　　杨　丽　娟
审　判　员　　刘　晋　云
审　判　员　　周　红　敏
二〇一〇年十月二十九日
书　记　员　　杨　　　婕

云南省高级人民法院
刑事判决书

（2010）云高刑终字第 766 号

原公诉机关云南省保山市人民检察院。

上诉人（原审被告人）张*志，又名张纯*，因本案于1998年12月7日批准逮捕，2009年7月20日执行。现羁押于云南省龙陵县看守所。

指定辩护人范晓媛，云南**律师事务所律师。

保山市中级人民法院审理保山市人民检察院指控张*志犯故意杀人罪，原审附带民事诉讼原告人李*云提起附带民事诉讼一案，于二〇一〇年三月三十一日作出（2010）保中刑初字第49号刑事附带民事判决。张*志不服，提出上诉。本院依法组成合议庭于二〇一〇年六月二十五日在龙陵县人民法院法庭公开开庭审理了本案。云南省人民检察院检察员张黎明、杨燕萍出庭履行职务。张*志及辩护人范晓媛到庭参加诉讼。本案现已审理终结。

原判认定，张*志于1993年初在云南省龙陵县三江口电站打工期间认识李*香后二人同居。后来，李*香从张*志的老家四川回到龙陵县。张*志多次到龙陵县找到李*香，要求李*香与其回四川老家共同生活，均遭李*香的拒绝。1998年10月29日，张*志到龙陵县勐糯镇沟心寨村下寨组寻找李*香未果，当晚在沟心寨村下寨组李*强（李*香的二哥）家厨房上面卧室住宿。30日凌晨0时，张*志因未找到李*香遂生杀害李*强一家人报复李*香之念，于是起床到李*强家的堂屋门旁边拿了一把砍刀，进入李*强夫妇及女儿（李*梅）的卧室内，持砍刀向熟睡中的李*强、李*强之妻黄*娣及女儿李*梅乱砍，将李*强、黄*娣、李*梅砍倒在卧室内的地上，导致李*强、黄*娣、李*梅当场死亡。作案后，张*志将砍刀丢在现场，在李*强家中找到两根木条，在木条上分别书写"*香是你逼我的，你现在知道我说的不是假话了吧。问问你自己我对你怎样，朋友们要问就问*香吧，其实我也不想"，将两根木条留在李*强家的厨房内摆着锅盖等物的一方桌上，逃离现场。31日16时许，张＊志逃至龙陵碧寨道班附近，与在此附近设卡堵截的公安民警相遇，在挣脱后逃至江边，将所穿衣服、裤子、鞋子脱下丢在江边，跳入江中逃走。经法医鉴定，李＊强因颅脑及多部位损伤并失血性休克死亡，黄＊娣、李＊梅因颅脑损伤死亡。2009年7月20日，公安机关在潞西市将潜逃多年的张＊志抓获归案。原判以故意杀人罪，判处张＊志死刑，剥夺政治权利终身；由张＊志赔偿附带民事诉讼原告人李＊云经济损失人民币36045元；查获的砍刀一把、木墩一块、长裤一条、皮鞋一双、长袖衬衣一件依法予以没收。

二审庭审中，控辩双方对原判认定的事实和证据无异议。张＊志辩称因李＊香提出分手，造成其情绪失控，在意识模糊下犯罪，量刑过重；其辩护人提出不排除案发时张＊志存在精神障碍的可能性，本案系因家庭矛盾所引发，张＊志归案后能如实供述犯罪事实，认罪态度好，请求对其从轻处罚的意见。检察员提出张＊志杀害无辜三人，手段残忍，犯罪情节恶劣，后果特别严重，其杀人动机清楚、明确，行为正常，上诉及辩护意见均不成立，建议维持原判。经审理查明，1993年初，张＊志与李＊香在云南龙陵县打工期间认识，二人同居并生育一女孩后一起回到张＊志在四川的老家。1996年，二人携孩子又回龙陵县打工，后因琐事经常闹矛盾，到1997年4月，张＊志将小孩领回老家而李＊香却继续留在龙陵县。此后，张＊志多次到龙陵县找到李＊香，要求李与其回四川老家共同生活，但均遭李＊香的拒绝。1998年10月29日，张＊志再次到龙陵县勐糯镇李＊香父母所居住的沟心寨村寻找李＊香未果，当晚即住宿于该村李＊香二哥李＊强家，张＊志辗转反侧无法入睡至次日凌晨，因反复回想李＊香多次拒绝跟其回四川的请求，遂产生杀害对李＊香最好的家人而报复李＊香，而李＊强一家对李＊香最好，于是起床后在李＊强家的堂屋门旁边拿了一把砍刀，进入李＊强夫妇及女儿（李＊梅）的卧室内，持刀向熟睡中的李＊强、李＊强之妻黄＊娣及女儿李＊梅乱砍，将李＊强、黄＊娣、李＊梅砍倒在卧室地上，因见李＊强还在喘气又用木墩猛砸李＊强头部，致李＊强、黄＊娣、李＊梅当场死亡。作案后，张＊志将刀丢弃于现场，在李＊强家中找了两根木条分别书写上其杀人的原因，将木条留在李＊强家的厨房方桌锅盖上后逃离现场。31日16时许，张＊志在逃至龙陵县碧寨道班附近时，被公安人员堵截，张在反抗挣脱后逃入附近的甘蔗林至江边，将所穿衣服、裤子、鞋子脱下后丢弃于江边，裸身跳入江中逃走。2009年7月20日，公安人员在德宏州潞西市芒市镇街坡变电站仓库将张*志抓获。上述犯罪事实，有公安机关出具的现场勘查笔录、提取笔录、笔迹鉴定书及相关照片和材料、尸体检验报告、DNA个别／遗传关系鉴定书，碧寨派出所出具的情况说明、提取张*志丢弃于江边衣物的说明、干警证言及辨认笔录，检查笔录及相关照片、张*志的指认笔录及相关指认照片，证人李*香、李*忠、郭*焕的证言和张*志的供述予以佐证。本案证据确凿、充分，足以认定。

本院认为，上诉人张*志无视国家法律，因不能正确处理与李*香之间的感情纠纷，为报复李*香而持刀将李*香的二哥李*强一家三口杀害，其行为已构成故意杀人罪。且手段残忍，情节恶劣，后果特别严重，应依法惩处。至于辩护人提出不排除案发时张*志存在精神障碍可能性的问题，经审查，从张*志杀人的动机、手段、过程和杀人后潜逃十一年并娶妻生子及其家族病史看，该辩护意见不成立。张*志的上诉理由及辩护人的其他辩护意见尚不能作为对其从轻处罚的根据。但鉴于张*志归案后能如实供述犯罪事实，认罪态度较好，有一定的悔改表现，对其判处死刑，可不立即执行。原判定罪准确，审判程序合法。但对张*志量刑畸重。据此，依照《中华人民共和国刑事诉讼法》第一百八十九条（一）、（二）项，《中华人民共和国刑法》第二百三十二条、第四十八条、第五十七条第一款、第六十一条、第六十四条、第三十六条和《中华人民共和国民法通则》第一百一十九条的规定，判决如下：

一、维持保山市中级人民法院（2010）保中刑初字第49号刑事判决第二、三项，即由张*志赔偿原审附带民事诉讼原告人李*云经济损失人民币36045元（含公安机关扣押的人民币18000元）、查获的作案工具和扣押的物品依法没收；撤销该判决对张*志的量刑部分；

二、上诉人张*志犯故意杀人罪，判处死刑，缓期二年执行，剥夺政治权利终身。

本判决为终审判决。

审 判 长 　 张 　 华
代理审判员 　 何 　 玲
代理审判员 　 戴 　 勇
二〇一〇年八月三日
书 记 员 　 冷 　 敏

云南省高级人民法院
刑事判决书

（2010）云高刑终字第771号

原公诉机关保山市人民检察院。

上诉人（原审被告人）谭*成，男，因本案于2009年9月21日被刑事拘留，同月30日被逮捕。现羁押于腾冲县看守所。

指定辩护人范晓媛，云南**律师事务所律师。

保山市中级人民法院审理保山市人民检察院指控谭*成犯故意杀人罪，附带民事诉讼原告人杨*安、段*芹提起附带民事诉讼一案，于二〇一〇年三月十六日作出（2010）保中刑初字第40号刑事附带民事判决。谭*成不服，提出上诉。本院依法组成合议庭于2010年7月3日在腾冲县人民法院法庭公开开庭审理了本案。云南省人民检察院指派检察员张黎明、杨燕萍出庭执行职务。谭*成及辩护人范晓媛到庭参加诉讼。现已审理终结。

原判认定，谭*成与被害人杨*强的姐姐杨*平系恋爱关系。两人因恋爱关系发生矛盾，杨*平经常躲避谭*成，谭*成多次到其家中寻找未果，便产生报复杨*平的念头。于2009年9月19日在腾冲县猴桥镇街上购买了一把尖刀，藏在杨*强家大门口的石缝中。次日20时许，谭*成再次到杨*强家找杨*平未果，便在杨*强住处中与杨*强发生口角，后谭*成出门拿出藏在石缝中的尖刀，持刀进入杨*强住处，将站在床边的杨*强推倒在床上，持刀刺了杨*强腹部一刀，杨*强被刺后拉住谭*成不让其逃离，谭*成又用刀刺了杨*强数刀后丢弃尖刀逃离现场。同月21日谭*成在腾冲县腾越镇热海社区被抓获。原判以故意杀人罪，判处谭*成死刑，剥夺政治权利终身；由谭*成赔偿附带民事诉讼原告人杨*安、段*芹经济损失人民币12015元；查获的作案工具尖刀一把依法没收。宣判后，谭*成上诉称矛盾是由杨*平造成的，没有把人杀死的想法，量刑过重，请求从轻处罚。其辩护人提出事出有因，被害人有一定过错，谭*成认罪态度好，有悔罪表现，应从轻处罚的辩护意见。检察员认为原判定性正确，鉴于本案系情感纠纷所引发，谭*成作案后曾打电话给被害人亲属让报警，归案后认罪态度好等情节，建议二审法院依法判处。

经审理查明，原判认定谭*成与被害人杨*强的姐姐杨*平系恋爱关系。两人因恋爱关系发生矛盾，杨*平经常躲避谭*成，谭*成多次寻找杨*平未果，便产生报复杨*平的念头。于2009年9月19日在街上购买一把尖刀，藏于杨*强家大门口的石缝中。次日20时许，谭*成再次到杨*强家中找杨*平未果，便在杨*强家中与杨*强发生口角，后谭*成出门拿出藏在石缝中的尖刀，持刀进入杨*强住处，刺杀杨*强数刀后弃刀逃离现场。同月21日谭*成被公安人员抓获的犯罪事实清楚。有公安机关出具的查获经过材料，证实2009年9月20日20时许，经村民报案后公安人员于次日在腾冲县腾越镇热海社区将谭*成抓获的情况。现场勘验检查笔录及提取笔录，证实案发现场是在腾冲县中和乡新街村郭家营25号，在现场正房走廊南侧处地面上提取有血迹的尖刀一把。中心现场是杨*强的宿舍，在现场提取了血迹、烟头等。现场指认笔录及照片，证实谭*成指认其买刀的商铺，指认藏刀、杀害杨*强的现场中心位置、及杀害杨*强后丢刀的地点。辨认笔录及照片，证实目击证人尹*亭、尹*雪、陈*巧、段*芹在12张照片中辨认出杀害杨*强的人就是谭*成。谭*成从七把不同形状、不同大小的尖刀中指认出其用于杀害杨*强的尖刀。腾冲县公安局出具的尸体检验报告，证实杨*强系失血性休克死亡。云南省保山市公安局出具的DNA个体识别／遗传关系鉴定书，证实现场尖刀上的血迹、现场木柜东侧地上的血迹、床单上的血迹、书桌下水鞋上的血迹、尖刀木柄上的血迹系杨*强的血迹；现场遗留的烟头系谭*成的。证人杨*平证实，与谭*成系恋爱关系，后因性格不合便产生矛盾的经过。并证实杨*强与谭*成没有什么矛盾。证人杨*安、段*芹（系杨*强的父母）、尹*亭、尹*雪（系杨*平的女儿）等证实，案发当时看到谭*成到家中来与杨*强发生争吵，并持刀将杨*强杀害的经过。证人杨*美证实，2009年9月20日20时55分，谭*成打电话告之把其侄儿杨*强杀了，让其向派出所报案，其约着其丈夫就到杨*强家。谭*成供认与杨*平系恋爱关系，后两人因为琐事经常发生口角。杨*平准备与其分手并出走。其多次寻找未果。案发当日20时许来到杨*平家，杨*平不在家。与杨*强发生争执，后用刀刺杀杨*强后就跑了，后打电话给杨*平的三姨，告诉她已将杨*强杀了，让她去报警的经过。其供述与上述证据能相互印证。本案证据确实、充分，足以认定。

本院认为，上诉人谭*成无视国家法律，因不能正确处理恋爱关系，采用极端手段，将杨*强杀死的行为已构成故意杀人罪。应依法惩处。但鉴于谭*成作案后，打电话给被害人的亲属，让其报警抢救被害人，无潜逃行为，归案后认罪态度较好等情节，对谭*成可判处死刑，但不立即执行。谭*成上诉请求从轻处罚及辩护人提出原判量刑过重的辩护意见，本院予以采纳。原判定罪准确。审判程序合法。但对谭*成量刑过重。据此，依照《中华人民共和国刑事诉讼法》第一百八十九条（一）、（二）项及《中华人民共和国刑法》第二百三十二条、第四十八条、第五十七条第一款、第三十六条、第六十四条的规定，判决如下：

一、维持保山市中级人民法院（2010）保中刑初字第40号刑事判决第二、三项，即由谭*成赔偿附带民事诉讼原告人杨*安、段*芹经济损失人民币12015元；查获的作案工具尖刀一把依法没收。

二、撤销保山市中级人民法院（2010）保中刑初字第40号刑事判决第一项对谭*成的量刑部分。

三、上诉人谭*成犯故意杀人罪，判处死刑，缓期二年执行，剥夺政治权利终身。

本判决为终审判决。

审　判　长　　张　　华
代理审判员　　何　　玲
代理审判员　　戴　　勇
二〇一〇年八月三日
书　记　员　　冷　　敏

云南省高级人民法院
刑事判决书

（2010）云高刑终字第857号

原公诉机关云南省保山市人民检察院。

上诉人（原审被告人）阿*，男，2009年11月23日因本案被刑事拘留，同年12月25日被逮捕。现羁押于保山市隆阳区看守所。

指定辩护人范晓媛，云南**律师事务所律师。

保山市中级人民法院审理保山市人民检察院指控原审被告人阿*犯运输毒品罪一案，于二〇一〇年四月二十二日作出（2010）保中刑初字第68号刑事判决。宣判后，保山市人民检察院认为原判片面强调涉案毒品数量大，忽视阿*归案后能如实供述犯罪事实，认罪态度好，主观恶性不大的情节，对其判处死刑明显偏重为由提出抗诉。阿*亦不服，提出上诉。二〇一〇年八月二十日，云南省人民检察院以抗诉不当，向我院撤回抗诉。本院依法组成合议庭，于二〇一〇年九月七日在保山市中级人民法院法庭公开开庭审理了本案。云南省人民检察院检察员刘震乾、陈德举出庭履行职务。上诉人阿*及辩护人范晓媛到庭参加诉讼。本案现已审理终结。

原判认定，阿*携带毒品于2009年11月23日乘坐保山市板桥镇至大理州下关市的云M2012*号客车，途经大保高速公路老营路段接受保山市公安局禁毒支队民警检查时，民警当场查获其携带于上衣左、右口袋及右后裤袋内的毒品海洛因共3块，重1024克。原判以运输毒品罪，判处阿*死刑，剥夺政治权利终身，并处没收个人全部财产；查获的毒品海洛因1024克、手机一部依法予以没收。

二审庭审中，控辩双方对原判查明的事实和证据无异议。阿*辩称是为获15000元的运费而帮他人运输毒品，属从犯，量刑过重；其辩护人提出阿*系受他人雇佣而运输毒品，属从犯，有一定的悔罪表现，请求对阿*从轻处罚的辩护意见。检察员提出阿*仅为谋取运费而运输毒品，归案后认罪态度好，有悔罪表现，建议二审改判其死缓刑。

经审理查明，2009年11月23日，阿*携带毒品海洛因1024克从保山市板桥镇乘坐由保山开往大理州下关市的云M2012*号客车，准备将毒品带往宁蒗。12时50分，途经大保高速公路老营路段时，被在此进行公开查缉的保山市公安局流动警务站民警人赃俱获。上述犯罪事实，有参与查缉的保山市公安局流动警务站民警段**、胡**出具的《抓获经过》，证实抓获阿*的时间、地点及当场从其所穿的上衣左、右口袋及右后裤袋内查获毒品海洛因可疑物3块和板桥至下关的车票一张。公安机关出具的毒品物证照片、现场提取笔录、现场称量记录、扣押物品清单、检材提取笔录、毒品定量检验鉴定书，证实从阿*身上查获的3块毒品可疑物系海洛因，重1024克。证人和*（云M2012*号客车驾驶员）证实，阿*是从保山板桥上的车，没有携带其他行李。阿*对运输海洛因1024克途经大保高速公路老营路段时被民警现场查获的事实供认不讳。本案事实清楚，证据确实、充分，足以认定。

本院认为，上诉人阿*无视国家法律，为牟取非法利益，明知是毒品海洛因而予以运输的行为，已构成运输毒品罪。且运输的毒品数量大，应依法惩处。阿*独立实施运输毒品，其上诉理由及辩护人提出的辩护意见，应予驳回。鉴于阿*归案后认罪态度好，有一定的悔罪表现，检察机关亦提出改判意见，可对阿*判处死刑但不立即执行。原判定罪准确，审判程序合法。但对阿*量刑畸重。据此，依照《中华人民共和国刑事诉讼法》第一百八十九条（一）、（二）项，《中华人民共和国刑法》第三百四十七条第二款（一）项、第五十七条第一款、第六十一条、第六十四条之规定，判决如下：

一、维持保山市中级人民法院（2010）保中刑初字第68号刑事判决中的第二项，即查获的毒品海洛因1024克、手机一部依法予以没收部分；

二、撤销该判决第一项中对阿*的量刑部分；

三、上诉人阿*犯运输毒品罪，判处死刑，缓期二年执行，剥夺政治权利终身，并处没收个人全部财产。

本判决为终审判决。

审　判　长　张　　华
审　判　员　谭丽芬
代理审判员　戴　　勇
二〇一〇年九月二十五日
书　记　员　杨芳玲

云南省高级人民法院
刑事裁定书

（2010）云高刑终字第909号

原公诉机关云南省普洱市人民检察院。

上诉人（原审被告人）马*清，男，因本案于2009年1月7日被刑事拘留，同年1月20日被逮捕。现羁押于普洱市看守所。

指定辩护人范晓媛，云南**律师事务所律师。

原审附带民事诉讼原告人杨*芝，女，系被害人马*平之母。

原审附带民事诉讼原告人何*花，女，5岁，住址同上。系被害人马*平之女。

云南省普洱市中级人民法院审理云南省普洱市人民检察院指控原审被告人马*清犯故意杀人罪、盗窃罪、原审附带民事诉讼原告人杨*芝、何*花提起附带民事诉讼一案，于二○一○年三月二日作出（2009）普中刑初字第231号刑事附带民事判决，认定被告人马*清犯故意杀人罪，判处死刑，剥夺政治权利终身；犯盗窃罪，判处有期徒刑三年，并处罚金人民币5000元；数罪并罚，决定执行死刑，剥夺政治权利终身，并处罚金人民币5000元；赔偿附带民事诉讼原告人杨*芝、何*花各种损失人民币108471.5元；扣押的赃款人民币14000元，依法予以追缴并发还被害人家属。宣判后，原审附带民事诉讼原告人杨*芝、何*花服判不上诉。原审被告人马*清不服，提出上诉。本院依法组成合议庭审理了本案。现已审理终结。

本院认为，原判认定的部分事实不清，证据不足。依照《中华人民共和国刑事诉讼法》第一百八十九条第（三）项之规定，裁定如下：

一、撤销普洱市中级人民法院（2009）普中刑初字第231号刑事附带民事判决；

二、发回普洱市中级人民法院重新审判。

本裁定为终审裁定。

审　判　长　　蔡　定　波
审　判　员　　李　云　霞
代理审判员　　杨　丽　娟
二　〇　一　〇　年　十　二
月　　二　十　　一　　日
书　记　员　　杨　　　婕

云南省高级人民法院
刑事附带民事判决书

（2010）云高刑终字第962号

原公诉机关云南省曲靖市人民检察院。

上诉人（原审附带民事诉讼原告人）杜*华，女，系被害人姜*云之妻。

上诉人（原审附带民事诉讼原告人）姜*孟，男，系被害人姜*云之父。

上诉人（原审附带民事诉讼原告人）代*凤，女，系被害人姜*云之母。

上诉人（原审被告人）施*生，男，因本案于2009年5月2日被刑事拘留，同月15日被逮捕。现押于沾益县看守所。

指定辩护人范晓媛，云南**律师事务所律师。

云南省曲靖市中级人民法院审理曲靖市人民检察院指控原审被告人施*生犯故意杀人罪及原审附带民事诉讼原告人杜*华、姜*孟、代*凤提起附带民事诉讼一案，于二〇一〇年四月十六日作出（2010）曲中刑初字第64号刑事附带民事判决。原审附带民事诉讼原告人杜*华、姜*孟、代*凤及原审被告人施*生不服，分别提出上诉。本院依法组成合议庭，公开开庭审理了本案。云南省人民检察院指派检察员胡安斌、苏敬轩出庭履行职务。上诉人杜*华、姜*孟、代*凤、施*生及施*生的辩护人范晓媛到庭参加诉讼。现已审理终结。

原判认定，2009年5月1日8时许，被告人施*生在沾益县炎方乡供电所姜*云商店内与被害人姜*云谈及联防队解体一事时，怀疑姜*云说他的坏话，损坏他的名誉，遂起报复之心，便用随身携带的锄头在炎方司法所及姜*云商店内把姜*云、姜*明、姜*宇父子三人当场挖死。经法医鉴定：姜*云、姜*明、姜*宇三人均系颅脑损伤死亡。

原判根据上述事实，依照《中华人民共和国刑法》、《中华人民共和国民法通则》的相关规定，以故意杀人罪，判处被告人施*生死刑，剥夺政治权利终身；判令施*生赔偿附带民事诉讼原告人杜*华、姜*孟、代*凤经济损失人民币 150000 元。

二审庭审中，上诉人杜＊华、姜＊孟、代＊凤上诉称原判判决的经济赔偿数额过低，请求二审依法判赔各项经济损失 1032585 元，并要求严惩施＊生。

上诉人施＊生上诉称，其患精神病未痊愈；案发当天是在无意识的状态下将姜＊云及他的二个儿子杀死；云南省精神病医院所作的鉴定结论不准确、不真实；案发后对作案工具的辨认也不客观；具有自首情节；请求二审撤销原判，宣告其无罪。

施＊生的辩护人提出施＊生实施犯罪时系限制行为能力人，并具有自首情节，归案后认罪态度好。建议对施＊生从宽处罚的辩护意见。

检察员发表出庭意见认为，原判认定施＊生的犯罪事实清楚，证据确实、充分，对施＊生定性准确，量刑适当。审判程序合法。建议二审法院对本案驳回上诉，维持原判。

经审理查明，2009 年 5 月 1 日 8 时许，上诉人施＊生在沾益县炎方乡供电所姜＊云商店内与被害人姜＊云谈及联防队解体一事时，因怀疑姜＊云说他的坏话，损坏他的名誉，遂起报复之心。此后，施＊生用随身携带的锄头分别在炎方乡司法所及姜＊云商店内把姜＊宇、姜＊云、姜＊明父子三人当场打死。

上述事实，有下列证据予以证实：

1. 接受刑事案件登记表、归案经过材料，证实 2009 年 5 月 1 日，公安机关接到本案报案，后施＊生在亲属的陪同下到公安机关投案的情况。

2. 现场勘查笔录及照片，证实本案案发现场分别位于沾益县炎方乡供电所综合门市部第四门市部（姜＊云家商店）、炎方乡司法所院内；在上述两处现场，分别发现了被害人姜＊云、姜＊明、姜＊宇的尸体。

3. 尸体检验笔录、报告及照片，证实被害人姜＊云、姜＊明、姜＊宇的死因均系钝器打击致颅脑损伤死亡。

4. 提取笔录、辨认笔录及照片、鉴定结论，证实 2009 年 5 月 1 日 16 时许，公安人员在证人陈＊祥的指认下，从施＊生家门口的楼梯下提取了锄头一把。该把锄头经施＊生混同辨认，确认系其作案时所用工具。经鉴定，从该把锄头上分段提取的血迹，检出被害人姜＊明、姜＊宇、姜＊云的基因分型。

5. 证人证言及辨认笔录：

证人陈＊琼的证言，证实 2009 年 1 月份，施＊生精神失常，到曲靖市第三人民医院住院治疗过。案发当天早上，她在找施*生的过程中，走到姜*云家商店时，听说姜*云家被杀了，她当时就怀疑是施*生干的。随后她就打电话给施*生的弟弟施*聪，施*聪说他们在铁路上。她到铁路上时看见施*聪和陈*祥拉着施*生，施*生的板锄上有血，之后就一起到了派出所。

证人施*聪、陈*祥的证言，证实案发当天，他们在铁路处找到施*生，并将施*生手中带血的锄头抢掉。此后，他们把施*生带到派出所。锄头被陈*祥放在施*生家里，后陈*祥带公安人员到施*生家提取了锄头。

证人陶*体（铁路派出所民警）的证言，证实2009年5月1日，他接到宣威开往昆明的城际列车司机的无线电反映，有一个扛着锄头的男子在铁路上拦火车。他们赶到时，发现拦车人是施*生，火车被拦停了三分钟。

证人钱*、唐*清、段*文的证言，证实案发当天早上八点半左右，他们和姜*宇在炎方司法所院子里玩，一个大人拿着一把锄头进来，什么也没说就用锄头挖姜*宇，他们就被吓跑了。经三人分别混同辨认，段*文辨认出施*生有点像挖姜*宇的人；唐*清、钱*辨认出施*生所穿的衣服跟用锄头挖姜*宇的人穿的衣服一样。

证人袁*花的证言，证实案发当天早上，准备到炎方街上买菜，走到姜*云家商店正对面时，看见施*生扛着一把锄头进了姜*云家商店里。因施*生精神不正常，她不放心就过去看，等她走到姜*云家商店门口时，施*生提着锄头走出来，她问施*生要去哪里，施*生没有理她就走了，她看见商店里的地面上有一个大人和一个小孩趴在地上。

证人宋*英的证言，证实案发当天早上九点左右，她到炎方供电所第一个门市部去买东西，听到门市部里面有锄头挖的声音，看见一把锄头举起往下挖了一下，没有看见人。后她就没有进去买东西。她走出一段距离后，转回头看门市部那里，看见一个男的扛着一把锄头，锄头上到处是血。经宋*英混同辨认，其辨认出施*生就是当天从姜*云家商店里走出来的人。

6.被告人施*生对上述持锄头将姜*云父子三人杀害的犯罪事实供认不讳。

关于施*生刑事责任能力的确认问题，沾益县公安局先后委托曲靖市第三人民医院、云南省精神病医院司法鉴定中心进行鉴定。其中，曲靖市第三人民医院的鉴定结论为"施*生作案时意识清晰，其辨认能力存在，但控制能力明显削弱，对作案具有限制责任能力"。云南省精神病医院司法鉴定中心的鉴定为"施*生作案时属于现实性动机，有辨认和控制能力，评定为具有完全刑事责任能力"。另有曲靖市第三人民医院的住院病历，证实施*生于2009年1月5日至1月22日入住该院，诊断为分裂样精神障碍。

本案事实清楚，证据确实、充分，本院予以确认。

本院认为，上诉人施*生采用暴力手段，非法剥夺被害人姜*云、姜*明、姜*宇三人生命，其行为已构成故意杀人罪。施*生犯罪手段特别残忍，情节特别恶劣，后果特别严重，应依法予以严惩。关于上诉人施*生及辩护人所提施*生具有自首情节的上诉理由及辩护意见，与查明的事实相符，本院予以采纳。施*生上诉所提其对作案工具的辨认不客观的上诉理由，与在案证据证实的事实不符，本院不予采纳。鉴于曲靖市第三人民医院司法鉴定所和云南省精神病医院司法鉴定中心对于行为人的刑事责任能力鉴定具有同等鉴定资质，且鉴定程序均合法，故作出的鉴定结论具有同等效力，结合施*生案发前曾患有精神性疾病的事实，不能排除施*生作案时刑事责任能力受限的可能。根据我国刑法的规定并结合施*生具有自首情节的事实，对其可判处死刑但不必立即执行。

上诉人施*生的犯罪行为给原审附带民事诉讼原告人杜*华、姜*孟、代*凤造成的经济损失，应承担相应的民事赔偿责任。上诉人杜*华、姜*孟、代*凤所提原判民事赔偿过低的上诉理由，经查，原判根据施*生的犯罪行为给上列上诉人造成的实际经济损失，依法对民事部分作出的判决并无不当。故对上诉人杜*华、姜*孟、代*凤针对民事部分所提上诉理由，本院不予采纳。检察员发表的出庭意见，本院部分予以采纳。

原判认定的事实清楚，定罪准确，审判程序合法。但对施*生量刑失重。据此，依照《中华人民共和国刑事诉讼法》第一百八十九条（一）、（二）项，《中华人民共和国民事诉讼法》第一百五十三条第一款第（一）项及《中华人民共和国刑法》第二百三十二条、第六十七条第一款、第四十八条、第五十七条第一款、第三十六条，《中华人民共和国民法通则》第一百一十九条的规定，判决如下：

一、维持云南省曲靖市中级人民法院（2010）曲中刑初字第64号刑事附带民事判决第二项，即对附带民事部分所作判决，以及该判决第一项中对被告人施*生犯故意杀人罪的定罪部分；撤销该判决第一项中对被告人施*生的量刑部分。

二、上诉人（原审被告人）施*生犯故意杀人罪，判处死刑，缓期二年执行，剥夺政治权利终身。

本判决为终审判决。

审　判　长　　赵　　伟

代理审判员　　王　开　武

代理审判员　　何　丽　萍

二〇一〇年十二月七日

书　记　员　　杨　　燕

云南省高级人民法院
刑事附带民事判决书

原公诉机关云南省文山壮族苗族自治州人民检察院。

上诉人（原审附带民事诉讼原告人）宋*美，女，系被害人宋*光、侯*英之长女。

上诉人（原审附带民事诉讼原告人）宋*兰，女，系被害人宋*光、侯*英之次女。

上诉人（原审附带民事诉讼原告人）宋*娟，女，系被害人宋*光、侯*英之三女。

上诉人（原审附带民事诉讼原告人）宋*文，男，系被害人宋*光、侯*英之长子。

上诉人（原审附带民事诉讼原告人）宋*琼，女，系被害人宋*光、侯*英之四女。

法定代理人宋*兰，系宋*文、宋*琼之姐。

上诉人（原审被告人）宋*友，男，因本案于2009年8月19日被刑事拘留，同年9月2日被执行逮捕。现羁押于文山县看守所。

辩护人曹*侠，云南**律师事务所律师。

指定辩护人范晓媛，云南**律师事务所律师。

云南省文山壮族苗族自治州中级人民法院审理文山壮族苗族自治州人民检察院指控原审被告人宋*友犯故意杀人罪一案，于二〇一〇年五月七日作出（2010）文中刑初字第9号刑事附带民事判决。原审被告人宋*友及原审附带民事诉讼原告人宋*美、宋*兰、宋*娟、宋*文、宋*琼不服，提出上诉。本院受理后，依法组成合议庭，公开开庭审理了本案。云南省人民检察院指派检察员罗俊、杨燕萍出庭履行职务，上诉人宋*友及其辩护人曹*侠、范晓媛到庭参加诉讼。现已审理终结。

原判认定，2009年8月19日13时许，宋*友持刀杀死宋*光、侯*英，杀伤宋*琼。

原判根据上述事实，依照《中华人民共和国刑法》第二百三十二条、第六十七条第一款、第三十六条、第四十八条第一款、第五十七条第一款，《中华人民共和国民法通则》第一百一十九条之规定，认定被告人宋*友犯故意杀人罪，判处死刑，剥夺政治权利终身；由被告人宋*友赔偿附带民事诉讼原告人宋*美、宋*兰、宋*娟、宋*文、宋*琼各项经济损失人民币六万元整；附带民事被告人侯*祥、侯*英、宋*祥不承担民事赔偿责任。

宣判后，原审被告人宋*友以存在自首情节、被害人有过错、已经部分赔偿为由提出上诉。原审附带民事诉讼原告人宋*美、宋*兰、宋*娟、宋*文、宋*琼以原判赔偿金额过低为由提出上诉。

二审庭审中，辩护人发表辩护意见认为，宋*友主动投案，被害人存在过错。建议二审法院对宋*友改判死刑以下刑罚。

检察员发表出庭意见认为，原判认定事实清楚，证据确凿，定罪准确，审判程序合法，原判量刑适当。建议二审法院维持。

经审理查明，上诉人宋*友与被害人宋*光系同胞兄弟，两家曾因老人的抚养及土地征用款发生过纠纷。2009年8月19日13时许，宋*光及妻子侯*英在文山县开化镇大龙潭村55号门口因挖共用水沟与宋*友、侯*英夫妇发生纠纷，吵闹中宋*光准备用十字镐殴打宋*友时被侯*英拉开，宋*友回到家中从堂屋的桌子上拿了一把匕首追杀宋*光、侯*英，并将宋*光的女儿宋*琼杀伤，宋*光及侯*英身中数刀后当场死亡。

上述事实，有下列证据予以证实：

1.接受刑事案件登记表，证实2009年8月19日13时50分，宋*文向公安机关报称，其父母被宋*友杀死。

2.通话清单、抓获经过，证实2009年8月19日14时03分，宋*友案发后叫其儿子宋*祥打电话向公安机关投案。民警接110指令后在被告人宋*友家中将其抓获。

3.现场勘查检验工作记录、现场照片、现场提取物品登记表、现场照片，证实案发现场位于文山县大龙潭村54号、55号门口巷道上，现场提取血迹、匕首等物品。

4.尸体勘验笔录及照片、法医学尸体检验鉴定书，证实被害人宋*光系被他人用单刃锐器刺破心脏导致大失血而死亡；侯*英系被他人用单刃锐器刺破下腔静脉导致大失血而死亡。

5.人体损伤程度鉴定书及照片，证实宋*琼伤势为轻伤。

6.提取笔录及照片，证实侦查人员提取宋*琼被杀伤时所穿的白色衣服一件。

7.辨认笔录及照片，证实作案工具匕首经被告人宋*友混同辨认确认无误。

8.现场指认笔录及照片，证实被告人宋*友指认确认其杀害宋*光、侯*英、杀伤宋*琼、从家中拿刀和放刀的地点。

9.生物物证／遗传关系鉴定书，证实宋*琼衣服上的可疑血迹为宋*琼所留；现场血迹为侯*英所留；匕首上的血迹、宋*光脚上的血迹为宋*光所留。

10.被害人宋*琼陈述、证人侯*英、宋*祥、杨*仙、熊*林、陶*文、宋*花、宋*文证言，证实宋*友因矛盾纠纷持刀杀死宋*光、侯*英，杀伤宋*琼后投案。

11.被告人宋*友对其犯罪行为供认不讳。

12.户籍证明，证实被害人宋*光、侯*英，被告人宋*友的身份情况。

本案事实清楚，证据确实、充分，足以认定。

本院认为，上诉人宋*友非法剥夺他人生命，造成两死一伤的严重后果，其行为已构成故意杀人罪，且情节恶劣，后果严重，本应严惩。鉴于本案系家庭矛盾纠纷引发、宋*友有自首情节，可对其从轻改判。宋*友属应当判处死刑，但不是必须立即执行的犯罪分子。宋*友及其辩护人所提存在自首情节的上诉理由，经查属实，应予采纳。宋*友及其辩护人所提被害人有过错的上诉理由，经查不属实，本院不予采纳。检察机关关于原判认定事实清楚，证据确凿，定罪准确，审判程序合法的意见，本院予以采纳。关于上诉人宋*美、宋*兰、宋*娟、宋*文、宋*琼所提原判认定民事赔偿金额过低的上诉理由，经查，原判根据被害方的损失，结合被告人的实际赔偿能力，对本案民事部分所作判决并无不当，相关上诉请求本院不予支持。综上，原判定罪准确，审判程序合法，但量刑失重。据此，依照《中华人民共和国刑事诉讼法》第一百八十九条第（一）、（二）项、《中华人民共和国民事诉讼法》第一百五十三条第一款第（一）项之规定，判决如下：

一、维持云南省文山壮族苗族自治州中级人民法院（2010）文中刑初字第9号刑事附带民事判决第二项、第三项及第一项定性部分，撤销第一项量刑部分；

二、上诉人宋*友犯故意杀人罪，判处死刑，缓期二年执行，剥夺政治权利终身。

本判决为终审判决。

审 判 长　赵 子 茂
代理审判员　朱　　川
代理审判员　王　　宏
二〇一一年一月十五日
书 记 员　李　　静

云南省高级人民法院
刑事判决书

（2010）云高刑终字第1071号

原公诉机关云南省西双版纳傣族自治州人民检察院。

上诉人（原审被告人）陈*，男，2009年7月14日因本案被刑事拘留，同年8月14日被逮捕。现羁押于西双版纳州看守所。

委托辩护人闵*、何亚*，云南**律师事务所律师。

上诉人（原审被告人）侯*荣，男，2009年7月17日因本案被刑事拘留，同年7月14日被逮捕。现羁押于西双版纳州看守所。

指定辩护人吕泽*，云南**律师事务所律师。

上诉人（原审被告人）何*生，男，2009年7月17日因本案被刑事拘留，同年7月14日被逮捕。现羁押于西双版纳州看守所。

指定辩护人范晓媛，云南**律师事务所律师。

上诉人（原审被告人）巢*，男，2009年7月17日因本案被刑事拘留，同年7月14日被逮捕。现羁押于西双版纳州看守所。

委托辩护人满*，北京**（昆明）律师事务所律师。

云南省西双版纳傣族自治州中级人民法院审理云南省西双版纳傣族自治州人民检察院指控原审被告人陈*、侯*荣、何*生、巢*犯走私贩卖、运输毒品罪一案，于二○一○年六月一日作出（2010）西刑初字第89号刑事判决。原审被告人陈*、侯*荣、何*生、巢*不服，提出上诉。本院受理后，依法组成合议庭，于二○一○年十二月一日公开开庭审理了本案，云南省人民检察院检察员赵明、王小婷出庭履行职务，上诉人陈*及其辩护人闵*、何亚*，上诉人侯*荣及其辩护人吕泽*，上诉人何*生及其辩护人范晓媛，上诉人巢*及其辩护人满*到庭参加诉讼。现已审理终结。

原判认定，2009年7月7日，被告人陈*、侯*荣、何*生、巢*和黄*强（在逃）携带毒资，分别从广西来到云南景洪市。7月8日，黄*强出境至缅甸小勐拉联系购买毒品，7月14日，陈*、侯*荣、何*生、巢*和黄*强在打洛镇距勐混岔路口500米处接到毒品，黄*强乘坐出租车在前，陈*、侯*荣、何*生、巢*分别驾车跟随其后。18时15分，巢*、何*生驾驶桂BHZ19*黑色北京现代轿车行至思小公路景洪收费站时，被在此公开查缉的公安人员查获，当场从该车后备箱内查获毒品海洛因75块，净重26418克。19时40分，在普洱市汽车客运新南站路段抓获陈*、侯*荣。

原判根据上述事实及相关证据，认定四被告人行为已经构成贩卖、运输毒品罪。在共同犯罪中，陈*起到组织、邀约作用，是主犯；侯*荣、何*生、巢*是从犯，依法从轻处罚；何*生、巢*交代同案犯，配合公安人员抓获同案犯，不认定为立功，可酌情从轻处罚。依法分别以贩卖、运输毒品罪判处陈*死刑，剥夺政治权利终身，并处没收个人全部财产；判处侯*荣死刑，缓刑二年执行，剥夺政治权利终身，并处没收个人全部财产；判处何*生死刑，缓期二年执行，剥夺政治权利终身，并处没收个人全部财产；判处巢*无期徒刑，剥夺政治权利终身，并处没收个人全部财产；查获的毒品海洛因26418克依法予以没收。

被告人陈*上诉称，黄*强是本案首起犯意者、组织者、雇佣者，在案四被告人都是受黄*强安排参与犯罪，请求二审查明事实，依法改判。其辩护人提出在案证据不能证实陈*出资10万元，其行为不构成贩卖毒品罪，本案出资、组织、指挥、策划均是黄*强所为，不能因主犯黄*强在逃就将陈*判处死刑，建议二审对陈*作出从轻判处的辩护意见。

被告人侯*荣上诉称，其作用、地位小于陈*、何*生，量刑上应当有所区别，请求二审减轻判处。其辩护人提出相同理由的辩护意见。

被告人何*生上诉称，其有立功情节，请求二审依法减轻判处。其辩护人提出何*生是从犯，有立功情节，归案后认罪态度好，建议二审从轻改判的辩护意见。

被告人巢*上诉称，其没有参与贩卖毒品，对其行为只应认定为运输罪，其有立功情节，请求二审以运输毒品从轻改判。其辩护人提出相同理由的辩护意见，并建议二审对巢*减轻处罚。

出庭履行职务的检察员提出，原判认定事实清楚，定罪准确，量刑适当，建议二审驳回上诉、维持原判的出庭意见。

经审理查明，2009年7月初，上诉人陈*邀约上诉人侯*荣、何*生、巢*到云南省西双版纳州购买、运输毒品以获取利益。7月7日，四上诉人与黄＊强（在逃）携带毒资，驾乘陈＊的车牌为桂BCD10＊的福特轿车、侯＊荣桂的车牌为BHZ19＊北京现代轿车从广西壮族自治区柳州市来到云南景洪市。7月8日，黄＊强出境至缅甸联邦小勐拉联系购买毒品；7月9日，陈＊、何＊生到勐海县打洛镇将装放在两个旅行包内的毒资交给境外毒贩；7月14日，五人在勐海县打洛镇距勐混岔路口处接到毒品，并将毒品装放在何＊生、巢＊所驾乘的桂BHZ19＊北京现代轿车后备厢，两人驾乘车辆在后，陈＊、侯＊荣驾乘桂BCD10＊的福特轿车在中，黄＊强乘坐出租车在前。当日18时15分，巢＊、何＊生驾车行至思小公路景洪收费站时，被在此公开查缉的公安人员查获，当场从该车后备箱内查获用两个编织袋装放的毒品海洛因75块，净重26418克；根据何＊生、巢＊供认的情况及在二人的配合下，19时40分，公安人员在普洱市汽车客运新南站路段抓获陈＊、侯＊荣。

该事实有下列证据予以证实：

1.查获经过及情况说明、毒品指认、称量、取样笔录、现场查获及指认物证、毒品称重、取样照片、西双版纳州公安局出具的公（西）鉴（刑）字[2009]348号物证检验报告、鉴定结论通知书及一审开庭当庭称重记录及称重照片，证实西双版纳海关缉私分局联合西双版纳州公安局水上分局在思小公路景洪收费站进行公开查缉，现场抓获何＊生、巢＊，当场从两人驾乘车辆内查获毒品75块，后在两人所供述提供的准确信息和配合下，经普洱市公安局思茅区分局协查，抓获陈＊、侯＊荣；查获的可疑物经鉴定是毒品海洛因，一审开庭时当庭称重净重为26418克的事实。

2.四上诉人的供述：

（1）被告人陈＊供述，其出资10万元并提供车辆，与黄＊强、侯＊荣、何＊生、巢＊驾车从广西自治区柳州市到云南省西双版纳州，黄＊强到境外联系毒品，其与何＊生到勐海县打洛镇将毒资交付给境外毒贩，后五人在勐海县勐混公路接取到毒品，由黄＊强坐出租车在前探路，其与侯＊荣驾车在中，何＊生、巢＊携带毒品驾车在后，前往昆明市方向，准备将毒品带回柳州市，途中被查获。

（2）被告人侯＊荣供述，其受陈＊邀约出资10万元，并提供车辆，与陈＊、黄＊强、何＊生、巢＊驾车从广西自治区柳州市到云南省西双版纳州贩运毒品；黄＊强到境外联系毒品，陈＊与何＊生到打洛镇将毒资交付给境外毒贩，后五人在勐海县接取到毒品，由黄＊强坐出租车在前探路，其与陈＊驾车在中，何＊生、巢＊携带毒品驾车在后，前往昆明市方向，准备将毒品带回柳州市，途中被查获。

（3）被告人何*生的供述，其受陈*邀约到云南省西双版纳州贩运毒品，并出资1万元，在景洪市住宿期间其和陈*保管所带的现金，陈*安排他一起到勐海县打洛镇，将装放在两个旅行包内的现金交给境外毒贩；后五人与境外毒贩接取到毒品，陈*、侯*荣把毒品放到他们开的现代轿车的后备箱，陈*说听他指挥，该快则快，该慢则慢；陈*、侯*荣、黄*强坐福特轿车先走，他和巢*带毒品开现代轿车在后，路上陈*打电话和他联系，他们开车行至到景洪收费站时就被公安人员抓获。

（4）被告人巢*的供述，其受陈*的邀约到云南省西双版纳州贩运毒品，在景洪市期间，陈*和何*生住在同一房间保管钱，钱是放在两个旅行包内；陈*、何*生还坐客车去打洛镇送毒资给境外毒贩；后来他们一起去接毒品，接到毒品后，陈*、侯*荣将两编织袋毒品放进他们开的现代车后备箱，他们就往回走，黄帮强坐出租车在前，陈*、侯*荣开福特车在中间，他开现代车与何*生带着毒品在后，到景洪收费站他们就被查获。四上诉人口供吻合，并与在案其他证据相互印证，足以认定。

3.景洪市鑫泉宾馆出具的住宿证明证实，侯*荣于2009年7月8日登记入住该宾馆310、311房间，7月9日退310房间，下午开306房间，7月14日退房。住宿情况与四上诉人供述一致。

4.扣押物品清单、机动车辆信息查询结果表证实：

（1）巢*、何*生作案驾驶的车牌号为桂BHZ19*北京现代牌轿车已经扣押在案，经调查该车辆登记车主系侯*荣；陈*、侯*荣驾驶车牌号为桂BCD10*福特蒙迪欧牌轿车已经扣押在案，经调查该车辆登记车主为陈*。

（2）从陈*身上查获交通银行太平洋卡三张（卡号5218********0265、6222**********0280、6222**********1236）、现金41000元、从银行卡中提取到34000元，均扣押在案。

5.银行账户户主资料、交易清单证实：

（1）户主为陈*的4509***********8209借记卡账户，于2009年3月28日存入现金50万元，后陆续支取，在2009年7月6日支取20万元现金。陈*供认，7月6日取出20万元中，其中10万元他用于入股购买此次运输的毒品，还了侯*荣3万元。

（2）户主为侯*荣的4529***********2209账户，2009年7月7日取出7万元。侯*荣交代，支取这7万元加上陈*还的3万元计10万，他用于入股此次购买运输的毒品。

6.手机通话清单证实：

黄*强所使用的150****3055手机卡、陈*所使用的158****8022手机卡、侯*荣所使用的158****6355手机卡、何*生所使用的158****0636手机卡、巢*所使用的158****0939手机卡，在案发时间段2009年7月8日至7月14日通话情况。

其中：黄*强与陈*通话频繁达40余次，7月14日16时至18时，运输毒品途中通话达15次；黄*强与巢*通话6次，其中在7月14日运输毒品时间段通话5次；黄*强与何*生通话2次；陈*与何*生在7月14日16时至18时运输毒品途中通话14次。

何*生被抓获后于18时41分主叫过陈*1次，18时56分、19时07分与黄*强被叫过2次；巢*被抓获后，其于18时52分与侯*荣被叫1次。证实二人被抓获后，配合公安机关与同案犯进行联系的事实。

7.辨认笔录及辨认照片证实，经分别进行照片混合辨认，陈*、侯*荣、何*生、巢*指认了黄*强，四人指认对象为同一人。

网上追逃资料表证实，侦查机关对黄*强办理了刑拘手续，对其进行网上追逃。

8.西双版纳海关缉私分局出具的情况说明证实，何*生、巢*被抓获后如实交代犯罪行为，供认同案犯情况。

9.常住人口信息表证实四上诉人的身份情况。

上列证据经一、二审庭审质证、认证，取证程序合法、证据内容属实，且能互相印证，本院予以确认。

本院认为，上诉人陈*、侯*荣、何*生、巢*无视国法，为牟取非法利益，购买、运输毒品海洛因的行为，已触犯刑法，四人的行为均已构成贩卖、运输毒品罪，应依法予以惩处。在共同犯罪中，上诉人陈*首起犯意贩卖、运输毒品，邀约其他三人，并出资10万元，提供车辆进行贩卖、运输毒品，与境外毒贩交接毒资，指挥其他三人，起主要作用，是主犯；其他三人积极贩卖、运输毒品，起次要作用，均是从犯，依法可从轻判处。

对上诉人陈*及其辩护人所提其是从犯上诉理由和辩护意见，经查在案证据证实陈*起意贩运毒品，邀约其他三人参与毒品犯罪，在具体犯罪过程中起主要作用，所提其是从犯的上诉理由和辩护意见与在案证据不符，本院不予采纳；对所提从轻判处的上诉理由和辩护意见，本案贩卖、运输毒品海洛因数量巨大，社会危害性严重，陈*是主犯，原判对其判处死刑，罚当其罪，对该上诉理由和辩护意见，本院不予采纳。对上诉人侯*荣及其辩护人所提对其减轻判处的上诉理由和辩护意见，经查侯*荣是从犯，但其出资10万元，并提供车辆贩运毒品，原判对其判处死刑，缓期二年执行，罚当其罪，对该上诉理由和辩护意见，本院不予采纳。对上诉人何*生、巢*及各自辩护人所提二人有立功情节，请求减轻从轻的上诉理由和辩护意见，经查二人归案后供认了同案犯的准确情况，配合公安人员与同案犯保持通话联系，协助公安人员抓获同案犯陈*、侯*荣，二人的行为构成立功，对所提有立功情节的上诉理由和辩护意见，本院予以采纳；原审法院综合本案的具体犯罪事实、情节，对二人依法已从轻判处，故其二人所提减轻判处的上诉理由和辩护人所提辩护意见本院不予采纳。对上诉人巢*及其辩护人所提其行为仅构成运输毒品罪的上诉理由和辩护意见，经查巢*虽未出资，但其参与了贩卖毒品的过程，对该上诉理由和辩护意见本院不予采纳。

综上，原判定罪准确，审判程序合法，对上诉人陈*、侯*荣量刑适当，但对上诉人何*生、巢*量刑失重。对检察员所提维持原判的意见部分采纳。据此，依照《中华人民共和国刑法》第三百四十七条第二款第（一）项、第二十五条第一款、第二十六条第一、四款、第二十七条、第六十八条第一款、第四十八条第一款、第五十七条第一款、第六十四条及《中华人民共和国刑事诉讼法》第一百八十九条第（一）、（二）项之规定，判决如下：

一、维持云南省西双版纳傣族自治州中级人民法院（2010）西刑初字第89号刑事判决第一、三、五项，即对上诉人陈*、侯*荣的定罪量刑和查获毒品依法予以没收；第三、四项中对上诉人何*生、巢*的定罪部分；

二、撤销西双版纳傣族自治州中级人民法院（2010）西刑初字第89号刑事判决第三、四项中对上诉人何*生、巢*的量刑部分；

三、上诉人（原审被告人）何*生犯贩卖、运输毒品罪，判处无期徒刑，剥夺政治权利终身，并处没收个人全部财产。

四、上诉人（原审被告人）巢*犯贩卖、运输毒品罪，判处有期徒刑十五年，并处没收个人财产人民币10万元。

本判决为终审判决。

根据《中华人民共和国刑事诉讼法》第二百零一条之规定，本判决即为核准以贩卖、运输毒品罪判处被告人侯*荣死刑，缓期二年执行，剥夺政治权利终身，并处没收个人全部财产的刑事判决。

根据《中华人民共和国刑事诉讼法》第一百九十九条的规定，对被告人陈*的死刑判决依法报请最高人民法院核准。

审　判　长　　李　文　华
代理审判员　　李　江　鹏
代理审判员　　税　海　波
二〇一〇年十二月二十一日
书　记　员　　刘　津　嘉

云南省高级人民法院
刑事裁定书

（2010）云高刑终字第 1166 号

原公诉机关西双版纳傣族自治州人民检察院。

上诉人（原审被告人）特*，男，2009年12月30日因本案被刑事拘留，2010年1月11被执行逮捕。现羁押于景洪市看守所。

西双版纳傣族自治州中级人民法院审理西双版纳傣族自治州人民检察院指控原审被告人特*犯抢劫罪一案，于二○一○年七月六日作出（2010）西刑初字181号刑事判决，认定被告人特*犯抢劫罪，判处死刑，剥夺政治权利终身，并处没收个人全部财产；被告人特*赔偿附带民事诉讼原告人白*钰、陶*业、白*雄、罗*金各种经济损失人民币287927元。特*不服，提出上诉。本院受理后，依法组成合议庭对本案进行了审理。

经本院审理认为，原判认定被告人特*犯抢劫罪的部分事实不清，证据不足。依照《中华人民共和国刑事诉讼法》第一百八十九条第（三）项之规定，裁定如下：

一、撤销云南省西双版纳傣族自治州中级人民法院（2010）西刑初字第181号刑事判决。

二、发回西双版纳傣族自治州中级人民法院重新审判。

本裁定为终审裁定。

审　判　长　　李 文 华

代理审判员　　李 江 鹏

代理审判员　　税 海 波

二○一○年十二月十七日

书　记　员　　刘 津 嘉

云南省高级人民法院
刑事裁定书

（2011）云高刑终字第1427号

原公诉机关云南省临沧市人民检察院。

上诉人（原审被告人）严＊良，男，2011年2月20日因本案被刑事拘留，同年3月25日被逮捕。现押于耿马自治县看守所。

指定辩护人范晓媛，云南＊＊律师事务所律师。

云南省临沧市中级人民法院审理临沧市人民检察院指控原审被告人严＊良犯运输毒品罪一案，于二○一一年九月一日作出（2011）临中刑初字第178号刑事判决，以运输毒品罪，判处被告人严＊良死刑，剥夺政治权利终身，并处没收个人全部财产。原审被告人严＊良不服，提出上诉。本院依法组成合议庭审理了本案。现已审理终结。

本院认为，原判认定被告人严＊良犯运输毒品罪一案的部分事实不清。据此，依照《中华人民共和国刑事诉讼法》第一百八十九条第（三）项之规定，裁定如下：

一、撤销云南省临沧市中级人民法院（2011）临中刑初字第178号刑事判决；

二、发回云南省临沧市中级人民法院重新审判。

本裁定为终审裁定。

审　判　长　赵　　伟
代理审判员　尹　红　兵
代理审判员　周　　峰
二○一二年三月二十三日
书　记　员　杨　　燕

云南省高级人民法院
刑事判决书

（2012）云高刑终字第1356—1号

原公诉机关云南省德宏傣族景颇族自治州人民检察院。

上诉人（原审被告人）潘＊宝，男，2010年12月1日因本案被刑事拘留，同月15日被逮捕。现羁押于瑞丽市看守所。

指定辩护人范晓嫒，云南＊＊律师事务所律师。

云南省德宏傣族景颇族自治州中级人民法院审理云南省德宏傣族景颇族自治州人民检察院指控原审被告人潘＊宝犯故意杀人罪、盗窃罪，原审附带民事诉讼原告人何＊扬、何＊玉提起附带民事诉讼一案，于2011年9月15日作出（2011）德刑三初字第70号刑事附带民事判决，以故意杀人罪、盗窃罪，数罪并罚判处潘＊宝死刑，剥夺政治权利终身，并处罚金人民币5000元。原审附带民事诉讼原告人何＊扬、何＊玉，原审被告人潘＊宝均对判决的民事部分服判，本案附带民事判决部分已经发生法律效力。原审被告人潘＊宝对判决的刑事部分不服，提出上诉。本院依法组成合议庭，于2012年2月1日在德宏傣族景颇族自治州瑞丽市人民法院公开开庭审理了本案。云南省人民检察院指派检察员张丽萍、冯波出庭执行职务。上诉人潘＊宝及指定辩护人范晓嫒到庭参加诉讼。本院于2012年2月23日作出（2011）云高刑终字第1356号刑事裁定，驳回上诉，维持原判，并依法报请最高人民法院核准死刑。

2012年9月18日，最高人民法院以（2012）刑四复85921560号刑事裁定，不予核准，将本案发回本院重新审判。本院另行组成合议庭进行了书面审理，现已审理终结。

原判认定，2010年5月1日，潘＊宝在内蒙古阿拉善左旗额鲁特西路女神足道店内将苍＊芳放于柜台上的存折盗走，同月2日，潘＊宝持该存折到阿拉善左旗农村合作银行取走人民币35000元。2010年11月29日15时许，潘＊宝在瑞丽市姐岗路其女友杨＊瑾（殁年23岁）的时尚秀发店三楼，因怀疑被害人杨＊瑾与他人有染，双方发生争吵，18时许，当杨＊瑾在四楼楼顶的厨房内炒菜时，潘＊宝又到厨房跟杨＊瑾继续争吵，潘＊宝让杨＊瑾还钱，但杨＊瑾拒绝还钱，潘＊宝便萌发了杀害杨＊瑾的念头，将杨＊瑾摔倒，骑到杨＊瑾的身上，双手掐住杨＊瑾的脖子，感觉到杨＊瑾不再动弹时才松手，并将杨＊瑾所戴的一对金耳环等物品摘走后逃离现场。经法医检验被害人杨＊瑾系颈部被扼压致机械性窒息死亡。原判依照《中华人民共和国刑法》第二百三十二条、第二百六十四条、第四十八条、第五十七条第一款、第六十五条第一款、第六十九条、第五十二条、第六十一条、第三十六条第一款，《中华人民共和国民法通则》第一百一十九条，最高人民法院《关于审理人身损害赔偿案件适用法律若干问题的解释》第十七条之规定，以故意杀人罪，判处潘＊宝死刑，剥夺政治权利终身；以犯盗窃罪，判处有期徒刑8年，并处罚金人民币5000元；决定执行死刑，剥夺政治权利终身，并处罚金人民币5000元；潘＊宝赔偿何＊扬、何＊玉经济损失人民币100000元。

上诉人潘＊宝上诉称，被害人杨＊瑾有过错，不是预谋杀人，原判量刑过重，请求从轻处罚。其辩护人提出相同的辩护意见。

云南省人民检察院建议驳回上诉，维持原判。

经审理查明，2010年5月1日，上诉人潘＊宝在内蒙古自治区阿拉善左旗巴镇额鲁特西路女神足道足疗店内，盗走店主苍＊芳的存折后取款人民币35000元。2010年11月29日15时许，在云南省瑞丽市姐岗路54号杨＊瑾经营的"时尚秀发店"内，因上诉人潘＊宝因怀疑女友杨＊瑾与他人有不正当交往，两人发生争吵，潘＊宝要求杨＊瑾归还欠款，遭杨＊瑾拒绝后，遂将杨＊瑾掐死，将杨＊瑾所佩戴的价值人民币2645元的金耳环等首饰盗走后逃离。

上述事实清楚，有到案经过材料、报案笔录及苍＊芳的陈述、辨认笔录，阿拉善左旗农村合作银行出具的客户交易明细，扣押物品清单、价格鉴定结论，现场勘查笔录及照片、尸检鉴定结论及照片、生物物证检验报告，证人释＊缘、楠＊丽、刘＊荣的证言，潘＊宝关于盗窃苍＊芳的存折到银行取款35000元的供述，以及关于因怀疑女友杨＊瑾与他人有不正当交往，两人争吵后向杨＊瑾索要欠款未果，便将杨＊瑾掐死，盗窃杨＊瑾身上首饰的供述等证据予以证实。本案证据确实、充分，足以认定。另查明，本案在最高人民法院核准期间，上诉人潘＊宝的亲属与被害人杨＊瑾的亲属就本案民事赔偿部分达成协议，潘*宝的亲属赔偿杨*瑾的亲属经济损失5万元，杨*瑾的亲属对潘*宝表示谅解。

本院认为，上诉人潘*宝无视国家法律，因不能正确处理感情纠纷，故意非法剥夺他人生命，其行为已构成故意杀人罪；还以非法占有为目的，秘密窃取他人财物，数额巨大，其行为构成盗窃罪，应依法惩处数罪并罚。潘*宝在前罪有期徒刑刑罚执行完毕以后，在五年以内再犯应当判处有期徒刑以上刑罚之罪，属累犯，应从重处罚。鉴于本案因恋爱纠纷引发，潘*宝归案后认罪态度好，有悔罪表现；其亲属替其积极进行民事赔偿，获得了被害人亲属的谅解，对其判处死刑，可不立即执行。上诉人潘*宝及其辩护人提出原判量刑过重，请求从轻判处的上诉理由和辩护意见，本院予以支持。原判定罪准确。审判程序合法，但量刑不当。据此依照《中华人民共和国刑事诉讼法》第一百八十九条（二）款之规定，判决如下：

（一）撤销云南省德宏傣族景颇族自治州（2011）德刑三初字第70号刑事附带民事判决的第一项中对潘*宝犯故意杀人罪的量刑部分和数罪并罚部分。

（二）维持云南省德宏傣族景颇族自治州（2011）德刑三初字第70号刑事附带民事判决的第一项中对潘*宝犯盗窃罪的定罪量刑部分。

（三）上诉人潘*宝犯故意杀人罪，判处死刑，缓期二年执行，剥夺政治权利终身；犯盗窃罪，判处有期徒刑八年，并处罚金人民币5000元；决定执行死刑，缓期二年执行，剥夺政治权利终身，并处罚金人民币5000元。

本判决为终审判决。

审　判　长　　蒋　玉　池
审　判　员　　林　　　江
代理审判员　　何　　　玲
二〇一二年十二月十八日
书　记　员　　金　玉　昆

云南省高级人民法院
刑事裁定书

（2012）云高刑终字第1483号

原公诉机关西双版纳傣族自治州（以下简称西双版纳州）人民检察院。

上诉人（原审被告人）张*海，男，因本案于2011年3月23日被刑事拘留，同年4月28日被逮捕。现押于西双版纳州看守所。

指定辩护人范晓媛，云南**律师事务所律师。

上诉人（原审被告人）张*白，男，因本案于2011年3月23日被刑事拘留，同年4月28日被逮捕。现押于西双版纳州看守所。

辩护人魏*，云南**律师事务所律师。

上诉人（原审被告人）友则拉*，自报名马*青，男，因本案于2011年3月23日被刑事拘留，同年4月28日被逮捕。现押于西双版纳州看守所。

辩护人万丽*，云南**律师事务所律师。

上诉人（原审被告人）友则*章，自报名俄地*尔，男，因本案于2011年3月23日被刑事拘留，同年4月28日被逮捕。现押于西双版纳州看守所。

辩护人李*云，云南*城律师事务所律师。

上诉人（原审被告人）张*枝，男，汉族，因本案于2011年3月23日被刑事拘留，同年4月28日被逮捕。现押于西双版纳州看守所。

西双版纳傣族自治州中级人民法院审理西双版纳傣族自治州人民检察院指控原审被告人张*海、张*白犯走私、贩卖毒品罪，友则拉*、友则*章、张*枝犯贩卖毒品罪一案，于二〇一二年六月十二日作出（2011）西刑初字第281号刑事判决，认定被告人张*海犯走私、贩卖毒品罪，判处死刑，并处没收个人全部财产；被告人张*白犯走私、贩卖毒品罪，判处死刑，并处没收个人全部财产；被告人友则拉*犯贩卖毒品罪，判处死刑，剥夺政治权利终身，并处没收个人全部财产；被告人友则*章犯贩卖毒品罪，判处死刑，缓期二年执行，剥夺政治权利终身，并处没收个人全部财产；被告人张*枝犯贩卖毒品罪，判处无期徒刑，剥夺政治权利终身，并处没收个人全部财产。查获的毒品海洛因8389克，毒资75.69万元、红色豪爵150型无牌摩托车一辆、黑色建设125型无牌摩托车一辆、手机六部、银行卡五张依法没收。毒资和车辆上缴国库。被告人张*海、张*白、友则拉*、友则*章、张*枝均不服，张*海以其对中国不熟悉，受张*海安排，量刑过重为由提出上诉，张*海的辩护人认为张*海不应认定为主犯，建议对张*海从轻处罚；张*白以其只是起中间介绍作用，量刑过重为由提出上诉，张*白的辩护人认为张*白起次要作用，本案有明显的特情引诱犯罪，建议对张*白从轻处罚；友则拉*以指使其参与犯罪的人逃跑，量刑过重为由提出上诉，友则拉*的辩护人认为不应认定友则拉*为主犯，本案存在特情引诱，建议对友则拉*从轻处罚；友则*章以量刑过重为由提出上诉，友则*章的辩护人认为友则*章受他人邀约参与，是从犯，建议对其从轻处罚。张*枝以量刑过重为由提出上诉。云南省人民检察院认为本案部分事实不清，建议发回重新审判。本院依法组成合议庭审理了本案。现已审理终结。

本院认为，原判认定的部分事实不清，证据不足。依照《中华人民共和国刑事诉讼法》第二百二十五条第（三）项的规定，裁定如下：

一、撤销西双版纳傣族自治州中级人民法院（2011）西刑初字第281号刑事判决；

二、发回西双版纳傣族自治州中级人民法院重新审判。

本裁定为终审裁定。

审　判　长　　胡　玉　斌
代理审判员　　李　文　华
代理审判员　　舒　　　宇
二〇一三年二月二十七日
书　记　员　　刘　津　嘉

云南省高级人民法院
刑事判决书

（2012）云高刑终字第1774号

原公诉机关云南省普洱市人民检察院。

上诉人（原审被告人）马＊武，男，因本案于2011年10月21日被刑事拘留，同年11月26日被逮捕，现羁押于孟连县看守所。

指定辩护人范晓嫒，云南＊＊律师事务所律师。

普洱市中级人民法院审理普洱市人民检察院指控原审被告人马＊武犯运输毒品罪一案，于二○一二年十月十日作出（2012）普中刑初字第337号刑事判决。原审被告人马＊武不服，提出上诉。本院受理后，依法组成合议庭，依法公开开庭审理了本案，云南省人民检察院检察员殷灵、韩科出庭执行职务，上诉人马＊武及其辩护人范晓嫒到庭参加诉讼。现已审理终结。

原判认定，2011年10月21日，被告人马＊武携带毒品驾驶云JW394＊摩托车从孟连县下帕佤寨前往芒信。当日17时35分，途经孟连县芒信镇芒信村落水洞寨子时，被在此公开查缉的孟连公安边防大队芒信边防派出所民警查获，民警当场从被告人马＊武驾驶的摩托车后座右侧金属脚踏板处查获毒品海洛因27块，共计净重9408克。

原判根据上述事实和相关证据，依法判决：一、被告人马＊武犯运输毒品罪，判处死刑，剥夺政治权利终身，并处没收个人全部财产；二、查获的毒品海洛因9408克、人民币1000元、手机1部、摩托车1辆（云JW394＊），依法予以没收。

原审被告人马＊武提出上诉称，其受人指使运输毒品，是从犯，归案后认罪态度好，请求二审依法改判。其辩护人提出，本案有证据证实有未抓获的同案犯，建议二审从轻改判的辩护意见。云南省人民检察院认为，原判认定事实清楚，证据确实、充分，定性准确，原判量刑适当，建议二审维持原判。

经审理查明，原判认定上诉人马*武携带毒品海洛因9408克驾驶摩托车从孟连县下帕佤寨前往芒信，途中被边防武警人赃俱获的犯罪事实清楚。上述事实有以下证据予以证实：

1.抓获经过、物证提取笔录、毒品称重记录、提取毒品检材笔录、现场查获、刑事科学技术照片、物证检验报告、鉴定结论通知书证实，2011年10月21日，马*武携带毒品驾驶云JW394*摩托车从孟连县下帕佤寨前往芒信，途经孟连县芒信镇芒信村落水洞寨子时，被在此公开查缉的孟连公安边防大队案件侦查队、芒信边防派出所民警查获的事实经过。

2.扣押物品清单、扣押在案的彩票证实：

（1）马*武被抓获时携带诺基亚1280手机一部（号码为内置手机号码，150****1151）、现金1000元；

（2）身上查获中国福利彩票3张，购买时间为2011年10月19日、20日，地点为普洱市；与马*武在普洱市停留、住宿，期间购买过彩票的供述相互印证；

（3）作案用云JW394*二轮摩托车一辆，及查获的毒品、毒品包装物均扣押在案。

3.摩托车车辆信息表、二手车交易协议书、售车协议、证人黄**、吕**证言证实，马*武作案用的云JW394*摩托车系通过摩托车修理店购买的二手摩托车；摩托车修理店吕**还证实，与马*武同来的还有两名男子。经过照片混合辨认，吕**指认了马*武就是签购车协议、支付购车款的男子。

4.手机通话记录证实马*武所持的150****1151手机号，于2011年10月14日有通话记录，10月18日起至10月21日与其供述的"小龙"持有的手机号码为187****9858和189****7183的手机多次通话，在10月21日案发日，与"小龙"189****7183有过6次通话。

5.公安卡口监控照片、办案情况说明证实，经侦查机关查看孟连县公安局城区出入卡口监控，调取到2011年10月20日17时1分，马*武坐摩托车后座，另一戴摩托车头盔男子驾驶摩托车，从孟连县城东路口进入孟连县城的照片；与其供述"小龙"骑摩托车带他到孟连的行程情况一致，

6.活动轨迹信息表证实，孟连县公安边防大队通过公安警务信息查询系统，调取马*武于2011年10月9日在大理市顺达旅社登记住宿，2011年10月14日在普洱市大也商务酒店登记住宿；与其供述情况一致。

7.上诉人马*武对上述犯罪事实供认不讳，其口供与在案其他证据相互

印证，足以认定。

上列证据经一、二审庭审质证、认证，取证程序合法、证据内容属实，且能互相印证，本院予以确认。

本院认为，上诉人马＊武无视国家法律，非法运输毒品海洛因的行为，已触犯刑律，构成运输毒品罪，依法予以惩处。本案运输毒品海洛因数量达到9408克，罪行严重，本应对马＊武严惩，但根据本案的具体犯罪事实、情节、后果等因素，对马＊武可判处死刑，无需立即执行，故对从轻改判的上诉理由和辩护意见，本院予以采纳。对检察院维持原判的建议，不予采纳。综上，原判定罪准确，审判程序合法，对马＊武量刑不当。据此，依照《中华人民共和国刑法》第三百四十七条第二款（一）项、第四十八条、第五十七条第一款、第六十四条及《中华人民共和国刑事诉讼法》第二百二十五条第一款（一）、（二）项之规定，判决如下：

一、维持普洱市中级人民法院（2012）普中刑初字第337号刑事判决第二项，即对查获的毒品、财物予以没收；

二、撤销普洱市中级人民法院（2012）普中刑初字第337号刑事判决第一项对被告人马＊武的量刑部分；

三、上诉人马＊武犯运输毒品罪，判处死刑，缓期二年执行，剥夺政治权利终身，并处没收个人全部财产。

本判决为终审判决。

审　判　长　　李　文　华

代理审判员　　舒　　宇

代理审判员　　李　江　鹏

二○一三年六月二十一日

书　记　员　　刘　津　嘉

云南省高级人民法院
刑事判决书

(2013)云高刑终字第 279 号

原公诉机关云南省大理白族自治州人民检察院。

上诉人（原审被告人）苏呷友*，男，2012 年 5 月 24 日因本案被刑事拘留，同年 6 月 27 日被逮捕。现押于永平县看守所。

辩护人王扎*日，男，彝族，四川省布拖县人，系苏呷友*的亲属。

指定辩护人范晓媛，云南**律师事务所律师。

云南省大理白族自治州中级人民法院审理大理州人民检察院指控原审被告人苏呷友*犯运输毒品罪一案，于二○一二年十二月三日作出（2012）大中刑初字第 183 号刑事判决。原审被告人苏呷友*不服，提出上诉。本院受理后，依法组成合议庭，公开开庭审理了本案，云南省人民检察院指派检察员赵红卫、章永凡出庭履行职务，上诉人苏呷友*及其辩护人王扎*日、范晓媛到庭参加诉讼。现已审理终结。

原判认定，2012 年 5 月 23 日 18 时 30 分，被告人苏呷友*携带海洛因从云南省景东县乘坐景东至昆明的云 AR019*卧铺客车，欲将毒品运输至昆明市。同日 21 时 45 分，当行至国道 214 线南涧县小军庄路段时被查获，公安民警当场从其携带的一黑色挎包内查获海洛因 8 块，净重 2790.6 克。

原判根据上述事实，依照《中华人民共和国刑法》的相关规定，认定被告人苏呷友*犯运输毒品罪，判处死刑，剥夺政治权利终身，并处没收个人全部财产。没收查获在案的海洛因 2790.6 克、黑色翻盖 elitek 手机一部、黑色单肩挎包 1 个。

二审庭审中，上诉人苏呷友*辩称，与同类型案件比较，原审法院对其量刑过重，请求二审从轻改判。其辩护人认为，苏呷友*是从犯，认罪态度好，原判量刑过重，请求二审从轻改判。云南省人民检察院认为，原判认定事实清楚，证据确实、充分，定罪准确，量刑适当。建议驳回上诉，维持原判。

经审理查明，原判认定被告人苏呷友*运输毒品海洛因2790.6克的事实清楚，并有下列证据予以证实：

1.抓获经过、扣押物品、文件清单及物证照片，证实2012年5月23日21时45分，公安民警在国道214线南涧县小军庄路段，对景东开往昆明的云AR019*卧铺客车进行检查时，从苏呷友*放置在床脚的一黑色挎包内查获毒品可疑物8块、客车票2张、手机1部。

2.称量记录及照片、现场取样笔录及照片、毒品检验鉴定报告，证实本案查获毒品海洛因2790.6克。

3.证人吴*华的证言，证实2012年5月23日18时30分，其驾驶的云AR019*客车从景东发车至昆明，被抓获的人是在景东客运站上车，坐15号座位，该人上车时携带一个黑色挎包。

4.被告人苏呷友*的供述及辩解，证实其对从景东县运输2790.6克海洛因，途经南涧县时被抓获的事实供认不讳。

上述证据均经庭审质证、认证，来源合法，内容客观真实，本院予以确认。

本案事实清楚，证据确实、充分，足以认定。

本院认为，上诉人苏呷友*为牟取非法利益而运输毒品海洛因，其行为构成运输毒品罪。苏呷友*运输毒品数量大，应予严惩。经审查，根据苏呷友*犯罪的事实、犯罪的性质、情节、对社会的危害程度及认罪态度，苏呷友*属应当判处死刑，但不必立即执行的犯罪分子。苏呷友*及其辩护人所提原判量刑过重，请求从轻改判的上诉、辩护意见成立，本院予以采纳。云南省人民检察院所提原判认定事实清楚，证据确实、充分，定罪准确等意见予以采纳。综上，原判定罪准确，审判程序合法。但量刑不当，应予改判。据此，依照《中华人民共和国刑事诉讼法》第二百二十五条第一款（一）、（二）项及《中华人民共和国刑法》第三百四十七条第二款（一）项、第四十八条、第五十一条、第五十七条第一款、第五十九条、第六十四条之规定，判决如下：

一、维持云南省大理白族自治州中级人民法院（2012）大中刑初字第183号刑事判决第一项中的定罪部分及第二项，即被告人苏呷友*犯运输毒品罪，没收查获在案的海洛因2790.6克、黑色翻盖elitek手机一部、黑色单肩挎包1个；

二、撤销云南省大理白族自治州中级人民法院（2012）大中刑初字第183号刑事判决第一项中的量刑部分，即对被告人苏呷友*判处死刑，剥夺政治权利终身，并处没收个人全部财产；

三、上诉人（原审被告人）苏呷友*犯运输毒品罪，判处死刑，缓期二年执行，剥夺政治权利终身，并处没收个人全部财产。（死刑缓期执行的期间，从判决确定之日起计算）

本判决为终审判决。

审　判　长　赵　子　茂
代理审判员　张　赵　琳
代理审判员　殷　曾　华
二〇一三年六月四日
书　记　员　李　　静

云南省高级人民法院
刑事判决书

（2013）云高刑终字第 618 号

　　原公诉机关，西双版纳傣族自治州（以下简称西双版纳州）人民检察院。

　　上诉人（原审被告人）邓＊平，男，因本案于 2011 年 11 月 25 日被刑事拘留，同年 12 月 30 日被逮捕。现羁押于勐腊县看守所。

　　辩护人李＊斌，云南＊＊律师事务所律师。

　　辩护人花＊第，北京＊＊（昆明）律师事务所律师。

　　上诉人（原审被告人）桂＊喜，男，因本案于 2011 年 11 月 23 日被刑事拘留，同年 12 月 30 日被逮捕。现羁押于勐腊县看守所。

　　辩护人彭＊，云南＊＊律师事务所律师。

　　上诉人（原审被告人）岩＊，男，因本案于 2011 年 11 月 23 日被刑事拘留，同年 12 月 30 日被逮捕。现羁押于勐腊县看守所。

　　指定辩护人罗＊媛，云南＊＊＊律师事务所律师。

　　上诉人（原审被告人）唐＊玲，女，因本案于 2011 年 11 月 23 日被刑事拘留，同年 12 月 30 日被逮捕。现羁押于勐腊县看守所。

　　辩护人高＊明，云南＊＊律师事务所律师。

　　上诉人（原审被告人）桂＊波，男，因本案于 2011 年 11 月 25 日被刑事拘留，同年 12 月 30 日被逮捕。现羁押于勐腊县看守所。

　　指定辩护人段＊永，云南＊＊律师事务所律师。

　　上诉人（原审被告人）邓＊军，男，因本案于 2011 年 11 月 25 日被刑事拘留，同年 12 月 30 日被逮捕。现羁押于勐腊县看守所。

　　指定辩护人刘＊，云南＊＊律师事务所律师。

　　上诉人（原审被告人）唐＊勇，男，生于湖南省祁阳县，汉族，初中文化，农民，住祁阳县龚家坪镇铁丝江村＊组＊号。因本案于 2011 年 11 月 25 日被刑事拘留，同年 12 月 30 日被逮捕。现羁押于勐腊县看守所。

指定辩护人范晓媛,云南**律师事务所律师。

西双版纳州中级人民法院审理西双版纳州人民检察院指控原审被告人桂*喜、岩*、唐*玲、邓*平犯贩卖毒品罪,桂*波、邓*军、唐*勇犯运输毒品罪一案,于二〇一二年十二月二十日作出(2012)西刑初字第430号刑事判决。原审被告人邓*平、桂*喜、岩*、唐*玲、桂*波、邓*军、唐*勇均不服,分别提出上诉。本院受理后,依法组成合议庭,公开开庭审理了本案。云南省人民检察院检察员汤涛、曹琼出庭履行职务。上诉人邓*平及其辩护人李*斌、花*第,桂*喜及其辩护人彭*,岩*及其辩护人罗*媛,唐*玲及其辩护人高*明,桂*波及其辩护人段*永,邓*军及其辩护人刘*,唐*勇及其辩护人范晓媛到庭参加诉讼。现已审理终结。

原判认定,2011年11月,被告人桂*喜、邓*平共同筹集毒资,找到被告人唐*玲,让其帮忙联系购买毒品,唐*玲又找到被告人岩*联系购买毒品,邓*平让被告人桂*波和唐*玲联系。同年11月20日,桂*波驾驶桂CLT07*轿车在景洪将毒资交给唐*玲。22日上午,桂*波又驾驶该车拉着唐*玲到机场环岛往嘎洒方向加油站对面的小路上从岩*开着的云KEQ99*黑色丰田轿车内接到毒品66件,装在桂CLT07*车的后备箱内。桂*波驾驶该车回到林隐宾馆,后又到曼弄枫开发区景兰大酒店入住1105房间,将装有毒品的桂CLT07*车停在该酒店的停车场。23日14时许,桂*波和被告人邓*康军、唐*勇从景洪江北停车场驾驶桂CJ505*大货车前往勐腊县勐捧镇,桂*波于当晚租车回到景洪。24日2时许,桂*波从景兰大酒店驾驶装有毒品的桂CLT07*车到勐腊县勐捧镇,和邓*军、唐*勇一起将毒品拿到大货车的驾驶室内,三人驾驶大货车到勐捧镇勐润村委会曼诺董村小组的香蕉地,桂*波把毒品藏匿在四个装香蕉的纸箱内。17时,勐腊县公安局禁毒大队民警在景洪市大兴量贩停车场将邓*平抓获。18时,民警在曼诺董村小组的香蕉地将桂*波、邓*军、唐*勇三人抓获,当场从桂CJ505*车辆驾驶室内查获毒品甲基苯丙胺66件,重36815克。

2011年11月22日下午,被告人桂*喜驾驶车牌号为粤A19*QX本田商务车与被告人唐*玲到机场环岛往嘎洒方向加油站旁边的路上,将毒资交给唐*玲,唐*玲提着装毒资的旅行包交给驾驶云KEQ99*黑色丰田轿车来的被告人岩*,过了一个多小时,岩*又驾驶该车来到原处,唐*玲从该车上将毒品提到桂*喜驾驶的车牌号为粤A19*QX的本田商务车上。18时许,桂*喜驾驶该车返回曼弄枫时被勐腊县公安局禁毒大队民警抓获,当场从粤

A19*QX车内的后排座位上查获毒品甲基苯丙胺20件，重11095克。同时，民警在景洪市嘎洒镇农贸市场门口，将岩*和唐*玲抓获，从唐*玲存放在其姐唐*花的水果摊的包内查获赃款人民币569850元。

原判依照《中华人民共和国刑法》第三百四十七条第二款（一）项、第三百五十六条、第二十五条第一款、第二十六条第一款、第二十七条、第四十八条第一款、第五十七条第一款、第六十九条、第七十七条第一款、第六十四条之规定，认定被告人邓*平犯贩卖、运输毒品罪，判处死刑，剥夺政治权利终身，并处没收个人全部财产，撤销湖南省永州市冷水滩区人民法院（2009）永冷刑初字第18号刑事判决书对被告人邓*平宣告缓刑三年的执行部分，与原判犯贩卖毒品罪判处有期徒刑二年六个月，并处罚金一万元，数罪并罚，决定执行死刑，剥夺政治权利终身，并处没收个人全部财产；被告人桂*喜犯贩卖、运输毒品罪，判处死刑，剥夺政治权利终身，并处没收个人全部财产；被告人岩*犯贩卖毒品罪，判处死刑，剥夺政治权利终身，并处没收个人全部财产；被告人唐*玲犯贩卖毒品罪，判处死刑，剥夺政治权利终身，并处没收个人全部财产；被告人桂*波犯运输毒品罪，判处死刑，缓期二年执行，剥夺政治权利终身，并处没收个人全部财产；被告人邓*军犯运输毒品罪，判处死刑，缓期二年执行，剥夺政治权利终身，并处没收个人全部财产；被告人唐*勇犯运输毒品罪，判处死刑，缓刑二年执行，剥夺政治权利终身，并处没收个人全部财产；查获的毒品甲基苯丙胺47910克、毒资人民币569850元、车辆云KEQ99*、车辆桂CJ505*、手机15部予以没收。庭审中，邓*平辩解没有安排指挥整个毒品犯罪过程，只参与了66件毒品，一审量刑过重，请求从轻处罚。辩护人提出，对一审认定邓*平构成贩卖、运输毒品罪不持异议，但定罪证据存在重大瑕疵，66件毒品的来源不清，建议二审对其从轻处罚。桂*喜辩解没有参与66件毒品，只是帮邓*平接取20件毒品，起运输作用，一审量刑过重，请求从轻处罚。辩护人认为，桂*喜的行为只构成贩卖毒品罪，不构成运输毒品罪，认定其参与66件毒品犯罪没有证据证实，其只应对参与约20件毒品承担罪责，在犯罪中不应起到组织指挥作用，属犯罪未遂，建议二审对其从轻处罚。岩*辩解，只是帮唐*玲联系购买20件毒品，66件毒品其并不知情，一审量刑过重，请求从轻处罚。辩护人认为，一审认定岩*参与66件毒品犯罪的证据不足，其在20件毒品犯罪中只起联系作用，是从犯，建议对其从轻处罚。唐*玲辩解，她与66件毒品没有关系，一审量刑过重，请求从轻处罚。辩护人认为，认定唐*玲参与66件毒品犯罪的证据不足，在20件毒品犯罪中只起联系作用，是从犯，建议对其从轻处罚。桂*波辩称，其只是听从邓*平和桂*喜的安排，一审量刑过重，请求从轻处罚。辩护人认为，桂*波在共同犯罪中只起次要作用，是从犯，认罪态度好，有明显的悔罪表现，且当庭认罪，建议对其从轻处罚。唐*勇辩称，其是在不知情的情况下参与的，请求宣告无罪。辩护人认为，认定唐*勇参与运输毒品犯罪的事实不清，证据不足，建议宣告其无罪。邓*军辩称，其对毒品不知情，与桂*波判处同样的刑罚不合理，请求宣告无罪。辩护人认为，没有证据证实邓*军参与本案，一审只是推断认定其参与犯罪，建议宣告其无罪。

云南省人民检察院认为，一审认定七上诉人的犯罪事实清楚，证据充分，上诉理由及辩护意见均不能成立，建议驳回上诉，维持原判。

经审理查明，原判认定上诉人邓*平、桂*喜贩卖、运输毒品，岩*、唐*玲贩卖毒品，桂*波、邓*军、唐*勇运输毒品的事实属实，有下列证据证实：

1. 抓获经过材料、扣押物品清单，证实侦查机关接到线索，在技术部门的配合下，抓获七上诉人的时间、地点及查获毒品的数量和种类。查获的毒品及相关物品已扣押在案。

2. 毒品检验鉴定报告、称量记录，证实查获的毒品均是甲基苯丙胺，从桂CJ505*车上查获的重36815克，从粤A19*QX车上查获的重11095克，共计重47910克。

3. 活动轨迹信息，证实七上诉人在湖南、广西、云南等地的活动情况。

4. 通话清单及分析，证实七上诉人持有的手机在案发期间的通话情况。

5. 湖南省永州市冷水滩区人民法院的刑事判决书，证实邓*平于2009年3月13日因贩卖毒品罪，被判处有期徒刑二年零六个月，缓刑三年。

6. 七上诉人对各自参与的犯罪事实均有供述和辩解。邓*平辩解其只出过少量毒资，没有指挥过其他被告。桂*喜辩解受邓*平安排邀约参与犯罪，没有出资。岩*辩解只是帮唐*玲联系购买毒品。唐*玲辩解只是居间介绍桂*喜和岩*双方买卖毒品。桂*波对犯罪事实供认不讳，供述系受邓*平和桂*喜邀约参与犯罪，邓*平交给他毒资，受邓*平安排接取66件毒品、与邓*军、唐*勇联系藏匿毒品及运输等事宜。邓*军、唐*勇辩解不明知是毒品而进行运输，但供认了与桂*波联系货源，用香蕉盒共同藏匿毒品等事宜。上述供述和辩解与在案的客观证据能够相互印证，证实邓*平、桂*喜共同筹集毒资，邀约桂*波、邓*军、唐*勇共同参与犯罪，桂*波、邓*军、唐*勇受邀约参与犯罪，岩*提供毒品货源，系毒品卖方，唐*玲居间介绍。

上述证据经一审、二审庭审举证质证，取证程序合法，证明内容客观真实，能够相互印证，本院予以确认。

本院认为，上诉人邓*平、桂*喜、岩*、唐*玲、桂*波、邓*军、唐*勇贩卖、运输毒品的行为均已触犯刑律，邓*平、桂*喜的行为构成贩卖、运输毒品罪，岩*、唐*玲的行为构成贩卖毒品罪，桂*波、邓*军、唐*勇的行为构成运输毒品罪。均应依法惩处。在贩卖毒品的犯罪中，邓*平、桂*喜是毒品的买方，地位作用相当。岩*是毒品的卖方。唐*玲居间介绍。应按各自的行为承担相应的刑事责任。邓*平在缓刑考验期限内犯罪，又属毒品再犯，应撤销缓刑，数罪并罚，从重处罚。在运输毒品的共同犯罪中，邓*平、桂*喜起组织、指挥的作用，系主犯，桂*波、邓*军、唐*勇受邀约参与，起次要作用，系从犯，应当从轻处罚。邓*平及其辩护人提出的辩解理由不能成立，不予采纳。岩*及辩护人提出的辩解理由不能成立，不予采纳。唐*玲及其辩护人提出受他人邀约，系从犯，没有参与66件毒品犯罪的辩护意见，与查证事实不符，不予采纳。但其居间介绍贩卖毒品，作用相对较轻，可判处死刑，但不立即执行。上诉人从轻处罚的请求及意见予以采纳。桂*波及其辩护人辩称桂*波系从犯，认罪态度好，要求从轻处罚的理由成立。邓*军及其辩护人提出指控其犯罪的事实不清，证据不足，应对其作出无罪判决的辩解理由与查证事实不符，不予采纳。唐*勇及辩护人提出指控其犯罪的事实不清，证据不足，应对其作出无罪判决的辩解理由不能成立，不予采纳。上诉人桂*波、邓*军、唐*勇系从犯，根据三上诉人的犯罪事实、情节，及桂*波认罪态度好的情况，一审对三上诉人均判处死刑，缓期二年执行，量刑失重。云南省人民检察院建议驳回上诉，维持原判的意见予以部分支持。原判定罪准确，对邓*平、桂*喜、岩*的量刑适当，对唐*玲、桂*波、邓*军、唐*勇的量刑失重。审判程序合法。据此，依照《中华人民共和国刑事诉讼法》第二百二十五条第一款（一）、（二）项的规定，判决如下：

一、维持西双版纳州中级人民法院（2012）西刑初字第430号刑事判决第一、二、三项对被告人邓*平、桂*喜、岩*的定罪量刑，以及第八项查获的毒品、毒资、车辆和手机没收部分；

二、撤销西双版纳州中级人民法院（2012）西刑初字第430号刑事判决第四、五、六、七项对被告人唐＊玲、桂＊波、邓＊军、唐＊勇的定罪量刑；

三、上诉人（原审被告人）唐＊玲犯贩卖毒品罪，判处死刑，缓期二年执行，剥夺政治权利终身，并处没收个人全部财产；

四、上诉人（原审被告人）桂＊波犯运输毒品罪，判处无期徒刑，剥夺政治权利终身，并处没收个人全部财产；

五、上诉人（原审被告人）邓＊军犯运输毒品罪，判处无期徒刑，剥夺政治权利终身，并处没收个人全部财产；

六、上诉人（原审被告人）唐＊勇犯运输毒品罪，判处无期徒刑，剥夺政治权利终身，并处没收个人全部财产。

本判决为终审判决。

根据《中华人民共和国刑事诉讼法》第二百三十五条的规定，对被告人邓＊平、桂＊喜、岩＊的死刑判决依法报最高人民法院核准。

审　判　长　　胡玉斌

审　判　员　　阮　鸿

代理审判员　　王志国

二〇一三年十月二十八日

书　记　员　　刘津嘉

云南省高级人民法院
刑事判决书

（2013）云高刑终字第621号

原公诉机关西双版纳傣族自治州人民检察院。

上诉人（原审被告人）岩＊香，男，住勐海县勐遮镇＊号。

指定辩护人范晓媛，云南＊＊律师事务所律师。

原审被告人岩＊光，男，住勐海县勐遮镇＊号。

上列二原审被告人因本案于2012年4月5日被刑事拘留，同年5月11日被逮捕。现羁押于勐海县看守所。

西双版纳傣族自治州中级人民法院审理西双版纳傣族自治州人民检察院指控原审被告人岩＊香、岩＊光犯运输毒品罪一案，于二〇一二年十一月六日作出（2012）西刑初字第376号刑事判决。宣判后，原审被告人岩＊香不服提出上诉。本院受理后，依法组成合议庭，经阅卷并讯问原审被告人岩＊香、岩＊光，听取辩护人意见，认为案件事实清楚，决定不开庭审理。现已审理终结。

原判认定，2012年4月5日，被告人岩＊香携带毒品，被告人岩＊光前行探路。二被告人分别驾驶云K7735＊黑色轿车、云K7706＊黑色越野车从勐遮前往景洪，13时50分许行至214老国道3115公里处时，被在此公开查缉的公安民警先后抓获。当场从岩＊香驾驶的云K7735＊黑色轿车副驾驶座位下一个蓝色纸质手提袋内查获毒品甲基苯丙胺5块，共计净重2800克。原判根据上述事实和相关证据，以运输毒品罪分别判处被告人岩＊香、岩＊光死刑，缓期二年执行，剥夺政治权利终身，并处没收个人全部财产；查获的毒品甲基苯丙胺2800克，作案工具云K7735＊号汽车、云K7706＊汽车、手机2部依法没收。

原审被告人岩＊香上诉称是受岩＊光邀约运输毒品，认罪态度好，一审量刑过重。指定辩护人提出岩＊香是从犯，属于单纯帮别人运输毒品，建议从轻判处。

经审理查明，原审被告人岩＊光独自联系并接取毒品，随后邀约上诉人岩＊香运输毒品。岩＊光安排岩＊香驾车携带毒品甲基苯丙胺2800克在后运输，其驾车在前探路，二人从勐遮前往景洪途中被人赃俱获的犯罪事实清楚，有以下证据证实：

1.抓获经过、指认笔录、毒品称量记录及刑事照片、提取毒品可疑物检材笔录、毒品检验鉴定报告，证实抓获岩＊香、岩＊光的时间、地点、经过，以及查获的毒品数量和种类等事实。

2.通话清单及分析，证实岩＊光与岩＊香于案发前有多次通话记录；岩＊光与其供述的老板"波岩利"有三次通话记录；岩＊香与"波岩利"无通话记录。

3.尿检报告，证实岩＊香、岩＊光二人尿液检测冰毒呈阳性。

4.机动车辆查询结果，证实涉案的两辆车系岩＊光和岩＊香分别所有。

5.扣押物品、文件清单，证实涉案的毒品甲基苯丙胺2800克，手机2部，云K7735＊号汽车、云K7706＊号汽车均扣押在案。

6.岩＊香、岩＊光二人供述，证实岩＊光为获取非法利益，联系并接取毒品后邀约岩＊香运输，其在前探路，岩＊香携带毒品在后运输，岩＊香对于毒品来源、去向不知情。二人供述一致，并有在案其他证据佐证，足以认定。

上列证据均经一审庭审质证、认证，取证程序合法、证据内容属实，且能互相印证，证据确实、充分，本院予以确认。

本院认为，上诉人岩＊香、原审被告人岩＊光无视国家法律，明知是毒品而运输的行为已触犯刑律，构成运输毒品罪，应依法惩处。共同犯罪中，岩＊光独自联系并接取毒品，邀约岩＊香参与运输毒品，起主要作用，是主犯；岩＊香起次要作用，是从犯。据此，对于上诉人岩＊香及辩护人要求从轻处罚的理由，本院予以采纳。原判定罪准确，审判程序合法，但对上诉人岩＊香量刑失重。依照《中华人民共和国刑法》第三百四十七条第二款（一）项，第二十五条第一款、第二十六条第一款、第二十七条、第六十七条第三款、第四十八条第一款、第五十七条第一款、第六十四条，《中华人民共和国刑事诉讼法》第二百二十五条第一款（一）（二）项之规定，判决如下：

一、维持西双版纳傣族自治州中级人民法院（2012）西刑初字第376号刑事判决第二项、第三项，即以运输毒品罪判处被告人岩＊光死刑，缓期二年执行，剥夺政治权利终身，并处没收个人全部财产；查获的毒品甲基苯丙胺2800克，作案工具云K7735*号汽车、云K7706*号汽车、手机2部依法没收。

二、撤销西双版纳傣族自治州中级人民法院（2012）西刑初字第376号刑事判决第一项，即对被告人岩*香的定罪量刑。

三、上诉人岩*香犯运输毒品罪，判处无期徒刑，剥夺政治权利终身，并处没收个人全部财产。

本判决为终审判决。

根据《中华人民共和国刑事诉讼法》第二百三十七条之规定，本判决即为核准以运输毒品罪判处被告人岩*光死刑，缓期二年执行，剥夺政治权利终身，并处没收个人全部财产的刑事判决。

审　判　长　　李　文　华

审　判　员　　阮　　　鸿

代理审判员　　舒　　　宇

二〇一三年七月十三日

书　记　员　　刘　津　嘉

云南省高级人民法院
刑事判决书

（2015）云高刑终字第600号

原公诉机关云南省保山市人民检察院。

上诉人（原审被告人）赵＊发，男，因本案于2014年8月6日被施甸县公安局刑事拘留，同月19日被逮捕。现羁押于保山市施甸县看守所。

指定辩护人范晓媛，云南＊＊律师事务所律师。

云南省保山市中级人民法院审理保山市人民检察院指控原审被告人赵＊发犯故意杀人罪一案，于二〇一五年三月六日作出（2014）保中刑初字第396号刑事判决。原审被告人赵＊发不服，提出上诉。本院依法组成合议庭于2015年9月1日在云南省高级人民法院第二法庭公开开庭审理了本案。云南省人民检察院指派检察员张丽萍、冯波出庭履行职务。上诉人赵＊发及其辩护人范晓媛到庭参加诉讼。现已审理终结。

原判认定，被告人赵＊发与被害人朱＊美系母子关系。赵＊发因肚子疼，于2014年8月5日凌晨1时许，在施甸县酒房乡梅子箐村哨寨三组家中厨房内让母亲朱＊美帮其刮痧。刮痧过程中，赵＊发让朱＊美帮其借贷款，朱＊美不同意，二人便发生争吵，赵＊发即顺手拿起厨房内的一条小条凳起身砸了朱＊美背部一下，朱＊美还手用一条小方凳打了赵＊发背部一下，赵＊发又用手中的小条凳砸朱＊美头部，将朱＊美砸倒在地，继而用其身上披着的毛巾勒住朱＊美的脖子，并用一条小方凳多次砸打朱＊美的头部，见朱＊美仍有喘息的声音，赵＊发便从厨房的刀架上拿了一把菜刀向朱＊美面部砍了一刀、后脑壳砍了数刀，致使朱＊美当场死亡。经法医学尸体检验，被害人朱＊美系脊髓离断并颅脑损伤死亡。次日0时15分，民警在瑞丽市章风路口将赵＊发抓获归案。

原判以故意杀人罪，判处赵＊发死刑，剥夺政治权利终身。本案扣押的木把菜刀1把、毛巾1张、木质四角凳1只、木质小板凳1只作为物证依法予以封存。宣判后，赵*发提出上诉称主动投案，不是故意杀死其母亲，原判量刑过重，请求从轻判处。其辩护人提出赵*发是属激情杀人，双方均有过错，有自首情节，归案后认罪态度好，应对赵*发减轻处罚的辩护意见。云南省人民检察院检察员建议维持原判决。

经审理查明，2014年8月5日凌晨1时许，上诉人赵*发与其母朱*美因琐事发生争吵，后赵*发用小条凳打砸朱*美背部、头部，将朱*美砸倒在地，继而用其身上披着的毛巾勒住朱*美的脖子，见朱*美仍有喘息的声音，赵*发便从厨房的刀架上拿了一把菜刀向朱*美面部砍了一刀、后脑壳砍了数刀，致朱*美当场死亡。赵*发作案后拿了一块编织袋塑料布盖在朱*美尸体上面，又到朱*美的卧室内翻得300余元钱后潜逃到德宏州瑞丽市。次日0时15分，民警在瑞丽市章风路口将赵*发抓获。上述犯罪事实清楚。有公安机关出具的抓获经过材料、接处警记录证实，2014年8月5日16时53分，施甸县酒房乡派出所接到梅子箐村委会村主任张*荣的报警后经排查于2014年8月6日0时15分，在瑞丽市章风路口将赵*发抓获。现场勘验检查工作笔录、图及照片证实，中心现场位于施甸县酒房乡梅子箐村哨寨三组赵*发家厨房。现场辨认笔录及现场辨认照片证实，2014年8月11日10时40分至12时10分，赵*发对案发现场进行辨认、确认。DNA鉴定书证实，送检的现场提取的可疑血迹、现场菜刀上可疑血迹经检测，结果均与死者朱*美血样的常染色体分型相同。尸体检验报告及照片证实，朱*美系脊髓离断并颅脑损伤死亡。证人赵*福、杨*萍的证言证实，案发当晚赵*发到卧室说，已将朱*美杀死的情况。证人张*荣、朱*军、李*堂、王*栋等人的证言证实，报案后到案发现场看到的情况。证人韩*证实，赵*发电话告之杀人一事，后其带民警到章风岔路口将赵*发抓获。赵*发对因口角纠纷持刀将其母朱*美杀死的事实供认不讳。本案证据确实、充分，足以认定。

本院认为，上诉人赵*发无视国家法律，因琐事故意非法剥夺他人生命的行为已构成故意杀人罪。应依法严惩。鉴于本案属家庭口角纠纷所引发的激情杀人，赵*发归案后认罪态度较好，辩护人所提改判意见，本院部分予以采纳。云南省人民检察院检察员所提全案维持的建议，部分不予采纳。原判定罪准确。审判程序合法。但对赵*发量刑不当。据此，依照《中华人民共和国刑法》第二百三十二条、第四十八条、第五十七条第一款、第六十七条第三款、第六十一条、第六十四条，《中华人民共和国刑事诉讼法》第二百二十五条第一款（二）项之规定，判决如下：

一、维持保山市中级人民法院（2014）保刑初字第396号刑事判决第二项，即扣押的木把菜刀1把、毛巾1张、木质四角凳1只及木质小板凳1只作为物证依法予以封存。

二、撤销保山市中级人民法院（2014）保刑初字第396号刑事判决第一项对赵＊发的量刑部分。

三、上诉人赵＊发犯故意杀人罪，判处死刑，缓期二年执行，剥夺政治权利终身。

本判决为终审判决。

审 判 长 谭 丽 芬

审 判 员 张 译 友

代理审判员 戴 勇

二〇一五年九月二十八日

书 记 员 张 崇 源

云南省高级人民法院
刑事裁定书

（2015）云高刑终字第 1199 号

抗诉机关云南省丽江市人民检察院。

上诉人（原审被告人）米*祖，又名米*，男，2014年9月17日因本案被刑事拘留，同年10月23日被逮捕。现羁押于宁蒗县看守所。

辩护人马*，云南**律师事务所律师。

上诉人（原审被告人）沙*古，男，2014年9月17日因本案被刑事拘留，同年10月23日被逮捕。现羁押于宁蒗县看守所。

辩护人张*东，云南**律师事务所律师。

上诉人（原审被告人）胡*比，男，1978年10月18日生，彝族，四川省盐源县人，初中文化，农民，住四川省盐源县盐井镇菜园子村*组*号。2014年9月17日因本案刑事拘留，同年10月23日被逮捕。现羁押于宁蒗县看守所。

指定辩护人李**，云南**律师事务所律师。

上诉人（原审被告人）米*明，男，1978年11月8日生，彝族，四川省盐源县人，初中文化，农民，住四川省盐源县长柏乡白杨村*组*号。2014年9月17日因本案被刑事拘留，同年10月23日被逮捕。现羁押于宁蒗县看守所。

指定辩护人张*，云南**律师事务所律师。

上诉人（原审被告人）沙*伙，男，1975年3月1日生，彝族，四川省盐源县人，小学文化，农民，住四川省盐源县梅雨镇西家坪村*组*号。2014年9月17日因本案被刑事拘留，同年10月23日被逮捕。现羁押于宁蒗县看守所。

辩护人王邦*，云南**律师事务所律师。

上诉人（原审被告人）肖*文，男，1983年4月30日生，彝族，四川省盐源县人，文盲，农民，住四川省盐源县黄草镇老麦沟村4组29号。2014年9月17日因本案被刑事拘留，同年10月23日被逮捕。现羁押于宁蒗县看守所。

指定辩护人范晓媛，云南**律师事务所律师。

翻译陈*，云南省宁蒗县人民法院工作人员。

云南省丽江市中级人民法院审理丽江市人民检察院指控原审被告人米*祖、沙*古、胡*比、沙*伙、肖*文、米*明犯贩卖、运输毒品罪一案，于二〇一五年七月八日作出（2015）丽中刑一初字第15号刑事判决。丽江市人民检察院不服，向本院提出抗诉，云南省人民检察院支持抗诉。被告人米*祖、沙*古、胡*比、米*明、沙*伙、肖*文不服，向本院提出上诉。本院依法组成合议庭，公开开庭审理了本案。云南省人民检察院指派检察员张黎明、张远贵出庭履行职务。上诉人米*祖、沙*古、胡*比、沙*伙、肖*文、米*明及辩护人马*、张*东、李**、张*、肖*文、翻译陈*到庭参加诉讼。现已审理终结。

本院认为，原判认定上诉人米*祖、沙*古、胡*比、米*明、沙*伙、肖*文犯贩卖、运输毒品罪，事实不清，证据不足。依照《中华人民共和国刑事诉讼法》第二百二十五条第（三）项之规定，裁定如下：

一、撤销丽江市中级人民法院（2015）丽中刑一初字第15号刑事判决。

二、本案发回丽江市中级人民法院重新审判。

本裁定为终审裁定。

审　判　长　　彭淑芳

审　判　员　　邹浪萍

代理审判员　　周　　峰

二〇一六年三月四日

书　记　员　　张美林

云南省高级人民法院
刑事判决书

（2015）云高刑终字第1657号

原公诉机关云南省红河哈尼族彝族自治州人民检察院。

上诉人（原审被告人）何＊平，男，2014年9月12日因本案被刑事拘留，次日被监视居住，同月22日被逮捕。现羁押于云南省开远市看守所。

辩护人吴＊斌，云南＊＊律师事务所律师。

指定辩护人范晓媛，云南＊＊律师事务所律师。

云南省红河哈尼族彝族自治州中级人民法院审理红河哈尼族彝族自治州人民检察院指控原审被告人何＊平犯滥用职权罪、受贿罪一案，于二〇一五年十月十九日作出（2015）红中刑二初字第29号刑事判决。原审被告人何＊平不服，向本院提出上诉。本院依法组成合议庭，经过阅卷，讯问被告人，听取辩护人意见，认为本案事实清楚，决定不开庭审理。现已审理终结。

原判认定：

（一）关于何＊平滥用职权罪部分。1999年5月至2000年2月，文山州麻栗坡县政府对原国有企业文山州麻栗坡县钨矿进行改制期间，被告人何＊平违规通过审批，将南秧田钨矿采矿权主体变更为麻栗坡县钨业有限责任公司，造成国家财产重大损失。2001年，麻栗坡县钨业有限责任公司的南秧田钨矿采矿许可证被注销，在麻栗坡县钨业有限责任公司重新申请办证的过程中，被告人何＊平再次违规通过初审程序并上报云南省国土资源厅，使麻栗坡县钨业有限责任公司再次获得南秧田钨矿的采矿许可证。在钨业公司申请变更采矿许可证主体的过程中，被告人何＊平先后向伍＊荣索要现金2万元，收受伍＊荣现金3万元。2007年9月16日，钨业公司将南秧田钨矿采矿权转让给文山麻栗坡紫金钨业集团有限公司。经鉴定，采矿权违规转让造成国家财产损失计人民币32678.433807万元。

（二）关于何＊平受贿罪部分。1999年至2013年，被告人何＊平先后利用担任文山州地质矿产局局长，文山州国土资源局副局长、局长的职务便利，接受从事矿业、土地、房产相关项目的伍*荣、陶*斌、陈*明、谢*保、张*光的请托，在办理采矿许可证、土地出让、整理及工程建设等项目中为上述人员谋取利益，非法收受上述人员送给的现金人民币共计429万元。此外，被告人何*平还利用其职务便利，采取以借为名、零付款认购房屋后转卖等方式，先后向胡*良、唐*文、华*生、周*强等人索取人民币共计2040.422万元及价值人民币122.518万元的房产一套。原审法院依据上述事实，依照《中华人民共和国刑法》第三百九十七条第一款、第三百八十五条第一款、第三百八十六条、第三百八十三条第一款（一）项、第六十九条、第五十七条第一款、第六十七条第三款、第六十四条之规定，以滥用职权罪，判处被告人何*平有期徒刑四年；以受贿罪，判处无期徒刑，剥夺政治权利终身，并处没收个人全部财产，决定执行无期徒刑，剥夺政治权利终身，并处没收个人全部财产。涉案赃款人民币1890万元、赃物昆明市金尚俊园10幢*号房屋，受贿款所购买的昆明市滨江俊园2幢3205号房屋、理想小镇9幢101号别墅、云A***NW号保时捷跑车，依法没收；涉案赃款尚欠人民币166.422万元，继续追缴。

宣判后，原审被告人何*平上诉称，其不构成滥用职权罪，虽犯有受贿罪，但不具有索贿行为，一审量刑过重，其具有自首情节和立功表现，请求二审改判为有期徒刑。其辩护人提出何*平不构成滥用职权罪，受贿金认定与事实不符，不存在索贿行为，有立功和自首情节，建议二审从轻处罚。

经审理查明，（一）上诉人何*平在担任文山州地质矿产局局长期间，先后两次违规操作导致由国家出资勘查形成的麻栗坡南秧田钨矿采矿权变更为麻栗坡钨业有限责任公司。2007年9月16日，钨业公司将南秧田钨矿采矿权转让给文山麻栗坡紫金钨业集团有限公司。经鉴定，因国有南秧田钨矿采矿权被违规转让给国家造成经济损失人民币32678.433807万元。认定何*平滥用职权的犯罪事实，有原审开庭审理中质证确认的指定管辖决定书、立案决定书、案件线索来源、户籍证明、干部任免审批表、国有矿山企业采矿申请登记表、采矿许可证、麻栗坡县钨矿关于改制为麻栗坡县钨业有限责任公司的请示、麻栗坡县经贸委关于麻栗坡县钨矿深化改革方案的请示、麻栗坡县钨矿改革实施方案、麻栗坡县人民政府关于麻栗坡县钨矿深化改革方案的批复、麻栗坡县经贸委关于组建麻栗坡县钨业有限责任公司的批复、共同组建麻栗坡县钨业有限责任公司协定书、企业法人营业执照、采矿许可证换证申请、采矿权申请登记书、换证初审责任表、采矿权申请登记审批责任表、采矿权申请登记审批表、准予办理采矿登记通知、颁发采矿许可证通知、采矿许可证、注销采矿许可证申请、采矿权注销申请登记书、采矿权注销申请登记审批表、采矿权注销登记审批责任表、文山州地矿局关于注销采矿许可证的通知、采矿许可证换证申请书、采矿许可证换证初审责任表、采矿权申请登记审批表、准予办理采矿登记通知、颁发采矿许可证通知、采矿许可证、资产转让合同、司法会计鉴定书、证人韦*德、陈*、王*忠、马*、伍*荣、骆*治、罗*昌、黄*、蒋*、白*的证言证实。

（二）1999年至2013年，上诉人何*平担任文山州地质矿产局局长、文山州国土资源局副局长、局长期间，在办理采矿许可证、土地出让、整理及工程建设等项目中，非法收受他人现金人民币共计429万元。此外，上诉人何*平还利用职务便利，采取以借为名、零付款认购房屋后转卖等方式，先后索取他人人民币共计2040.422万元及价值人民币122.518万元的房产一套。

认定何*平受贿的犯罪事实，有开庭审理中质证确认的关于下达文山州国土资源事务中心办公综合楼年度投资计划的通知、土地登记申请书、土地登记审批表、国有土地使用权出让合同、国有土地使用证、关于允许文山州国土资源事务中心引入社会资金建设润泽宾馆及附楼的请示、相关批复文件、合同书、文山州怡润园小区建设情况说明、委托合同、文山州国土资源事务中心办公综合楼（润泽宾馆）建设基本情况、招投标简况、建设工程施工合同房屋登记薄查阅摘抄表、昆明市房屋所有权登记审批表、房屋买卖合同、公证书、商品房购销合同、房屋所有权登记申请书、审批表、购房发票、房地产买卖契约、购房协议、关于文山市城北片区2011-B-23号、2011-B-25号土地使用权挂牌出让方案的请示及批复、国有土地供地方案、挂牌出让方案、竞买申请书、报名登记表、成交确认书、公证书、国有建设用地使用权出让合同、关于高*波在文山州开展土地整治项目情况的说明及相关付款凭证、关于文山州礼光道路桥梁工程有限公司实施麻栗坡县兴地睦边、马关县马白镇、夹寒箐镇、马关县实施八寨等2个乡浪桥等6个村土地整治项目的情况说明、何*平与女友汪*银行交易流水账、移送查封、扣押、文件清单，证人伍*荣、陶*斌、范*忠、罗*洪、高*、杨*林、黄*宏、白*刚、陈*明、谢*保、华*生、王*燕、陈*、王*宽、胡*全、徐*华、张*光、周*强、何*、何*、周*有、何*、周*云、胡*良、唐*文、陈*先、刘*龙、徐*华、倪*明、倪*彬、金*水、赵*文、汪*、张*、吴**等证言证实。

本院认为，上诉人何*平身为国家机关工作人员，违反国家相关规定处理公务，致使国家利益遭受重大损失，情节严重，其行为已构成滥用职权罪；利用职务便利，先后多次非法索取他人财物，多次非法收受他人财物，为他人谋取利益，数额特别巨大，其行为已构成受贿罪。上诉人及其辩护人提出其不构成滥用职权罪与本院查明的事实不符，不予采纳。上诉人及其辩护人提出何*平不具有索贿行为，只是民间借贷行为的上诉和辩护意见，经查，上诉人何*平利用担任国家机关领导干部职务的便利，采取零付款认购房屋后出卖获取差价方式获得现金，还以向他人借款的方式获得现金，且在得到款项后，从未还过任何借款，所借款项也未用于投资，借款数额巨大，何*平不具备还款的能力，其行为与民间的借款、炒房行为有本质区别，应认定为索贿行为，故此上诉和辩护意见本院不予采纳。上诉人及其辩护人还提出何*平具有自首和立功情节，经查，上诉人何*平的行为不符合我国法律关于自首和立功的规定，故此意见不予采纳。鉴于上诉人何*平受贿的大多数事实，均是其归案后主动供述，系坦白，案发后，大部分涉案款已被追缴，依法可对何*平从轻处罚。

综上所述，原判定罪准确，审判程序合法，但量刑偏重。据此，依照《中华人民共和国刑法》第三百九十七条第一款、第三百八十五条第一款、第三百八十六条、第三百八十三条第一款（一）项、第六十九条、第五十七条第一款、第六十七条第三款、第六十四条以及相关司法解释和《中华人民共和国刑事诉讼法》第二百二十五条第一款（一）、（二）项之规定，判决如下：

一、维持云南省红河哈尼族彝族自治州中级人民法院（2015）红中刑二初字第29号刑事判决第一项中对被告人何*平的定罪部分和第二项、第三项即对被告人何*平涉案财物的判处部分；

二、撤销云南省红河哈尼族彝族自治州中级人民法院（2015）红中刑二初字第29号刑事判决第一项中对被告人何*平的量刑部分；

三、上诉人（原审被告人）何*平犯滥用职权罪，判处有期徒刑四年；犯受贿罪，判处有期徒刑十五年；决定执行有期徒刑十七年（刑期从判决执行之日起计算。判决执行前先行羁押的，羁押一日折抵刑期一日，即自2014年9月12日起至2031年9月11日止）。

　　本判决为终审判决。

审 判 长　赵　　伟

代理审判员　周　　峰

代理审判员　刘 晓 亮

二〇一六年一月二十六日

书 记 员　杨　　燕

云南省高级人民法院
刑事附带民事判决书

（2007）云高刑终字第905号

原公诉机关云南省红河州人民检察院。

上诉人（原审被告人）李阿*，男，1984年6月13日出生，因本案于2006年5月19日被刑事拘留，同年6月27日被逮捕。现羁押于金平县看守所。

指定辩护人母*福，云南**律师事务所律师。

翻译李*明，金平县民委事务局干部。

上诉人（原审被告人）李毛*，男，1985年3月7日出生，因本案于2006年5月19日被刑事拘留，同年6月27日被逮捕。现羁押于金平县看守所。

指定辩护人范晓媛，云南**律师事务所律师。

翻译李*明，金平县机关干部。

上诉人（原审被告人）王*坡，男，1978年4月12日出生，因本案于2006年5月19日被刑事拘留，同年6月27日被逮捕。现羁押于金平县看守所。

上诉人（原审被告人）李*然，男，1980年7月20日出生，因本案于2006年5月19日被刑事拘留，同年6月27日被逮捕。现羁押于金平县看守所。

上诉人（原审被告人）李嘎*，男，1986年9月2日出生，因本案于2006年5月19日被刑事拘留，同年6月27日被逮捕。现羁押于金平县看守所。

上诉人（原审被告人）李*补，男，1972年12月5日出生，因本案于2006年5月19日被刑事拘留，同年6月27日被逮捕。现羁押于金平县看守所。

上诉人（原审被告人）李*沙，男，1975年11月10日出生，因本案于2006年5月24日被刑事拘留，同年6月27日被逮捕。现羁押于金平县看守所。

上诉人（原审被告人）白*忠，男，1982年2月28日出生，因本案于2006年5月19日被刑事拘留，同年6月27日被逮捕。现羁押于金平县看守所。

上诉人（原审被告人）李*福，男，1960年6月8日出生，因本案于2006年5月24日被刑事拘留，同年6月27日被逮捕。现羁押于金平县看守所。

红河州中级人民法院审理红河州人民检察院指控原审被告人李阿*犯抢劫罪、故意杀人罪、强奸罪、非法持有枪支罪，李毛*犯抢劫罪、强奸罪、非法持有枪支罪，王*坡、李*然、李嘎*、李*补、李*沙、白*忠、李*福分别犯抢劫、强奸、盗窃、非法持有枪支罪一案，于二〇〇七年五月二十一日作出（2007）红中刑初字第32号刑事判决。九名被告人均不服，分别提出上诉。本院依法组成合议庭对本案进行了审理，并于二〇〇七年九月十一日在金平县人民法院法庭对李阿*、李毛*进行了不公开开庭审理，云南省人民检察院检察员李世清、殷灵出庭执行职务。被告人李阿*、李毛*及辩护人母*福、范晓媛到庭参加诉讼。本案现已审理终结。

原判认定，（一）2005年3月至2006年期间，被告人李阿*、李毛*、王*坡、李*然、李嘎*、李*补、李*沙、白*忠、李*福等九人时分时合，单独或结伙在者米乡老林脚村、牛塘村等地，采用持火药枪、斧子、砍刀、木棒等械具相胁迫，当场或入户抢劫杨*三等村民财物共32次。其中，李阿*抢劫26次，抢劫财物价值人民币33000余元，并致黎*清轻伤；李毛*抢劫26次，抢劫财物价值人民币31000余元，并致黎*清轻伤；王*坡抢劫16次，抢劫财物价值人民币26000余元；李*然抢劫14次，抢劫财物价值人民币17000余元；李嘎*抢劫9次，抢劫财物价值人民币12000余元；李*补抢劫8次，抢劫财物价值人民币12000余元；李*沙参与抢劫5次，抢劫财物价值人民币10000余元；白*忠抢劫3次，抢劫财物价值人民币3000余元；李*福抢劫1次，抢劫财物价值人民币640元。

（二）2006年5月19日凌晨5时许，金平县公安局民警在金平县者米乡老林脚村李阿*家抓捕李阿*时，李阿*抗拒抓捕，持火药枪朝武警战士肖国华头面部开枪射击，致肖国华受重伤。

（三）2006年4月期间，被告人李阿*、李毛*窜到老林脚村白**家劫财过程中，二人采用胁迫的方法，先后对白进行了强奸。事后还抢走白**家财物。同年4月的一天16时许，被告人李阿*、李毛*、李嘎*、王*坡到白虎*家，用枪威胁白虎*、王**不准喊叫，将二女拉到学校背后，李阿*、李嘎*对白虎*进行轮奸，李毛*、王*坡对王**进行轮奸。

（四）2003年至2006年期间，被告人李*补、李*然、王*坡单独或相互伙同，盗窃他人财物共计5次。其中，李*补参与盗窃3次，盗窃价值人民币3600元；李*然、王*坡参与盗窃2次，盗窃价值人民币2100元。

（五）2006年5月19日凌晨，金平县公安局民警在抓捕被告人李阿*、李毛*、王*坡、李嘎*、李*补、李*然时，在上述各被告人家中分别查获枪支共13支。

原判以抢劫罪判处被告人李阿*死刑，剥夺政治权利终身，并处没收个人全部财产；以故意杀人罪判处死刑，缓期二年执行，剥夺政治权利终身；以强奸罪，判处有期徒刑十三年；以非法持有枪支罪，判处有期徒刑一年；决定执行死刑，剥夺政治权利终身，并处没收个人全部财产。以抢劫罪判处被告人李毛*死刑，剥夺政治权利终身，并处没收个人全部财产；以强奸罪判处有期徒刑十三年；以非法持有枪支罪判处有期徒刑二年；决定执行死刑，剥夺政治权利终身，并处没收个人全部财产。以抢劫罪判处被告人王*坡无期徒刑，剥夺政治权利终身，并处没收个人全部财产；以强奸罪判处有期徒刑十年；以盗窃罪判处有期徒刑二年，并处罚金人民币2000元；以非法持有枪支罪判处有期徒刑二年；决定执行无期徒刑，剥夺政治权利终身，并处没收个人全部财产。以抢劫罪判处被告人李*然无期徒刑，剥夺政治权利终身，并处没收个人全部财产；以盗窃罪判处有期徒刑二年，并处罚金人民币2000元；以非法持有枪支罪，判处有期徒刑一年；决定执行无期徒刑，剥夺政治权利终身，并处没收个人全部财产。以抢劫罪判处被告人李嘎*有期徒刑十五年，并处罚金人民币10000元；以强奸罪判处有期徒刑十年；以非法持有枪支罪判处有期徒刑二年，总和刑期二十七年，决定执行有期徒刑二十年，并处罚金人民币10000元。以抢劫罪判处被告人李*补有期徒刑十五年，并处罚金人民币10000元；以盗窃罪，判处有期徒刑二年，并处罚金人民币4000元；以非法持有枪支罪，判处有期徒刑三年，总和刑期二十年，决定执行有期徒刑二十年，并处罚金人民币14000元。以抢劫罪判处被告人李*沙有期徒刑十三年，并处罚金人民币10000元。以抢劫判处被告人白*忠有期徒刑十二年，并处罚金人民币5000元。以抢劫罪判处被告人李*福有期徒刑十年，并处罚金人民币1000元；以非法持有枪支罪判处有期徒刑二年；总和刑期十二年，决定执行有期徒刑十一年，并处罚金人民币1000元。收缴的火药枪依法予以没收。二审庭审中，李阿*、李毛*辩称原判认定的部分事实不清，量刑过重。其余被告人均以同样的理由提出上诉。李阿*的辩护人提出发案地少数民族聚居，经济贫困，有一定特殊性，建议对其从轻处罚。李毛*的辩护人认为本案事实不清，证据不足，建议对其从轻处罚。其余上诉人也均要求从轻处罚。检察员认为各被告人犯罪行为危害严重，本案证据确实、充分，建议维持原判。

经审理查明,(一)抢劫的事实:1.2006年5月17日凌晨,被告人李阿*、李毛*、李嘎*分别持火药枪、斧子、大锤等作案工具窜至者米乡老林脚村杨哈*家,抢走杨哈*人民币100元、大米20斤、锣锅1口、砍刀1把、棉被2床,财物共计价值人民币200余元。

2. 2005年9月的一天上午8时许,被告人李阿*、李毛*、李嘎*、王*坡、白*忠、白小二(另处)分别持火药枪、尖刀等作案工具窜至者米乡老林脚村白*林家草果地棚内,持刀威胁白*林夫妇,抢走白*林家草果400余斤,价值人民币1900余元。

3. 2006年4月26日15时许,被告人李阿*、李毛*持火药枪窜至者米乡老林脚村李*妹家小卖部,因买酒不付钱,李*妹不给,李阿*即用枪托砸烂李*妹家窗户玻璃,用锄头砸开铁门,将李*妹拖出门外,用枪管击打李*妹头部致李*妹昏倒,抢走李*妹人民币1500元、垫单1床、白酒50斤,财物共计人民币1600元。

4. 2006年3月的一天下午18时许,被告人李阿*、李毛*、李*然、王*坡持火药枪窜至者米乡老林脚村王*鲁家,持枪威胁王*鲁之妻白民*,抢走人民币300元、鸡8只和土地证。

5. 2005年3月底的一天,被告人李*补伙同他人持火药枪窜至者米乡老林脚村牛场,将该村李*大放养的一头耕牛打死。李*大发现后追赶,被李*补持枪威胁而吓跑。一个星期后李*大到牛场看牛,发现只有牛骨头和牛脚。耕牛价值人民币2600余元。

6. 2006年3月底的一天,被告人李阿*、李毛*持火药枪窜至者米乡老林脚村陈*四家田棚,将一只狗打死后抢走,并抢走陈*四子女的生活费20元,财物共计人民币160余元。

7. 2006年2月的一天下午16时许,被告人李阿*、李毛*、李*沙、李嘎*、李*然、王*坡和李*欧、王*欧(在逃)等人持火药枪窜至者米乡老林脚村李*三家草果地棚,将李*三吓跑后抢走草果苗7000棵、大米20斤、铁三脚架1个、铁锅1口锣锅2口、棉被2床、蚊帐1床,后将地棚烧毁。财物共计价值人民币7000余元。

8. 2005年5月的一天20时许,被告人李毛*、李*然二人持砍刀窜至者米乡老林脚村李二*家,抢走2袋谷子和4只鸡,财物共计价值人民币140余元。

9. 2005年6月的一天深夜,被告人李阿*、李毛*持刀窜至者米乡老林脚村李二*家买酒不付钱，并用刀架在李二*的脖子上威胁其拿钱，之后，二被告人抢走人民币3000元。

10. 2006年5月17日凌晨1时许，被告人李阿*、李毛*、李嘎*持火药枪、斧子窜至者米乡老林脚村白*成家，用斧子砸门、持火药枪威吓，抢走人民币100元、大米40斤、鸡5只、弯刀3把、衣服5套等物，并把锅、碗砸烂。抢劫财物价值共计人民币460余元。

11. 2005年12月底的一天11时许，被告人李阿*、李毛*持火药枪窜至者米乡老林脚村*明坡家田棚，抢走4只鸡，价值人民币90元。

12. 2006年5月11日19时许，被告人李阿*、李毛*持火药枪、砍刀窜至者米乡老林脚村，将村民李*窝强行拉至李毛*家，用电线捆住李*窝的双手，押着李*窝到李*窝家，抢走8只鸡和7斤大米，财物共计价值人民币190元。

13. 2006年3月8日13时许，被告人李阿*、李毛*、李*补、王*坡、白*忠等5人持火药枪、菜刀、木棒窜至者米乡牛塘村盘有福家田棚，抢走人民币200元、1只电瓶灯、5斤大米、1口锣锅、1口铁锅、1个背箩；财物共计价值人民币290余元。

14. 2005年11月10日17时许，被告人李阿*、李嘎*、李*然、王*坡、白*忠持火药枪、刀窜至者米乡牛塘村，强行将邓*亮家的一头重300多斤的猪赶到寨子边用枪打死，割开带走半只猪和猪肝。抢劫财物价值人民币960元。

15. 2005年8月15日22时许，被告人李阿*、李毛*、李*补、王*坡持火药枪、尖刀窜至者米乡牛塘村邓*金家草果地棚，将邓*金、邓*宝、邓*妹三人赶走，抢走干草果400余斤，财物价值人民币6720元。

16. 2005年7月的一天23时许，被告人李阿*、李毛*、李*然、王*坡持火药枪、尖刀窜至者米乡牛塘村邓*金家田棚，持枪和尖刀威胁邓*金和邓*宝兄弟，抢走价值人民币2600元的耕牛1头、大米20斤、棉被2床、锣锅1口、弯刀1把等物，财物价值人民币2700余元。

17. 2005年5月7日，被告人李阿*、李*沙、李毛*、李*补、王*坡持火药枪窜至者米乡牛塘村寨子边，用火药枪将邓*金家一头300余斤重的猪（价值人民币960元）打死后拖走。

18. 2006年5月16日深夜，被告人李*然、李阿*、李毛*、李嘎*及李*欧、李*忠（均在逃）持火药枪窜至者米乡牛塘村邓*金家，被邓*金发现，被告人李*然朝邓开枪未打响，又用枪砸邓*金，抢走30只鸡，价值人民币670余元。

19. 2006年4月8日凌晨2时许，被告人李*补、李嘎*、李毛*、李*然、王*坡及李*欧分别持火药枪、尖刀窜至者米乡牛塘村李*家田棚，用尼龙绳将李*捆在门栓上，抢走人民币287元、21只鸡、25斤大米、1床毛毯、1斤猪油、1把弯刀、1把菜刀、5个碗和1袋盐。财物共计价值人民币780余元。

20. 2005年12月24日凌晨，被告人李*然、王*坡持火药枪、砍刀窜至者米乡牛塘村盘*保家田棚威逼盘*保夫妇，抢走2床棉被、5只鸡、1口锣锅、2把砍刀，财物共计价值人民币190元。

21. 2006年2月22日12时许，被告人李阿*、李毛*、李*然、王*坡及王*殴（在逃）分别持火药枪、砍刀等作案工具窜至者米乡牛塘村牛场，将李*开家的一头价值人民币1600余元的耕牛开枪打死后割肉，李*开上前制止，李阿*等人持枪对其进行威胁。

22. 2006年5月15日16时许，被告人李阿*、李毛*窜至者米乡老林脚村寨子脚大路上，持火药枪抢劫了从者米乡三棵树赶街回来的牛塘村村民邓*二，抢走人民币250元和3个西瓜、1斤毛烟。

23. 2006年3月28日13时许，被告人李阿*、李毛*、李*然持火药枪窜至者米乡牛塘村，抢走邓*才200多斤重的猪一头，价值人民币640元。

24. 2006年3月1日23时许，被告人李阿*、李*沙、李*福、李*然、李毛*、李嘎*、王*坡及李*欧持火药枪窜至者米乡营房村白*新家，抢走其价值640元的猪两头。村民刘*文等人去劝阻，李*沙、李毛*还开枪恐吓。

25. 2006年4月的一天16时许，被告人李阿*、李毛*、李*欧窜至者米乡三棵树村何*才家田棚，持火药枪威胁何*才夫妇，抢走1只公鸡、8碗大米，价值人民币30元。

26. 2006年2月7日晚，被告人李阿*、李毛*窜至者米乡保山寨村黎*清家田棚，将黎*清打成轻伤，抢走人民币35元、1只鸭子、1把菜刀、1把弯刀、1把尖刀。财物共计价值人民币70余元。

27. 2006年4月29日23时许，被告人李阿*、李毛*、李*然、王*坡及李*欧持火药枪、尖刀窜至者米乡长胜村杨*家田棚，抢走人民币200元、25只鸡、12只鸭子、1个苗族挂包、2把镰刀，并用枪打死1只狗。财物共计价值人民币900余元。

28. 2006年4月15日15时许，被告人王*坡、李*补、李嘎*、李毛*、李阿*窜至者米乡老树林村李*华家田棚，见陆*妹和其子李*生二人在田棚内吃饭，王*坡等人上前将饭抢走。陆*妹之夫李*华闻讯后，即跑到田棚质问李阿*，李阿*等人即威胁李*华，强索人民币50元，并将李*华捆绑到王*坡家田棚，直到当日18时才将其放回。

29. 2006年4月23日，被告人王*坡、李*补窜至者米乡老树林村李*华家，抢走大米20碗，价值人民币30余元。

30. 2005年2月的一天17时许，被告人李*补、李*沙、李阿*、王*坡持火药枪、刀窜至者米乡牛塘村盘*才家田棚；将盘*才吓跑，用枪将盘*才家的耕牛打死后把牛肉割下背走，耕牛价值人民币1600元。

31. 2005年8月的一天，被告人李毛*、李*然持火药枪窜至者米乡牛塘村盘*才家旁，李毛*用枪将盘*才家一只价值人民币200元的黑狗打死，被盘*才发现后二被告人即逃离现场。

32. 2005年11月的一天，被告人李阿*、李*然、李*沙持火药枪、刀窜至者米乡牛塘村李*才家房子背后，将李*才家一头200多斤的猪打死后砍走半只猪，财物价值人民币640元。

上述抢劫事实有以下证据证实：

1. 金平县公安局刑事案件立案报告表、侦破报告证实，金平县公安局根据金平县者米乡政府向县委作的专题报告，经立案侦查，将九被告人先后抓获归案的情况。

2. 物价鉴定结论证实被抢物品的价值。

3. 法医伤情鉴定书证实，受害人黎*清的损伤程度为轻伤。

4. 证人灰*锋（村主任）、白*林证言证实，老林脚村一组有108户，二组有50多户。李阿*等人犯罪期间，有90多户300多人搬到其他地方居住，不敢回来生产生活。直到本案告破后才陆续搬回来。

5. 被害人杨*三、白*林、王*妹、李*妹、王*鲁等35人的陈述及辨认笔录证实分别被李阿*、李毛*、王*坡、李嘎*、李*补、李*然、李*沙、白*忠、李*福抢劫的时间、地点及被抢财物情况。

6. 证人白*三、陈*养、白*来、李*忠、李*然等33人的证言证实，分别看到或听到上述受害人被李阿*、李毛*、王*坡、李嘎*、李*补、李*然、李*沙、白*忠、李*福打、砸、抢、烧的时间、地点以及被抢财物的情况。

7.被告人李阿*、李毛*、王*坡、李嘎*、李*补、李*然对参与抢劫事实的供述和辩解。

（二）故意杀人的事实：2006年5月19日凌晨5时许，金平县公安局民警在金平县者米乡老林脚村李阿*家抓捕李阿*时，李阿*抗拒抓捕，持火药枪朝执行任务的武警战士肖*华头面部射击，致肖重伤的事实，有金平县公安局出具的证明材料、现场勘查笔录及照片、伤情鉴定书、被害人肖*华陈述在卷证实。被告人李阿*亦供认不讳。

（三）强奸的事实：2006年4月4日晚，被告人李阿*、李毛*持火药枪窜至者米乡老林脚村白某某家，用尖刀架在白**的脖子上，二被告人先后对白**进行强奸。后抢走白**家人民币50元、一块腊肉和一床毛毯。

2006年4月的一天16时许，被告人李阿*、李毛*、李嘎*、王*坡等四人持火药枪窜至者米乡老林脚村白虎*家，强行将白虎*和王**拉到学校背后，用枪威胁二人不准喊叫，李阿*、李嘎*先后对白虎*进行强奸，李毛*和王*坡先后对王**进行强奸。

上述强奸事实有证人马*黑、白*忠、白*林、白*妹、龙*妹的证言、被害人的陈述在卷证实，被告人李阿*、王*坡亦作了供认。

（四）盗窃的事实：2003年11月的一天晚上，被告人李*然窜至老林脚村白*妹家，盗窃1袋50公斤的干草果，被失主查获后退还了部分草果，盗窃财物价值人民币1600元。

2006年3月的一天下午16时许，被告人李*补、王*坡在者米乡牛塘村寨子脚的山坡上，持火药枪将白*妹家一头价值1600元的母牛打死后，割走两条后腿。

2006年2月的一天凌晨2时许，被告人李*补窜至者米乡牛塘村村子边，盗走李*国家一台1500瓦的磨擦电机，价值人民币400元。

2006年1月的一天凌晨5时许、被告人李*然、王*坡窜至者米乡老林脚村，盗走姬*三家一台电机，价值500元。

2006年1月的一天下午，被告人李*补伙同他人窜至者米乡牛塘村，用火药枪将邓*明家一头重500斤的猪打死，正准备拉走时被村民邓*朱发现，李*补等人弃猪逃离现场。盗窃财物价值人民币1600元。

上述盗窃事实有物价鉴定结论、证人证言、失主陈述、辨认笔录、提取笔录在卷证实，被告人李*然、李*补、王*坡对盗窃事实亦供认不讳。

（五）非法持有枪支的事实：2006年5月19日凌晨，金平县公安局民警在者米乡抓捕被告人李阿*、李毛*、王*坡、李嘎*、李*补、李*然时，从李阿*家查获火药枪1支；从李毛*家查获火药枪2支；从王*坡家查获火药枪2支；从李嘎*家查获火药枪2支，李*福火药枪1支；从李*补家查获火药枪3支；从李*然家查获火药枪1支。2006年5月24日，在抓捕被告人李*福时，从李*福家查获火药枪1支。上述事实有抓获经过、提取笔录、枪支杀伤力检验鉴定书及照片在卷证实，七名被告人对非法持有枪支及持有的数量均作了供述。

本案事实清楚，证据确实、充分，足以认定。

本院认为，上诉人李阿*、李毛*、王*坡、李*然、李嘎*、李*补、李金沙、白*忠、李*福以非法占有为目的，采用持枪、持刀威胁等暴力手段，强行当场抢劫或入户抢劫他人财物多次的行为已构成抢劫罪，其中李阿*、李毛*抢劫次数多，并致人轻伤，情节恶劣，严重危害了当地群众的生产、生活，均应依法惩处。李阿*为逃避抓捕，朝武警战士开枪，故意非法剥夺他人生命，其行为已构成故意杀人罪。李阿*还犯有强奸罪、非法持有枪支罪，应数罪并罚，予以严惩。其与李毛*、王*坡、李嘎*违背妇女意志，强行轮奸妇女，其行为已构成强奸罪。上诉人王*坡、李*然、李*补以非法占有为目的，多次秘密窃取他人财物的行为已构成盗窃罪。李毛*、王*坡、李*然、李嘎*、李*补、李*福违反枪支管理规定，非法持有枪支的行为还构成非法持有枪支罪。对李毛*、王*坡、李*然、李嘎*、李*补、李*福依法应数罪并罚。九名上诉人及辩护人认为本案事实不清的理由和意见，与查明的事实不符，本院均不予采纳。但根据本案的事实，对李毛*判处死刑，可不立即执行；李*福仅参与一次抢劫，在抢劫中作用较轻，属从犯，依法可减轻处罚。原判根据九名上诉人所构成的犯罪事实，定罪准确。审判程序合法。对李阿*、王*坡、李*然、李嘎*、李*补、李*沙、白*忠量刑适当，但对李毛*、李*福量刑失重。据此，依照《中华人民共和国刑事诉讼法》第一百八十九条第（一）、（二）项和《中华人民共和国刑法》第二百三十二条，第二百六十三条第一、四、七项，第二百三十六条第三款第一、四项，第二百六十四条，第一百二十八条第一款，第五十七条第一款，第四十八条第一款，第六十九条第一、二款，第二十五条第一款，第二十七条第一、二款之规定，判决如下：

一、维持红河州中级人民法院（2007）红虫刑初字第32号刑事态判决一、三、四、五、六、七、八、十项中对被告人李阿*、王*坡、李*然、李嘎*、李*补、李*沙、白*忠的定罪量刑部分。

二、撤销红河州中级人民法院（2007）红中刑初字第32号刑事判决二、九项中对李毛*、李*福的量刑部分。

三、上诉人李毛*犯抢劫罪，判处死刑，缓期二年执行，剥夺政治权利终身，并处没收个人全部财产；犯强奸罪，判处有期徒刑十三年；犯非法持有枪支罪，判处有期徒刑二年；决定执行死刑，缓期二年执行，剥夺政治权利终身，并处没收个人全部财产。

四、上诉人李*福犯抢劫罪，判处有期徒刑五年，并处罚金人民币1000元；犯非法持有枪支罪，判处有期徒刑二年；决定执行有期徒刑六年，并处罚金人民币1000元（刑期自2006年5月24日起至2012年5月23日止）。

本判决为终审判决。

对被告人李阿*的死刑判决，依法报请最高人民法院核准。

审 判 长 蒋 玉 池
审 判 员 谭 丽 芬
代理审判员 何 玲
二〇〇七年十一月一日
书 记 员 吴 声 娅

云南省高级人民法院
刑事判决书

（2010）云高刑终字第20号

原公诉机关云南省红河哈尼族彝族自治州人民检察院。

上诉人（原审被告人）林*佑，男，1990年10月19日出生于云南省开远市。因本案于2008年12月5日被刑事拘留，2009年1月10日被逮捕，现羁押于云南省开远市看守所。

辩护人凌*昆，云南**律师事务所律师。

指定辩护人范晓媛，云南**律师事务所律师。

上诉人（原审被告人）吴*明，男，1990年11月10日出生于云南省开远市。因本案于2008年12月5日被刑事拘留，2009年1月10日被逮捕，现羁押于云南省开远市看守所。

辩护人雷*，云南**律师事务所律师。

上诉人（原审被告人）马*远，男，1989年4月5日出生于云南省开远市。因本案于2008年12月5日被刑事拘留，2009年1月10日被逮捕，现羁押于云南省开远市看守所。

云南省红河哈尼族彝族自治州中级人民法院审理红河哈尼族彝族自治州人民检察院指控原审被告人林*佑、吴*明、马*远犯故意伤害罪，原审附带民事诉讼原告人余*和提起附带民事诉讼一案，于二〇〇九年十月二十七日作出（2009）红中刑初字第158号刑事附带民事判决。原审被告人林*佑、吴*明、马*远不服，提出上诉。本院受理后，依法组成合议庭，公开开庭审理了本案。云南省人民检察院检察员汤涛、张传勇出庭履行职务，原审被告人林*佑、吴*明、马*远及林*佑的辩护人凌*昆、范晓媛，吴*明的辩护人雷*到庭参加诉讼。本案现已审理终结。

原判认定，2008年12月3日22时许，被告人林*佑、吴*明、马*远与许*良、杨*、李*忠等人酒后骑摩托车到开远市羊街乡街上玩耍，吴*明提议在街上随便找人打一架，林*佑、马*远均表示同意。三人在羊街乡街上各捡了一根木棒，与其他人一起骑车经过顺发餐厅时，林*佑等人发现被害人余*兵、黄*顺、李*民、张*香四人站在路边，林*佑、吴*明、马*远即持木棒围上去。林*佑问余*兵是哪个村子的，余回答是宽寨村的。林*佑即持木棒猛击余*兵的头部。马*远持木棒击打余*兵的背部。吴*明用脚踢余*兵。三人将余*兵打倒后逃离现场。次日中午，余*兵经医院抢救无效死亡。当日18时许，马*远在亲属陪同下到羊街派出所投案。当日20时许，公安人员分别在羊街乡将林*佑、吴*明抓获。

原判根据上述事实，依照《中华人民共和国刑法》第二百三十四条、第五十七条第一款、第四十八条、第二十五条、第六十七条、第三十六条之规定，以故意伤害罪判处被告人林*佑死刑，剥夺政治权利终身；判处被告人吴*明无期徒刑，剥夺政治权利终身；判处被告人马*远有期徒刑十五年；判令被告人林*佑赔偿附带民事诉讼原告人余*和经济损失人民币30000元；被告人吴*明赔偿附带民事诉讼原告人余*和经济损失人民币25000元；被告人马*远赔偿附带民事诉讼原告人余*和经济损失人民币25000元。三被告人负连带赔偿责任。

二审庭审中，上诉人林*佑辩称，医院抢救不力是致被害人死亡的原因之一；其认罪态度好；原判量刑过重，请求从轻处罚。其辩护人发表相同辩护意见，建议改判林*佑有期徒刑。

上诉人吴*明辩称，其是从犯；原判量刑过重，请求改判有期徒刑。吴*明的辩护人除提出相同辩护意见外，还认为吴*明不是首起犯意者；医院抢救不力是致被害人死亡的原因之一。

上诉人马*远辩称，其与同案其他被告人不是共同犯罪；原判认定其持木棒故意伤害被害人的证据不足；其不应承担被害人死亡的罪责；原判量刑过重，请求从轻处罚。

检察员发表出庭意见认为，原判定罪准确，量刑适当。审判程序合法。建议本院驳回上诉，维持原判。

经审理查明，原判认定2008年12月3日晚，被告人林*佑、吴*明、马*远在开远市羊街乡街上无故持械殴打被害人余*兵，致余死亡的事实及马*远案发后向公安机关投案的事实清楚。该事实有下列证据予以证实：

1.接处警登记表、接受刑事案件登记表、到案经过、抓获经过说明材料，证实2008年12月3日22时27分，公安人员接报后赶赴现场进行侦查。

次日18时许，被告人马*远在亲属陪同下到羊街派出所投案，20时许，公安人员分别在羊街乡丫口许*良家和古城村119号将林*佑、吴*明抓获。

2.现场勘查笔录及照片、现场指认笔录及照片，证实现场位于开远市羊街乡龙跃餐厅对面的非机动车道上。在现场地面上有大量滴落状暗红色斑迹，现场路灯杆上有擦拭状血迹。被告人林*佑、马*远、吴*明对现场及拿木棒、丢弃木棒的地点进行了指认。指认地点与现场勘查笔录一致。

3.生物物证/遗传关系鉴定书，证实公安人员从现场提取的暗红色斑迹均是被害人余*兵的血。

4.尸体检验鉴定书及照片、辨认笔录，证实被害人余*兵的主要损伤位于左顶部。余*兵系被他人用钝器打击头部，致颅脑严重损伤死亡。与被告人林*佑供述用木棒打击被害人头部的作案手段相吻合。

5.证人张*香、黄*顺、李*民证言及辨认笔录，证实案发时，黄*顺、李*民与被害人余*兵送张*香回家，路过羊街乡顺发餐厅时，有七八人骑三辆摩托车来到他们面前。其中，被告人林*佑、马*远等三人手持木棒，林*佑问余*兵是哪个村子的，余回答是宽寨村的。林*佑就用木棒朝余*兵的头顶猛击二下，余*兵随即倒在地上，吴*明、马*远围上来打了一分钟左右就跑了。后余*兵被公安人员送到医院抢救，次日死亡。

6.证人许*良、杨*、李*忠、李*、李*昌、林*明、李*军的证言，证实案发当晚，被告人林*佑、马*远、吴*明等十余人在李*军家喝酒。期间，吴*明说："今天很不爽，找人打一架再回家"。林*佑、马*远等人表示同意。众人骑车路过一个堆木柴的地方时，林*佑、吴*明、马*远各捡了一根松木棒。后林*佑等人骑车路过羊街顺发餐厅时看到三男一女站在路边，林*佑、马*远、吴*明等人随即停下车围上去。林*佑先用手推了一下其中一个小伙子（余*兵）的肩膀，并问小伙子是哪个村子的。小伙子说："是宽寨的，怎么样。我又不是从小被吓大的！"说完就用手推了林*佑一下。林*佑即用木棒朝小伙子头部打，却打在马*远的手上。马*远即用木棒打小伙子的后背。吴*明用脚踢余*兵。林*佑又持木棒朝小伙子的头部打，小伙子当即倒在地上。

7.被告人林*佑、吴*明、马*远对持松木棒殴打被害人余*兵，致余*兵死亡的事实供认不讳。三被告人的供述与上列证据相互印证。

本案证据来源合法，内容客观、真实，本院予以确认。

本院认为，上诉人林*佑、吴*明、马*远无端滋事，持械故意伤害他人身体，并致人死亡，三人的行为均已构成故意伤害罪，应依法惩处。在共同犯罪中，吴*明首起犯意，并积极参与殴打被害人。林*佑持木棒击打被害人头部，马*远亦持木棒殴打被害人。林*佑、吴*明、马*远均应按其所参与的犯罪处罚。其中，林*佑系致死被害人的直接行为人，罪行极其严重，论罪当处死刑，鉴于其作案时刚满18周岁，归案后认罪态度较好，有悔罪表现，对其可不立即执行死刑。马*远犯罪后自动投案，如实供述自己及其他同案被告人的罪行，是自首，依法可从轻处罚。吴*明及其辩护人所提吴*明是从犯；吴*明不是首起犯意者；马*远所提其与同案其他被告人不是共同犯罪；原判认定其持木棒故意伤害被害人的证据不足；马*远不应对被害人的死亡承担罪责的上诉理由和辩护意见与本院审理查明的事实不符，本院均不予采纳。林*佑及其辩护人所提原判对林*佑量刑过重的上诉理由和辩护意见，本院予以采纳，但林*佑及其辩护人请求改判林*佑有期徒刑的上诉理由和辩护意见，本院不予采纳。吴*明、马*远及吴*明的辩护人所提原判量刑过重，请求改判吴*明有期徒刑，对马*远从轻处罚的上诉理由和辩护意见，本院亦不予采纳。检察员所提出庭意见，本院部分采纳。原判定罪准确。审判程序合法，但对林*佑量刑失当。据此，依照《中华人民共和国刑事诉讼法》第一百八十九条（二）项之规定，判决如下：

一、维持云南省红河哈尼族彝族自治州中级人民法院（2009）红中刑初字第158号刑事附带民事判决第一项中对被告人林*佑的定罪部分及第二、三项中对被告人吴*明、马*远的定罪和量刑；撤销第一项中对被告人林*佑的量刑部分。

二、上诉人（原审被告人）林*佑犯故意伤害罪，判处死刑，缓期二年执行，剥夺政治权利终身。

本判决为终审判决。

审　判　长　赵　　林
审　判　员　彭　淑　芳
代理审判员　陈　　欣
二〇一〇年五月六日
书　记　员　李　志　君

云南省高级人民法院
刑事附带民事判决书

（2007）云高刑终字第127号

原公诉机关红河州人民检察院。

上诉人（原审被告人）王*应，男，1972年10月24日生，2006年3月18日因本案被刑事拘留，同年4月21日被逮捕，现拘押于蒙自县看守所。

指定辩护人范晓媛，云南**律师事务所律师。

原审被告人王*慰，男，1979年1月1日生，2006年3月18日因本案被刑事拘留，同年4月21日被逮捕，现拘押于蒙自县看守所。

红河州中级人民法院审理红河州人民检察院指控原审被告人王*应、王*慰犯运输毒品罪一案，于二〇〇六年十二月五日作出（2006）红中刑初字第205号刑事判决。被告人王*应不服，提出上诉。本院依法组成合议庭，于二〇〇七年三月二十日在红河州中级人民法院公开开庭对本案进行了审理。云南省人民检察院检察员袁晓渝、杨泗泽出庭执行职务，被告人王*应、王*慰及辩护人范晓媛到庭参加诉讼。现已审理终结。

原判认定，2006年3月17日，被告人王*应、王*慰携带毒品海洛因从云南省河口县南溪乘车到屏边县白云乡，次日8时许，二人乘坐中巴车，欲到蒙自后转车回贵州。当日11时30分许，二被告人途经云南省蒙自县芷村镇红底冲路段时，被公安机关人赃俱获，查获海洛因三块，净重1013克。原判以运输毒品罪，判处被告人王*应死刑；剥夺政治权利终身；并处没收个人全部财产；判处被告人王*慰死刑，缓期二年执行，剥夺政治权利终身，并处没收个人全部财产；缴获的毒品海洛因1013克人民币750元及手机两部依法予以没收。宣判后，被告人王*应提出上诉。

经审理查明，2006年3月17日11时30分许，被告人王*应、王*慰携带毒品乘坐中巴车途经云南省蒙自县芷作镇红底冲路段时，被设卡的公安人员抓获，从二人放于中巴车行李架上一手提袋内查获海洛因1013克。上述事实有公安机关出具的接受刑事案件登记表、抓获经过材料及提取笔录，证实红河州公安局禁毒大队根据情报获悉两名贵州籍男子携带毒品从河口到蒙自的线索后组织人员设卡堵截，并于2006年3月17日在蒙自县芷村镇红底冲路段的一辆牌号为去Y084*的中巴车上抓获二被告人，从二人放于中巴车行李架上的一手提袋内查获毒品可疑物三块。称量记录及毒品检验鉴定结论，证实查获的上述毒品可疑物系海洛因，净重1013克。指纹鉴定证实，从装有毒品的手提袋中提取的镜子上的指纹，经鉴定系被告人王*慰左手拇指所留。法医物证鉴定证实，从装有毒品的手提袋内提取的牙刷和一件短袖T恤、两件长袖衬衣后领部的汗斑残留物中扩增出混合DNA分型，含有王*应、王*慰的DNA分型。扣押物品清单证实抓获二被告时扣押人民币750元及手机两部。证人彭*华、王*英、汪*书（乘客）证言证实，其在白云上车时，二被告已坐在中巴车上，其中彭*华还证实行车途中，王*应将一件衣服盖在行李架上的一个白色手提袋上，该手提袋后来被公安人员查获装有毒品可疑物。证人熊*清证言及辨认笔录证实，2006年3月17日，其在白云看见过二被告人，并见王*应提着一个白色的手提袋，次日同二被告人坐同一张车从白云到蒙自，途中目睹该二人被公安人员抓获。证人包*美证言证实，2006年3月17日；王*应就离开河口，说是要回贵州老家。庭审中，被告人王*慰对其携带人民币11万元伙同王*应到河口，经王*应联系，先在境内购买了一块重320克的毒品，后由王*应联系到境外又购买了两块毒品，自己的一块重343克，王*应出资6万余元购买的一块重350克。二人乘车欲将购买的毒品运回贵州途中被查获的犯罪事实供认不讳。被告人王*应也作了相同的供述。辩护人提出二被告人的地位、作用相当，请求二审对王*应从轻判处。检察员建议维持原判。

本院认为，上诉人王*应和原审被告人王*慰无视国家法律，为牟取非法利益大量运输毒品，其行为均已构成运输毒品罪。二人在共同犯罪过程中，地位、作用相当。王*应及其辩护人要求从轻处罚的理当及意见，本院予以采纳。原判定罪准确，审判程序合法。对王*慰量刑适当，对王*应量刑畸重。据此，依照《中华人民共和国刑事诉讼法》第一百八十九条（一）、（二）项和《中华人民共和国刑法》第三百四十七条第二款（一）项，第五十七条第一款、第二十五条第一款、第六十四条之规定，判决如下；

一、维持红河州中级人民法院（2006）红中刑初字第205号刑事判决的第二、三项，即被告人王*慰犯运输毒品罪判处死刑，缓期二年执行，剥夺政治权利终身，并处没收个人全部财产；收缴的毒品海洛因1013克，人民币750元及手机两部依法予以没收。

二、撤销红河州中级人民法院（2006）红中刑初字第205号刑事判决的第一项对王*应的量刑部分。

三、上诉人王*应犯运输毒品罪，判处死刑，缓期二年执行，剥夺政治权利终身，并处没收个人全部财产。

根据《中华人民共和国刑事诉讼法》第二百零一条之规定，本判决即为核准以运输毒品罪判处被告人王*慰死刑，缓期二年执行，剥夺政治权利终身，并处没收个人全部财产的刑事判决。

本判决为终审判决。

审　判　长　　蒋　玉　池
审　判　员　　谭　丽　芬
代理审判员　　何　　玲
二〇〇七年四月十日
书　记　员　　吴　声　娅

云南省高级人民法院
刑事判决书

（2010）云高刑终字第918号

原公诉机关云南省普洱市人民检察院。

上诉人（原审被告人）夏*英，女，1967年3月24日出生于四川省布拖县。2008年4月10日因犯贩卖毒品罪，被云南省昆明市中级人民法院判处有期徒刑一年，同年10月8日刑满释放。2009年3月15日因本案被刑事拘留，同年4月21日被逮捕。现羁押于景东县看守所。

指定辩护人范晓媛，云南**律师事务所律师。

云南省普洱市中级人民法院审理普洱市人民检察院指控原审被告人夏*英犯运输毒品罪一案，于二〇一〇年三月一日作出（2010）普中刑初字第63号刑事判决。原审被告人夏*英不服，提出上诉。本院依法组成合议庭，于二〇一〇年十二月四口公开开庭审理本案。云南省人民检察院指派检察员黄爱娟等二人出庭履行职务；原审被告人夏*英及其辩护人范晓媛到庭参加诉讼。现已审理终结。

原判认定：2009年3月15日，被告人夏*英携带毒品，乘坐梅*（另案处理）驾驶的川WF472*红色嘉陵二轮摩托车经宁洱县磨黑镇前往墨江县，当日22时10分，途经国道213线2548公里处时，被景东县公安局禁毒民警抓获。禁毒民警当场从被告人夏*英携带的塑料编织袋内查获用红色及黄色塑料袋包裹的毒品海洛因四块，净重1392克。

原判根据上述事实，依照刑法的规定，以运输毒品罪，判处被告人夏*英死刑，剥夺政治权利终身，并处没收个人全部财产；查获的毒品海洛因1392克、黑色直板CTF108手机一部，依法予以没收。

宣判后，上诉人夏*英上诉称，其受"日哈"威胁运毒，不是毒品购买者、所有者；归案后如实供述犯罪事实，有悔罪表现；毒品未流入社会，危害相对较小；请求从轻判处。辩护人提出，夏*英不是独立完成运毒行为，出于与梅*的同居关系，其有意隐瞒包庇梅*的可能性极大，同时"日哈"没有被抓获，夏*英处于从犯地位；夏*英属于受胁迫运毒；请求对其从轻判处的辩护意见。

检察员发表出庭意见认为，一审判决认定事实清楚，证据确实、充分，定罪准确，量刑适当；上诉人及其辩护人的意见均不成立，建议二审法院驳回上诉，维持原判。

经审理查明，原判认定2009年3月15日22时10分，上诉人夏*英携带毒品海洛因1392克，乘坐梅*（取保候审）驾驶的川WF472*红色嘉陵二轮摩托车经宁洱县磨黑镇前往墨江县，途经国道213线2548公里处时，被公安民警人赃俱获的犯罪事实清楚，有下列证据证实：

1.公安机关出具的抓获经过说明材料，证实2009年3月15日22时10分，景东县公安局禁毒大队在墨江县老国道213线2548公里处公开查缉，抓获被告人夏*英，从其丢弃于路边的挎包里查获白色粉末状毒品可疑物四块。

2.毒品提取笔录及照片、刑事科学技术鉴定书、毒品称量记录及照片，证实公安民警从被告人夏*英丢弃的挎包内查获的白色粉末状毒品可疑物系海洛因，净重1392克。

3.查询笔录、手机通话清单，证实公安民警提取被告人夏*英所持手机（号码为158****3571）于2009年3月1日至15日的通话清单，证实：2009年3月2日、3月15日，夏*英与梅*有2次通话；在3月5日、6日，夏*英发给梅*5条信息；公安民警调取梅*所持手机（号码为153****3819）的内存信息，证实：2009年3月5日夏*英发给梅*的短信一条。

4.扣押物品清单，证实公安机关扣押到被告人夏*英携带的塑料编织袋一个及内装的毒品海洛因四块，手机一部、中国邮政储蓄卡一张（卡号为622188684100349****）；扣押到嫌疑人梅*驾驶的摩托车一辆、所有人载明为夏*英的行驶证一本及中国邮政储蓄存折及卡。

5.查询存款通知书、银行账户明细，证实公安机关查询被告人夏*英携带的户名为范*军（夏*英儿子）、账号为622188684100349****的中国邮政储蓄账户明细，载明在2009年3月13日，取款2次分别是5000元、4500元。公安机关查询梅*携带的户名为梅*、账号为60684101028002****的中国邮政储蓄账户明细，载明在2009年3月11日取款4.6万元、3月13日取款1.1万元。

6.证人梅*证言，证实2009年3月15日早上，其从景洪驾驶摩托车准备到墨江，当天晚上8时许，其到达岔磨黑一转弯处时，一个陌生女子（夏*英）搭乘其车乘坐在后面，该女子携带着两个包。行驶了约2小时，遇上警察让其停车接受检查，警察从该女子包中查出四块长方形用黄色纸包装、用胶带包裹的物品，随后警察就将其与女子带到检查站。

7. 被告人夏*英供述，2009年3月间，一个名叫"日哈"的男子让其帮他带毒品到墨江。3月15日早上，"日哈"联系好张老板，让其在景洪城边等着，张老板将毒品交给其，说到墨江后会有人来取毒品。其拿到毒品后，打电话给梅*让他驾驶摩托车带其到墨江，途中两人被抓获。

8. 公安机关出具的情况说明，证实被告人夏*英供述的"日哈"、"张老板"因无具体的真实姓名、住址，无法实施抓捕。

9. 人口信息表、调取在卷的户籍证明、刑事判决书、释放证明书，证实被告人夏*英的身份情况及前科犯罪、释放时间。

以上证据均经一、二审庭审质证、认证，来源合法，内容客观、真实，本院予以确认。

本院认为，上诉人夏*英无视国法，违反国家对毒品的特殊管制，运输毒品海洛因1392克，其行为已触犯刑律，构成运输毒品罪，依法应予惩处。上诉人夏*英及其辩护人所提受"日哈"安排、指使运毒，系从犯，请求从轻判处的上诉主张，经审查，在案无证据证实其运输毒品的犯罪行为受"日哈"的安排、指挥；夏*英系累犯、毒品再犯，论罪当处死刑。鉴于本案不能排除尚有其他人参与犯罪的可能，部分案件事实尚未查明，故判处夏*英死刑，可不立即执行。夏*英的上诉理由及辩护人的辩护意见，本院部分予以采纳。

综上，原判定罪准确，审判程序合法，但对夏*英量刑失重。据此，依照《中华人民共和国刑法》第三百四十七条第二款第（一）项、第四十八条第一款、第六十五条第一款、第三百五十六条、第五十七条第一款、第六十四条及《中华人民共和国刑事诉讼法》第一百八十九条第（一）项、（二）项之规定，判决如下：

一、维持云南省普洱市中级人民法院（2010）普中刑初字第63号刑事判决第一项中对被告人夏*英的定罪部分，第二项对查获的毒品海洛因1392克、黑色直板CTF108手机一部依法予以没收。

二、撤销云南省普洱市中级人民法院（2010）普中刑初字第63号刑事判决第一项中对被告人夏*英的量刑部分。

三、上诉人（原审被告人）夏*英犯运输毒品罪，判处死刑，缓期二年执行，剥夺政治权利终身，并处没收个人全部财产。

本判决为终审判决。

审 判 长　　李 文 华
代理审判员　　税 海 波
代理审判员　　李 江 鹏
二〇一一年三月一日
书 记 员　　彭　蕊